[한국군사문제연구원 연구총서 2019-1]

한국안보

- 위협과 취약성의 딜레마 -

김열수 · 김경규 공저

法 文 社

책 머리에

딜레마(dilemma)란 A를 선택하면 선택하지 않았던 B가 아쉽고, B를 선택하면 역시 선택하지 않았던 A가 아쉬울 때 쓰는 표현이다. 이것을 선택해도 좋고 저것을 선택해도 좋다는 의미가 아니라 선택하지 않았던 대안에 대한 아쉬움이 클 때 주로 사용하는 용어가 바로 딜레마이다. 선택하지 않은 대안이 단지 아쉬움으로 남는 것이 아니라 위험을 초래하게 될 정도가 되면 선택의 딜레마는 더 커진다.

국가안보도 선택의 연속이다. 상대방의 위협을 줄이는 정책을 선택할 것인가? 그렇지 않으면 그 위협에 대한 나의 능력의 부족(취약성)을 줄이는 정책을 선택할 것인가? 상대방의 위협을 줄이는 정책을 선택하는 국가는 주로 자유주의적 입장에서 국제관계의 본질이 갈등만 있는 것이 아니라 협력도 있고 또 이런 협력을 통해서 절대 이익을 창출할 수 있다고 생각한다. 또한 이들은 국제규범을 통해서 상대방의 위협적인 행동을 제약할 수 있다고 생각한다. 따라서 이런 국가들은 주로 국제법, 통합, 군비통제 등에 많은 관심을 갖고 있다.

이와 반대로 위협은 변함이 없다고 생각하고 그 위협에 대응하는 자신의 취약성을 줄이고자 하는 국가로 주로 현실주의적 입장의 정책을 선택한다. 이런 국가들은 국제체제란 원래 무정부적 구조를 가지고 있는 정글과 같은 곳이기 때문에 이런 곳에서는 살아남을 수 있는 정책을 추진해야 된다고 생각한다. 따라서 이런 국가들은 환경적인 위협은 내 의지로 변화시킬 수 없기 때문에 국방력을 강화하거나 또는 동맹을 체결하는 데 많은 관심을 기울이고 있다.

국민의 생명과 재산, 영토, 그리고 주권을 보존하고 향상시키기 위해 국가는 어떤 정책을 추진해야 할까? 위협을 줄이는 정책만 추진하다 보면 상대방이 배반했을 때 국가안보가 위험에 처하게 되고, 반대로 취약성을 줄이는 정책만 추진하다 보면 상대방도 군비를 증강할 수밖에 없어 국가안보가 오히려 더 위험한 상태에 놓이게 될 수도 있다.

어떻게 해야 할까? 결국 국가마다 다르긴 하겠지만 어떤 국가도 양자택일을 하는 국가는 없다. 대부분의 국가들은 위협을 감소시키는 정책 중의 일부와 취약성을 감소시키는 정책 중의 일부를 선택하여 자국의 안보를 담보받고자 한다. 필자가 새로운 밀레니엄을 맞이하면서 저술한 『국가안보: 위협과 취약성의 딜레마』(파주: 법문사, 2000)도 바로 이런 고민을 해결해 보고자 했던 첫 번째 시도였다. 이 저서는 벌써 5판을 거듭할 정도로 독자들에게 과분한 사랑을 받고 있다.

『국가안보: 위협과 취약성의 딜레마』가 국가안보를 위해 위협의 감소에 초점을 맞춘 정책과 취약성의 감소에 초점을 맞춘 정책을 찾아보는 이론서였다면 이번에 출간되는『한국안보: 위협과 취약성의 딜레마』는 철저히 한국안보에만 초점을 맞춘 정책적 성격의 저술이다. 한국안보에 주는 위협의 출처는 다양하다. 그런데 본 저서에서는 오로지 북한의 위협만을 다룬다. 이것이 이 저서의 장점이자 동시에 단점이기도 하다.

2017년의 한국안보 상황과 2018년의 한국안보 상황은 달라도 너무 달랐다. 2017년은 전쟁을 향한 잰걸음이 두드러진 해였다고 한다면 2018년은 평화를 향한 큰 걸음이 모색된 해였기 때문이다. 2019년은 전쟁과 평화의 분수령이 될 가능성이 농후해졌다. 북미 비핵화 회담이 정상회담을 통해 큰 가닥을 잡고 비핵화를 위한 순조로운 궤도로 들어선다면 이것이 남북 관계에도 긍정적 영향을 미쳐 한반도는 불가역적인 평화의 길로 들어설 가능성이 있다. 그러나 비핵화 회담이 교착상태에 빠지거나 파국으로 치닫게 되면 한반도의 평화는 멀어지게 될 것이다.

도대체 한국안보를 위험에 빠트리게 하는 북한 위협의 실체는 무엇이며 이 위협을 제거하거나 완화하기 위해 한국을 포함한 국제사회는 어떤 정책을 추진해야 하는가? 이것이 본 저서 제2부의 주제이다. 제2부에서는 북한 위협의 실체를 분석해 보고 이 위협을 변화시키기 위한 다양한 정책들을 검토해 본다. 북한의 핵미사일 위협이 가장 큰 위협이자 당면한 위협이다. 제2장에서는 이 위협의 실체를 분석해 본다. 이를 바탕으로 제3장에서는 북한의 핵미사일 위협을 제거하기 위한 최대한의 압박과 관여정책을 소개한다. 제4장에서는 북한의 비핵화가 얼마나 지난한 과업인지를 과거의 사례와 미북간의 전략을 비교해 가면서 설명해 보고자 한다. 제5장에서는 위협의 근원인 북한에서 체제 변동이 일어날 수 있는지를 검토해 보고 제6장에서는 북한에서 급변사태가 발생하게 될 경우, 중국이 어떤 정책을 취할지 구체적으로 분석해 본다.

북한의 이런 위협에 대응할 수 있는 한국의 취약성의 실체는 무엇이며 이런 취약성을 제거하거나 또는 보강하기 위해 한국은 어떤 정책을 추진하거나 또는 추진해야 하는가? 이것이 본 저서 제3부의 주제이다. 제3부에서는 북한 위협에 대응할 수 있는 한국의 취약성의 실체를 분석해 보고 이 취약성을 변화시키기 위한 다양한 정책들을 검토해 본다. 제7장에서는 북한의 위협, 특히 북한의 핵미사일 위협에 대응할 수 있는 한국 군사전략의 취약점을 분석한다. 이를 바탕으로 제8장에서는 북한 비핵화가 실패할 최악의 상황을 가정하여 한국이 취할 수 있는 정책을 제시한다. 제9장에서는 한반도 비핵화가 순조롭게 진행될 경우 이미 시작되고 있는 남북한 군비통제 분야를 다룬다. 사실 군비통제는 위협의 감소 영역에 속하는 주제이나 군비통제에 대한 정책을 잘못 추진하면 북한에 대한, 그리고 주변국에 대한 한국의 취약성만 더 키울 수도 있다는 점에서 제3부에서 다루고 있다. 군비통제는 상황적으로 추진할 것이 아니라 군비통제의 목표와 추진원칙을 먼저 정하고 이 큰 그림 속에서 분야별 군비통제를 추진해 나가야 한다. 제10장은 국방개혁의 핵심이라고 할 수 있는 군구조 분야를 다룬다. 국방개혁의 목표가 한국안보의 취약성을 감소시키는 데 있기 때문에 지휘구조, 부대구조, 병력구조 등에서 한국군의 취약성을 낮출 수 있는 대안을 모색해 본다.

제2부와 제3부가 본 저서의 핵심 분야이다. 제1부는 도입부이자 국가안보에 대한 개념을 소개하는 것으로 구성되어 있다. 이 내용은 『국가안보: 위협과 취약성의 딜레마』의 저서 제1장에서 상세하게 논의한 바 있다. 제4부에서는 국제정치가 어떻게 약소국에게 투영되고 있는지를 분석한다. 저자가 제11장에서 시리아 내전을 다룬 이유는 시리아 내전에 대한 국제사회의 개입을 분석해 보고 싶었기 때문이다. 시리아 내전의 과정과 결과를 보면 내전의 당사자들보다 강대국들에 의해 모든 것들이 재단된다는 현실이 두드러져 보인다. 먼 나라 이야기가 아니라 우리의 미래일수도 있음을 인식할 필요가 있다는 뜻이다. 제12장은 국가안보의 보루인 국군이 창군으로부터 현재에 이르기까지 어떤 성장과정을 거쳤는지를 정리한 것이다. 저서의 마지막 장에서 국가안보를 위한 우리 선조들과 선배들의 노력과 헌신을 기억하면서 국가안보의 취약성을 줄이기 위한 부단한 노력이 필요함을 역설하고자 했다.

본 저서는 저자들이 주로 2017년과 2018년에 학술지에 공동으로 게재한 논문을 일부 수정 및 보완하여 집필하였다. 최근에 집필한 논문들을 바탕으로 저술하였기에 현장감이 있다는 것이 이 저서의 장점이다. 2000년에 첫 출간된 『국가안보』는 이론서에 가깝기 때문에 건조하고 딱딱하다. 그러나 이번에 출간되는 『한국안보』는 이론은 거의 배제하고 현재 벌어지고 있는 안보 상황을 분석하면서 정책 대안을 제시하는 데 초점을 맞추었다. 그래서 읽고 이해하는 데 그리 큰 부담이 되지 않는다. 그럼에도 불구하고 안보라는 단어 자체가 독자들에게는 부담이 될 수도 있을 것이다.

퇴임을 맞이하여 학계에 작은 돌 하나 얹어놓는다. 『국가안보』에 이어 『한국안보』까지 출판을 맡아주신 법문사 관계자 여러분들에게 감사드린다. 독자들의 따가운 질책을 기대한다. 끝으로 한국군사문제연구원에서 본 저서를 연구총서로 채택하여 출판이 가능하도록 일부를 지원해 준 데 대해 감사드린다.

2019년 2월
삼성동 연구실에서
저자 김 열 수

성신여대 연구실에서
저자 김 경 규

차　례

제 1 부　위협과 취약성, 그리고 국가안보

제 2 부 북한의 위협: 실체와 변화 가능성

제 4 부 국제정치의 현실과 군의 역할

P·A·R·T

01

위협과 취약성, 그리고 국가안보

제1장 개념적 논의

제1부는 본 저서의 도입부이자 안보에 대한 개념을 정리한 것으로써 1개의 장으로 구성되어 있다. 안보에 대한 개념은 필자가 2010년에 첫 출판하여 최근까지 다섯 번에 걸쳐 개정한 『국가안보: 위협과 취약성의 딜레마』의 제1장에서 정리한 바 있다. 본 저서에서도 제1장에서 필자가 기존에 정리한 안보에 대한 개념을 일부 수정하여 다시 실었다.

안보라는 단어를 떠 올리면 이와 관련된 많은 용어들이 덩달아 연상된다. 위협, 위험, 능력, 취약성, 안전, 위험, 가치, 이익 등이 그 대표적인 것들이다. 이런 용어들에 대한 차이점을 먼저 식별하는 것이 안보 개념을 이해하는 데 도움이 될 것이다. 개인이든, 국가든, 또는 국제체제든 행위주체가 불안을 느끼는 이유는 위협이 존재한다는 사실과 이 위협에 대응할 수 있는 자신이 가지고 있는 능력의 한계, 즉 취약성으로 인해 행위주체가 중요하다고 생각하는 이익이 손상될 것이라는 걱정 때문이다.

제1장에서는 불안 또는 안보와 관련된 용어의 차이를 비교해 봄으로써 안보에 대한 개념을 정립하고자 한다. 이를 바탕으로 안보를 구성하는 핵심 개념인 위협, 이익, 그리고 취약성이 안보와 어떤 관계가 있는지를 살펴볼 것이다.

제1장 개념적 논의*

요 약

위험(Danger)이란 '좋은 결과를 기대할 수 없는 순전히 초래될 손상'을 말하는 것으로써 해로움이나 손실이 있거나 또는 그런 상태를 의미한다. 손상의 위험은 주로 비의도적인 실수나 기계적 실수, 또는 자연재난으로부터 발생한다. 이런 위험으로부터 행위 주체를 보호하는 것을 안전(Safety)이라고 한다.

위협(Treat)이란 '상대방에게 부정적 결과를 가져오도록 하기 위한 의도적인 언행(言行)'을 말한다. 즉, 위험은 비의도적인 행위의 결과로 손상이 발생하는데 비해, 위협은 의도적인 언행을 통해 상대방에게 손상을 입히는 것을 말한다. 이런 위협으로부터 행위주체를 보호하는 것을 안보(Security)라고 한다.

안보를 담보하려면 상대방의 위협을 줄이거나 또는 그 위협에 대응하는 행위주체의 능력을 확대해야 한다. 행위주체가 불안(Insecurity)을 느끼는 이유는 상대방의 위협이 너무 크거나 또는 이에 대응할 수 있는 자신의 능력이 모자란다고(즉, 자신의 취약성이 너무 크다고) 생각하기 때문이다. 따라서 국가안보란 '국가이익을 보존하고 향상시키기 위해 국내외의 위협을 감소시키고 취약성을 감소시키는 행위'라고 할 수 있다.

 # 핵심어: 이익, 위협, 능력, 취약성, 국가안보

---

* 이 장은 김열수, 『국가안보: 위협과 취약성의 딜레마』, 제5판(파주: 법문사, 2016), 제1장을 수정 및 보완한 것임을 밝힌다.

제1절 안보 개념

1. 위험(Danger)과 안전(Safety)

사람은 누구나 안전한 환경 속에서 행복을 누리며 살기를 원한다. 국가도 안전한 환경 속에서 번영하기를 희구한다는 점에서 인간과 별반 다를 것이 없다. 안전하다고 해서 사람이나 국가가 행복이나 번영을 항상 누릴 수 있는 것은 아니지만, 안전이 전제되지 않으면 행복이나 번영은 거의 불가능하다. 따라서 행복이나 번영의 최소 조건이 바로 안전이라고 할 수 있다.

그렇다면 안전이란 무엇을 의미하는가? 위험으로부터의 안전(Safety)을 의미하는가? 또는 위협으로부터의 안전(Security)을 의미하는가? 아마 두 가지, 즉 위험과 위협으로부터의 안전을 의미할 것이다. 영어식 표현에서는 잘 구분되는 Safety와 Security의 의미가 한글로 표현되면 그 뜻이 애매하다. 둘 다 안전으로 번역되어 통용되기 때문이다.

우선 위험(Danger)과 안전(Safety)의 관계부터 살펴보자. 안전은 위험과 항상 같이 다닌다. 위험으로부터 발생되는 손상으로부터의 자유가 안전이기 때문이다. 위험이란 '좋은 결과를 기대할 수 없는 순전히 초래될 손상'을 말하는 것으로써 해로움이나 손실이 있거나 또는 그런 상태를 의미한다. 손상의 위험은 주로 비의도적인 실수나 기계적 실수, 또는 자연재난으로부터 발생한다. 가스 폭발사고나 건물 붕괴사고 등은 비의도적인 실수의 결과이며, 생명과 재산의 손상을 가져오는 태풍이나 지진 등도 비의도적인 자연현상의 결과이다. 따라서 위험은 기술적, 공학적, 또는 자연적 문제로 발생되는데 이것으로부터 손상을 입지 않는 것을 안전이라고 한다.

제조업 공장, 공사장, 물놀이가 가능한 냇가에 가보면 사람들의 눈에 잘 띄는 곳에 '위험' 그리고 '안전'이라는 표지판이 붙어 있는 것을 볼 수 있다. 이것은 이곳의 작업 공정이나 장소 자체가 위험하니 안전을 잘 지켜서 안전사고가 나지 않도록 하자는 취지의 경고문이다. 공사장이나 공장에서 안전모와 안전화를 착용하는 것도 이런 안전사고에 대비하기 위한 것이다. 따라서 안전은 항상 위험과 같이 다니는 일란성 쌍둥이라고 할 수 있다.

인간이 아무리 조심한다고 하더라도 사고는 나게 마련이다. 그러나 빈도수와 규모는 국가마다 다르다. 선진국일수록 기술적, 공학적 사고는 적게 발생한다. 또한 자연 현상에 노출되는 위험도 선진국이나 후진국이나 똑같지만 선진국일수록 사전 예방과 적절한 대응을 통해 그 손상을 최소한으로 줄인다. 기술적, 공학적, 또는 자연적 현상에 의해 발생하는 사고를 예방하고 대응하기 위해 노력하는 것을 안전관리(Safety Management)라고 한다.

인위적 사고로 인한 손상이나 자연적 현상에 의한 피해가 대규모로 일어날 수 있다. 삼풍 백화점 붕괴 사고, 성수대교 붕괴 사고, 태풍 매미, 세월호 침몰 사고, 인도네시아의 쓰나미, 고베 대지진, 아이티 대지진, 일본 동부의 대지진 · 쓰나미 · 원전사고 등이 대표적인 사례들이다. 이런 종류의 대규모 손상이 발생하는 것을 재난(Disaster)이라고 하고 이를 관리하는 것을 재난관리(Disaster Management)라고 한다.

위험으로 번역되는 것은 Danger만 있는 것이 아니다. Risk도 '위험'으로 번역된다. 그러나 그 의미는 매우 다르다. Danger(위험)가 '좋은 결과를 기대할 수 없는 순전히 초래될 손상'을 말하는데 비해, Risk(위험)는 '발생 가능한 좋은 결과에 대한 대가로써 감수해야 하는 확률적인 손실'을 뜻한다. 앞에서 서술했듯이 Danger는 Safety와 같이 사용된다. 그러나 Risk는 주로 경제 분야에서 사용된다. 포트폴리오(portfolio)도 위험(Risk)을 분산시키고 관리하기 위한 방법 중의 하나이다. 국가경제주체들이나 또는 기업들이 많이 사용하는 용어가 바로 Risk이다. Danger에 대처하기 위해서는 안전관리(Safety Management)를 잘해야 하고 Risk에 대처하기 위해서는 위험관리(Risk Management)를 잘 해야 한다.

2. 위협(Treat)과 안보(Security)

위험으로부터 발생되는 손상도 있지만 위협으로부터 발생되는 손상도 있다. 위험과 달리 위협이란 '상대방에게 부정적 결과를 가져오도록 하기 위한 의도적인 언행(言行)'을 말한다. 즉, 위험(Danger)은 비의도적인 행위의 결과로 손상이 발생하는데 비해, 위협(Treat)은 의도적인 언행을 통해 상대방에게 손상을 입히는 것을 말한다. 양자 모두 그 결과로 손상이 발생한다. 심리적·물질적 손상이 발생하는 것은 똑같지만 결정적인 차이점은 의도적이냐 또는 비의도적이냐 하는 것이다. 위험으로부터 자신을 보호하기 위해서는 안전(Safety)이 필요하지만 위협으로부터 자신을 보호하기 위해서는 안보(Security)가 필요하다.[1)]

위협은 범죄자, 적국, 초국가적 위협 등 사회적 행위주체의 의도적 언행이 손상의 원천인 경우에 발생된다. 즉, 위협은 기술적, 공학적, 또는 자연적 문제로 인해 발생되는 것이 아니라 정치적·군사적·사회적·심리적 문제로 인해 발생된다.[2)] 따라서 정치적, 군사적, 사회적, 심

1) 赤根谷達雄·落合浩太郎 편저, 김준섭 역, 안보총서 99호, 『신안전보장론』(서울: 국방대학교 안보문제연구소, 2004), pp. 6-7.

2) 김준섭 역, 위의 책, p. 70.

리적 문제로 인해 발생되는 위협으로부터 주체를 보호할 필요가 있는데 이를 안보(Security)라고 한다. 위협과 안보도 위험과 안전처럼 일란성 쌍둥이인 셈이다. 비의도적인 위험(Danger)으로부터 주체를 보호하는 것을 안전(Safety)이라고 하고, 의도적인 위협(Treat)으로부터 주체를 보호하는 것을 안보(Security)라고 한다.

3. 안전(Security)과 안보(Security)

Security를 한글로 번역하면 안전이 되기도 하고 안전보장(안보)이 되기도 한다. 이것의 번역과 한국에서의 통용 과정을 먼저 살펴볼 필요가 있다. Security가 국제 관계에서 본격적으로 사용되기 시작한 것은 20세기 이후였다. 국제연맹 규약과 국제연합 헌장에 가장 많이 등장하는 용어가 '국제평화와 안전(International Peace and Security)'이다. 국제연합 헌장 서문에는 국제연합의 목적을 '국제평화와 안전을(안보를) 유지하기 위하여(to Maintain International Peace and Security)'라고 명기되어 있다. 이 용어를 '안전'으로 번역할 것인가? 또는 '안전보장'으로 번역할 것인가?

일본 학자들에 의해 번역된 이 용어가 한국에서도 그대로 사용되고 정착되는 과정을 거치게 된다. 일본학자들은 Security를 안전으로 번역할 경우, Safety(안전)와 혼동된다는 점을 고려했던 것으로 보인다. 일본은 '재난공화국'이라고 불릴 정도로 지진, 태풍, 화산 등의 위험에 많이 노출되어 있다. 따라서 이런 위험으로부터 손상을 입지 않기 위한 노력을 안전(Safety)이라는 용어로 사용하고 있다. 그런데 위협으로부터의 보호를 똑같은 안전(Security)이라는 용어를 사용할 경우, 국민들이 혼동할 수 있다는 점을 고려했던 것이다. 따라서 Security를 Safety와 구별

되는 안보로 번역했다고 본다. 이런 구분이 한국에서도 그대로 적용되고 있다.

그럼에도 불구하고 Security라는 용어가 맥락에 따라 안전이나 안보로 사용되고 있는 것이 현실이다. 중국에서는 Security를 안보로 번역하지 않고 여전히 안전으로 번역하여 사용한다. 이는 중국이 아직도 위협과 위험, 안전과 안보의 개념이 미분화되어 있다는 것을 의미할 수도 있다. 그러나 국제연합 헌장 서문에서 보듯이 Security를 안보라고 번역하기보다는 안전으로 번역하는 것이 편할 때가 있다. 상황적 맥락에 따라 Security를 안전 또는 안보로 사용하면 될 것으로 본다.

4. 안보의 어원과 정의

안보는 라틴어의 Securus 또는 Securitas가 그 어원인데, 이것은 se와 cure의 합성어이다. se란 '~이 없다'라는 의미이고 cure란 '근심 또는 걱정'의 의미이다. 따라서 Securus 또는 Securitas란 'free from the care'로써 '근심 또는 걱정으로부터의 자유'를 말한다. 여기서 the는 특정한 근심 또는 걱정을 한정하는 의미로도 사용된다.

사실 근심 또는 걱정은 정치적 · 군사적 · 사회적 · 심리적 위협으로부터 발생되기도 하지만 기술적 · 공학적 · 자연적 위험으로부터 생기기도 한다. 이렇게 되면 안보 정의에 대한 또 다른 혼란이 생길수도 있다. 따라서 본 저서에서는 안보를 비의도적인 위험으로부터 발생되는 근심이나 걱정은 제외하고 의도적인 위협으로부터 발생되는 근심이나 걱정으로 한정할 것이다.

국가가 불안한 이유는 다른 국가들이 의도적으로 자신의 국가이익을 위협할 수 있다는 점과 이런 위협에 대응할 수 있는 자신의 능력 부족,

즉 취약성이 크기 때문이다. 상태의 의미에서 안보란 '위협의 부재'이지만, 정책의 의미에서 안보란 '위협을 감소시키고 취약성을 감소시키는 행위'라고 할 수 있다.

이렇게 정의된 안보를 분석 수준에 따라 다양한 수식어를 붙이게 되면 수준별 안보를 구체적으로 정의할 수 있다. 개인수준으로부터 국제수준에 이르기까지 적용이 가능하며 국가 내의 부문별 적용도 가능할 것이다. 즉 개인안보, 국가안보, 국제안보 등으로 구분이 가능하고, 정치안보, 경제안보, 사회안보, 군사안보, 환경안보, 과학기술안보 등으로 구분될 수도 있다는 뜻이다. 외부의 위협으로부터 자신의 이익(인권, 생명권 등)을 지키는 것을 개인안보라고 하고, 내외부의 위협으로부터 국가의 이익(국민, 영토, 주권 등)을 지키는 것을 국가안보라고 하며, 체제내부의 위협으로부터 국제체제의 이익(전쟁방지, WMD 확산 방지 등)을 지키는 것을 국제안보라고 한다.

여기에서 중요한 개념 3가지가 등장한다. 즉, '위협,' '이익,' 그리고 이익을 지킬 수 있는 '능력'이다. 그러나 능력을 지나치게 강조하다 보면 공격적인 이미지에서 벗어나기 곤란하다. 따라서 이 용어보다는 상대방과의 균형을 갖춘다는 의미에서 취약성이라는 용어를 많이 사용한다. 취약성이란 상대방의 위협에 대응하기에 부족한 능력을 말한다. 위협, 이익, 그리고 취약성이라는 3가지 용어로 국가안보를 정의해 보면, 국가안보란 '국가 이익을 보존하고 향상시키기 위해 국내외의 위협을 감소시키고자신의 취약성을 감소시키는 행위'라고 할 수 있다. 여기서 '국가이익의 보존'뿐만 아니라 국가이익의 '향상'을 적시한 이유는 정책으로서의 국가안보가 국익을 위해 적극적이어야 함을 강조하기 위한 것이다. 또한 '내외부의 위협'을 적시한 이유는 위협이 외부에서만 발생되는 것이 아니라 내부에서도 발생되기 때문이다. 가치의 개념은 너무 추상적이다. 따라서 가치보다는 이익이라는 개념이 더 적절한 것으로 보인다.

제2절 위협과 안보

1. 전통적 위협

냉전시대 국제관계 연구학자들의 안보 주제에 대한 관심은 대부분 국가안보에 집중되었다. 국가안보는 본질적으로, 외부의 위협에 대해 자국의 이익을 보호하는 것과 관련이 있다. 역사적으로 영토의 통합과 주권에 대한 가장 심대한 위협은 적대국가의 군사력으로부터 나왔다. 군대만이 타국의 이익을 심각하게 침해할 수 있는 결정적인 수단이기 때문이다. 따라서 전통적 의미에서의 국가안보는 군사안보와 다를 바가 없었다.

앞에서도 서술했듯이 위협이란 상대방에게 손상을 입히기 위한 의도적인 언행이다. 따라서 위협을 가하는 측은 위협을 할 수 있는 능력을 가지고 있어야 하고 또 위협하고자 하는 의도를 가지고 있어야 한다. 전통적으로 위협이 능력과 의도의 결합의 산물로 이해되는 이유도 여기에 있다. 전통주의적 관점에서 보면, 상대방에게 손상을 가할 수 있는 능력은 잠재적 위협국가의 군사력으로부터 나온다.

상대방 국가의 능력 못지않게 상대방 국가의 의도도 중요하다. 왜냐하면 특정한 국가가 능력을 가지고 있어도 그 능력으로 상대방 국가를 위협하지 않으면 안보 문제가 발생하지 않기 때문이다. 한국은 미국이 막강한 군사력을 가지고 있어도 그 군사력으로 한국을 위협할 것이라고 생각하지 않는다. 한국은 또한 영국이나 프랑스가 군사력으로 한국을 위협할 것이라고 생각하지 않는다. 그 이유는 그들이 한국을 공격할 '의도'가 없을 것이라고 생각하기 때문이다. 그러나 한국은 북한을 비롯한 한국의 주변 국가들의 의도에 대해서는 확신을 갖고 있지 못하다.

적대국에 대한 위협을 평가할 때는 그 판단 기준이 달라질 수 있다. 왜냐하면 적대국의 능력과 의도를 모두 고려해야 하기 때문이다. 만일 적대국의 군사력은 무시한 채 그 의도만을 호의적인 것으로 판단하여 행동한다면 심각한 안보 문제가 발생할 수 있다. 그 대표적인 사례가 1938년의 뮌헨 협정(Munchen Agreement)[3]이다. 따라서 전통적 위협에 대해서는 상대방 국가의 의도 대신 능력만을 보고 이에 대비해야 한다. 의도는 상황에 따라 언제나 바뀔 수 있기 때문이다.

전통적 안보 연구는 적대국가의 군사력을 위협의 주요 원천으로 보고 이에 대응하여 자국의 취약성을 감소시키는 방향에 초점을 맞추었다. 이런 연구 경향은 새로운 위협이 부상하고 있음에도 불구하고 여전히 강력한 영향력을 행사하고 있다.

---

3) 영국 수상 챔벌린(Neville Chamberlain)은 1938년 9월28일, 또 하나의 세계 대전을 막기 위해 뮌헨에서 달라디에(Edouard Daladier) 프랑스 수상, 히틀러(Adolf Hitler) 독일 총통, 그리고 무쏠리니(Benito Mussolini) 이태리 총통과 함께 4자회담을 가졌다. 이 회담에서 챔벌린은 체코슬로바키아의 영토와 유럽의 평화를 맞바꾸려고 하였다. 이 회담에서 체코슬로바키아 영토의 1/3에 해당하는 주데텐란트(Sudetenlad)를 독일에 떼어주는 대신 히틀러로부터는 "앞으로 모든 국제적 분규는 평화적 방법으로 해결한다."는 약속을 받아내서 이를 문서화하는 데 성공했다. 이것이 '뮌헨 협정'이다. 영국으로 귀국한 챔벌린은 귀국 성명에서 "우리 시대의 평화를 가지고 왔다."고 선언했다. 그러나 뮌헨 합의 6개월도 채 되지 않은 1939년 봄, 히틀러는 체코슬로바키아의 나머지 국토마저 무력으로 병합하고 같은 해 9월에는 폴란드를 침공함으로써 제2차 세계대전이 일어났다.

2. 위협에 대한 한계 설정

전통적 위협이 여전히 그 위력을 떨치고 있는 가운데서도 새로운 위협에 대한 관심이 증대하기 시작했다. 1970년대의 오일쇼크로 인해 경제 문제가 안보의 대상이 되었고 최근에는 테러리즘, 기후변화, 그리고 질병 등에 대한 관심이 증대되기 시작했다. 냉전의 종식이 새로운 위협에 대해 눈을 뜨게 해 주었던 것이다. 안보의 의제들이 확대(Broadening the Agenda)된 이유가 여기에 있다.

안보 의제의 확대는 위협의 원천이 군사 분야를 넘어 타 분야로 확대됨을 의미한다. 따라서 위협은 적대 국가의 군사력, 내부의 혁명운동, 대량살상무기의 확산, 테러리즘, 마약 밀매, 인신 매매, 희소자원의 한계, 핵폭발 사고의 가능성, 그리고 국가 통화의 붕괴 등이 될 수도 있다. 그러나 비의도적인 위험과 의도적인 위협을 구분해야 안보 연구의 의제를 설정할 수 있다. 위협에 대한 한계 설정이 없다면 모든 것이 안보 의제가 될 수 있기 때문이다. 따라서 새로운 위협이라고 하더라도 안보 정책을 수립하기 위해서는 위협에 대한 영역을 한정할 필요가 있다.

의도적인 위협과 비의도적인 위험이 안보(Security)와 안전(Safety)의 경계선이긴 하지만 가끔씩 이 경계선에 혼란이 올 때도 있다. 만약 안보 위협이 인간의 의도가 있는 곳에서만 존재하는 것이라면, 섬 국가인 몰디브나 투발루가 가라앉는 것은 비의도적인 것이기 때문에 위협이 아니라는 결론에 도달할 수도 있다. 또한 1986년 구소련 공화국이었던 우크라이나의 체르노빌(Chernobyl)에서 발생했던 원자력 발전소의 방사능 누출 사고는 분명한 안보문제임에도 불구하고 인간의 실수에 의한 비의도적인 것이기 때문에 안보 문제가 아니라고 주장할 수도 있다. 따라서 몇몇 반직관적인(Counterintuitive) 한계의 조작은 필요하다.

그럼에도 불구하고 새로운 위협은 비의도적인 인위적 사고나 자연적 현상에 의한 위험을 포함하면 안 될 것으로 본다. 따라서 일상적인 사건 및 사고, 마약, 질병, 그리고 비의도적 결과로 발생한 인위 재난과 자연 재난은 위협에서 제외해야 한다. 이런 것들은 위협과 안보의 차원에서 다룰 것이 아니라 위험과 안전 및 안전관리, 그리고 재난과 재난관리의 차원에서 다루어야 할 것이다. 손상의 위험이 있다고 해서 이를 모두 위협과 안보의 틀 속에서 다루게 되면 정작 중시해야 할 '안보'가 경시될 수도 있기 때문이다.

3. 위협의 강도

특정 위협이 언제 국가안보 문제가 되는가라는 문제는 그 위협의 종류가 무엇이고 해당 국가가 그것을 어떻게 인식하고 있는가에만 달려 있는 것이 아니라 그 위협이 작동하는 강도에 의해서도 영향을 받는다.[4] 위협의 강도를 결정하는 주된 요인은 7가지 정도로 대별된다.

첫째, 위협의 구체성 여부이다. 한국의 경우, 북한 핵 위협과 침략 가능성, 일본의 독도 영유권 주장 및 역사 왜곡, 중국의 이어도 관할권 주장, 동북 공정, 그리고 사드 배치에 대한 보복 등이 구체적인 위협이라고 한다면, 공산주의 이념의 위협이나 테러리즘 등은 포괄적 위협이라고 할 수 있다. 반면, 미국의 경우, 대량살상무기의 확산, 테러리즘 등이 구체적인 위협이라고 한다면, 미국에 대한 재래식 공격 등은 포괄

4) 이 항은 Barry Buzan, *People, States, and Fear: An Agenda for International Security Studies in the Post-cold War Era*, 2nd edition(London: Harvester Wheatsheaf, 1991): 김태현 역, 『세계화 시대의 국가안보』(서울: 나남출판, 1995), pp. 164-170의 아이디어를 참고하여 재구성한 것이다.

적 위협이라고 할 수 있다.

둘째, 위협의 공간적 근접성 여부이다. 한국과 북한, 인도와 파키스탄, 러시아와 발트해 3국, 이스라엘과 중동 국가 등은 공간적 근접성에 의해 서로가 서로를 위협의 실체로 인식한다고 한다면, 한국과 쿠바, 인도와 이란, 중국과 브라질 등은 공간적 이격성에 의해 서로가 크게 위협을 느끼지 못한다. 비록 공간적 근접성 여부가 장거리 미사일, 장거리 공중 폭격기, 무인 항공기(Drone) 등이 발달함에 따라 그 중요성이 현저하게 떨어지고 있음에도 불구하고 여전히 위협의 강도에 영향을 미치고 있다.

셋째, 위협의 시간적 근접성 여부이다. 위협이 즉각적인 것인가? 또는 시간적으로 멀리 떨어져 있는가? 북한의 남침 위협은 일본의 한국에 대한 군사적 위협보다는 가까이 있고, 다양한 종족으로 구성된 국가 내에서의 분리 독립 운동이라는 위협은 다원주의가 뿌리 내린 국가 내에서의 이탈 운동보다는 시간적으로 근접해 있다. 또한 핵무기확산금지조약(NPT)에 가입해 있지 않거나 또는 탈퇴한 국가로부터의 핵무기 위협은 그렇지 않은 국가로부터의 핵무기 위협보다는 가까이 있으며, 주인이 확정되지 않은 자원의 보고 지역에 대한 위협은 아무런 자원도 없는 지역에 대한 위협보다 가까이 있다. 그러나 그 시기가 어느 정도 분명한 것도 있지만 그렇지 못한 위협도 많다.

넷째, 위협이 현실화될 수 있는 개연성의 강도이다. 위협이 실제로 현실화 될 가능성은 어느 정도인가? 위협은 잠재적으로 존재할 수도 있고 현실화될 수도 있다. 현실화된다면 그 개연성은 높은 것이다. 냉전시 미국과 구소련은 서로 적대국이었지만 핵전쟁의 결과를 예상하고 있었기 때문에 핵전쟁이 일어날 개연성은 낮았다. 북한이 핵무기를 개발하지 않은 상태에서 핵전쟁이 일어날 개연성과 핵무기를 보유한 이후에 핵전쟁이 일어날 개연성은 분명히 다르다. 또한 전략적으로 중요하지 않은 영토분쟁 중인 지역에서의 전쟁의 개연성보다는 전략적으로 중요한 영토분쟁 중인 지역에서의 전쟁의 개연성이 더 높다.

다섯째, 이익 침해의 심각성 여부이다. 상대방이 나에게 부여하는 위협이 국가의 생존적 이익과 사활적 이익을 어느 정도 침해하느냐의 여부가 관건이다. 상대방 국가가 군사력으로 이런 이익을 침해할 경우, 국가는 전쟁을 선택할 수도 있다. 특정국가로부터 공격을 받는 것은 영토의 통합과 주권을 침해받기 때문에 생존적 이익이 침해받는 것이다. 이런 이익을 보호하기 위해 국가는 군사력으로 즉각 대응할 수도 있다. 중요하지 않은 주변적 이익에 대한 침해와 국가의 주권과 영토에 대한 이익의 침해는 다르다.

여섯째, 역사적 경험 여부이다. 한국의 북한에 대한 두려움은 과거 서독의 동독에 대한 두려움과는 다르다. 동서독은 전쟁의 경험이 없지만 한국은 북한으로부터 침략 당한 경험을 가지고 있기 때문이다. 또한 러시아도 대륙으로부터의 침입을 두려워하는데, 13세기의 몽고의 침입, 1812년의 나폴레옹의 침략, 1915년의 독일의 침략, 그리고 1941년의 독일의 침략이라는 역사적 경험을 가지고 있기 때문이다. 터키에 대한 그리스의 두려움은 1453년의 비잔틴 제국 멸망으로부터도 천 년을 더 거슬러 올라간다. 역사적 경험에 의한 두려움은 합리적 판단을 흐리게 하기도 하고 특정 위협에 대해 필요 이상의 우선순위를 부여하기도 한다.

마지막으로 국가 간의 우호성 여부이다. 이것은 앞에서 서술한 '의도'와 일맥상통하다. 우호성 여부에 따라 상대 국가를 위협으로 인식할 수도 있고 그렇지 않을 수도 있다. 한국은 미국이나 서유럽으로부터 위협을 받을 것으로 인식하지 않고 서유럽은 미국이나 캐나다, 호주 등으로부터 위협을 받을 것으로 인식하지 않는다. 또한 미국은 영국이나 프랑스가 보유한 핵무기를 위협으로 인식하지 않는 반면, 불량국가나 테러분자들이 사용할지도 모르는 소규모의 대량살상무기를 더 큰 위협으로 인식한다. 우호적인 국가에 대해서는 능력과 의도를 모두 의심하지 않는 대신, 잠재적 적국에 대해서는 그 능력과 의도를 위협으로 인식한다는 뜻이다. 그러나 우호성 여부는 고정적인 것이 아니다. 제2차 세계대전 당시 독일은 구소련과 불가침 조약을 체결했지만 독일은 구소련을 침략했다. 미국은 월남전에서 패배했지만 현재의 베트남은 미국과 외교관계를 맺고 있다. 또한 현재의 베트남은 미국으로부터의 위협을 인식하지도 않는다. 우호성은 변하기 때문이다. 위협의 강도를 요약하면 <표 1>과 같다.

〈표 1〉 위협의 강도

구분	높은 강도	낮은 강도
위협의 구체성	구체적	포괄적
위협의 공간적 근접성	공간적으로 근접	공간적으로 이격
위협의 시간적 근접성	시간적으로 근접	시간적으로 요원
위협의 현실화 개연성	높은 개연성	낮은 개연성
이익 침해의 가능성	높은 가능성	낮은 개연성
역사적 경험 여부	많은 경험	경험 없음
국가 간의 우호성	낮은 우호성	높은 우호성

4. 위협의 과대평가와 과소평가

위협은 많은 요인들이 복합적으로 작동하여 그 실체를 구성하는데, 이로 인해 발생되는 불안을 극복하기 위해서는 위협의 실체와 이에 대응하는 주체의 능력을 먼저 평가해야 한다. 그러나 위협에 대한 평가는 여전히 주관성이 많이 개입될 수 있어 과대평가와 과소평가의 문제가 대두되곤 한다. 위협을 과도하게 평가하면 안보를 위해 적극적인 정책을 펼쳐야 하는데, 이렇게 되면 한정된 자원의 불균형적인 사용, 대중의 공포, 공세적이고 침략적인 국가의 이미지, 그리고 사소한 위협에 대한 과잉 반응의 가능성이 높아진다. 반면, 위협을 과소하게 평가하면 소극적인 정책을 펼치게 되는데, 이렇게 되면 '전쟁 패배'라는 엄청난 비용을 치르게 될 가능성이 높아진다.

위협에 대한 과대평가 증후군을 사라예보 증후군(Sarajevo Syndrome)[5]이라고 하고 과소평가 증후군을 뮌헨 증후군(Munich Syndrome)이라고 한다. 사라예보 증후군이란 상대방의 능력과 의도를 과대평가하는 것을 말한다. 사라예보에서의 과대평가는 의도의 과대평가에 초점이 맞춰져 있다.

반대로 뮌헨 증후군은 앞에서 서술한 뮌헨 협정을 빗대서 표현한 것이다. 뮌헨 협정으로 영국과 프랑스는 히틀러의 침략 의도를 과소평가함으로써 유화정책을 펼치게 되었고 그 결과 제2차 대전이 일어나게 되었다. 상대방의 의도를 과소평가한 결과 사전에 전쟁에 대비하지 못했던 것이다.

위협을 과대평가하는 것도 문제지만 과소평가하는 것도 문제이다. 그러나 위협 평가자의 의도성이 없다고 하더라도 위협에 대한 정확한 평가는 한계가 있으며 심리적인 요소가 이에 더할 경우 그 어려움은 더욱 커지게 된다.

---

5) 오스트리아의 황태자 부부가 구유고의 사라예보에서 세르비아 청년에게 암살당하자, 오스트리아는 독일의 지원을 받으며 세르비아를 군사적으로 위협하게 되었다. 이에 따라 세르비아의 후견국인 러시아가 군사동원으로 오스트리아를 위협하자 독일은 러시아가 오스트리아를 침공할 것으로 판단하여 벨기에와 프랑스를 기습공격함으로써 제1차 세계대전이 일어나게 된다. 독일과 오스트리아-헝가리의 2국 동맹은 3국협상인 러시아, 프랑스, 영국의 의도를 과대평가한 결과 전쟁에 돌입하게 되었던 것이다. 이 사건을 빗대서 표현한 것이 사라예보 증후군이다.

제3절 취약성과 안보

1. 능력과 취약성

왜 인간이나 국가들은 불안(Insecurity)을 느낄까? 그 이유는 자신 이외의 다른 행위자가 존재하기 때문이다. 그러나 자신 이외의 다른 행위자의 존재만으로는 위협을 느끼지 않을 수도 있다. 다른 사람을 위협하지 않는 사람들도 있고 다른 국가를 위협하지 않는 국가들도 있기 때문이다. 문제는 나를 위협하는 사람들도 있고 자신의 국가를 위협하는 국가들도 있기 때문에 인간이나 국가들은 항상 불안을 느끼는 것이다. 심리적 문제가 불안을 더 가중시키기도 한다.

사람이나 국가가 이런 불안으로부터 자유롭지 못한 이유는 두 가지이다. 하나는 위협이 역사적으로 항상 존재해 왔고 또 앞으로도 존재할 것이라는 가정 때문이다. 다른 하나는 특정한 위협을 극복할 수 있는 자신의 능력(Capability)에 한계가 있다는 인식 때문이다. 따라서 불안(Insecurity)은 상대방의 위협에서 나의 능력을 뺀, 즉 위협－능력(Treat－Capability)이 될 것이다. 어떤 종류의 위협이든 위협은 항상 존재한다고 가정한다면, 사람이나 국가가 더 불안을 느끼는 이유는 자신이 가지고 있는 능력의 한계 때문일 것이다.

위협이 존재해도 그 위협에 대응할 수 있는 능력이 있는 국가는 크게 불안을 느끼지 않는다. 자신을 위협하는 국가를 충분히 응징할 수 있다는 자신감이 있기 때문이다. 국가가 불안한 이유는 바로 자신이 가지고 있는 능력이 부족하다고 생각하기 때문이다. 따라서 안보 문제를 다룰 때 불안을 극복할 수 없는 능력의 한계에 더 초점을 맞추게 되는

데 능력의 한계가 바로 취약성(Vulnerability)이다.

능력이라는 용어보다 취약성이라는 용어가 그 유용성이 높다. 그 이유는 능력의 한계를 극복하기 위해서는 능력을 향상시켜야 한다는 논리가 성립되는데 이런 행위는 즉각 상대방의 인식에 부정적 영향을 미쳐 오히려 자신이 더 불안에 빠질 수 있기 때문이다. 상대방이 칼을 가졌다고 생각하면 나는 총을 가져야 하고, 내가 총을 가지면 상대방은 대포를 가져야 한다고 생각하기 때문에 안전이 증가되는 것이 아니라 오히려 불안이 더 증가될 수도 있다는 뜻이다. 그러나 취약성이라는 용어를 사용하면 상대방과 균형을 맞춘다는 의미가 강하게 다가오기 때문에 상대방의 부정적인 대응을 피할 수 있다는 장점이 있다. 실체는 같을 수 있지만 포장의 기술은 다르다. 전 세계에 국방부(Defense)는 있어도 공격부(Offense)가 없는 것도 같은 이치이다.

불안을 극복하기 위해 각 행위 주체들은 상대방의 위협을 감소시키기 위해 노력하거나 또는 자신의 취약성을 감소시키기 위해 노력하게 된다. 위협에 대한 평가를 함에 있어서 주관성을 무시할 수 없듯이, 자신의 취약성 또는 능력에 대한 평가를 함에 있어서도 주관성은 개입된다. 따라서 이를 객관적으로 평가한다는 것도 대단히 어려운 일이다.

2. 주관적 평가와 전쟁

상대방의 능력과 자신의 능력, 그리고 상대방의 의도 등을 주관적으로 평가한 것이 원인이 되어 전쟁에 이른 역사적 사례는 많다. 어떤 국가가 전쟁을 통해 이익을 확보할 필요가 있다고 판단할 경우 통상 자신과 상대방의 능력을 평가하게 된다. 능력 평가 결과 자신의 능력이 상대방보다 우세할 경우 먼저 공격을 하게 되고 승리를 장담하게 된다.

그러나 이런 비교가 얼마나 주관적이었는지는 전쟁 과정에서 금방 밝혀진다. 오해에 의해 전쟁이 발생한다는 전쟁에 대한 분석이 바로 인지심리학(Cognitive Psychology)적 접근이다. 두 가지 주장만 살펴보자.

스테신저(John J. Stoessinger)는 1.2차 세계대전, 한국전쟁, 베트남전쟁, 인도·파키스탄 전쟁, 중동전쟁 및 페르시아만 전쟁 등을 분석하여 전쟁발발 측면에서의 공통점을 분석해 본 결과 지도자들의 오해에 의해 전쟁이 발발했음을 제시하고 있다.[6] 스테신저는 전쟁발발의 가장 중요한 요인은 지도자들의 현실 상황 판단착오 내지는 인식착오의 문제, 즉 오해에서 비롯되었다고 주장한다. 이러한 오해는 다음 4가지 유형으로 나타나는데 지도자 자신에 대한 오해, 적의 성격파악에 대한 오해, 적 의도에 대한 오해, 그리고 적 지도자의 능력과 적 능력에 대한 오해가 그것이다. 특히, 적 지도자의 능력과 적 능력에 대한 오해에는[7] 상대방 국가의 국력 및 군사력 과소평가, 타 국가의 전쟁개입 가능성 무시, 상대방 국민의 전쟁의지 경시 등이 있다.

레비(Jack S. Levy)는 "오해란 의사결정자의 심리적 환경과 실제세계의 작동환경 사이의 차이"라고 정의하고 "결정과 행위는 전자에 의해서 결정되나 그 효과나 결과는 후자에 의해 제한 받는다."[8]고 하였다. 적 능력을 과소평가하고 자국의 능력을 과대평가하는 군사적 과신과 제3국 개입의 가능성과 개입으로 인해 전쟁에 영향을 미치는 요소를 과소평가하는 군사적 과신이 전쟁의 원인이 되며, 적 의도 속에 포함되어

---

6) John G. Stoessinger, *Why Nations Go to War?* 2nd ed.(N.Y.: St. Martin's Press, 1974): 송인영·권만순 역, 『왜 전쟁은 일어나는가?』(서울: 도서출판 한원, 1989).

7) 1차대전시 독일과 오스트리아는 러시아의 힘을 얕잡아 보았고, 한국전쟁시 북한은 미국이나 UN군의 개입을 예측하지 못했으며, 1973년 10월 전쟁은 이스라엘-아랍간의 3차에 걸친 전쟁으로 이스라엘이 아랍의 능력을 얕잡아 봄으로써 발생했으며, 이라크가 이란의 능력과 이란 국민의 전쟁의지를 경시함으로써 이란-이라크전이 발생했다.

8) Jack S. Levy, "Misperception and the Cause of War: Theoretical Linkages and Analytical Problems", *World Politics*, Vol. 36, No. 1(1983), p. 79.

있는 적 능력을 과대평가함으로써 이것이 작용－반작용의 사이클과 위기 악순환(crisis spiral)을 일으키게 되고 결과적으로 전쟁으로 유도될 수도 있다는 것이다.[9]

전쟁이 발생하지 않는 한 상대국에 대한 힘의 정확한 평가는 쉽지 않다. 전쟁이 지속될수록 상대국에 대한 힘의 평가가 가능하다. 블레이니(Geoffrey Blainly)는 "전쟁은 통상 전쟁 당사국들이 그들의 상대방에 대한 상대적 힘에 대해 의견이 다를 때 시작되며, 싸우고 있는 국가들이 그들의 상대적 힘에 동의했을 때 종료된다"고 주장했다.[10] 오인이 없는 상태에서도 전쟁이 일어날 수 있지만 거의 모든 전쟁에서 오인이 관련되어 있다는 점은 상대방의 능력과 의도를 평가하는 것이 얼마나 주관적인지를 잘 보여준다.

3. 취약성의 강도

특정 위협에 대한 능력의 한계가 취약성을 구성하는 결정적인 요소이긴 하지만 이 취약성의 강도를 결정하는 요인들도 있다. 이를 6가지로 대별해 보자.

첫째, 위협의 과소 유무이다. 어느 국가이든 내외부로부터 위협을 받을 수 있다. 그러나 모든 국가가 똑같은 종류의 위협에 처해 있는 것은 아니다. 어떤 국가는 전통적 위협과 포괄적 위협에 동시에 처해 있는 반면, 어떤 국가는 전통적 위협에 비교적 자유롭다. 또한 어떤 국가는 외부의 위협에 대해서만 대응책을 준비하면 되지만 어떤 국가는 내외부적 위협에 동시에 대비해야 한다. 한국과 대만, 그리고 이스라엘은

---

9) 위의 글, pp. 82-99.
10) Geoffrey Blainly, *The Causes of War*(N.Y.: The Free Press, A Division of Macmillan Pub. Co., 1973): 국방대학원 역, 『전쟁원인론』(서울: 국방대학원, 1986), p. 66.

적대국의 직접적인 위협에 노출되어 있을 뿐만 아니라 포괄적 위협에도 노출되어 있는 반면, 유럽 국가들은 전통적 위협에 덜 노출되어 있다. 또한 서유럽 국가들은 국내 위협을 거의 상정하지 않는 대신 개도국들은 내부의 위협에도 대처해야 한다. 많은 위협에 대처해야 하는 국가는 상대적으로 취약성이 높다고 할 수 있다.

둘째, 동맹의 유무와 강고성 여부이다. 동맹은 자국의 능력을 보강한다는 차원에서 외부의 위협에 대한 취약성을 줄일 수 있다. 또한 동맹이 얼마나 강고한지도 취약성의 강도에 영향을 미친다. 유사시 동맹의 지원 여부도 취약성의 강도에 영향을 미친다. 1816~1965년까지의 동맹공약의 이행여부를 보면, 177개의 동맹국들 중 48개의 동맹 서명국들이 동맹의무를 수행한 반면, 108개 동맹국들은 중립을 유지하였고, 21개 동맹국들은 동맹을 배반하여 반대편에 참전했다.[11] 이는 동맹 체결의 여부만 중요한 것이 아니라 동맹의 강고성 여부도 취약성의 강도에 중요한 영향을 미친다는 것을 보여준다.

셋째, 정치 · 사회적 단결의 정도이다. 한 국가 내에서 다양한 정체성이 갈등 관계에 있거나 심지어 상대 적국의 정체성을 선호하는 집단이 있을 때 위협에 대처하는 취약성은 높을 수밖에 없다. 한 국가가 여러 민족으로 구성되어 있고 그 중 어떤 민족이 잠재적 적국의 민족과 같거나 또는 한 국가 내의 집단이 상대 적국의 이데올로기를 신봉하게 되면 그 국가의 취약성은 높아지게 된다. 우크라이나가 러시아와 갈등을 겪고 있지만 우크라이나 내의 크림반도는 전체 인구 202만 명 중 약 60%가 러시아인이며 러시아어 사용자도 인구의 80%를 넘는다. 2014년 크림반도가 러시아에 합병된 것은 우연한 일이 아니다. 또한

---

11) Alan Sabrosky, "Interstate Alliances: Their Reliability and the Expansion of War", in J. David Singer ed., *The Correlates of War* Ⅱ: *Testing some Realpolitik Models*(New York: Free Press, 1980).

중국은 56개 민족으로 구성되어 있는데 그 중에서도 티벳과 신장 위구르족은 분리독립을 요구한다. 따라서 한 국가 내의 인종섬(Ethnic Island)의 존재 여부는 해당 국가의 취약성을 높인다. 이데올로기도 이에 못지않다. 대한민국 정부수립 이후부터 6.25 전쟁이 종결될 때까지 한국은 남한에서 활동하던 남로당과 게릴라들로부터의 공격과 전선에서의 전투 등 이중고를 당했다. 그만큼 취약성이 높았던 것이다.

넷째, 기후의 문제도 취약성에 영향을 미친다. 위협을 받는 국가가 온난한 기후라면 그 취약성이 높은 반면, 극 지방에 가깝거나 열대 및 사막 지방의 경우 그 취약성은 상대적으로 낮을 것이다. 러시아의 겨울은 프랑스, 독일의 공격을 물리치게 하는 원동력이 되었고 베트남의 정글은 미국의 첨단 무기 공격을 무력화시키는 요인이 되었다.

다섯째, 지형의 문제도 취약성에 영향을 미친다. 폴란드와 우크라이나는 평야 지대인 관계로 외부의 침략에 대해 방어의 취약성이 높다. 반면 네팔과 스위스 등은 산악으로 둘러싸여 있어 방어에 용이하다. 영국과 일본은 섬 나라인 관계로 육지로 연결되어 있는 국가에 비해 외부 침략에 덜 취약하다. 그러나 이스라엘과 한국은 전략적 종심이 없어 취약성이 높다.

마지막으로 자원의 외부 의존 여부도 취약성에 영향을 미친다. 전략비축 물자가 있다고 하더라도 그것을 외부에 많이 의존하게 되면 취약성이 커진다. 즉, 무기 체계, 유류, 식량 등 주요 물자를 외부에 많이 의존하면 할수록 취약성은 높아지는 것이다. 취약성의 강도를 요약하면 <표 2>와 같다.

〈표 2〉 취약성의 강도

구분	높은 강도	낮은 강도
위협의 과소 여부	많은 위협	적은 위협
동맹의 유무와 강고성 여부	자립, 자주	강고한 동맹
정치·사회적 단결의 정도	높은 분열성	높은 단결성
기후의 문제	온화한 기후	극단적인 기후
지형의 문제	용이한 기동	어려운 기동
자원의 외부 의존도 여부	높은 의존성	낮은 의존성

제4절 이익과 안보

1. 가치와 이익

이익을 둘러싼 용어들도 안보와 관련된 용어만큼 복잡하다. 가치, 이익, 목표 등이 그 대표적이다. 국가의 경우, 국가의 가치, 국가 이익, 그리고 국가 목표 사이에서 어떤 차이가 있을까? 이를 둘러싸고 많은 논란이 있을 수 있다. 가치가 가장 상위 개념이고 이익은 가치를 구체화한 것이며 또한 목표는 이익을 달성하기 위한 것이라는 주장이 있을 수 있다. 이렇게 되면 이익은 가치를 달성하기 위한 수단이며, 목표 또한 이익을 달성하기 위한 수단이 될 수 있다. 또 하나의 주장은 가치가 가장 상위 개념이고 이를 달성하기 위해 국가 목표가 수립되며 국가 이익은 국가 목표를 달성하기 위한 수단이라는 논리이다. 본 저서는 후자 논리의 입장에서 이익을 전면에 내세우고 있다.

2. 이익의 강도

이익은 강도에 따라 생존적(Survival) 이익, 사활적(Vital)이익, 중요한(Major)이익, 그리고 주변적(Peripheral) 이익으로 분류된다.[12] 국가의 물리적 생존과 사활적 이익은 타협의 대상이 아니며 군사력을 동원해서라도 지켜야 할 이익인데 반해, 중요한 이익은 국가에 불편을 주거나 또는 손상을 주는 것이긴 하지만 참을 수 없는 것은 아니다. 사활적 이익과 중요한 이익의 경계선에서 군사력 동원 여부가 결정된다. 문제는 어떤 상황이 사활적 이익 이상의 것이며, 또 어떤 상황이 그 이하의 이익에 해당되느냐 하는 것이다. 불행히도 어떤 문헌에서도 사활적 이익과 중요한 이익에 대한 추상적 상황이나 구체적 상황이 존재하지 않는데, 그 이유는 이것이 심리적이고 주관적이기 때문이다.[13]

국익의 개념은 다양한 국가행위를 정당화하기 위한 편리한 도구임에는 틀림없다. 따라서 어떤 상황이 국익인지, 그리고 국익의 어느 강도에 해당되는지는 관련 국가가 그 상황에 대응하는 행동을 보고서야 판단할 수 있다. 결국 특정한 상황이 군사력을 동원하는 사활적 이익 이상이냐의 여부는 정부의 정책 결정에 달려 있는 셈이다. 국가행위를 보면 국익의 중요성을 측정할 수 있기 때문이다.[14]

---

12) Donald E. Nuechterlein, *American Recommitted: United States National Interest in a Reconstructed World*(Lexington: University of Kentucky Press, 1991), p. 56; 또한 사활적(Vital)이익, 결정적(Critical)이익, 심각한(Serious) 이익, 그리고 주변적(Peripheral) 이익으로 분류되기도 한다. 여기에 대해서는 The White House, *The National Security Strategy of the United States of America*(Washington D. C.: The White House, 2002)를 참조할 것.

13) Donald M. Snow, *National Security for a New Era: Globalization and Geopolitics after Iraq*, 3rd ed.(Pearson Longman: New York, 2008), p. 56.

14) Kelly-Kate S. Pease, *International Organization: Perspectives on Governance in the 21th Century*(Mapper Saddle River, New Jersey: Prentice Hall, 2002), ch.2.

국익의 구분과 그 경계선도 애매하지만 이런 논리에 바탕을 둔다면 국익의 차등화는 아무런 의미를 갖지 못할 수도 있다. 한 국가가 이렇게 행동하면 그 이유는 국익 때문이고, 또 저렇게 행동하면 그것도 국익 때문이라는 논리가 성립되기 때문이다. 따라서 위협에 대한 실체와 이를 평가하는 것도 어려운 일이지만 이익의 실체와 이것의 침해 여부를 평가하는 것도 어려운 일이다.

이익은 객관적인 실체와 정책 결정자들의 의식에 있는 주관적 반영 사이의 경계선에 있다. 따라서 정책결정자들의 인식은 진실일수도 있고 거짓일수도 있으며, 사실일수도 있고 틀릴 수도 있다. 국가들은 종종 국가 안보를 위해 행동하지만 이것이 진실된 이익이었는지의 여부는 나중에 밝혀지게 된다. 그만큼 주관성이 많이 개입되기 때문이다.[15] 그럼에도 불구하고 국가는 내외부의 위협으로부터 국익을 지키기 위해 안보라는 정책을 추진하게 된다.

---

15) I. William Zartman and Victor A. Kremenyuk(ed.), *Cooperative Security: Reducing Third World Wars*(Syracuse, New York: Syracuse University Press, 1995), p. 63.

참고문헌

Blainly, Geoffrey. *The Causes of War.* N.Y.: The Free Press, A Division of Macmillan Pub. Co., 1973: 국방대학원 역. 『전쟁원인론』. 서울: 국방대학원, 1986.

Buzan, Barry. *People, States, and Fear: An Agenda for International Security Studies in the Post-cold War Era*, 2nd edition. London: Harvester Wheatsheaf, 1991: 김태현 역. 『세계화 시대의 국가안보』. 서울: 나남출판, 1995.

Levy, Jack S. "Misperception and the Cause of War: Theoretical Linkages and Analytical Problems". *World Politics*, Vol. 36, No. 1(1983).

Nuechterlein, Donald E. *American Recommitted: United States National Interest in a Reconstructed World.* Lexington: University of Kentucky Press, 1991.

Pease, Kelly-Kate S. *International Organization: Perspectives on Governance in the 21th Century.* Mapper Saddle River, New Jersey: Prentice Hall, 2002.

Sabrosky, Alan. "Interstate Alliances: Their Reliability and the Expansion of War"., in J. David Singer ed.. *The Correlates of War* Ⅱ*: Testing some Realpolitik Models.* New York: Free Press, 1980.

Snow, Donald M. *National Security for a New Era: Globalization and Geopolitics after Iraq*, 3rd ed. Pearson Longman: New York, 2008.

Stoessinger, John G. *Why Nations Go to War?*, 2nd. ed. N.Y.: St. Martin's Press, 1974: 송인영 · 권만순 역. 『왜 전쟁은 일어나는가?』. 서울: 도서출판 한원, 1989.

The White House. *The National Security Strategy of the United States of America.* Washington D. C.: The White House, 2002.

Zartman, I. William and Victor A. Kremenyuk, ed. *Cooperative Security: Reducing Third World Wars.* Syracuse, New York: Syracuse University Press, 1995.

赤根谷達雄・落合浩太郎 편저, 김준섭 역. 안보총서 99호, 『신안전보장론』. 서울: 국방대학교 안보문제연구소, 2004.

P·A·R·T

02

북한의 위협: 실체와 변화 가능성

제2부에서는 북한 위협의 실체를 분석해 보고 이 위협을 변화시키기 위한 다양한 정책들을 검토해 본다.

제2장에서는 북한의 군사전략과 비대칭 전력, 그 중에서도 핵미사일 위협의 실체를 분석해 본다.

제3장부터 제6장까지는 이런 북한의 위협을 제거하거나 감소시키기 위하여 한국과 국제사회가 어떤 정책을 추진하고 있는지, 또는 어떤 정책을 추진해야 하는지를 논의해 보고자 한다.

제3장은 북한의 핵미사일 위협을 제거하기 위한 트럼프 행정부의 최대한의 압박과 관여 정책을 분석한다. 최대한의 압박 정책은 경제제재, 외교적 고립화, 그리고 군사적 옵션 등으로 나타났다. 최대한의 압박정책에 김정은이 회담으로 호응하자 미국도 관여 정책으로 돌아섰다. 미국은 북한이 비핵화할 때까지 제제를 유지한다는 원칙 하에 북한과 대화를 하겠다는 관여 정책을 전개하고 있다.

제4장은 미국의 관여 정책에도 불구하고 북한의 비핵화가 순조롭게 이루어지지 않을 수도 있다. 왜 그럴 것인지 분석해 본다. 북한 비핵화에 대한 과거 사례는 늘 실패의 연속이었다. 이런 교훈을 바탕으로 미국과 북한은 각각의 전략을 구사할 것이나 이런 전략들은 서로 부합하는 것보다는 오히려 충돌하는 부분이 더 많을 것이다. 신고–검증–폐기라는 비핵화 과정에는 수많은 지뢰밭이 늘려 있기 때문이다.

제5장은 위협의 근원인 북한 체제를 아예 바꾸는 정책을 검토해 보는 것이다. 탈냉전 직후 현재에 이르기 까지 많은 국가들이 다양한 체제 변동을 경험했지만 북한의 경우 이런 체제 변동을 기대하기 힘들다. 더군다나 최대한의 압박만으로는 체제 변동을 기대하기에는 한계가 있다. 따라서 다방면에서의 추가적인 정책이 동반되어야 한다.

제6장은 체제변동의 한 유형으로 북한 급변사태를 가정했다. 북한에서 급변사태가 발생하면 중국이 개입할 가능성이 있다. 그것도 군사적으로 개입할 가능성이 크다. 그렇다면 중국 군사 개입의 목적과 양상이 무엇이며 어떤 형태로 개입할 것인지를 분석해 본다.

제2장 북한의 군사전략과 핵미사일 위협의 실체*

요 약

김정은 등장 이후 북한은 '통일대전'에 전념했다. 이를 위해 노동당 규약과 전시사업세칙 등을 개정했으며 WMD를 포함한 비대칭 전력 확보에 주력했다. 무력통일을 위한 북한의 군사전략 개념은 크게 기습공격전략, 조기 전쟁종결을 위한 속전속결 전략, 그리고 다양한 차원의 배합 전략 등 3가지로 대별된다.

북한은 이런 공세적 전략개념을 수행하기 위해 한국군과는 완전히 차이 나는 비대칭적인 전력 증강에 주력해 왔다. 한국과의 재래식 대칭전력으로는 승산이 없다고 판단했기 때문이다. 따라서 북한은 사이버전, 방사포 및 장사정포, 특수전 능력, 그리고 핵미사일 능력을 포함한 WMD 전력 증강에 많은 노력을 기울였다. 결국 이런 비대칭적 전력들이 한국안보를 위협하는 실체들이라고 할 수 있다.

특히, 핵미사일 위협은 심각하다. 북한은 6차례에 걸친 핵실험을 통해 사실상의 핵무기 보유국가로 등장하고 있다. 2020년경에는 20~100개 정도의 핵무기를 가질 것으로 전망된다. 또한 북한은 2017년에 화성12형, 14형, 15형 등 중장거리 미사일 시험 발사에도 성공했다. 이로서 북한은 사거리 170km인 금성 1호로부터 사거리 13,000km에 달하는 화성 15형까지 모든 종류의 미사일을 보유하게 되었다. 마치 현대기아 자동차회사가 모든 종류의 자동차를 생산하는 것

* 이 장은 김열수·김경규, "남북한 군사전략 비교와 함의", 『신아세아』, 제22권 제2호(2015년 여름)에 게재된 논문과 김열수, "북한 핵·미사일 위협 평가 및 전망", 『국가안보전략』, 통권 제63호(2017년 12월)에 실린 글을 수정 보완한 것임을 밝혀둔다.

처럼 북한도 모든 종류의 미사일을 생산하고 있다. 북한의 핵미사일 능력이야말로 한국 안보에 영향을 미치는 결정적인 위협의 실체라고 할 수 있다.

핵심어: 기습공격, 속전속결, 배합 전략, 비대칭 전력, WMD 전력

제1절 문제 제기

젊은 지도자가 3대 세습자로 등장한 이후 북한은 적어도 2017년까지 전쟁 준비에 몰두하는 것처럼 보였다. 김정은은 집권 이후 '2015년 통일대전'을 강조했다. 이를 위해 노동당 규약을 개정했고 '전시사업세칙'을 개정했으며, 통일대전을 위한 비대칭 전력 확보에도 많은 노력을 경주했다. 김정은은 집권 초기 정권의 안정성을 조기에 확보하기 위해 통일대전을 슬로건으로 내세웠던 것이다. 김정은이 강조했던 통일대전의 해였던 2015년은 지나갔지만 그렇다고 김정은의 통일관인 무력통일마저 사라진 것은 아니다.

김정은은 2011년 말 집권 직후부터 "나의 통일관은 무력(武力) 통일이며 직접 탱크를 몰고 서울로 진격하겠다."는 말을 자주 해왔다. 2013년에는 "3년 내 혁명무력으로 통일 할 것"이라고 했으며 2014년 초, 군(軍) 지휘관 회의에서는 노동당 창당 70주년인 "2015년에 통일대전(大戰)을 준비하라."고 하면서 "통일 대전을 위해 전략 물자를 최대한 마련하고 언제나 전쟁할 수 있도록 만반의 준비를 다하라."고 지시했다. 또한 김정은은 2014년 2월 25일 평양에서 개최된 '제8차 사상일꾼대회'에서 "조선 혁명의 완수와 최후 승리를 위한 적(敵)들과의 총결사전"을 언급했다.[1)]

---

1) 황대진 · 김명성, "김정은, 2015년 통일大戰 만반의 준비 지시", 『조선일보』, 2014.3.26.

김정은의 의지에 따라 북한은 노동당 규약과 관련 문건들 및 계획들을 정비했다. 우선 2012년 4월에는 노동당의 당 규약을 개정했다. 개정된 당규약에는 노동당의 당면목적이 다음과 같이 명시되어 있다. “조선로동당의 당면목적은 공화국 북반부에서 사회주의 강성대국을 건설하며 전국적 범위에서 민족해방민주주의 혁명의 과업을 수행하는데 있으며 최종목적은 온 사회를 김일성 김정일주의화 하는데 있다”. 노동당의 당면목적을 쉽게 표현하면, 남한 정권은 미국의 괴뢰정권이기 때문에 미군을 몰아내어 남한을 해방시키고 괴뢰정권 대신 들어선 ‘진정한’ 인민의 정권과 손잡고 통일을 달성함으로써 혁명 과업을 완수하겠다는 것이다. 이렇게 되면 온 사회가 김일성 김정일주의화되는데 이것이 바로 노동당의 최종목적이라는 것이다.

북한은 전시사업세칙도 개정했다. 전시사업세칙이란 북한의 조선노동당 중앙군사위원회에서 작성한 전쟁 대비 문건으로써 북한의 전시상태 선포와 전시 지휘계통을 명문화한 것이다. 여기에는 당, 군과 민간의 행동지침이 적시되어 있다. 북한은 2004년 4월에 제정되었던 전시사업세칙을 2012년 9월에 개정했다.

개정된 문건에는 ‘전시 선포 시기’ 3가지가 명기되어 있다. 첫째는 미국(미제)과 한국(남조선)이 대북 침략전쟁을 기도하거나 무력 침공을 가할 경우, 둘째는 ‘남조선 애국역량’이 (북한에) 지원을 요청하거나 국내외적으로 통일에 유리한 국면이 조성될 경우, 셋째는 미제와 남조선이 국부지역에서 일으킨 군사적 도발행위가 확대될 때 등이다. 첫째와 셋째의 경우는 의당 전시가 선포될 수 있는 조건들이다. 그러나 둘째 항은 불순한 의도가 숨어 있다. 한국 내의 종북 세력이 주도하는 반미 시위나 집회가 전국적 규모로 확대되고 정부의 대응 과정에서 대규모 폭력사태나 유혈충돌 등 극심한 혼란이 야기될 경우 북한은 이들을 지원하여 무력통일의 호기로 삼겠다는 것이기 때문이다.[2] 이렇게 되면 노동당 규약에 명시되어 있는 당면목적도 달성된다.

전시상태 선포의 주체도 개정되었다. 종전에는 최고사령부였는데 개정문에는 '당 중앙위, 당 중앙군사위, 국방위, 최고사령부 공동'으로 바뀌었다. 최고권력기구들이 협의해서 전시상태를 선포하는 모양새로 바뀐 것이다. 그러나 각 위원회의 위원장이 김정은이라는 점을 고려해 본다면 형식상의 변화에 불과할 뿐이다.

준(準)전시사업세칙도 개정되었다. 특히, 준전시상태를 선포할 수 있는 사태가 규정되어 있는데, 첫째는 최고 존엄을 모독했을 때, 둘째는 한미 양국이 전선과 해상에서 군사도발을 했을 경우, 셋째는 최고 이익을 침해하는 도발을 감행했을 경우 등이다. 북한의 준전시상태는 인민군최고사령관(김정은)이 선언하는데 이때 군과 민간에서는 전시에 준한 경계태세가 내려진다. 북한은 1968년 미 해군 푸에블로호 나포 사건, 1983년 팀 스피리트 훈련, 1993년 NPT 탈퇴에 따른 팀 스피리트 훈련, 2015년 8월 비무장지대 지뢰폭발 사건 때 준전시 상태를 선포했다. 이제 북한은 '최고존엄 모독'시에도 준전시상태를 선포할 수 있게 되어 향후에는 더욱 자주 준전시 상태가 선포될 수도 있을 것이다. 물론 한국 정부와 언론, 그리고 보수 단체들에 대해 최고존엄을 모독하지 말라는 경고의 의미도 있다.

2015년 1월 초에는 7일 만에 남한을 점령하겠다는 김정은의 '7일 전쟁계획'이 국내 일간지에 소개되어 물의를 빚기도 했다. 이것의 사실 여부는 별로 중요하지 않다. 한국도 작계 5015가 있듯이 북한도 이와 비슷한 전쟁계획이 있을 것이기 때문이다. 또한 북한이 만일 전쟁을 일으킨다면 미 증원군이 도착하기 전에 전쟁을 끝내야 하겠다고 생각하

---

2) 특별취재팀, "戰時총괄 기관, 軍에서 黨으로 권력이동", 『동아일보』, 20113.8.22.

는 것은 지극히 당연하다.

통일은 합의에 의해서, 혁명에 의해서, 또는 무력에 의해서 달성될 수 있다. 본 저서에서는 북한의 위협 문제가 핵심 주제이기 때문에 합의나 혁명에 의한 통일보다는 무력에 의한 통일 문제를 다룬다. 북한의 군사전략을 살펴보면 북한의 무력통일 준비가 얼마나 철저하게 되고 있는지, 그리고 그 위협이 얼마나 심각한지를 알 수 있다.

리케(Lykke)는 전략을 목적 또는 목표(objectives/ends), 자원 또는 수단(resources/means), 그리고 개념 또는 방법(concepts/ways)으로 구성된다고 했다.[3] 목적 또는 목표는 조직이 달성해야 할 최종상태를 의미하고, 자원 또는 수단은 조직이 보유하고 있는 유무형의 자산을 의미하며, 개념 또는 방법은 목표를 달성하기 위해 조직이 보유하고 있는 자원 또는 수단을 운용하는 것을 말한다. 전략의 3요소인 목표, 수단, 개념 중에서 가장 먼저 정립되어야 할 것은 목표이다. 목표가 정해지면 어떤 개념(방법)으로 이 목표를 달성해야 할지를 정하고, 그 개념대로 전쟁을 수행하기 위해 어떤 수단이 필요한지를 정해야 한다. 따라서 전략은 통상 목표-개념-수단의 선차성을 지닌다고 볼 수 있다. 그러나 수단이 먼저 도입된 후 전략개념이 정립되거나 수정되는 경우도 많다. 핵무기라는 수단이 등장한 후 전략 개념이 완전히 바뀐 사례가 대표적이다.

사실 역사 속에 나타난 군사전략은 대부분 전시의 전면전에 관한 것이긴 하나 군사전략이 반드시 전면전만을 상정하는 것은 아니다. 그 이유는 평시에도 전면전을 억제하는 억제 전략이나 국지도발 대비전략

3) Arthur F. Lykke, "The Fundamental of Military Strategy: Definition, Concept and Theory", *Military Strategy*(Washington, D.C.: US Army War College, 1969), p. 1; Arthur F. Lykke, "Defining Military Strategy", *Military Review*, Vol. 69, No. 2(1989), pp. 2-8.

등이 있기 때문이다. 그러나 본 저서에서는 전면전에 대비한 군사전략으로 한정하여 이를 서술한다.

제2절 북한의 군사전략 개념

북한 군사전략의 기본 목표는 대남 적화통일이며 이를 달성하기 위한 군사전략 개념은 사상전, 기습전, 배합전, 속전속결전이다.[4] 사실 북한의 군사전략 목표와 개념은 김일성 이후 현재까지 변함없이 지속되고 있다고 해도 과언이 아니다. 그러나 사상전을 제외한 나머지 군사전략 개념의 내용은 1990년대 이후 획기적으로 변했다. 재래식 전력 중심의 군사전략 개념이 비대칭 전력 중심의 군사전략 개념[5]으로 변했기 때문이다.

혹자는 북한의 군사전략이 김정일 시대 이후에는 대량파괴전략, 속전속결전략, 사이버전략으로 바뀌었다고 주장하기도 하고[6], 핵무기에 의한 대량파괴 및 조기 전쟁종결전략, 일거에 대규모 선제기습 및 속전속결전략, 다양한 비대칭전략과 배합 전략으로 바뀌었다고 주장[7]하기도

4) 국방부, 『2014 국방백서』(서울: 국방부, 2014), p. 24.

5) 비대칭전(Asymmetric Warfare)이라는 용어는 강대국에 대한 약소국의 승리 요인을 함축적으로 설명한 논문에서 처음 제시되었다. 이에 대해서는 Andrew J. R. Mack, "Why Big Nations Lose Small Wars: The Politics of Asymmetric Conflict". *World Politics*, Vol. 27, No. 2(Jan. 1975) 참조. 이를 계기로 비대칭전, 비대칭 전략, 비대칭전 사례 등에 대한 연구가 쏟아졌다. 비대칭 전략이란 "상대가 예상하지 못한 수단과 방법을 동원하여 상대의 강점을 무력화하고 약점을 이용하며, 이를 통해 전략적 우세를 달성하고 전쟁목적을 달성하기 위한 전략"을 말한다. 이에 대해서는 박창희, "비대칭 전략에 관한 이론적 고찰", 『국방정책연구』, 제24권 제1호(2008년 봄), p. 183을 참조. 역사적 비대칭전 사례는 편의상 4가지 유형(① 양과 질, ② 체계 및 기술, ③ 전략 및 전술, ④ 조직편성)으로 구분된다. 이에 대해서는 Richard Ernest Dupuy and Trevor N. Dupuy, *The Encyclopedia of Military History from 3500B.C. to the Present*(New York: HaperCollins, 1986)을 참고할 것.

6) 박용환, "북한의 선군시대 군사전략에 관한 연구: '선군군사전략'의 형성," 『국방정책연구』, 제28권 제1호(2012년 봄), p. 196.

한다. 또한 핵개발 이후에는 비대칭전략, 대량보복전략, 공세적 공격전략, 중심타격전략, 사이버 전략으로 변화했다고 주장한다.[8] 그러나 필자는 북한의 군사전략 개념이 사상전이라는 바탕 위에 비대칭 전력 중심의 기습, 속전속결, 배합의 전략개념을 그대로 유지하고 있다는 『2014 국방백서』의 견해를 전적으로 수용한다.[9]

1. 대규모 기습공격 전략

기습이란 상대방이 전혀 예상하지 못했거나 또는 예상했다고 하더라도 대응시간이 부족한 시기, 장소, 방법 등을 택하여 상대방을 공격하는 것을 말한다. 북한은 기습을 달성하기 위해 부대구조와 부대 배치를 끊임없이 조정해 왔다. 특히, 김정일 시기인 2000년대 중반, 북한은 지상군 부대 구조를 개편하였다. 1개의 전차 군단과 2개의 기계화군단, 1개의 포병군단을 해체하여 사・여단급 규모로 개편한 후 제1제대인 전연(방)군단에 예속시켰다.[10] 이는 북한이 3개 제대 편성에 의한 제파식 연속타격 전략을 수정하여 2개 제대로 편성했다는 것을 의미한다. 즉, 북한은 제2제대와 제1제대를 통합하여 1개 제대로 편성함으로써 제1제대에서 강력한 충격력을 발휘하도록 했다.[11]

북한은 기습의 효과를 증진시키기 위해 부대배치도 조정하였다. 부대구조 변경을 통하여 제1제대에 많은 부대들이 예속되자 자연스럽게

---

7) 김기호, "김정일 최고사령관 시기 군사전략의 변화," 『국방연구』, 제57권 제2호(2014년 6월), pp. 44-47.

8) 박용환, "북한 군사전략에 관한 연구: 핵개발 이후를 중심으로", 『북한학연구』, 제6권 제1호(2010년 6월), pp. 127-138.

9) 제2절은 김열수・김경규, "남북한 군사전략 비교와 함의", 『신아세아』, 제22권 제2호(2015년 여름)의 내용을 일부 수정 보완한 것임을 밝혀둔다.

10) 국방부, 『2012 국방백서』(서울: 국방부, 2012), p. 24.

11) 김기호, 위의 글, pp. 43-44.

부대 배치가 조정되었다. 제1제대에 배치된 병력은 50만 명 규모에서 70여만 명으로 증가되었고 제1제대의 포병도 3,000여 문에서 8,000문으로 2.7배 정도로 증가되었다. 이로써 북한 지상군 주력은 최전방 배치된 전연(방)군단에 집중되었다.[12)]

국방부는 국방백서에 북한 지상군 전력의 약 70%를 평양~원산선 이남에 배치하여 상시 기습공격을 감행할 태세를 갖추고 있다고 서술하고 있다.[13)] 그러나 필자는 국방부의 공식적인 입장보다는 2013년 11월, 국회 정보위원회 국감에서 국방부 정보본부장이 한 발언에 더 동조하는 편이다. 정보본부장은 "북한군이 휴전선에서 100km 이내(황해도 사리원~강원도 통천 라인 이남)에 북한 병력의 70%(70만 명), 화력의 80%를 전진 배치하고 있다."고 했다.[14)] 이는 국방부가 주장하는 휴전선에서 약 150km 이격되어 있는 평양~원산 라인보다 휴전선에서 50km나 더 가깝다. 이로써 북한의 기습공격은 더 용이해졌다. 군사력의 재배치 없이 기습적으로 남침 할 수 있기 때문이다.

2. 조기 전쟁종결을 위한 속전속결 전략

예나 지금이나 북한이 가장 두려워하는 것은 유사시 투입될 미국의 군사력이다. 전쟁 지속력이 부족한 북한으로서 전쟁에서 승리하기 위한 최선의 방법은 미 증원군이 투입되기 이전에 전쟁을 조기에 종결짓는 것이다. 소위 말하는 속전속결 전략이다. 북한의 전쟁계획은 이런 조기 전쟁종결전략에 바탕을 두고 작성되었다고 본다. 속전속결을 위해 북한

12) 김기호, 위의 글, p.43.
13) 국방부, 『2014 국방백서』, p. 25.
14) 장세정, "북 병력 70만 명 전진배치 … 3~5일 내 부산 점령 전략", 『중앙일보』, 2013.11.14.

은 병력을 증강시키고 기동력을 향상시키며 화력을 증강시키기 위한 노력을 끊임없이 전개해 왔다.

냉전 종식을 전후하여 현재까지 북한의 병력은 87만 명(1988년) → 104만 명(1995년) → 117만 명(2000년) → 119만 명(2010년) → 120만 명(2014년) → 128만 명(2016/2018년) 등으로 늘어났다. 6.25 전쟁 때 20만 명이었던 것과 비교해 보면 무려 6배 이상 늘어났고 탈냉전 직전과 비교해 보아도 무려 40만 명 이상 늘어났다.

기동력과 충격력의 핵심이라고 할 수 있는 전차도 급격히 증강되었다. 전차는 3,500대(1988) → 3,800대(1995년) → 3,800대(2000년) → 4,100대(2010년) → 4,300대(2014/2016/2018년) 등으로 늘어났다. 6.25 전쟁 때 242대 불과했던 북한의 전차가 무려 18배 가까이 늘었고 탈냉전 직전과 비교해 보아도 약 1.2배 정도 늘어났다.

재래식 화력의 핵심인 야포와 방사포 등 화포도 증강되었다. 화포도 7,800문(1988) → 10,850문(1995년) → 12,500문(2000년) → 13,600문(2010년) → 14,100문(2014/2016/2018년) 등으로 늘어났다. 6.25 전쟁 때 728문에 불과했던 북한의 화포가 무려 19.4배 가까이 늘었고 탈냉전 직전과 비교해 보아도 약 1.8배 정도 늘어났다.[15)]

1990년대 접어들면서 남북한 간의 경제력 격차와 이에 따른 재래식 전력의 질적 격차를 절감한 북한은 재래식 전력의 질적 보강보다는 비대칭 전력 개발 및 배치에 주력하게 되었다. 소위 말하는 핵무기, 화학 및 생물학 무기, 그리고 미사일로 대표되는 대량살상무기(WMD)를 개발 및 실전 배치함으로써 속전속결을 위한 수단을 변경시켰다.

---

15) 각 연도별 자료들은 국방백서를 참고해서 작성한 것임.

3. 다양한 차원의 배합 전략

배합 전략이란 규모, 위치, 시간, 방식 등 다양한 차원의 배합을 통하여 전투의 시너지 효과를 극대화하고자 하는 전략이다. 이런 배합 전략에는 정규전과 비정규전의 배합, 전후방 동시전장화의 배합, 소부대 활동과 대부대 활동의 배합, On－Line(사상전, 사이버전)과 Off－Line(물리전)의 배합, 집중과 분산의 배합 등이 있다. 대규모의 정규전과 유격전 등 비정규전을 배합하는 전략은 상대방을 여러 곳에서 공격하여 상대방을 혼란에 빠트리는 전략이다.[16] 최전선에서는 상대방 주력군을 공격하여 고착시키고, 후방에서는 주요 시설 타격, 요인 암살, 전방으로의 무기 및 물자 이동 방해 등을 통해 전쟁 지속력을 약화시킴으로써 전쟁을 승리로 이끌기 위한 전략이다. 배합 전략의 핵심 전력은 20만 명에 달하는 특수전 병력과 사이버 전사 등이다.

제3절 북한의 비대칭 전력

북한은 이런 공세적 전략개념을 수행하기 위해 한국군과는 전혀 다른 전력 증강의 필요성을 인식했다고 본다. 한국군과 같은 재래식 전력 증강으로는 한국에게 승산이 없다고 판단했기 때문이다. 따라서 북한은 한국군과는 완전히 차이 나는 비대칭적인 전력 증강에 주력했다. 이를 위해 북한은 사이버전, 방사포 및 장사정포, 특수전 능력, 그리고 핵미사일 능력을 포함한 WMD 전력 증강에 많은 노력을 기울였다. 제3절

16) 권양주, 『김정은 시대 북한 군사의 이해』, 증보판(서울: 한국국방연구원, 2014), p. 176.

에서는 북한의 비대칭 전력 중 WMD를 제외한 전력만 살펴보고 WMD는 제4절에서 분석해 보고자 한다.

1. 사이버전 능력

북한은 세계 최고 수준의 한국 IT 환경과 세계 최악 수준의 북한 IT 환경의 비대칭성을 오히려 역으로 활용할 방법을 찾아냈다. 북한은 남북한 IT 환경의 비대칭성을 이용하여 한국의 국가기관, 기간산업, 군수산업, 군 지휘망 등에 대한 사이버 공격을 감행할 수 있는 능력과 방법을 찾기 시작했다. 북한이 고도의 사이버 공격을 감행한다면, 한국의 재정·경제시스템과 통신체계 및 운송체계, 그리고 전쟁지도체계까지 일시에 마비시킬 수 있음을 여러 차례 보여주었다. 북한은 이를 위해 조직 정비와 전문 인력을 양성하고 있다. 북한은 영재들을 선발하여 '컴퓨터 수재 양성반'에서 교육하고, 졸업 후에는 김일성종합대학이나 인민군 총참모부 산하의 평양지휘자동화대학(미림대학), 또는 평양컴퓨터 기술대학 등에서 사이버 전사로 양성한다. 이들이 졸업하면 정찰총국과 군 부대에 배치된다.

사실 북한의 사이버전 능력은 급속도로 성장하고 있으며 세계 최고 수준으로 평가받고 있다.[17] 북한의 사이버 공격은 정찰총국이 담당하고 사이버 선전·선동은 통일전선부가 담당한다. 김정은이 2013년 8월 "사이버 공격은 무자비한 타격력을 보장하는 만능의 보검"이라고 하면서 사이버전을 독려한 바 있다. 이로 인해 북한의 사이버전 인력은 6,800명으로 늘어났다. 북한의 사이버전 인력은 노동당과 국방위 산하 정찰총국 등 7개 조직에 해커 1,700여 명과 이들을 지원하는 인력

17) 이 부분은 김열수·김경규, "2013 국방정책 회고와 2014 국방정책 추진방향", 『전략연구』, 제21권 제1호(2014년 봄)의 내용을 일부 수정한 것임.

5,100여 명으로 구성된다.

북한이 구사하는 사이버전 유형에는 사이버 정보수집(해킹), 사이버 심리전(선전선동), DDoS공격 등 사이버테러, 사이버 간첩 교신, 사이버 금전 탈취 등 외화벌이 공작 등이 있다. 북한은 2005~2007년에는 홈페이지·이메일 해킹 등을 하다가 2008년부터는 채팅(IRC)·백신·자료공유(P2P) 사이트 등을 이용한 대규모 공격을 하고 있다. 정보 당국 관계자는 "최근에는 대규모 좀비 PC를 동원한 DDoS 공격, 홈페이지·서버 침투 및 자료 삭제, 자폭 기능 등 한층 고도화된 기술을 쓰고 있다."고 했다.[18]

북한은 2004년 4~7월 사이에 해양경찰청, 국회, 원자력연구소, 국방연구원, 국방과학연구소, 공군대학, 해양수산부, 중소기업청, 통일교육원 등의 PC 600여대를 해킹하였다. 2009년 7.7 DDoS 공격에 의한 사이버 대란, 2011년 청와대, 언론사, 금융기관에 대한 DDoS 공격, 2013년 3.20 언론사 및 금융기관 공격, 6.25 청와대 사이버 공격 등이 이어졌다. 2014년에는 한국수력원자력 해킹, 2015년 서울 매트로 해킹, 2016년 한진그룹 해킹, 국방부 통합데이터 센터(DIDC) 해킹, 2017년 가상화폐거래소의 금융정보 해킹, 그리고 워너크라이 랜섬웨어 등으로 이어졌다.

사실 북한 사이버전의 최종 목표는 한국의 인프라에 대한 공격을 넘어 군 지휘계통과 첨단 무기체계를 무력화하는 것이다. 이미 이런 징후는 나타나고 있다. 2015년 9월 10일, 해군 이지스함의 합동 전술 기밀이 해킹으로 유출되었다. 북한이 2014년부터 2015년 7월까지 군 인터넷망에 131차례나 사이버 공격을 한 사실도 드러났다. 그 내용을 보면,

---

18) 황대진·임민혁, "사이버 부대 美 8만 명·中 18만 명… 北도 6,000명인데 한국은 500명", 『조선일보』, 2015.7.24.

22건은 국방부와 국방과학연구소 등 군 관련 웹사이트에 대한 침투 시도였고, 78건은 해킹 메일 전송이었으며, 31건은 북한이 군 컴퓨터 자료를 유출하려는 목적으로 악성코드를 심은 사건이었다.[19] 특히 북한은 2016년 8월 국방부의 통합데이터 센터에 접촉해, '작계 5015', '작계 3100', '참수작전계획' 등 군사Ⅱ급, Ⅲ급 비밀을 포함하여 군사기밀 295건을 해킹하였다. 또한 2016년 4월에는 대우조선해양이 해킹당해 우리 해군의 핵심전력인 이지스함과 잠수함의 설계도 등이 포함된 군사기밀 60여 건이 유출되었다.[20] 결국 북한은 평시의 이런 사이버전 경험을 바탕으로 전시에 한국군의 지휘체계와 무기체계를 한꺼번에 무용지물로 만들려 할 것이다.

2. 방사포/장사정포

북한은 8,600여 문의 야포와 5,500여 문의 방사포를 보유하고 있다. 북한은 종류에 따라 사거리 15~24km에 달하는 122mm 자주포, 사거리 27km에 달하는 130mm 자주포, 사거리 17km인 152mm 자주포, 그리고 사거리 40km에 달하는 170mm 자주포 등을 보유하고 있다. 또한 북한은 종류에 따라 발사관 18~24개 및 사거리 8km인 107mm 방사포, 발사관 30개 및 사거리 20km에 달하는 122mm 방사포, 발사관 12~22개 및 사거리 43~60km에 달하는 240mm 방사포 등을 보유하고 있다.

북한이 서울과 수도권을 표적으로 삼고 있는 사거리 40km 이상의 장사정포 전력은 170mm 자주포 100여 문, 240mm 방사포 240여 문

19) 박성진, "북, '군 인터넷망에 131차례 사이버공격'", 『경향신문』, 2015.9.11.
20) 김영시, "북한의 대한민국 적화작전 시나리오는 진행되고 있는가?" 『대경일보』, 2018.12.6.

등 총 350여 문이다. 이들 장사정포는 시간당 최대 16,000발의 포탄을 수도권에 퍼부어 190㎢의 면적을 초토화시킬 수 있다.[21] 또한 북한은 2013년 5월부터 300mm 신형 방사포로 추정되는 발사체를 지속적으로 시험 발사하여 성공함으로써 2016년에 실전배치 했다. 300mm 신형 방사포는 사거리가 200km에 달하기 때문에 새롭게 조성된 평택 미군 기지는 물론 육·해·공군 본부가 위치해 있는 계룡대도 사정거리 내에 있어 큰 위협이 된다.

3. 특수전 능력

북한의 특수전 부대 규모는 20여만 명에 달하는 것으로 평가된다. 특수전 부대는 폭풍군단으로 알려져 있는 육군 제11군단과 전방 군단의 경보병 연대 등 전략적·작전전·전술적 수준의 부대들로 다양하게 편성되어 있다. 11군단은 주로 한국의 후방지역으로 침투해 요인 납치 및 암살, 중요 국가 산업시설 타격, 중요 군사시설 파괴는 물론 상륙작전이나 후방지역 침투 등의 임무를 수행한다. 경보병 연대 등은 전면전이 시작될 때 공병부대와 함께 기동로 개척 및 개전 직후 전술·전략적 요충지를 조기에 장악하는 임무를 수행한다. 북한은 2016년 요인 암살 작전을 전담하는 특수작전대대를 창설하였고 특수전 부대의 위상을 강화하기 위해 '특수작전군'을 별도의 군종으로 분류하였다.[22]

특수전 부대는 전시에 땅굴 및 비무장 지대 내에 있는 침투대기시설을 이용하거나 70여척의 잠수함(정), 260여척의 공기부양정 및 고속상륙정, 300여대의 AN-2기,[23] 300여대의 헬기 등 다양한 침투 수단을

21) 유용원·최재혁·전현석, "北의 기습위협… 無人機만이 아니다", 『조선일보』, 2014.4.8.
22) 국방부, 「2018 국방백서」 (서울: 국방부, 2018), p. 23.

이용하여 한국 지역으로 침투하여 배합작전의 임무를 수행하게 된다.

제4절 북한의 WMD 전력

북한이 핵미사일을 개발하는 이유를 몇 가지로 정리해 보면 다음과 같다.[24)]

가장 큰 이유는 북한이 핵무기를 보유하면 미국의 대북 침략을 억제할 수 있다고 생각하기 때문이다. 북한이 느끼는 가장 큰 위협은 한미연합군이 북한을 먼저 공격하지 않을까하는 두려움이라고 할 수 있다. 따라서 김정은은 이를 억제할 수 있는 유일한 방법은 북한 스스로 핵무기를 보유하는 것이라고 판단했다. 더군다나 이런 핵무기를 미국까지 날려 보낼 수 있다면 미국이 섣불리 북한을 공격하지 못할 것이라고 판단했을 것이다.

김정은은 이라크와 리비아가 침략을 당한 이유가 핵무기를 가지지 못했기 때문이라고 생각한다. 김정은은 유엔의 사찰 결과 핵무기가 없다는 것을 확인한 미국이 이라크를 침략했다고 생각한다. 만일 후세인(Saddam Hussein) 대통령이 유엔 사찰을 허용하지 않고 지속적으로 핵무기를 개발했다면 미국의 침략을 억지할 수 있었다는 것이 그의 판단이다. 리비아도 마찬가지이다. 리비아의 카다피(Muammar Gaddafi) 대

23) 전형적인 공격 용도, 길이 13m, 폭 18m 정도의 프로펠러 비행기로 완전무장한 특수부대원 10명 정도를 태워 후방에 침투해 교란작전 수행, 기체가 목재와 가죽으로 만들어진데다 저공비행이 가능해 레이더 포착이 어렵다. 고속도로나 골프장 정도의 공간만 있어도 이착륙이 가능하다. 2014년 연말에 예년 대비 20배 이상의 훈련을 실시하였다. 이에 대해서는 우성윤, "2000만 원 무인기, 농약 살포용 AN-2기 … 싼 무기로 허 찔러", 『중앙일보』, 2014.4.12.

24) 김열수, "눈앞에 닥친 북한 핵·미사일 보유... 어떻게 대응할 것인가?" 『자유마당』, 통권 제98호(2017년 9월), p. 18의 내용을 수정 보완한 것임을 밝혀둔다..

통령이 미국과의 외교관계 정상화와 핵무기 프로그램을 맞바꾸지 않았더라면 NATO의 공습을 피할 수 있었을 것이라고 생각한다. 우크라이나에 대한 그의 생각도 같은 연장선상에 있다. 구소련의 해체로 한때 세계 3위의 핵무기 보유국가였던 우크라이나가 핵무기를 포기하지 않았더라면 러시아가 우크라이나의 크림반도를 강탈하는 일은 없었을 것이라고 생각한다. 우크라이나가 비핵화 국가가 되는 과정에서 미국으로부터 많은 지원을 받고 또 미국 · 영국 · 러시아 · 우크라이나가 공동서명한 안전보장협정도 있었지만 이것이 러시아의 강탈을 막을 수 없었다고 생각한다. 따라서 김정은은 이라크, 리비아, 우크라이나의 비극적인 결말을 보면서 WMD 개발 포기보다는 오히려 미국을 위협할 정도의 WMD개발이 필요하다고 생각한 것으로 보인다.

두 번째 이유는 핵 보유 국가가 되면 국제적 위상이 높아지기 때문이다. 인도와 파키스탄처럼 핵무기 보유국으로 인정받으면 모든 제재는 해제되고 당당하게 국제사회의 일원으로 복귀할 수 있다. 강력한 군사대국의 지위를 유지하면서 핵 · 경제 병진노선을 추진할 수도 있다. 이렇게 되면 북한은 사상강국과 군사강국을 넘어 경제강국이 될 수 있다고 생각한다.

세 번째 이유는 3대에 걸친 김일성 일가의 꿈을 실현할 수 있기 때문이다. 북한은 핵무기를 매개로 미국과 협상만 잘 이루어진다면 미국과 평화협정을 체결할 수 있고 그렇게 된다면 주한미군 철수도 가능할 것으로 생각한다. 따라서 미군 없는 한반도에서 북한은 무력통일의 유혹을 떨쳐버릴 수 없을 것이다. 북한은 북한이 핵무기를 가지고 기습적으로 남침한다면 북한 주도의 무력 통일도 가능할 것으로 생각할 수 있다. 이렇게 되면 노동당 규약에 명시되어 있는 당면 목표와 최종목표를 달성하게 된다. 3대에 걸친 김일성 일가의 꿈이 실현되는 것이다.

네 번째 이유는 북한 내부 이유 때문이다. 북한이 사실상의 핵무기 국가로 등장하게 되면 김정은은 자신에 대한 절대 충성을 유도하고 유일지배체제를 강화할 수 있다고 생각할 수 있다. 또한 핵강대국이라는 외양을 통해 주민들의 불만도 어느 정도 해소할 수 있고 세계 최강의 미국을 꺾었다는 자부심을 주민들에게 심어줄 수도 있다.

이런 연유로 북한은 2012년 4월, 개정된 헌법을 통해 북한을 세계적인 군사강국이자 핵보유국으로 적시하였다. 또한 2013년 3월 31일에는 조선로동당 중앙위원회 전원회의를 개최해 「경제건설과 핵무력 건설을 병진시켜 사회주의 강성국가 건설 위업의 최후승리를 앞당겨 나갈 데 대하여」를 명시함으로써 핵·경제 병진정책을 채택했다. 2013년 4월에는 최고인민회의 제12기 7차 회의에서 최고인민회의 법령으로 「자위적 핵보유국의 지위를 더욱 공고히 할 데 대하여」라는 법령을 채택했다. 그리고 김정은은 2017년 12월 제8차 군수공업대회에서 '핵 무력완성'을 공개 선언하였다. 사실상의 핵무기 보유국으로 등장한 북한의 핵무기 및 미사일 능력을 분석해보자.

1. 핵무기 능력[25]

2017년 9월 3일, 북한은 여섯 번째 핵실험을 단행했다. 지난 5번의 핵실험과는 비교가 되지 않는 위력이었다. 한국 기상청은 핵폭발로 인해 발생하는 인공지진을 리히터 5.7의 규모라고 밝혔다. 그러나 미국과 중국의 관련 기관들은 폭발력 규모를 리히터 6.3이라고 했고 일본은 6.1로 발표했다. 리히터 규모 0.1당 폭발력은 1.3~1.4배의 차이가 난

25) 이 부분은 김열수, "북한 핵·미사일 위협 평가 및 전망", 『국가안보전략』, 통권 제63호(2017년 12월호), p. 31; 김열수, "북한 핵미사일 위협에 따른 대응전략", 『신아세아』, 제24권 제3호(2017년 가을), pp. 22-23을 수정 보완한 것임을 밝혀둔다.

다. 한국 기상청이 발표한 것을 폭발력 규모로 환산하면 약 50kt가 되지만 미국이나 중국이 발표한 것을 기준으로 한다면 폭발력 규모는 약 200kt가 된다. 제6차 핵실험은 북한이 상상을 초월하는 위력을 지닌 핵무기를 개발했다는 것을 의미한다.

북한은 2006년 첫 번째 핵실험 이후 2017년까지 다양한 종류의 핵폭탄 실험을 했다. 제1차 핵실험(2006년 10월 9일)은 플로토늄탄 실험이었고 폭발력은 1kt 정도로 추정됐다. 제2차 핵실험(2009년 5월 25일)도 플로토늄탄 실험이었고 폭발력은 3~4kt 정도였다. 제3차 핵실험(2013년 2월 12일)은 고농축우라늄탄 실험으로써 그 규모는 6~7kt 정도로 추정됐다. 북한은 제4차 핵실험(2016년 1월 6일)을 수소탄 실험이었다고 주장했지만 폭발력 규모가 오히려 제3차 핵실험에 미치지 못하는 6kt 정도였다. 국제사회는 북한이 증폭핵분열탄 실험을 한 것으로 추정했다. 제5차 핵실험(2016년 9월 9일)은 증폭핵분열탄 실험으로써 그 규모는 10kt 정도였다. 제6차 핵실험은 수소탄 실험이었다.

북한은 2006년 이후 현재까지 플로토늄탄, 고농축우라늄탄, 증폭핵분열탄, 그리고 수소탄까지 개발했다. 그리고 핵폭탄의 위력을 적게는 수십 배 많게는 수백 배로 늘렸다. 북한은 제4차 핵실험 직후, “소형화 · 다종화 · 경량화”에 성공했다고 발표했다. 또한 제5차 핵실험 직후에는 “조선인민군 전략군 화성포병부대들이 장비한 전략탄도로켓들에 장착할 수 있게 표준화, 규격화된 핵탄두의 구조와 동작, 특성, 성능과 위력이 최종적으로 검토 확인”되었다고 하면서 “소형화 · 다종화 · 경량화된 보다 타격력이 높은 각종 핵탄두들을 대량 생산할 수 있는 기술을 확보했다.”고 발표했다. 제6차 핵실험 직후에는 “대륙간탄도로켓(ICBM) 장착용 수소탄 시험”이라고 주장했다. 북한의 발표를 액면 그대로 믿을 필요는 없으나 여러 가지 객관적 지표들이 북한 발표의 신빙성을 더해주는 것만은 사실이다.

북한은 6번의 핵실험을 통하여 사실상(de facto)의 핵무기 보유국으로 등장하고 있다. 기술적인 면에서 핵무기 보유국이 되려면 통상 8단계의 과정을 거친다.[26] 즉, ① 핵무기 제조에 필요한 기술적 능력의 보유, ② 연구용 혹은 발전용 원자로의 보유, ③ 핵사찰 감시대상에서 제외된 핵폭제조용 물질의 보유, ④ 비밀리에 핵폭탄 제조, ⑤ 공개적인 핵무기 실험, ⑥ 다량의 핵무기 비축, ⑦ 수소폭탄 실험 성공, ⑧ 안전장치 확립 및 제2차 보복능력 보유 등이다. 북한은 2016년 8월 제2차 보복능력의 대표적 무기인 잠수함발사탄도미사일(SLBM) 발사까지 성공함으로써 여덟 번째 단계까지 거의 완성했다. 사실상의 핵무기 보유국이 된 것이다.

도대체 북한은 어느 정도의 핵무기를 확보하고 있을까? 『2018 국방백서』에 의하면 북한은 플루토늄(PU) 50여 kg을 보유하고 있는 것으로 추정하고 있다.[27] 핵무기 1개 제조시 PU 6~8kg이 소요된다고 가정하면 북한은 6~8개의 PU탄을 보유하고 있는 것으로 추정된다. 고농축 우라늄(HEU)탄은 이보다 더 많을 것으로 추정된다. 미국 스탠포드대학교 국제안보협력연구소(CISAC)의 해커(Siegfried S. Hecker) 박사가 2010년 영변을 방문했을 때 자신은 원심분리기 2000대가 가동되고 있는 것을 보았다고 했다. 원심분리기 2000대가 1년 동안 생산할 수 있는 고농축 우라늄(HEU) 30~40kg이다. 2010년 이후 매년 HEU 30~40kg씩 생산되었다면, 2018년까지 240~320kg이 생산되었을 것으로 추정된다. HEU 핵무기 1개 제조시 15~20kg 소요된다고 가정할 경우 12~21개의 우라늄탄을 보유하고 있을 것으로 추정된다. 물론 영변 이외 강선

26) William C. Potter, *Nuclear Power and Nonproliferation: An Interdisciplinary Perspective*(Cambridge, Mass.: Oelgeschlager, Gunn and Hain, 1982), pp. 178-182.
27) 국방부, 『2018 국방백서』(서울: 국방부, 2018), p. 25.

지역에 별도의 우라늄 공장이 존재하여 여기서 HEU를 생산해 낸다면 HEU 보유량은 훨씬 더 많아질 것이다. 영변 원자로와 원심분리기가 지속적으로 가동된다면 2020년 경 북한의 PU탄과 HEU탄은 20~100개 정도가 될 것으로 추정된다.[28)]

핵무기의 양적 증가와 함께 질적 증가, 즉 소형화 여부가 관건이다. 핵탄두의 소형화가 이루어져야 탄도미사일에 탑재할 수 있기 때문이다. 핵탄두의 소형화는 탄두의 지름이 지름 90cm 이하, 무게 1t 미만을 의미한다. 북한은 2017년 9월 3일 제6차 핵실험을 하기 직전 장구모형, 또는 땅콩 껍질 모형의 수소탄 모형을 공개했다. 장구형 핵폭발장치는 1m 크기였고 전선으로 연결된 기폭장치는 둥근 이중 냄비형이었다. 이 정도면 핵탄두 500kg 정도를 실을 수 있다는 것이 전문가들의 의견이었다. 화성 14형의 탄두 부분에 들어갈 수 있는 크기였다.

핵탄두를 소형화하는 이유는 탄두를 미사일에 탑재해서 멀리까지 보내야 하기 때문이다. 핵무기 강대국들은 핵탄두를 소형화하면서도 위력은 더 키우는 방식으로 핵무기를 발전시켜 왔다. 강대국이 개발한 소형화된 핵탄두 재원을 보면 미국 110kg(위력 150kt), 러시아 255kg(200kt), 중국 600kg(200~500kt), 인도 500kg(12kt) 등이다.[29)] 기존 핵개발국의 소형화 달성 기간이 2~7년이기 때문에 북한의 핵실험이 2006년에 이뤄졌다는 점에서 소형화 능력이 상당한 수준에 이르렀을 것으로 평가된다.[30)] 미국 과학국제안보연구소(ISIS), 미국 국방정보국

---

28) 전 미 국무부의 북한담당관이자 현재 미국의 북한 전문 웹사이트 '38노스'를 운영하는 조엘 위트 존스홉킨스대 한미연구소 초빙연구원은 2월 24일 워싱턴 특파원을 대상으로 북한 핵 개발의 현재와 미래에 대해 브리핑했다. 북한은 현재 10~16개의 핵무기를 가진 것으로 추정되며 2020년이 되면 적게는 20개에서 최대 100개까지 핵무기를 보유할 것으로 예측했다. 신석호, "北 5년뒤엔 핵무기 최대 100개 보유 가능… 美본토 위협", 『동아일보』, 2015.2.26.

29) 하종훈, "북핵·미사일 고도화 공식 인정… 극대화된 '비대칭 전력 위협' 달라진 北 전력 평가," 『서울신문』, 2015.1.17.

30) 김선영, "만km 대포동 2호…핵탄두 탑재 기술만 남았다", 『세계일보』, 2015.1.7.

(DIA), 스캐퍼로티(Curtis Scaparrotti) 전 주한미군 사령관도 북한 핵무기 소형화의 가능성을 주장했다.[31] 급기야 『2014 국방백서』도 북한 핵무기 소형화가 상당한 수준에 이른 것으로 평가했으며[32]북한의 제6차 핵실험 직후 국회 국방위에 출석한 송영무 전 국방부 장관도 "북한이 6차 핵실험을 통해 500kg 이하로 소형화·경량화 능력을 갖춘 것으로 추정한다"고 했다. 따라서 북한의 핵무기 소형화는 어느 정도 달성했다고 보는 것이 합리적이다.

화성 15형의 탄두 부분은 화성 14형보다 크고 크기도 뭉툭하다. 다탄두를 장착할 수도 있지만 탄두 1발만 장착하는 단탄두일 경우 장착할 수 있는 탄두의 무게는 700kg에서 1,000kg 정도까지 실을 수 있다. 이것이 던지는 의미는 핵탄두를 500kg 이하로 소형화하지 않더라도 아무 문제가 없다는 것이다. 현재 스커드 및 노동 미사일의 탄두 중량은 700kg~1,000kg이다. 따라서 이 탄두를 소형화 할 필요 없이 그대로 화성 15형에 사용하면 된다는 뜻이다. 화성 15형 발사 이후 북한이 발표한 "미국 본토 전역을 타격할 수 있는 초대형 중량급 핵탄두 장착이 가능"하다는 언급도 주목해 봐야 한다.

사실 한국의 입장에서 보면 핵탄두의 소형화는 그리 큰 관심사안이 아닐 수도 있다. 왜냐하면 스커드 및 노동 미사일의 탄두 중량이 700kg~1,000kg이기 때문에 특별히 소형화하지 않아도 한국 영토가 이미 핵무기의 타격 범위 안에 있기 때문이다. 사실 한국은 핵무기의 소형화 여부보다는 오히려 핵무기의 다른 운반 수단에 관심을 기울여야

31) ISIS는 3차 핵실험 직후인 2013년 2월 "북한이 핵탄두를 소형화해 노동미사일에 탑재할 수 있다"고 주장하였고, 2014년 4월 DIA도 "북한이 미 본토를 타격할 수 있는 대륙간탄도미사일(ICBM)용 핵탄두를 개발했다"는 보고서를 발간한 바 있다. 스캐퍼로티 주한미군 사령관도 2014년 10월 "북한이 핵탄두를 소형화해 미사일에 탑재할 능력을 갖춘 것으로 추정된다."고 하였다. 이에 대해서는 윤상호·정성택, "北 소형핵 노동미사일에 탑재땐 '한반도 최악 시나리오'", 『동아일보』, 2015.1.17.을 참조.

32) 국방부, 『2014 국방백서』, p. 28.

한다. 핵무기는 미사일에 의해서만 운반되는 것이 아니기 때문이다. 핵무기는 북한의 폭격기, 화물 컨테이너, 잠수정, AN-2기에 의해서 운반될 수도 있고 핵배낭(SADM) 등에 의해서 운반될 수 있다. 미국 등 국제사회가 북한의 핵미사일에 대해 우려를 한다고 해서 한국도 이를 따라가서는 안 된다. 오히려 한국은 2013년 7월 '전승절' 기념식 때 북한이 공개했던 핵배낭을 포함하여 다양한 핵무기 운반수단에 대해 관심을 가져야 한다.

2. 미사일 능력[33)]

북한은 핵무기 개발과 함께 미사일을 집중적으로 개발하고 있을 뿐만 아니라 미사일 부대를 하나의 군종으로 격상시킬 정도로 많은 관심을 쏟아 붓고 있다. 북한은 기존의 미사일지도국을 2011년 말~2012년 초에 전략로켓군으로 확대 개편하였으며 2014년 초에는 전략군으로 명칭을 변경함으로써 군종의 위상을 부여하였다. 전략군은 약 1만 여 명으로 구성되어 있다.

북한은 1970년대부터 탄도미사일 개발에 착수하여 1980년대 중반 SCUD 미사일을, 1990년대에는 노동미사일을, 그리고 2007년에는 무수단 미사일을 각각 작전배치하였다. 또한 총 5차례의 대포동 미사일 발사를 통해 미국 본토를 위협할 수 있는 능력을 보유한 것으로 추정된다.[34)] 북한이 본격적으로 중·장거리 미사일 기술을 선보이기 시작한 것은 2016년 3월부터였다. 2016년 1월의 제4차 핵실험과 2월의 광명성

33) 이 부분은 김열수, "북한 핵·미사일 위협 평가 및 전망", pp. 32-33; 김열수, 북한 '화성-15호' 발사, ICBM 개발 성공했나? 『자유마당』, 통권 제102호(2018년 1월), pp. 30-33을 수정 보완한 것임을 밝혀둔다.

34) 국방부, 『2014 국방백서』, pp. 28-29.

4호에 발사에 대한 국제안보리의 결의안 2270이 3월 2일 채택되자 북한은 이에 반발하여 자신들의 핵미사일 기술을 공개하기 시작했다. 인공위성과 휴민트(HUMINT)로도 파악할 수 없는 특급비밀을 북한 스스로 공개했던 것이다. 3월 9일에는 핵 기폭장치를 공개했고, 3월 15일에는 대기권 재진입 실험 장면을 공개했으며, 3월 24일에는 고체 연료 실험 장면을 공개했고, 4월 9일에는 신형 엔진 실험을 공개했다. 그리고 북한은 공개 1주일 후부터 각종 지대지 미사일과 잠수함발사탄도미사일(SLBM) 등을 시험발사하기 시작했다.

4월 15일부터 발사하기 시작한 것은 괌을 목표로 할 수 있는 사거리 3,500km에 해당하는 무수단 미사일이었다. 북한이 무수단 미사일을 이미 실전에 배치했다고 선전했지만 오히려 첫 번째 시험 발사는 실패로 끝났다. 4월 28일 2발을 발사했지만 실패했고 5월 31일 다시 1발을 발사했지만 실패했다. 6월 22일 다시 2발을 발사했지만 1발만 성공시켰다. 원산 갈마 비행장에서 발사한 무수단 미사일은 83도의 고각으로 발사되어 최고고도 1,413km, 비행거리 400km를 기록했다. 32도의 정상 각도로 발사되었더라면 괌까지 도달할 수 있는 성능이었다. 북한은 그 이후에도 9월 15일, 10월 20일, 그리고 2017년 3월 22일에도 무수단 미사일을 발사했지만 모두 실패했다. 총 7회에 걸쳐 9발의 미사일을 발사했지만 단 한 번만 성공시킨 것이다.

2016년 6월 무수단 미사일 발사에 성공한 이후 북한은 노동미사일을 발사하기 시작했다. 7월에는 황해북도 황주에서, 8월에는 황해북도 은율에서, 그리고 9월에는 개성과 평양을 연결하는 고속도로 상에서 노동미사일을 발사했다. 공중 폭발 등 일부 발사에 실패하기도 했지만 점차 성공 비율을 높여갔다. 8월에 발사된 노동 미사일은 최고 고도 400km, 그리고 1,000km 이상 날아가 일본의 배타적 경제수역에 떨어졌다. 9월에 고속도로상에서 발사한 3발의 노동 미사일은 모두 성공했다. 동굴에 숨어 있다가 임의의 시간에 발사할 수 있다는 것을 과시한 실험이었다.

2016년에는 잠수함 발사탄도 미사일(SLBM) 시험발사에도 성공했다. 북한은 2015년 1월, 함경남도 신포조선소 인근에서 SLBM 지상 사출 시험을 했다. 그런데 불과 1년 반밖에 지나지 않은 2016년 8월 24일, 신포급 잠수함에서 SLBM을 발사해서 성공시켰다. 각도와 연료량을 조절해서 고도 600km, 사거리 500km를 기록했다. 정상적인 각도와 충분한 연료를 사용했다면 사거리는 2,000km 넘는 것으로 추정된다. 북한은 이를 북극성 1형으로 명명하였다. 북극성 1형의 연료는 고체연료였다.

북한은 2017년 2월과 5월에, 북극성 1형의 지상 버전인 북극성 2형을 각각 한 발씩 시험 발사해서 성공시켰다. 2월에는 평북 구성시 방현비행장에서 발사했고 5월에는 평북 북창에서 발사했다. 북극성 1형과 비슷하게 고도 550km, 사거리 500km를 기록했는데 정상적으로 발사되었더라면 사거리 2,000km를 상회할 수 있었다. 북극성 2형은 바퀴형 발사대차(TEL)에서 발사된 것이 아니라 리대식(궤도형) 자행발사대차(TEL)에서 발사되었고, 기존의 스커드 계열이나 노동 미사일처럼 일체형 발사가 아니라 원통형에서 발사되는 냉발사체계(Cold Launching)였다. 북극성 1형과 동일하게 고체연료가 사용되었고, 미사일의 1단과 2단이 분리되는 다단계 미사일이었다. 북한은 5월 시험 발사후, "탄도탄의 능동구간 비행시 유도 및 안정화체계, 계단분리 특성, 대출력 고체발동기들의 시동 및 작업 특성들의 믿음성과 정확성이 완전 확증됐다."고 밝혔다. 이에 따라 김정은은 북극성 2형의 실전배치를 승인했다.

2017년 3월에는 평북 동창리에서 사거리 1,000km 정도 되는 스커드 ER 4발을 한꺼번에 발사해서 성공시켰다. 북한은 스커드-ER을 논바닥에서 발사했다. 한국의 전략표적타격(Kill-Chain)을 피해 임의의 시간과 장소에서 발사할 수 있다는 것을 보여준 것이다.

북한은 2017년 3월 18일, 백두산 엔진으로 명명된 신형엔진 실험에 성공하면서 이를 3.18 혁명으로 칭했다. 김정은이 관련자들을 '어부바' 해 줄 정도의 사변으로 기록될 엔진이었다. 신형엔진 성능시험은 2016년 4월과 9월을 거치면서 점차 완성도를 높여갔다. 2017년 3월 최종 성능 시험을 마친 백두산 엔진은 80tf의 추력으로써 이를 광명성 4호의 27tf, 그리고 개발 중인 한국형 인공위성 추진체의 75tf와 비교해 보면 그 성능을 짐작할 수 있다. 만일 엔진 4개를 묶으면 미국 본토는 물론이고 전 세계 어디든 타격할 수 있고 인공위성의 추진체로 쓸 경우에는 정지궤도(고도 36,000km)에 소형 위성을 진입시킬 수도 있다.

2017년 5월에 접어들면서 북한은 기존의 미사일과는 차원이 전혀 다른 미사일을 시험 발사하기 시작했다. 백두산 엔진의 성공이 이를 가능하게 했다. 북한은 5월 14일 5시 27분 경 평북 구성에서 화성 12형을 고각 발사했다. 최대고도 2,111.5km, 비행거리 787km를 기록한 화성 12형은 30분 11초를 비행했으며 대기권 재진입 이후에도 지속적으로 지상 관제센터에 데이터를 송신한 것으로 알려졌다. 화성 12형은 주엔진에 4개의 보조 엔진을 장착한 추진체 1단의 일체형 미사일이었으며 액체연료가 사용되었고 대기권 진입 속도는 마하 20 내외를 기록한 것으로 추정된다. 시험 발사된 화성 12형의 탄두 중량은 1톤 정도로 추정되는데 만일 500kg 정도의 탄두를 사용한다면 사거리가 5,000km를 넘나드는 중거리 미사일(IRBM)이 된다.

2017년 7월에는 4일과 28일에 평북 구성과 자강도 무평리에서 각각 1발씩의 화성 14형이라는 ICBM을 시험발사했다. 첫 번째는 7월 4일

오전 9시 40분에 발사되었는데, 최대 고도는 2,802km를 기록했으며 39분간 933km를 비행했다. 만일 이것이 정상각도로 발사된다면 사거리는 최소 8,000km로 추정된다. 두 번째 화성 14형은 7월 28일 밤 11시 41분 고각으로 발사되었는데, 이때 최대고도는 3,724.9km를 기록했으며 47분간 998km를 비행했다. 만일 정상각도로 발사된다면 사거리는 최소 10,000km로 추정된다. 이렇게 되면 미국의 중서부까지 타격범위에 들어간다. 화성 14형의 1단 추진체는 80tf급의 신형 액체 엔진 1개와 보조 엔진 4개가 장착되었고 2단 추진체는 소형 엔진 1개가 장착되었으며 탄두 중량은 1톤 내외로 추정되었다. 화성 14형은 바퀴형 이동식 발사대(TEL)에 의해 발사장소로 이동된 후 지상 고정형 발사대에 옮겨진 후 발사되었다. 두 번째 발사 후 북한은 "지난 1차 시험발사(7월 4일)에서 확증된 발사대 이탈 특성, 계단 분리 특성, 구조체계 특성 등이 재확증됐고 최대사거리 보장을 위해 늘어난 발동기들의 작업특성들과 개선된 유도, 안정화 체계의 정확성과 믿음성이 확증됐다."고 했다. 또한 "실제 최대 사거리 비행조건보다 더 가혹한 고각 발사체제에서의 재돌입 환경에서도 전투부의 유도 및 자세조종이 정확히 진행됐으며 수천℃의 고온조건에서도 전투부의 구조적 안정성이 유지되고 핵탄두 폭발조종장치가 정상 동작하였다는 것을 확증했다."고 했다.

북한은 2017년 8월과 9월에 화성 12형의 정상각도 사격을 실시했다. 북한은 8월 29일 5시 57분 평양 인근의 순안비행장에서 일본의 홋카이도를 통과하는 화성 12형을 발사했다. 최대 고도는 550km였으며 15분간 2,700km를 비행하여 동태평양에 떨어졌다. 9월 15일 6시 57분에 발사된 화성 12형도 일본 열도를 통과하여 동태평양에 떨어졌다. 최대고도는 770여 km였고 19분간 3,700km를 비행했다. 괌을 훨씬 지나갈 수 있는 거리를 비행한 것이다.

북한은 2017년 11월 29일 새벽 3시 17분, 평안남도 평성에서 대륙간탄도미사일(ICBM)급인 화성 15형을 고각으로 시험발사했다. 화성 15형은 최대 고도 4,475km를 기록했으며 53분간 950km를 비행하여 일본 EEZ에 떨어졌다. 정상각도로 발사할 경우 최대 사거리는 미국의 워싱턴에 도달할 수 있는 13,000km 정도로 추정되었다.

화성 12형과 화성 14형의 가장 큰 차이점은 추진체였다. 화성 12형의 추진체는 한 개였다. 즉 1단 추진체로만 발사 및 비행하였다. 백두산급 엔진 1개와 보조 엔진 4개가 장착되었다. 화성 14형은 2단 추진체로써 1단 추진체는 백두산급으로 추정되고 2단 추진체는 고체연료를 사용하는 엔진으로 추정된다. 북한은 두 번째 화성 14형 발사 이후, 발사단계, 비행단계, 그리고 종말단계에서 정확성, 신뢰성, 안정성 등이 확인되었다고 했다. 북한은 단 분리도 잘 되었고 유도 및 자세 조종도 잘 되었으며 대기권 진입도 잘 되었다고 발표했다.

화성 15형은 화성 14형과 5가지 차원에서 차이가 난다. 첫째, 1단 추진체에서 차이가 난다. 화성 14형은 백두산 엔진 1개와 보조엔진 4개를 1단 추진체로 사용했지만 화성 15형은 보조 엔진 없이 백두산 엔진 2개를 1단 추진체로 사용했다. 둘째, 2단 추진체에서 차이가 난다. 화성 14형은 2단 추진체가 1단 추진체와 확연히 구분되나 화성 15형은 1,2단 추진체가 겉모습으로는 전혀 표가 나지 않을 정도였다. 환언하면, 적어도 2단 추진체가 화성 14형의 2단 추진체보다 크다는 것인데 이는 화성 15형의 2단 추진체의 성능이 그만큼 더 좋다는 것을 의미한다. 셋째, 탄두에서 차이가 난다. 화성 14형은 탄두가 뾰족한데 화성 15형은 뭉툭하다. 탄두가 뾰족하면 재진입은 쉬울 수 있으나 재진입 과정에서 속도가 빨라져 진동이 많이 생기고 되고 그렇게 되면 비행 방향이 달라질 수도 있다. 그러나 탄두가 뭉툭하면 속도는 느려지나 그만큼 비행의 안정성이 보장된다. 미사일 선진국 대부분이 ICBM의 탄두를 뭉툭하게 만드는 이유이다. 또한 화성 14형의 탄두는 1개 밖에 싣지 못하나 화성 15형은 끝이 뭉툭하기 때문에 수 개의 미사일을 탑재할 수 있다. 넷째, 미사일의 길이와 지름에서 차이가 난다. 화성 14형은 미사일의 길이가 19미터인데 비해 화성 15형은 21미터로써 2미터 더 길다. 또한 지름도 화성 14형은 170cm인데 반해 화성 15형은 200cm로써 30cm 더 길다. 그만큼 연료를 더 실을 수 있어 사거리가 늘어나게 된다. 다섯째, 이동식 차량에서 차이가 난다. 화성 14형은 8축 16륜이었으나 화성 15형은 9축 18륜이었다. 북한은 화성 15형의 이동식 차량을 자체 개발했다고 밝혔다.

북한은 화성 15형 발사 후 이것이 "화성 14형보다 훨씬 우월하며 완결단계에 도달한 ICBM"이라고 하면서 "재진입 시에도 탄두의 믿음성이 재확인되었다"고 밝혔지만 여전히 몇 가지 의문이 남는다. 재진입 기술과 종말단계에서의 유도의 정확성 문제를 두고 논쟁이 있기 때문이다. 화성 15형은 고각으로 발사되었다. 80도 이상의 고각으로 발사되어 대기권에 재진입하는 것과 35도 정도의 각도, 즉 정상각도로 발사되어 대기권에 재진입하는 것은 기술적으로 많은 차이가 있다. 북한이 2017년 8월 29일, 화성 12형을 정상각도로 발사했을 때 탄두가 대기권에 재진입하는 마지막 장면이 아주 멀리 떨어진 카메라에 우연히 포착되었다. 재진입하던 탄두가 세 조각으로 갈라져 떨어져 나간 장면이었다. 이를 두고 일본 언론은 대기권 재진입 실패로 규정했다. 9월 15일 발사된 두 번째 정상각도로 발사된 화성 12형의 재진입에 대한 영상자료는 없다. 따라서 두 번째의 화성 12형의 대기권 재진입 성공 여부를 객관적으로 알 수 없다. 화성 14형이나 화성 15형은 화성 12형보다 멀리 날아가는 ICBM급이다. 그러나 아직 정상각도로 발사된 적이 없어 재진입 성공 여부를 판단하기 이르다. 특히 고각으로 발사된 화성 15형이 대기권 재진입에 실패했다는 전문가들의 의견도 있다. 이런 연유로 화성 15형을 ICBM으로 호칭하지 않고 ICBM급으로 부르고 있는 것이다.

ICBM급으로 부르는 두 번째 이유는 종말 단계에서의 유도의 정확성이 검증되지 않았기 때문이다. 통상 미사일 기지국은 미사일 탄두부분에 부착되어 있는 텔레미터라는 계측장비를 통해 전송되는 풍압, 풍속, 내외부 온도, 비행 방향 등과 관련된 정보를 획득한다. 종말단계에서 미사일이 정확하게 유도되는지 여부도 이 계측장비를 통해서 확인할 수 있다. 그러나 텔레미터로부터 오는 정보는 통상 통신 위성을 통해 전송받을 수 있다. 그러나 북한은 통신 위성이 없다. 만일 낙하지점 부근에 북한의 선박이 있다면 그 선박을 통해 정보를 전송할 수 있으나 그렇지 않을 경우 확인할 방법이 없다.

북한이 2017년 시험 발사한 화성 12형, 화성 14형, 화성 15형을 비교해 보면 다음 <표 3>과 같다.

〈표 3〉 화성 12-14-15형 비교

구분	화성 12형 고각	화성 14형 고각	화성 15형 고각
발사일시 /장소	5.14. 0527/ 평북 구성	① 7.4.09:40/ 평북 구성 ② 7.28.23:41/ 자강도 무평리	11.29.03:17/ 평남 평성
고도	2111.5km	① 2802km ② 3724.9km	4,475km
비행거리	787km	① 933km ② 998km	950km
비행시간	30분 11초	① 39분 ② 47분	53분
속도	마하 20	마하 15~24	마하 24

엔진	1단형, 주엔진, 4개의 보조엔진	1단: 주엔진+ 4개 보조엔진 2단: 소형엔진	1단: 2개의 엔진 2단: 14형보다 대형
탄두중량	1톤	1톤	1톤
예상거리	5,000km	8,000~10,000km	13,000km
비고	지상관제센터에 데이터 송신	발사대 이탈, 단 분리, 안정화, 재진입	탄두 뭉툭, 화성 14형에 비해 길이/지름 길고 차량은 9축 18륜

* 출처: 김열수 외, 『2018 동아시아 전략평가』(서울: 한국국가전략연구원, 2018), p. 13.

북한은 상기 서술한 미사일 외에도 2017년 5월 27일, 사거리 150km로 추정되는 번개 5호(KN-06)라는 지대공유도미사일을 시험 발사했으며 2017년 6월 8일에는 신형 지대함 미사일을 시험발사했다. 이 미사일은 발사 직후 2km 상공까지 치솟았다가 고도를 낮춰 약 200km를 비행하는 순항미사일로써 2015년 2월 처음 발사한 함대함 미사일을 지대함 미사일로 개조한 것으로 보인다.[35] 북한은 2018년 2월 8일 건군절 70주년 열병식에서 화성 12, 14, 15형의 열병과 함께 새로운 신형 단거리 탄도미사일을 공개하였다. 러시아의 SS-26 이스칸데르와 비슷한 이 미사일은 '편심 탄도'(eccentric ballistic)라는 비행을 통해 여느 탄도미사일보다 낮은 최대 고도까지 올라간 뒤 글라이더처럼 비교적 낮은 궤도로 비행하면서 요격 회피 기동도 할 수 있다. 최대 사거리 280km일 경우 일반 탄도미사일의 최대 고도는 80~90km 수준이지만 SS-26은 50km다. 북한의 신형 미사일이 요격 회피 기동 능력이 없다고 하더라도 비행 궤도 때문에 한·미 군의 PAC-3 미사일이나 천궁 개량형 미사일(최대 요격 고도 20km)로 요격이 어려울 것이란 평가다.[36]

35) 김귀근, "北, 지대함 순항미사일 발사로 국제제재 교묘히 '회피'", 『연합뉴스』, 2017.6.9.

이처럼 북한은 사거리 170km인 금성 1호로부터 사거리 13,000km에 달하는 화성 15형까지 모든 종류의 미사일을 보유하고 있다. 마치 현대기아 자동차회사가 모든 종류의 자동차를 생산하는 것처럼 북한도 모든 종류의 미사일을 생산하고 있다. 북한의 미사일 능력은 이미 세계적 수준의 기술력을 가지고 있다고 해도 과언이 아니다. 북한이 보유한 미사일을 정리해 보면 다음 <표 4>와 같다.

〈표 4〉 북한 미사일 현황

한미 명칭	북한 명칭	비고
KN－01	금성 1호	신형 대함 미사일, 최대 사거리 170km
KN－02	화성 11호	고체 로켓을 사용하는 사거리 140km의 단거리 미사일 “독사”라는 별칭
KN－03	화성 5호	스커드－B, 사거리 300km
KN－04	화성 6호	스커드－C, 사거리 500km
KN－05	화성 7호	노동 미사일, 사거리 1,300km
KN－06	번개 5호	신형 지대공 미사일, 북한판 S－300패트리엇, 최대 사거리 150km, 요격 고도는 30km
KN－07	화성 10호	무수단 미사일, 최대 사거리 3,500~4,000km * 대포동 1호, 2500km(화성 8호), 대포동 2호, 6700km (화성 9호)
KN－08	화성 13형	사거리가 미국 본토에 이르는 ICBM, 3단 고체연료?
KN－09	300미리 방사포	최대 사거리 200km, 계룡대 등이 사정권
KN－10	스커드 ER	사거리 1,000km

36) 유용원, “쭉 깔려오는 北 신형 미사일… 요격 훨씬 어려워져 위협적”, 『조선일보』, 2018.2.22.

KN－11	북극성 1형	SLBM, 사거리 2,000km
KN－14		KN08의 개량형(추정)
KN－15	북극성 2형	북극성 1형의 지상 버전, 사거리 2000km
KN－17	화성 12형	사거리 5000km
KN－18	대함탄도미사일(ASBM)	사거리 450~700km, 정밀유도무기
KN－20	화성 14형	사거리 10,000km
KN－21	신형 단거리 탄도미사일	2017.8.26, 깃대령에서 3발 발사
KN－22	화성 15형	사거리 13,000km

단거리 미사일 중 KN－02의 최대 사거리는 120km에서 170km로 늘어나 전방으로 이동 없이 평택～원주 선까지 타격이 가능하다.[37) GPS 유도방식으로 목표물 명중 오차를 50m 안팎으로 줄이는 등 정밀도를 높였으며 사격통제레이더의 가동 없이 발사되기 때문에 탐지가 쉽지 않고 발사 후 15분 이내에 재발사할 수 있는 것으로 알려졌다. 북한은 KN－01(사거리 160km), 실크웜(사거리 100km) 등 기존의 순항미사일과 대함 미사일 스틱스(사거리 46km, 개량형 80km) 외에도 해상의 함정을 타격할 수 있는 사거리 300km의 지대함 탄도미사일(ASBM)도 개발 중이다. 자체 기술력과 이란과의 군사협력관계 등을 고려할 때 수년 내 개발이 가능할[38)] 것으로 보인다. 북한은 또한 이동식 대륙간 탄도미사일인 KN－08을 개발 중이다. KN－08은 러시아의 3단 액체연료 잠수함 발사 탄도미사일(SLBM)을 개량한 것으로 10발(개당 100kt)의 핵탄두를 장착할 수 있다. KN－08이 발사되면 아마도 북한은 이를 화성

37) 김귀근, "北, 정밀도 향상 KN-02 미사일 100여기 보유", 『연합뉴스』, 2014.3.6.
38) 유용원, "北, 우리軍이 못잡는 對艦 탄도미사일 개발하고 있다", 『조선일보』, 2013.10.12.

13형으로 명명할 가능성도 있다. 북한이 보유한 200여대에 이르는 이동식 발사대(TEL)도 큰 위협이다. 고정발사대에 비해 위치 추적이 어렵기 때문이다.

KN-02는 고체 연료를 사용하지만, 스커드·노동·무수단 미사일 및 화성 12, 14, 15형은 액체 연료를 사용한다. 사실 액체 연료는 폭발성이 강해 발사 1시간 반~3시간 전에 연료를 주입해야 하고 연료가 주입되고 나면 발사를 해야 한다. 그러나 북한은 최근 액체 연료를 개량하여 액체 연료를 주입한 상태에서 최소 1개월에서 최대 7~8년가량 즉각 발사 가능한 상태를 유지할 수 있는 것으로 알려졌다.[39] 액체 연료의 개량과 TEL 등으로 인해 북한의 미사일이 한미 정찰위성 및 정찰기, 고고도 무인기 등에 의해 사전 탐지될 가능성은 그만큼 줄어들게 되었다.

북한은 중장거리 미사일 시험 발사에 성공하자 미국을 향한 위협을 가감없이 드러내기 시작했다. 북한은 화성 14형 시험 발사 후 "미국의 심장부를 마음먹은 대로 타격할 수 있다는 것이 물리적으로 과시되었기" 때문에 "앞으로도 크고 작은 선물보따리를 계속 보내 줄 것"이라고 했다.[40] 또한 전략군 사령관인 김락겸은 "괌(GUAM)의 주요 군사기지들을 제압·견제하고 미국에 엄중한 경고 신호를 보내기 위하여 중장거리전략탄도로케트 '화성-12'형 4발의 동시 발사로 진행하는 괌 포위사격 방안을 심중히 검토하고 있다."고 했다.[41] 북한은 화성 15형을 발사한 당일 정부 성명을 통해 "화성 15형은 미국 본토 전역을 타격할 수 있는 초대형 중량급 핵탄두 장착이 가능한 대륙간탄도로케트"라고 규정

39) 유용원, "탄도미사일 개량… 기습발사 능력 커졌다", 『조선일보』, 2015.1.13.
40) 홍국기, "北외무성, 美 제재 움직임에 "선물보따리 계속 보낼 것"", 『연합뉴스』, 2017.7.17.
41) 지성림, "北 "화성-12, 日상공 통과해 괌주변 30~40km 해상 탄착될것"(2보)", 『연합뉴스』, 2017.8.10.

하면서 김정은이 "국가 핵무력 완성의 역사적 대업, 로켓강국 위업이 실현되"었음을 선포했다고 발표했다.

3. 화학 및 생물학 무기

북한이 보유하고 있는 화학 및 생물학 무기도 무시할 수 없다. 북한은 16종에 이르는 화학무기 2,500~5,000t을 저장하고 있으며 탄저균·천연두·페스트 등의 생물학무기를 자체적으로 배양하고 생산할 수 있는 능력을 보유한 것으로 추정된다. 특히, 북한은 화학무기의 개발, 생산, 배치, 사용을 전면 금지한 화학무기금지협약(CWC: Chemical Weapons Convention)에도 가입하지 않았으며 CWC 의무 이행의 확인 및 사찰을 위한 집행기구인 화학무기금지기구(OPCW: Organization for the Prohibition of Chemical Weapons)에도 가입하지 않았다. 북한의 핵미사일 위협이 워낙 크게 부각되어 있지만 사실은 핵미사일 위협 못지않게 북한의 화학 및 생물학 무기도 한국 안보에 큰 위협이 되고 있다.

참고문헌

1. 저서 및 논문 등

국방부. 『2012 국방백서』. 서울: 국방부, 2012.

_____. 『2014 국방백서』. 서울: 국방부, 2014.

_____. 『2016 국방백서』. 서울: 국방부, 2016.

_____. 『2018 국방백서』. 서울: 국방부, 2018.

권양주. 『김정은 시대 북한 군사의 이해』, 증보판. 서울: 한국국방연구원, 2014.

김기호. "김정일 최고사령관 시기 군사전략의 변화". 『국방연구』, 제57권 제2호(2014년 여름).

김열수. "북한 핵・미사일 위협 평가 및 전망". 『국가안보전략』, 통권 제63호(2017년 12월).

_____. "북한 핵미사일 위협에 따른 대응전략". 『신아세아』, 제24권 제3호(2017년 가을).

김열수・김경규. "2013 국방정책 회고와 2014 국방정책 추진방향". 『전략연구』, 제21권 제2호(2014년 여름).

_____. "남북한 군사전략 비교와 함의". 『신아세아』, 제22권 제2호(2015년 여름).

박용환. "북한 군사전략에 관한 연구: 핵개발 이후를 중심으로".『북한학연구』. 제6권 제1호(2010년 봄).

_____. "북한의 선군시대 군사전략에 관한 연구: '선군군사전략'의 형성."『국방정책연구』, 제28권 제1호(2012년 봄).

Dupuy, Richard Ernest and Trevor N. Dupuy. *The Encyclopedia of Military History from 3500B.C. to the Present*. New York: Haper Collins, 1986.

Lykke, Arthur F. "The Fundamental of Military Strategy: Definition, Concept and Theory". *Military Strategy*. Washington, D.C.: US

Army War College, 1969.

Lykke, Arthur F. “Defining Military Strategy”. *Military Review*, Vol. 69, No. 2(Summer 1989).

Mack, Andrew J. R. “Why Big Nations Lose Small Wars: The Politics of Asymmetric Conflict”. *World Politics*, Vol. 27, No. 2(Summer 1975).

Potter, William C. *Nuclear Power and Nonproliferation: An Interdisciplinary Perspective*. Cambridge, Mass.: Oelgeschlager, Gunn and Hain, 1982.

2. 신문 등 언론기사

김귀근. “北, 정밀도 향상 KN－02 미사일 100여기 보유”. 『연합뉴스』, 2014.3.6.

______. “北, 지대함 순항미사일 발사로 국제제재 교묘히 ‘회피’”. 『연합뉴스』, 2017. 6.9.

김선영. “만km 대포동 2호…핵탄두 탑재 기술만 남았다”. 『세계일보』, 2015.1.7.

김열수. “눈앞에 닥친 북한 핵·미사일 보유… 어떻게 대응할 것인가?” 『자유마당』, 통권 제98호(2017년 9월).

______. “북한 ‘화성－15호’ 발사, ICBM 개발 성공했나?” 『자유마당』, 통권 102호(2018년 1월).

김영시. “북한의 대한민국 적화작전 시나리오는 진행되고 있는가?” 『대경일보』, 2018.12.6.

박성진. “북, ‘군 인터넷망에 131차례 사이버공격’”. 『경향신문』, 2015.9.11.

신석호. “北 5년뒤엔 핵무기 최대 100개 보유 가능… 美본토 위협”. 『동아일보』. 2015.2.26.

우성윤. “2000만 원 무인기, 농약 살포용 AN－2기 … 싼 무기로 허 찔러”. 『중앙일보』. 2014.4.12.

유용원. “北, 우리軍이 못잡는 對艦 탄도미사일 개발하고 있다”. 『조선일보』, 2013.10.12.

______. "쭉 깔려오는 北 신형 미사일… 요격 훨씬 어려워져 위협적". 『조선일보』, 2018.2.22.

유용원 · 최재혁 · 전현석. "北의 기습위협… 無人機만이 아니다". 『조선일보』, 2014.4.8.

윤상호 · 정성택. "北 소형핵 노동미사일에 탑재땐 '한반도 최악 시나리오". 『동아일보』, 2015.1.17.

지성림. "北 "화성-12, 日상공 통과해 괌주변 30~40km 해상 탄착될 것"(2보)". 『연합뉴스』, 2017.8.10.

특별취재팀. "戰時총괄 기관, 軍에서 黨으로 권력이동". 『동아일보』, 2013.8.22.

하종훈. "북핵 · 미사일 고도화 공식 인정… 극대화된 '비대칭 전력 위협' 달라진 北 전력 평가". 『서울신문』, 2015.1.17.

황대진 · 김명성, "김정은, 2015년 통일大戰 만반의 준비 지시", 『조선일보』, 2014.3.26.

황대진 · 임민혁. "사이버 부대 美 8만 명 · 中 18만 명… 北도 6000명인데 한국은 500명". 『조선일보』, 2018.10.4.

홍국기. "北외무성, 美 제재 움직임에 "선물보따리 계속 보낼 것"". 『연합뉴스』, 2017.7.17.

제3장 대북 최대 압박 및 관여 정책

요 약

북한의 핵미사일 위협이 고조될수록 미국을 포함한 국제사회의 대북 제재도 점차 강화되었다. 트럼프 대통령도 전임 오바마 대통령의 대북 인내 전략을 폐기하고 최대 압박 및 관여를 대북정책으로 결정했다. 최대 압박 정책은 경제제재, 외교적 고립화, 그리고 군사적 옵션 연습 등으로 나타났다.

경제제재는 유엔에 의한 집단 제재와 개별 국가에 의한 독자제재로 대별된다. 유엔의 집단제재로 북한 수출의 90% 이상이 불가능하게 되었고 북한이 수입하는 원유 및 석유 제품에 대한 제재도 부과되었다. 미국, 한국, 일본, 그리고 유럽연합 등은 유엔 제재와 별도로 독자제재를 가했다. 미국은 북한을 외교·경제적으로 고립시키기 위한 대북한 고립화 외교도 활발하게 전개했다. 군사적인 차원에서 미국은 항공모함의 전개나 한미 첨단 공군기가 참여하는 대규모의 공중 훈련 등을 실시했으며 코피 작전과 주한 민간인의 소개 훈련 등을 통해 북한을 압박했다. 최대한의 압박정책으로 북한의 경제지표는 하강곡선을 그리게 되었다.

생존을 위해 WMD 개발이 오히려 북한의 목이 점점 졸리는 상황이 되자 김정은은 고난의 행군을 할 것인지 아니면 다른 방책을 강구할 것인지를 결정해야 했다. 한국과의 관계 개선을 북미 회담으로 연결한다는 김정은식 관여 정책에 대해 트럼프 대통령이 호응함으로써 북미 정상회담이 열리게 되었다. 미국은 북한이 비핵화할 때까지 제재를 유지한다는 원칙 하에 북한과 대화를 하겠다는 관여 정책을 전개하고 있다. 회담은 비핵화를 위한 과정이고 수단은 최대한의 압박이라는 것이다.

핵심어: 최대한의 압박, 경제제재, 외교적 고립, 군사적 옵션, 관여

제1절 문제 제기

북한의 핵미사일 위협이 기로에 접어들었다. 기로에 접어들었다는 것은 북한이 제6차 핵실험을 통해 사실상의 핵보유국으로 등장할 것인지 그렇지 않으면 현재 상태에서 핵실험을 유보한 채 비핵화 회담에 나설지의 기로에 들어섰다는 의미이다. 예측 불가능의 트럼프 행정부 등장에도 불구하고 북한이 미사일 발사 실험을 계속하자 미국은 북한의 핵미사일 위협을 중대한 위협으로 규정하고 여기에 정책의 우선순위를 두기 시작했다.

2017년 4월 한 달 동안 한반도는 위기설의 중심에 있었다. 북한으로선 4월 15일이 김일성 105주년 생일이었고 4월 25일이 북한인민군 창건 85주년이었다. 정주년(整週年)을 선호하는 북한이 축포의 수단으로 제6차 핵실험을 하거나 또는 장거리 미사일을 발사할 것이라는 관측이 지배적이었다. 미국이 '절대 불가'를 외치면서 만일 이런 사태가 발생하면 선제공격도 불사하겠다는 강경한 태도로 맞섰다. 트럼프 대통령이 미중 정상회담에 이어 시진핑 주석과 전화 통화를 하면서 중국을 동원하기 시작했다. 중국도 미국과 보조를 맞추자 김정은은 한 발 물러섰다. 이렇게 4월 한반도 위기설은 일단 수면 밑으로 가라앉았다. 그럼에도 불구하고 2017년 4월 5일, 4월 16일에 이어 4월 29일에도 미사일 실험을 단행했다.

북한의 무한질주형 미사일 시험 발사를 보면서 트럼프 행정부는 오바마 행정부와는 전혀 다른 대북 정책을 선택했다. 트럼프 행정부는 오바마 행정부의 '전략적 인내'는 끝났다고 선언하면서 '최대한의 압박과 관여'(Maximum Pressure and Engagement)를 대북 정책으로 선택했다. 최대한의 압박을 통해 북한을 비핵화시키겠다는 것이다. 관여란 최대한의 압박이 지속되는 동안 만일 북한이 대화를 원한다면 대화도 하겠다는 것이다. 압박과 대화가 서로 상충되는 것처럼 보이지만 그렇지 않다. 북한에 대해 최대한 압박을 해야 북한이 대화에 나설 것이라고 판단하기 때문이다. 제3장에서는 북한에 대한 최대한의 압박과 관여 정책이 어떻게 구체적으로 현실에 투영되고 있는지를 살펴본다.

제2절 전략적 인내 정책과 최대 압박 및 관여 정책

1. 오바마 행정부의 전략적 인내 정책

조지 W. 부시 대통령의 제안에 의해 2003년부터 6자회담이 개최되었다. 6자회담이 진행되는 과정에서 2005년에는 9.19 공동성명이 채택되었고 2007년에는 2.13 합의문과 10.4합의문이 채택되었다. 2008년에는 영변 5Mw 원자로의 냉각탑이 폭파됨으로써 드디어 북한이 비핵화의 길로 들어섰다는 희망 섞인 관측이 있었다. 이를 계기로 미국은 북한을 테러지원국에서 해제해 주었다. 그러나 북한은 자신이 신고한 핵시설에 대한 검증을 위한 시료 채취를 거부함에 따라 2008년 12월로 계획되었던 검증합의서 채택이 불발되었다. 그때부터 6자회담은 작동 불능 상태에 빠지게 되었다.

오바마 대통령은 2009년 자신의 취임사에서 비록 적대적인 국가라고 하더라도 "움켜진 주먹을 펼 용의가 있다면 우리는 손을 내밀 것"이라고 했다. 사실 북한이 손만 펴면 대화와 협상은 지속될 수 있었다. 오바마 대통령 취임 당시 미국과 외교 관계없이 적대적인 관계를 유지하고 있었던 국가는 이란, 쿠바, 북한 등 세 나라밖에 없었다. 미국은 2015년 7월, P5+1+1 회담을 통해 회담 시작 13년 만에 이란 핵문제를 타결함으로써 이란을 국제사회의 일원으로 복귀시켰다. 미국은 또한 2014년 12월, 1961년 이후 50여 년 간 지속되었던 쿠바와의 적대관계를 청산함으로써 외교관계를 재개하였다. 그러나 세 나라 중 오직 북한만이 미국이 내민 손을 잡지 않았다. 손을 잡기보다는 오히려 이를 뿌리치면서 대항해 왔다.

북한은 오바마 대통령이 취임하자 말자 2009년 4월에 대포동 2호 장거리 미사일을 발사했고 5월에는 제2차 핵실험까지 감행했다. 오바마 대통령의 내민 손을 걷어 찬 북한은 2010년 3월에는 한국의 천안함을 백령도 인근에서 어뢰로 격침시켰고 10월에는 포격 도발을 감행함으로써 연평도를 불바다로 만들었다. 이것이 오바마 행정부의 대 북한 핵미사일 정책을 전략적 인내(Strategic Patience) 정책으로 고착시킨 계기가 되었다. 전략적 인내 정책이란 북한이 행동을 바꾸지 않으면 손을 내밀지 않겠다는 정책이었다.

김정일이 사망하고 김정은이 등장하자 오바마 행정부는 다시 한 번 북한에게 손을 내밀었다. 김정은 체제로의 전환 시기인 2012년 2월 28일, 미국은 북경에서 미북 합의를 이끌어 내었다. 윤달 합의(Leap Day Agreement)로 일컬어지는 이 합의의 골자는 북한이 비핵화 사전조치를 이행하면 미국은 24만 톤 규모의 영양식을 제공한다는 것이었다. 핵심은 북한이 수용한 비핵화 사전조치라고 볼 수 있는데, 이것은 북한의 핵실험 및 장거리 미사일 시험발사 유예, 우라늄농축 프로그램(UEP)을 포함한 모든 핵활동 중단, 국제원자력기구(IAEA) 핵사찰단 복귀 수용 등이었다. 미국은 이런 '비핵화 사전조치' 이행을 6자회담 재개의 전제 조건으로 내세우면서 북한의 수용을 압박해 왔다. 그러나 북한은 "조건 없는" 6자회담 재개를 주장하면서 이의 수용을 거부함에 따라 6자회담은 열리지 못하게 되었다.[1)]

좀처럼 이견이 좁혀지지 않자 북한은 윤달합의의 잉크가 채 마르기도 전인 4월 13일 은하 3호를 발사했다. 우주를 향한 은하 3호의 발사는 실패했지만 그 파장은 만만치 않았다. 오바마 행정부는 북한이 6자회담의 테이블에 나올 때까지 기다리겠다는 전략적 인내 정책으로 완전히 돌아섰다. 그리고 임기가 끝날 때 까지 이 정책은 거의 변하지 않았다. 임기 마지막 해였던 2016년에 '대북제재 및 정책강화법'을 제정하고 북한을 '주요자금세탁 우려 대상국'으로 지정하기도 했지만 너무 늦었다. 사실 전략적 인내 정책으로 일관한 오바마 대통령의 8년 동안 북한의 핵과 미사일 기술은 급속도로 고도화되었다. 북한이 오바마 행정부의 전략적 인내정책을 역이용했던 것이다.

2. 트럼프 행정부의 최대 압박 및 관여 정책

트럼프 행정부 등장 이후에도 북한은 도발을 멈추지 않았다. 북한은 2017년 2월 12일, SLBM의 지상 버전인 북극성 2형을 발사했다. 새로운 행정부의 등장을 전혀 아랑곳하지 않은 것이다. 미국도 전임 행정부와는 다른 대북한 핵미사일 정책을 우선적으로 수립할 필요가 있었다. 2월 중순부터 맥팔랜드(McFarland) 국가안보 부보좌관이 국무, 국방, 재무 등 관련 부처 고위 관리들을 불러 모든 대북 옵션들을 제출토록 지

1) 엄상윤, "김정은체제의 개막과 북핵문제의 향방", 『정세와 정책』, 2012년 4월호.

시했다.

대통령 취임 이후 북한에 대해 비교적 침묵을 지켜오던 트럼프 대통령도 북한의 잇단 도발을 목도하고 대북 정책을 3월 말까지 수립할 것을 지시했다. 세계 전략과 동아시아의 전략이 수립되고 난 이후에 대한반도 정책이 수립되는 것이 기존의 관행이었고 패턴이었으나 이번에는 달랐다. 북한 핵문제에 대한 정책 수립이 우선이었다. 맥매스터(Herbert McMaster) 전 국가안보보좌관은 트럼프 대통령이 모든 옵션을 테이블 위에 올려놓고 대안을 제시할 것을 요구했다고 밝혔다.

대북정책의 모든 옵션에 대해 심도 있는 논의가 이어졌다. 결국 트럼프 대통령 취임 1백일을 앞둔 4월 26일, '최대 압박과 관여'라는 이름의 새 대북 정책을 확정했다.[2] 북한이 핵미사일 프로그램을 포기하도록 경제와 외교 등을 통해 최대한 압박을 가하면서 동시에 북한과의 대화도 열어놓겠다는 것이 최대 압박과 관여 정책의 핵심이었다. 트럼프 행정부는 4월 26일, 미 상원의원 100명을 백악관으로 초대하여 이들과 NSC 위원들이 참석한 가운데 대북 정책에 대한 비공개 브리핑을 했다. 브리핑 후 틸러슨(Rex W. Tillerson) 국무장관과 매티스(James N. Mattis) 국방장관, 던포드(Joseph Dunford) 합참의장, 그리고 코츠(Dan Coats) 국가정보국장(DNI)은 합동 성명을 통해 "북한 핵무기는 외교정책의 최우선순위"라며 "경제 제재와 외교 압박을 통해 북핵 프로그램을 해체하겠다."고 밝혔다. 또 "평화로운 비핵화란 목적을 위해 협상의 문을 열어 둘 것"이지만 "우리는 우리 자신과 동맹을 방어할 준비가 돼 있다."고도 했다. 결국 미국의 대북 정책은 최대한으로 경제제재와 외교적 압박을 통해 북한을 비핵화의 길로 인도하되 지속적으로 핵미사

2) 최대 압박과 관여 정책이 AP 통신 등 언론에 드러난 것은 2017년 4월 14일이었다. 이에 대해서는 정진탄, "트럼프 행정부 대북전략 '최대 압박 · 관여' 확정", 『뉴스 1』, 2017.4. 15.을 참고할 것.

일 도발을 하면 군사적 옵션도 고려하겠다는 것으로 요약된다. 합동성명은 첫 문장에서 "북한의 불법 무기 프로그램과 핵, 미사일 시험발사를 중단시키기 위한 과거의 노력은 실패했다."고 지적함으로써 오바마 행정부의 전략적 인내 정책을 공식적으로 폐기했다.

미국의 대북 정책은 유엔 안보리로 연장되었다. 4월 28일, 틸러슨 미 국무부 장관은 유엔 안보리 상임이사국의 의장국 지위를 이용하여 유엔 안보리 상임 및 비상임 이사국 외무부 장관 또는 차관들을 초청하여 북한 핵미사일 문제에 대해서 논의하는 자리를 마련했다. 이 자리에서 틸러슨 장관은 북한의 핵미사일 프로그램의 수준과 위협 정도, 그리고 미국이 취할 조치와 국제사회가 취해야 할 조치들을 제시했다. 모든 옵션이 테이블 위에 올라 있음을 강조한 틸러슨 장관은 세컨더리 보이콧 시행 가능성을 언급하면서 북한과의 외교 관계를 정지 또는 격하할 것을 요구했다.[3] 제3절에서는 최대한 압박 정책이 실제로 어떻게 이행되었는지에 대해 이를 경제제재, 독자제재, 대북 고립정책, 그리고 군사적 옵션 등으로 구분하여 서술한다.

---

3) 김덕한 · 조의준, ""북한과 외교관계 정지 · 격하" 美국무, 안보리 15國에 요구", 『조선일보』, 2017.4.29. 틸러슨 장관은 "북한의 핵 미사일 프로그램은 재앙적 단계에 도달"했으며 "서울과 도쿄에 대한 북한의 핵 공격 위협은 이제 현실이며 미국에 대한 위협도 시간문제일 뿐"이라고 했다. 따라서 "북한에 대해 지금 행동하지 않으면 재앙적 결과가 이어질 것"이기 때문에 미국은 군사적 조치를 포함한 모든 대북 옵션을 책상 위에 올려놓고 있다."고 했다. 또 "국제사회는 북한을 경제적으로 고립시키는 조치를 강화할 필요가 있다."며 "미국은 북한과 거래하는 제3자와 단체를 제재(세컨더리 보이콧)하는 데 주저하지 않을 것"이라고 했다. "북한과의 외교관계를 정지 또는 격하(suspend or downgrade) 할 것"을 요구하기도 했다.

제3절 최대한의 압박 정책

1. 국제사회의 대북 경제 제재

가. 유엔의 대북 경제 제재

북한의 핵미사일 능력이 고도화됨에 따라 국제사회의 대북 제재도 이에 비례하여 강화되기 시작했다.[4] 2006년 북한이 대포동 미사일을 발사하고 제1차 핵실험을 단행하자 유엔 안보리는 처음으로 대북 제재 결의안을 채택했다. 1993년에 채택되었던 안보리 결의안 제825호는 대북 제재 결의안이 아니라 북한의 NPT 복귀를 촉구하는 결의안이었다. 2006년 이후 국제사회는 북한이 핵실험이나 미사일을 시험 발사할 때마다 안보리 결의안을 채택하거나, 안보리 의장 성명 또는 언론 성명 등을 발표하였다.

대북 제재 결의안은 2006년 2회, 2009년 1회, 2013년 2회, 2016년 2회, 2017년 4회 등 무려 11개나 된다. 그러나 북한에 대한 실질적인 경제제재를 가하기 시작한 것은 2016년 11월 30일 채택된 안보리 결의안 제2321호부터였다. 북한의 제5차 핵실험을 응징하는 안보리 결의안 제2321호는 북한의 석탄 수출을 연 4억 90만 달러 또는 750만 톤까지만 허용하였다. 2017년 8월에 채택된 안보리 결의안 제2371호는 북한 수출의 제1, 3, 4위에 해당되는 북한산 석탄·철·철광석과 북한산 납·납광석·수산물의 수출을 금지했다. 약 16억 달러가 넘는 금액으

---

4) 이 부분은 김열수, “김정은 정권의 생존전략 딜레마를 활용한 북핵 문제 해결 방안”, 『북한핵의 고도화에 따른 김정은 정권의 전략과 한미동맹의 대응』, 제6회 한국국가전략연구원-브루킹스 연구소 국제회의(2018년 1월 8일, 서울 힐튼 호텔), pp. 349-352를 수정 보완한 것임을 밝혀둔다.

로써 이는 북한 수출의 약 60% 정도에 해당된다. 2017년 9월에 채택된 안보리 결의안 제2375호는 북한 수출의 2위에 해당되는 섬유(약 7억 달러) 수출을 금지했다. 이로써 북한은 광물, 수산물, 섬유 수출까지 금지되었다. 이는 북한 수출의 약 90% 정도에 해당된다.

그뿐만이 아니다. 북한으로 들어가는 물자도 제한하기 시작했다. 정유제품은 2018년부터 연 200만 배럴(약 28만 톤, 전체 정유제품의 약 55%)까지만 대북 수출이 허용되고 원유는 현 공급량인 연 400만 배럴(약 56만 톤)로 동결된다. 또한 LNG와 콘데세이트의 대북 수출도 금지된다. 해외에서 북한 노동자의 신규 허가를 금지하고 북한과 합작사업 설립・유지・운영을 전면 금지하되 기존의 합작사업도 120일 이내에 폐쇄해야 한다. 이에 따라 중국 내의 북한 식당과 칠보산 호텔 및 류경호텔 등 북중 합작회사들이 철수했고, 북한 내의 북중 합작 및 합자 형태의 화천자동차, 화타이자동차, 평진 자전거 합영회사, 조선김평 합영회사 등 중국 기업들도 철수했다.

2017년 12월 22일 채택된 안보리 대북제제 결의안 제2397호는 정유제품을 연간 200만 배럴에서 50만 배럴(당초 공급량 450만 배럴의 약 90% 차단)만 북한에 수출하도록 했으며 원유는 연간 400만 배럴만 수출하도록 명시함으로써 원유 공급 상한선을 명시했다. 트리거 조항으로 북한 추가 도발시 사실상 유류 수출을 제한한다는 것을 명문화하였다. 해외에 파견된 북한 노동자들을 24개월 이내에 송환하도록 결의했고, 산업기계・운송수단・철강 등 각종 금속류의 대북 수출을 차단하도록 했으며, 북한산 식용품・농산품・목재류 등의 대외 수출도 금지했다.

나. 개별 국가의 대북 경제제재

2016년 2월부터 양자제재도 본격적으로 시행되기 시작했다. 오바마 행정부는 2016년 2월 '대북제재 및 정책강화법'을 발효시켰다. 이 법은 핵미사일 분야뿐만 아니라 사이버, 북한 인권, 지도층의 사치품 구매까지 제재할 수 있는 포괄적인 것이었다. 이 법의 시행과 북한인의 외국 송출을 금지한 행정명령 13722호는 3월에 관보에 게재되었다. 6월에는 북한을 주요자금세탁우려 대상국(Primary Money Laundering Concern)으로 지정했다. 트럼프 행정부가 들어선 2017년 8월 초에는 북한의 원유 및 석유제품 수입을 봉쇄하고 북한 노동자의 고용을 금지하며, 북한 선박의 운항금지와 북한 온라인 상품 거래 및 도박 사이트 차단 등을 골자로 하는 '북한・러시아・이란 제재법(Russia, North Korea, Iran: The Comprehensive Sanctions Bill)'인 대북 제재 패키지 법을 발효시켰다. 9월에는 도널드 트럼프 대통령이 국제 금융시스템과 무역 거래에서 북한을 고립시키는 내용의 대북 독자제재 행정명령 13810호에 서명했다. 10월에는 사실상의 '세컨더리 보이콧(제3자 제재)'을 가능하게 하는 「오토 웜비어 북핵제재법」(Otto Warmbier Banking Restrictions Involving North Korea Act of 2017)을 제정했으며 11월에는 북한을 테러지원국으로 재지정했다.

미국 재무부는 북한의 개인, 단체, 기업, 선박뿐만 아니라 북한과 거래한 개인, 기업, 단체, 선박 등에 대해서도 독자제재를 가했다.[5] 2017년에는 총 8회 124건에 대해 제제를 했고 2018년에도 10월 말까지 총 9회 117건에 대해 제재를 했다.[6] 더군다나 미 재무부가 2018년 10월에는 대북제제 대상 기업・기관・선박・개인 등 대북제재 리스트에 세컨더리 보이콧 위험(Secondary Sanctions Risk)이라는 경고 문구를 첨가했

5) Joshua Stanton, Sung-Yoon Lee, and Bruce Klingner, "Getting Tough on North Korea: How to Hit Pyongyang Where It Hurts", *Foreign Affairs*, Vol.96, No.3(May/June 2017), pp. 70-73.

6) 안준용, "미, 올 9번째 대북제재… 개성공단 기업인 방북도 '경고'", 『조선일보』, 2018.10.27.

다.[7] 이는 향후 제3자가 이 제재 대상들과 거래할 경우 세컨더리 보이콧의 대상이 된다는 것을 경고한 것이다. 2018년 12월에는 '최악의 인권'을 이유로 북한의 2인자 최용해를 비롯하여 정경택 국가보위상, 박광호 노동당 부위원장 겸 선전선동부장 등 3명을 제재 대상으로 지정했다.

미국 외에도 한국, 일본, 그리고 유럽 연합 등이 대북 독자제재를 단행하기 시작했다. 한국은 2010년 천안함 폭침에 대한 응징 차원에서 5.24 대북 제재 조치를 취한 바 있지만 더 강력한 대북제재 조치를 취하기로 했다. 한국은 2016년 2월, 우선적으로 북한의 개성공단을 폐쇄했다. 3월에는 대북 제재안을 발표했다. 핵심 내용은 개인 40명 및 단체 30개에 대한 금융제재, 북한에 들른 외국선박은 180일 이내에 국내 입항 불허 및 제3국 선박의 남북항로 운항을 금지한 해운통제, 북한산 물품의 국내 위장 반입을 막기 위한 수출입 통제, 그리고 우리 국민의 북한 해외 식당 이용 자제 계도 등이다. 8월에는 북한인권법을 발효시켰다.

일본도 2016년 2월 9일 독자 대북제재안을 발표했다. 제재안의 내용은 북한 국적자의 일본 입국 금지, 10만 엔 이상의 대북 송금 금지, 북한을 방문한 핵미사일 관련 기술자의 일본 재입국 금지, 모든 북한 선박과 북한에 기항했던 제3국 선박의 일본 입항금지, 그리고 해당 선박 선원의 입국 금지 등이다. 유럽연합(EU)도 수차례에 걸쳐 대북제재안을 발표하였다. 이를 살펴보면, 기업과 개인에 대한 제재, 자국 영토, 영해, 영공을 지나는 모든 북한 화물에 대한 조사 실시, 북한에게 선박 또는 항공기 대여 금지, 광물수입 금지, 항공유 수출 금지, 자국 기업의

---

7) 조의준 · 김진명, "미 '세컨더리 대북제재' 못박은 리스트 466개 내놨다", 『조선일보』, 2018.10.15.

북한 내 지사 및 자회사 폐쇄, 북한 항공기 · 선박의 EU 영공통과 · 기착 · 기항 금지, 수입금지 품목과 사치품 금수품목의 대폭 확대, WMD 개발과 관련되지 않은 북한의 대(對)유럽 교역 행위도 포괄적으로 차단, 그리고 북한을 돈세탁과 테러자금 지원 위험이 높은 나라로 공식 지정 등이었다. 국제사회의 대북 경제제재를 요약하면 <표 5>와 같다.

〈표 5〉 국제사회의 대북 경제제재

<table>
<tr><td rowspan="3">경제
제재</td><td colspan="2">집단
제재
(UN)</td><td>• RES.2321: 석탄 수출 상한선 설정
• RES.2371: 석탄, 철강, 해산물 수출 금지, 합작사업 신규 금지, 신규 노동자 송출 금지
• RES.2375: 의류 수출 금지, 석유제품 200만 배럴, 원유 400만 배럴 상한선, 북한 노동자 신규 허가 금지, 북한과 합작사업 설립 · 유지 · 운영 전면 금지, 기존 합작사업도 120일 이내 폐쇄, 공해상에서 선박 대 선박 이용한 환적 금지
• RES.2397: 석유제품 50만 배럴만 허용, 원유 상한선 유지, 트리거 조항, 해외 근로자 24개월 내 소환, 조업권 거래 금지</td></tr>
<tr><td rowspan="2">양
자
제
재</td><td>미
국</td><td>• 북한제재 및 정책강화법: 2016.2.
• 대북 행정명령 13722호: 2016.3.(북한 노동자 송출 금지 등)
• 주요자금세탁 우려 대상국 지정: 2016.6.
• 대북제재 패키지 법: 2017.8.(원유 및 석유 제품 수입 봉쇄, 북한 노동자 고용 금지, 북한 선박 운항 금지, 북한 온라인 상품 거래 및 도박 사이트 차단)
• 대북 행정명령 13810호: 2017.9.(국제 금융시스템과 무역 거래에서 북한 고립, 세컨더리 보이콧)
• 오토 웜비어 법: 2017.10.
• 테러 지원국 재지정: 2017.11.
• 2017년에는 총 8회 124건의 제재, 2018년에는 총 10회 120건 제재(선박, 해운회사, 단체, 개인 등)</td></tr>
<tr><td>한
국</td><td>• 천안함 폭침 이후 5.24조치: 2010.5.
• 개성공단 폐쇄: 2016.2.</td></tr>
</table>

			• 독자재재(2016.2.): 개인 및 단체에 대한 금융통제, 해운통제, 수출입 통제, 북한의 영리시설 이용 자제 등 • 북한 인권법 발효: 2016.8.
		일본	• 북한 국적자 일본 입국 금지, 대북 송금 사실상 금지(10만엔 이하) • 북한 방문한 핵미사일 관련 기술자 일본 재입국 금지, 해운통제
		EU	• 북한 화물에 대한 조사, 북한에게 선박 또는 항공기 대여 금지, 광물수입 금지, 항공유 수출 금지, 자국 기업의 북한 내 지사 및 자회사 폐쇄, 북한 항공기 · 선박의 EU 영공통과 · 기착 · 기항 금지 • WMD 개발과 관련되지 않은 북한의 대(對)유럽 교역 행위 포괄적 차단 • 자금 세탁 및 테러자금 조달 고위험 국가로 규정

2. 미국의 대북한 고립화 외교

미국은 북한을 고립시키기 위한 외교도 진행했다. 틸러슨 장관 재직 당시 미 국무부는 대북 압박을 위해 세계 각국이 이행할 '제재 리스트'를 구체적으로 만들어 놓고 일일 점검을 했다고 과언이 아니다. 미국이 북한 김정은의 '돈줄'과 외교적 영향력을 하나하나 차단하는 치밀한 계획서를 들고 대북 제재에 나선 것이다.

사실 전 세계 20개국 이상이 북한 대사 추방과 경제 관계 축소 등의 조치를 취했다. 멕시코, 페루, 스페인, 쿠웨이트, 이탈리아 등은 북한 대사를 추방했다. 필리핀은 북한과 무역을 중단했고 태국은 경제관계를 축소했으며, 말레이시아도 외교 및 경제관계를 축소했고, 몽골 · 피지 등은 북한 선박의 등록을 취소했으며, 파키스탄은 고려항공 취항을 금지시켰고, 독일은 북한 대사관의 임대 사업을 중단시켰으며, 폴란드는 북한 노동자의 허가를 취소했다. 또한 베트남은 북한 비자 연장을 거부했고 스리랑카는 북한 비자 발급을 제한했으며 불가리아와 남아공은 북한 외교관을 감축했고 이집트는 제재 대상인 외교관을 강제 출국시켰다.

한국전 유엔 참전국을 포함해 20개국 외교장관이 참석하는 한반도 안보회의도 캐나다의 밴쿠버에서 개최되었다.[8] "유엔 제재를 침해하는 북한 선박의 공해상 불법 환적을 막기 위한 지구적 해상차단"에 대한 논의였지만 이보다 더 중요한 것은 한국전 유엔 참전국의 외교장관들이 머리를 맞대었다는 사실 그 자체였다. 메티스 미 국방장관은 북핵미사일에 대한 외교적 해결이 안 될 경우 차후에는 유엔 한국전 참전국의 국방장관 회담이 개최될 것임을 밝혔다. 유엔을 우회해서 제2의 한국전에도 대비할 수 있음을 암시한 것이다.

3. 미국의 대북한 군사적 옵션

미국은 군사적 옵션을 수행하기 위한 훈련도 지속했다. 2017년 9월부터는 거의 한 달에 한 번씩 군사적 옵션을 선보였다. 2017년 9월에는 B1-B 랜서 2대와 F-15기 수대가 동해 NLL 이북 지역의 국제공역에서 작전을 수행했다.[9] 작전 수행 후 복귀했지만 북한에서 이에 대한 반응이 없을 정도로 극비리에 이루어졌다. 작전 종료 후 미 국방부가 이런 사실을 언론에 알렸다.

2017년 10월에는 부산에 입항해 있던 원자력 추진 미 잠수함 미시간함에서 특수부대 요원들이 주로 참수작전 등 특수 임무를 수행할 때

8) 옥철, "밴쿠버그룹, 북핵 외교해법·제재 실효성 동시 모색(종합)", 『연합뉴스』, 2018.1.16.

9) 신지홍·이승우, "美 '죽음의 백조' B-1B랜서 北동해 공역비행… '무력시위' 전개(종합3보)", 『연합뉴스』, 2017.9.24.

사용하는 소형 특수 잠수정인 ASDS를 공개했다.[10] 11월에는 로널드 레이건함(CVN 76), 시어도어 루스벨트(CVN 71), 니미츠함(CVN 68) 등 미 항공모함 3척이 동시에 한국작전구역(KTO)에 진입하여 한국 해군과 함께 연합훈련을 진행했다.[11] 2003년 이라크전 당시 동원된 항공모함은 4척이었다는 사실과 비교된다. 12월에는 한·미 양국 공군이 미국 스텔스 전투기 F-22 '랩터' 6대를 포함한 항공기 250대를 투입하는 역대 최대 규모 연합공중훈련인 '비질런트 에이스' 훈련을 실시했다.[12]

미국은 2018년 1월, 북한의 핵·미사일 시설에 대해 제한적 타격을 가함으로써 경고 메시지를 보내겠다는 코피 작전(Bloody Nose Strike)도 검토했다. 2016년 10월에 봇물처럼 터졌던 대북 선제타격(preemtive strike)[13]이 다시 검토된 것이다. 사실 미국은 2017년 4월 13일, 아프가니스탄에 폭탄의 어머니라고 하는 GBU-43/B 모아브(MOAB)를 투하하였다.[14] 굳이 핵무기가 아니라고 하더라도 모아브 등을 이용하여 북한의 상징적 시설 한두 곳을 정밀 폭격할 수 있는 것이다.

미국의 코피 작전은 많은 논란 속에 수면 밑으로 가라앉았다. 북한

---

10) 유용원, "데브그루", 『조선일보』, 2017.10.21.

11) 정충신, "美 核항모 3개 전단, '北해상봉쇄 前단계' 최고 무력시위", 『문화일보』, 2017.11.10.

12) 박성진, "역대급 '비질런트 에이스' 시작…F-22·F-35A·F-35B 스텔스 전투기 3종 등 230대 출격", 『경향신문』, 2017.12.4.

13) 선제공격(Preemtive Attack)과 예방공격(Preventive Attack)은 다르다. 선제공격은 적의 공격 징후가 포착되면 이를 먼저 공격하는 것이고, 예방공격은 미래에 자신한테 위협이 될 수 있는 적을 먼저 공격하는 것을 말한다. 엄밀히 말하면 선제공격은 방어적 차원의 공격이라고 한다면 예방공격은 미래의 위협을 사전에 제거한다는 차원에서 공격적 차원의 공격이라고 할 수 있다. 2016년 당시 마이클 멀린(Michael Mullen) 전 합참의장, 헤이든(Michael Hayden) 전 CIA 국장, 웬디 셔먼(Wendy Sherman) 전 국무부 정무차관(민주), 딕 체니(Dick Cheney) 전 부통령(공화), 커트 캠벨(Kurt Campbel) 전 국무부 동아시아태평양 차관보(민주), 피터 후크스트라(Peter Hoekstra) 전 연방 하원 정보위원장(공화), 미셸 플루노이(Michele Flournoy) 전 국방부 정책담당 차관(민주), 대니엘 러셀(Daniel Russel) 전 국무부 동아태 차관보 등 일일이 열거할 수 없을 정도로 많은 사람들이 선제공격을 주장했다.

14) 모아브 폭탄의 중량은 9.5톤으로써 폭발시 반경 550m를 무산소 상태로 만들어 초토화시키는 무기로써 32km 밖에서도 버섯구름이 보이고 48km 밖에서도 폭발음이 들릴 정도의 위력을 가진 무기이다.

이 평창 동계올림픽에 참가하겠다고 하는 등 남북 회담이 개시된 것이 가장 중요한 원인 중의 하나일 것이다. 그러나 한국에 너무 많은 미국인이 거주한다는 사실도 외면하지 못했을 것으로 본다. 국내에는 약 200만 명 가까운 외국인이 체류하고 있다.[15] 그 중 주한미군 가족 및 민간인(주한미군 28,500여 명 포함)은 23만여 명으로 추정된다.[16] 다른 외국인은 신경 쓰지 않는다고 하더라도 이렇게 많은 자국민이 거주하고 있음에도 불구하고 이들을 소개(疏開)하지 않은 상태에서 예방공격을 감행한다는 것은 그리 쉬운 일이 아니다. 이런 연유로 트럼프 행정부 출범 이후 미국은 수차례에 걸쳐 주한 미국인의 소개 훈련(NEO)을 단행한 바 있다.

미국의 대북한 고립화 외교와 군사적 옵션을 요약해 보면 다음 <표 6>과 같다.

〈표 6〉 미국의 북한에 대한 고립화 외교와 군사적 옵션

고립화 외교	• 전 세계 상대로 대북 외교 및 경제 관계 단절 및 제한 요구 • 밴쿠버 한반도 안보회의(2018.1.16.), 한국전에 유엔군을 파병한 참전국을 포함 20개국 외교장관 회의, 지구적 해상차단 논의, 차기 회의는 국방장관 회의가 될 것임을 경고
군사적 옵션	• 동해 NLL 이북 국제공역 작전: 2017.9. • 미시간함의 소형 특수 잠수정 ASDS 공개: 2017.10. • 로널드 레이건함(CVN 76), 시어도어 루스벨트(CVN 71), 니미츠함 (CVN 68) 등 미 항모 3척 동시 한국작전전구(KTO) 훈련: 2017.11. • Vigilant Ace 훈련: F−22, F−35 등 한미 250대 전투기 참여 훈련(2017.12.) • 코피 작전(Bloody Nose Strike) 검토: 2018.1. • 수차례에 걸친 주한 미국 민간인 소개(NEO)훈련 실시

15) 심현희, "국내 中 · 러시아인 100만… 별 조치 없어", 『서울신문』, 2017.4.13.
16) 박홍환, "주한미군, 6월쯤 민간인 해외 대피훈련", 『서울신문』, 2017.4.23.

제4절 최대한의 압박과 북한 경제

1. 김정은 시대의 북한 경제[17)]

김정은 시대 북한 경제의 핵심은 크게 2가지이다. 하나는 농장 및 기업에 인센티브 제도를 도입한 것이고 다른 하나는 장마당을 포함한 '시장'을 공개적으로 허용하는 것이다. 김정은 정권은 2012년 6월 28일 「우리식의 새로운 경제관리체계를 확립할 데 대하여」라는 6.28 방침을 발표했다.[18)] 핵심 내용은 농업부문에서는 분조규모를 축소하고 자율 처분권을 확대하는 것이다. 협동농장의 최종 작업조를 과거의 10~25명에서 3~5명으로 구성했다. 또한 초과생산물에 대해서는 국가와 분조가 7:3의 비율로 배분함으로써 분조의 자율 처분권을 확대하는 포전제(圃田制)를 도입했다. 기업부문에서는 지배인의 책임경영제를 전면 확대하고 차등임금제를 도입하며 성과금을 최대 100배까지 보장하도록 했다.

자율 처분권이 통할 수 있는 곳이 바로 시장이다. 따라서 김정은 정권은 장마당을 포함하여 시장을 공개적으로 허용하고 있다. 김정은 정권은 다양한 형태로 시장에 개입하고 시장을 공식 제도에 편입시킴과 동시에 시장을 추동하고 있다고 해도 과언이 아니다.[19)]

시장의 수는 2010년의 200여 개에서 2018년에는 430여 개로 5~6

---

17) 이 부분은 김열수, "김정은 정권의 생존전략 딜레마를 활용한 북핵 문제 해결 방안"의 내용을 수정 보완한 것임을 밝힌다.

18) 이에 대해서는 박형중, "북한의 새로운 경제관리체계(6.28 방침)의 내용과 실행 실태", 『KDI 북한경제리뷰』, 2013년 10월호; 양문수, "김정은 체제 출범 이후'우리식 경제관리방법'의 모색: 현황과 평가", 『KDI 북한경제리뷰』, 2014년 3월호를 참고할 것.

19) 양문수, "김정은 시대의 시장화: 평가와 전망", 『한반도 포커스』, 제41호(2017년 가을), p. 31.

년 만에 약 두 배로 늘어났다. 공식시장이란 건물이 있고 북한정부의 감독하에 주민들이 자릿세를 내고 합법적으로 상행위를 할 수 있는 공간을 말한다. 이동 전화를 의미하는 손전화기도 2008년 1,600대 불과했으나 2015년에는 324만 대, 그리고 2018년 말에는 500만 대 이상으로 늘어났다. 사적 소유가 금지된 북한에서 주택 매매는 법으로 금지되어 있지만 기존 주택의 매매는 물론, 아파트의 신축 및 매매도 공공연하게 이루어지고 있어 부동산 시장도 확대되고 있다. 자전거와 오토바이에 대한 구매가 높아졌고 민간자본에 의한 중장거리 시외버스와 시내버스도 대거 등장했다. 심지어 2016년, 1,500대가 넘는 택시가 평양을 비롯하여 신의주, 청진, 혜산 등 지방 대도시에서 운영 중인 것으로 알려지고 있다.[20] 북한은 김정은 집권 이후 기업소법, 농장법, 재정법, 인민경제계획법, 무역법, 상업은행법, 중앙은행법 등 핵심적인 법령을 개정해 우리식 경제관리방법과 사회주의 기업책임관리체제의 추진을 법적으로 뒷받침하고 있다.[21]

우리식 경제관리 조치와 시장의 공개적 허용만으로 북한 경제를 모두 설명할 수 있는 것은 아니다. 어쨌든 김정은 집권 이후 북한의 경제 지표는 나쁘지 않았다. 2012~13년 기간 동안에는 연평균 1.1%의 플러스 성장을 기록했고 대외무역 규모는 연평균 6.2%씩 증가하였다. 농업 생산량도 연평균 5.5%씩 증가했고 이에 더해 물가와 환율까지 안정적인 추세를 이어갔다.[22] 북한은 2015년도 전체 대외무역이 −17.9%로 줄어들었고 농업 생산량도 −9.0%로 줄어들어 전체 경제성장률은 −1.1%를 기록했다. 그러나 2016년도 북한의 GDP는 전년 대비 3.9%

20) 양문수, “김정은 시대의 시장화: 평가와 전망”, pp. 29-31.
21) 양문수, “김정은 시대의 시장화: 평가와 전망”, p. 34.
22) 이종규, 『최근 북한의 경제정책 평가 및 향후 전망』, 정책연구시리즈 2016-08(세종: 한국개발연구원, 2016), p. 81

증가했다. 한국은행은 2015년도 가뭄 등의 피해로 크게 위축됐던 북한 경제 성장세가 2016년도에는 기저효과로 인해 크게 반등한 것으로 보인다고 밝혔다.[23] 2016년 북·중 간 교역 규모는 전년 대비 7.3% 증가한 58억3천만 달러로서 유엔의 대북제재에도 불구하고 2016년 중국의 대북 수출은 8.3%, 대북 수입은 6.1% 각각 증가해 2013년 이후 감소세를 보이던 북중 교역규모가 오히려 확대되었다. 2017년 3월 말 기준으로 쌀값과 기름값, 환율, 생필품 가격 등도 안정세를 보여주었다.[24] 배급제가 무너진 상태에서 북한 경제를 회생시키기 위해 도입한 6.28 방침과 북한식 시장경제가 적어도 2017년 3월 말까지 비교적 잘 작동된 것으로 보인다.

2. 제재 이후의 북한 경제

법령의 정비는 북한식 시장의 제도화 수준을 높여주었다. 특히 돈주(錢主)라고 불리는 신흥부유층도 새로 등장했다. 각종 지표가 보여주듯이 북한의 경제는 적어도 2017년 3월까지 괜찮았다. 여러 가지 이유가 있을 수 있지만 북한은 유엔 안보리의 대북 제재와 미국의 독자제재를 회피하는 방법으로 여기에 대응해 왔다고 볼 수 있다. 유엔 안보리 결의에서 광물자원 수출 제한 폭이 결정되기 전까지는 광물자원을 무더기로 수출한다든지, 부족한 외화를 벌충하기 위해 외국에 북한 근로자들을 대거 파견한다든지, 관광사업을 활성화한다든지 등의 방법으로 대응해 왔다.

그러나 북한의 수출을 통제할 수 있는 경제제재가 2016년 말부터

23) 김하균, "북한 경제성장률 17년 만에 최고…남한 앞질러", 『아시아경제』, 2017.7.21.

24) 임을출, "대북 제재의 이행평가와 북한경제에 미친 영향: 유엔 안보리 결의 2270, 2321호를 중심으로", 『통일연구』, 제21권 제1호(2017년 봄), p.87.

시작되어 그 효과가 2017년부터 나타나기 시작하자 상황이 달라졌다. 급격히 나빠져 가고 있는 경제지표가 북한 경제의 현실을 잘 설명해 주고 있다. 경제제재로 인해 북한의 2017년 GDP는 −3.5%로 추계되었다. 2018년 북한의 GDP는 −5%로 예상되었다. 2017년에 통과된 4개의 안보결의안에 의해 북한의 수출은 90% 이상 차단당하고 있기 때문이다.

북한의 무역규모(수출입합계)는 2015년 62억 5200만 달러, 2016년 65억 3200만 달러, 그리고 2017년 55억 5000만 달러로 감소 추세다. 2017년 북한의 수출은 2016년에 비해 37.2% 감소한 17억 7000만 달러였고 수입은 1.8% 증가한 37억 8000만 달러였다.[25] 무역적자가 20억 달러를 넘어선 것이다.

북한은 노동자를 해외에 대규모로 파견하였다. 러시아에 3만 명, 중국에 7~8만 명, 쿠웨이트에 4,000~5,000명, UAE에 2,000명 등 전 세계 20~40개국에 11만~12만 3,000명 정도의 노동자들을 파견하였다. 2016년 유엔 북한 인권 보고서는 북한이 노예 노동의 대가로 매년 최대 23억 달러의 외화를 벌인다고 추정했다.[26] 외국인 관광객 유치를 위한 노력도 제재 회피의 수단이었다. 중국인 관광객을 유치하기 위해 여권과 입국사증도 필요 없고 신분증만 제출하면 바로 통행증을 발급해 줄 정도로 열성을 쏟았다.

그러나 이런 노력도 곧 한계에 부딪힐 것으로 보인다. 수출입에 대한 제재는 물론 기존의 합작사업도 폐쇄해야 하고 북한의 노동자들도 귀국해야 하기 때문이다. 국제사회의 광범위한 제재로 인해 외화 수입이 종전보다 크게 줄어들게 되면 결국 이것이 북한 경제와 체제에도

25) 대한무역투자진흥공사(KOTRA)가 2018년 7월 발표한 '2017년도 북한 대외무역동향' 보고서.

26) 임을출, 위의 글, p. 39.

부정적인 영향을 미치게 될 것이다. 북한의 외환보유고가 30억 달러 정도로 추정되는데 2017년에 이미 17억 달러 정도 감소했고 2018년도에는 더 많이 감소될 것으로 보여[27] 외환 보유고도 곧 바닥이 날 전망이다. 시장에서 공급이 감소하게 되면 시장에서 소득을 획득했던 일반주민, 돈주, 무역회사, 그리고 권력층도 소득의 대폭적인 감소에 직면하게 될 가능성이 있고 이로 인해 국가재정수입도 격감하게 될 것이다. 구매력도 줄어들게 되어 결국 시장이 대폭 위축될 가능성이 있다.[28]

그렇다면 북한에 대한 제재가 북한의 체제 변동으로 연결될 수 있을까? 이 주제는 제5장에서 다룬다.

제5절 대북 관여 정책

1. 김정은의 관여 정책과 한국의 중재 노력

김정은 정권이 생존하기 위해 선택한 WMD 개발이 오히려 북한의 목을 점점 졸라감으로써 북한 정권의 생존을 위협하는 상황으로 발전하게 되었다. 이런 정세 속에서 김정은은 고난의 행군을 할 것인지 아니면 다른 방책을 강구할 것인지를 결정해야 했다. 김정은은 한국과의 관계 개선을 통해 이런 위기를 돌파하고자 했다. 그 내용이 2018년도 김정은 신년사의 핵심 내용이다.

김정은은 신년사에서 "겨울철 올림픽 경기대회"를 계기로 "동결상태에 있는 북남관계를 개선하자."고 하면서 "대표단 파견을 포함하여 필

27) 김병연, "강한 대북 제재가 북한을 비핵화 협상으로 이끈다", 『중앙일보』, 2018.1.22.
28) 양문수, "김정은 시대의 시장화: 평가와 전망", p. 36.

요한 조치를 취할 용의가 있"고 "이를 위해 북남 당국이 시급히 만날 수도" 있다고 했다. 이에 한국 정부는 이 기회를 제대로 포착했다. 판문점 연락채널이 23개월만에 복원되면서 남북 고위급 회담과 실무회담이 개최되었다. 북한 선수단, 예술단, 응원단, 태권도 시범단, 기자단, 참관단 등이 내려왔다. 개회식에는 김영남 최고인민회의 상임위원장과 김여정 노동당 제1부부장이 대표단으로 참석하였고 대통령을 접견하는 자리에서 대통령의 방북을 초청하였다. 폐회식 때는 김영철 노동당 통일전선부장 일행이 대표단으로 참석했다. 한국의 안보 관련 당사자들은 김여정 일행과 김영철 일행을 대상으로 남북관계와 북미관계, 그리고 비핵화의 필요성 등에 대해 끈질기게 설득했다.

정의용 국가안보실 실장과 서훈 국정원장을 중심으로 한 한국의 대북 특사단이 북한을 방문하여 김정은 위원장을 접견하였다. 정실장이 방북 직전 기자회견에서 남북대화와 북·미 대화를 위해 방북한다고 밝혔지만 적어도 북·미 대화와 비핵화에 대한 기대는 그리 크지 않았다. 미국은 북한과의 어떤 대화도 비핵화를 위한 대화여야 한다는 점을 반복적으로 강조해 왔고 북한도 "대화를 구걸하지 않을 것"이고 "전제조건적인 대화 탁(테이블)에 마주 앉은 적이 없으며 앞으로도 그런 일은 없을 것"이라고 주장해왔기 때문이다.[29] 그러나 4시간 넘게 진행된 접견 및 만찬 자리에서 6개항의 3.5합의가 나왔다.

3.5 합의 중에 비핵화와 관련된 내용의 핵심은 3항과 4항이었다. 3항은 "북측에 대한 군사위협이 해소되고 체제 안전이 보장되면 핵보유 이유가 없다."는 것이고 4항은 "비핵화 협의 및 북미관계 정상화 위해 미국과 대화할 용의"가 있다는 것이다. 남북 정상회담이야 예상할 수

29) 이용수·김명성, "北, 대화 문은 열어놓고… "비핵화? 가소롭다" 先手", 『조선일보』, 2018.3.5.

있었지만, 북한의 한반도 비핵화 의지 천명과 북·미 대화에 대한 적극성, 그리고 대화가 지속하는 동안 전략적 도발 유예 등은 예상 밖이었다. 더군다나 "비핵화는 선대의 유훈"이라든지 "통상적인 한·미 훈련은 이해한다든지" 하는 김 위원장의 말들은 상상 밖이었다. 이로써 북한은 비핵화를 위한 대화의 길에 들어서게 되었다.

2. 트럼프의 관여 정책[30)]

정의용 실장과 서훈 국정원장은 트럼프 대통령에게 전할 김정은의 별도 메시지를 가지고 방미했다. 정 실장은 방북 결과를 설명하면서 김정은이 트럼프 대통령과의 조기 만남을 희망한다는 메시지를 전달하였다. 트럼프 대통령은 기다렸다는 듯이 이를 수락하였다. 북미 정상회담을 위해 마이크 폼페이오 미 국무부 장관이 두 번에 걸쳐 방북했다. 폼페이오 장관은 두 번째 방북 후 귀국길에 북한에 억류되어 있던 한국계 미국인 3명을 데리고 왔다. 북한의 비핵화 의지를 재차 확인한 트럼프 대통령은 5월 10일, 트윗을 통해 6월 12일 싱가포르에서 북미 정상회담을 개최한다고 밝혔다. 이로써 북미 정상회담은 기정사실화되었다.

그러나 시간이 흐르면서 북미 정상회담이 무산될 수 있는 암초들이 나타나기 시작했다. 볼턴 백악관 국가안보보좌관이 리비아식 해법을 주장하고 심지어 북한이 만든 핵무기와 ICBM의 부품 일부를 조기에 미국으로 반출해야 된다는 발언을 쏟아내자 북한이 이에 발끈했다. 5월 16일 북한 외무성 제1부상인 김계관이 개인 명의의 담화를 발표하면서 일방적 핵포기를 강요하면 정상회담을 재고려하겠다고 밝혔다. 기정사실화되었던 북미 정상회담이 흔들리기 시작한 것이다.

30) 김열수, "북한의 통남봉미 전략에 따른 대응전략", 『국가안보전략』, 통권 제66호(2018년 3월호)

김계관의 담화를 접한 트럼프 대통령은 중국 배후설을 제기했다. 급기야 5월 22일 개최된 한미정상회담에서 트럼프 대통령은 회담 연기 가능성마저 언급했다. 펜스 부통령도 전면에 나서기 시작했다. 김위원장이 트럼프를 대상으로 장난치지 말 것과 협상에 응하지 않으면 리비아 모델처럼 김정은 체제가 끝날 수도 있음을 경고했다. 북한도 가만있지 않았다. 5월 24일에는 최선희 외무성 부상이 개인 담화를 발표했다. 펜스 부통령에 대한 인신공격용 발언은 물론 대화를 구걸하지 않겠다는 것과 심지어 미국과 핵 대결장에서 만날 용의도 있음을 밝혔다. 이렇게 되자 트럼프 대통령이 직접 나섰다. 트럼프 대통령은 미국의 강력한 핵무기가 사용되지 않기를 신께 바라면서 정상회담 취소를 알리는 김위원장에게 보내는 편지를 공개했다. 바빠진 북한은 김계관 제1부상을 다시 내세웠다. 김계관은 5월 25일 '위임에 따른' 일종의 반성문 형태의 담화를 발표했다. 담화 내용은 변명, 칭찬, 기대, 희망의 순으로 배열되었다. 담화 내용은, 그 이전의 두 번에 걸친 북측의 담화는 일방적 핵폐기를 압박해 온 미국 측의 지나친 언행에 대한 반발에 불과하며, 정상회담이라는 용단을 내린 트럼프 대통령을 높이 평가하고, 리비아 방식이 아닌 '트럼프 방식'에 대해 기대를 하고 있으며, 만나서 한 가지씩 단계별로 해결해 나갈 것과 언제 어떤 방식으로든 대화할 용의가 있음을 희망한다는 것이었다.

이와 함께 김정은 위원장도 직접 나섰다. 5월 26일 문재인 대통령과 두 번째 판문점 번개 정상회담을 가진 후 김영철 통전부장을 자신의 특사로 미국에 보냈다. 김영철은 6월 1일 백악관을 방문하여 김정은 위원장의 친서를 트럼프 대통령에게 전달했다. 이를 계기로 6월 12일 싱가포르 정상회담이 열리게 되었다. 북미 정상회담의 일정이 공표, 취소, 재공표되는 상황이 지속되는 동안, 북한은 5월 23일 5개국의 국제기자단이 참관한 가운데 풍계리 핵실험장을 붕락시켰다.

6월 12일 개최된 회담은 단독회담, 확대회담, 업무 오찬, 공동성명 서명 순으로 진행되었다. 공동성명(Joint Statement)은 4개항이었다. 제1항은 새로운 북미관계 수립, 제2항은 한반도에서 지속적이고 안정적인 평화 체제 구축 노력, 제3항은 4.27판문점 선언 재확인 및 북한은 한반도의 완전한 비핵화를 위해 노력, 제4항은 미군 유해 송환 등이다. 이로써 미국과 북한은 상향식(Bottom－Up) 방식이 아니라 하향식(Top Down) 방식의 비핵화 회담을 시작하게 되었다. 미국의 관여 정책은 북한이 완전한 비핵화를 할 때까지 제재를 유지한다는 원칙 하에 북한과 비핵화 회담을 하겠다는 것이다. 회담은 북한의 완전한 비핵화를 위한 과정이고 최대한의 압박은 수단이라는 것이다.

3. 북한의 태도 변화 원인

왜 북한은 미국과의 대화에 나서게 되었을까? 몇 가지 변수가 서로 얼키고 설켜서 대화에 나서게 되었다고 가정할 수 있다. 외부 변수로는 경제제재와 군사적 위협, 그리고 중국의 단호한 의지 등이 있을 수 있고 내부 변수로는 핵미사일 완성을 위한 시간 벌기, 필요시 다시 만들 수 있다는 자신감, 주한미군 철수를 통한 한반도 공산화 시나리오 등이 있으며 관계변수로는 협상장에서의 철수 등이 있다. 가장 결정적인 변수는 아무래도 국제사회의 경제제재를 더 버틸 수 없다는 판단 때문으로 본다. 핵미사일의 성능을 고도화시키기 위해 실험이나 시험 발사를 하면 할수록 이에 비례하여 국제사회의 대북 제재는 더욱 강해지고 있다. 사실 북한이 2017년 9월 3일 실시한 제6차 핵실험이 한계효용의 종말점(Culminating Point)이었다고 볼 수 있다. 그럼에도 불구하고 북한은 화성 12형의 정각 발사에 이어 11월 29일에는 미국 동부까지 도달할 수 있는 화성 15형을 고각으로 발사하자 북한의 경제 숨통은 물론 정권의 숨통을 끊을 수 있는 강력한 제재가 쏟아졌다. 따라서 북한은 남북 및 북미 회담을 통해 경제제재를 완화해 보려는 전략이 있는 것으로 보인다.

둘째, 미국의 군사적 옵션이 실제 이행될 수도 있을 것이라는 불안감이 작용한 것으로 보인다. 미국은 예방 공격을 포함하여 다양한 군사적 옵션의 가능성을 지속적으로 제기했다. 매월 1개씩 공개된 대규모의 군사훈련 뿐만 아니라 특정 시설 1~2개를 골라서 타격하는 코피 작전까지 언론에 노출되자 북한이 대화 쪽으로 선회한 것으로 보인다. 더군다나 트럼프 대통령이라면 정말 군사공격을 할 수 있을 것이라는 그런 우려도 있었을 것으로 본다.

셋째, 중국의 의지가 생각보다 단호하다는 판단을 한 것으로 보인다. 중국은 미국의 독자제재에 대해서는 반대하지만 유엔 안보리 결의에 대해서는 비교적 이를 준수하고 있다. 중국은 북한 교역의 90%를 담당하고 있어 북한에 대한 경제제재는 결국 중국의 경제적 손실을 의미하기도 한다. 이로 인해 동북 3성도 경제적 고통을 받고 있는 것은 사실이다. 그럼에도 불구하고 중국은 유엔 안보리 결의에 의해 원유와 석유 제품에 대한 통제와 함께 북중 합작회사를 전부 철수시켰다. 북한은 중국의 대북 제재 의지를 확인하고 대화에 나선 것으로 보인다. 물론 2018년에 접어들어 북미 간의 회담이 진척되면서 중국 소외(China Passing)가 본격화되자 중국의 대북 태도가 이전과는 완전히 달라지긴 했다. 그러나 적어도 2017년 말까지 중국은 안보리 상임이사국으로서 러시아와 달리 안보리 결의안에 대해 반대하지 않았다.

넷째, 북한 핵미사일을 완성하기 위해 시간이 필요하기 때문에 시간

벌기 목적으로 태도 변화를 했다는 것이다. 김정은은 신년사에서 2017년에는 "국가 핵무력 완성의 역사적 대업을 성취"했고 2018년에는 "핵탄두들과 탄도로켓들을 대량생산하여 실전배치하는 사업에 박차를 가해 나"갈 것을 강조했다. 신년사만 본다면 북한은 2018년에 핵실험이나 미사일 실험을 할 필요 없이 핵탄두와 로켓를 대량생산하여 실전배치만 하면 된다. 따라서 대화 기간을 이용하여 대북 제재를 완화함과 동시에 대북 군사적 행동을 차단함으로써 핵무력의 완성을 위해 시간을 벌어야 할 필요가 있기 때문에 비핵화 대화에 나섰다는 것이다.

다섯째, 설령 협상을 통해 비핵화를 한다고 해도 필요할 경우 언제라도 핵무기와 탄도미사일의 재생산이 가능하다는 자신감도 작용한 듯하다.[31] 비핵화하는 과정과 결과에서 북한은 핵미사일 관련 시설과 무기에 대한 사찰까지 수용할 수도 있을 것이다. 심지어 미국의 온전하고 검증가능하며 되돌릴 수 없는 핵폐기(CVID)를 수용할 수도 있을 것이다. 그러나 과학자들의 머릿속에 남아있는 것까지 비핵화시킬 수는 없다. 이들이 있는 한 필요하면 언제라도 핵미사일의 재생산은 가능한 것이다.

여섯째, 북한은 비핵화 과정에서 미국과 평화협정 체결은 물론 주한미군 철수 가능성을 노릴 수 있다. 3.5합의 제3항에는 "북한에 대한 군사적 위협 해소와 체제 안전 보장이 되면 핵보유 이유가 없다."고 적시되어 있다. 북한의 군사적 위협 해소가 되려면 한미 연합훈련은 중단되어야 하고 미군의 전략자산은 전개되지 않아야 한다. 또한 북한에 대한 체제 안정보장을 해 주려면 미국과 평화협정을 체결해야 한다. 북한은 미국과 평화협정이 체결되면 주한미군의 존재 이유가 없어지게 되고 그렇게 되면 한미동맹도 해체될 수 있다고 생각한다. 결국 헨리 키신저

31) 김열수, "김정은의 네가지 계산", 『중앙일보』, 시론, 2018.3.8.

가 말한 북한 비핵화와 주한미군 철수 맞교환이라는 미·중 빅딜설이 현실화될 수도 있다.[32] 주한 미군이 철수하면 북한은 이를 북한 주도의 통일 기회로 삼을 수도 있을 것이다.

마지막으로 과거에도 그랬던 것처럼 회담이 진행되는 과정에서 많은 것을 챙기고 필요하면 회담을 중단하려고 계산했을 수도 있다. 북한은 번번이 핵합의를 깼다. 1994년에 체결된 미국과 북한 사이의 제네바 합의(Agreed Framework), 2005년에 체결된 9.19 공동성명, 2007년에 체결된 2.13 합의 등이 모두 무산되었다. 회담이 진행되는 과정에서 북한은 많은 것을 챙겼고 결정적인 순간에 회담장을 박차고 나가면 된다고 생각했을 수 있다.

---

32) 한국일보 사설, "가볍게 흘려 들을 수 없는 북핵 문제 미중 빅딜설", 『한국일보』, 2017.10.12.

참고문헌

1. 저서 및 논문 등

김열수. “김정은 정권의 생존전략 딜레마를 활용한 북핵 문제 해결 방안”. 『북한핵의 고도화에 따른 김정은 정권의 전략과 한미동맹의 대응』, 제6회 한국국가전략연구원-브루킹스 연구소 국제회의(2018년 1월 8일, 서울 힐튼 호텔).

박형중. “북한의 새로운 경제관리체계(6.28 방침)의 내용과 실행 실태”. 『KDI 북한경제리뷰』(2013년 10월).

양문수. “김정은 체제 출범 이후 ‘우리식 경제관리방법’의 모색: 현황과 평가”. 『KDI 북한경제리뷰』(2014년 3월).

______. “김정은 시대의 시장화: 평가와 전망”. 『한반도 포커스』, 제41호(2017년 가을).

엄상윤. “김정은체제의 개막과 북핵문제의 향방”. 『정세와 정책』(2012년 4월).

이종규. 『최근 북한의 경제정책 평가 및 향후 전망』, 정책연구시리즈 2016-08. 세종: 한국개발연구원, 2016.

임을출. “대북 제재의 이행평가와 북한경제에 미친 영향: 유엔 안보리 결의 2270, 2321호를 중심으로”. 『통일연구』, 제21권 제1호(2017).

Stanton, Joshua, Sung-Yoon Lee, and Bruce Klingner. “Getting Tough on North Korea: How to Hit Pyongyang Where It Hurts”. *Foreign Affairs*, Vol. 96, No. 3(May/June 2017).

2. 신문 등 언론기사

김덕한·조의준. “‘북한과 외교관계 정지·격하’ 美국무, 안보리 15國에 요구”. 『조선일보』, 2017.4.29.

김병연. “강한 대북 제재가 북한을 비핵화 협상으로 이끈다”. 『중앙일보』, 2018.1.22.

김열수. “북한의 통남봉미 전략에 따른 대응전략”. 『국가안보전략』, 통권 제66호(2018년 3월).

______. “김정은의 네가지 계산”. 『중앙일보』, 시론, 2018.3.8.

김하균. “북한 경제성장률 17년 만에 최고...남한 앞질러”. 『아시아경제』, 2017.7.21.

박성진. “역대급 ‘비질런트 에이스’ 시작…F－22・F－35A・F－35B 스텔스 전투기 3종 등 230대 출격”. 『경향신문』, 2017.12.4.

박홍환. “주한미군, 6월쯤 민간인 해외 대피훈련”. 『서울신문』, 2017.4.23.

신지홍・이승우. “美 ‘죽음의 백조’ B－1B랜서 北동해 공역비행… ‘무력시위’ 전개(종합3보)”. 『연합뉴스』, 2017.9.24.

심현희. “국내 中・러시아인 100만… 별 조치 없어”. 『서울신문』, 2017.4.13.

안준용. “미, 올 9번째 대북제재… 개성공단 기업인 방북도 ‘경고’”. 『조선일보』, 2018.10.27.

옥철. “밴쿠버그룹, 북핵 외교해법・제재 실효성 동시 모색(종합)”. 『연합뉴스』, 2018.1.16.

유용원. “데브그루”. 『조선일보』, 2017.10.21.

이용수・김명성. “北, 대화 문은 열어놓고… “비핵화? 가소롭다” 先手”. 『조선일보』, 2018.3.5

정진탄. “트럼프 행정부 대북전략 ‘최대 압박・관여’ 확정”. 『뉴스 1』, 2017.4.15.

정충신. “美 核항모 3개 전단, ‘北해상봉쇄 前단계’ 최고 무력시위”. 『문화일보』, 2017.11.10.

조의준・김진명. “미 ‘세컨더리 대북제재’ 못박은 리스트 466개 내놨다”. 『조선일보』, 2018.10.15.

한국일보 사실. “가볍게 흘려 들을 수 없는 북핵 문제 미중 빅딜설”. 『한국일보』, 2017.10.12.

제4장 북한 비핵화 추진과정의 쟁점과 갈등: 사례와 전략을 중심으로*

요 약

제4장에서는 신고-검증-폐기라고 하는 비핵화 추진과정에서 봉착할 수 있는 갈등 요소들을 도출해 보고자 한다. 이를 위해 먼저 과거 비핵화 합의 사례와 회담에 임하는 양국의 전략을 분석해 볼 것이다. 비핵화 추진과정에서 과거 사례의 교훈과 양국의 전략은 그대로 투영될 것이다. 미국은 북한 핵의 CVID/FFVD를 목표로 외교, 군사, 경제 등 DME요소를 수단으로 강압전략을 추진하고 있다. 반면에 북한은 미국과의 관계 개선 및 한반도 평화체제 구축을 목표로 미국의 강압전략을 회피하면서 주로 중국과의 관계 개선과 한미동맹의 균열을 조장하면서 살라미 전술과 벼랑끝 전술로 이에 맞서고 있다. 미국은 과거처럼 북한으로부터 '두 번 다시 속지 않겠다'는 생각을 가지고 '선 비핵화 후 제재 해제'를 주장하고 있다. 이에 반해 북한은 '단계별 동시행동'을 주장하면서 미국이 먼저 상응조치를 취할 것을 요구하고 있다.

이런 상이한 전략으로 인해 양국은 신고-검증-폐기라고 하는 비핵화 과정에서도 갈등을 빚을 수 있다. 신고 단계에서는 핵무기, 핵물질, 생산시설, 운반수단, 전문 인력 등 5가지 종류의 신고 대상(what)이 핵심이다. 향후 북미는 5대 핵신고 대상에 대한 범위와 시기를 두고 사사건건 신경전을 벌일 것이다. 검증 단계에서는 4W1H가 핵심이다. 검증의 주체, 시기, 장소, 방법을 두고 갈등이

* 이 장은 김열수, "북한 비핵화 추진과정에서 예상되는 갈등 쟁점: 사례와 전략을 중심으로", 『한국국가전략』, 제3권 제3호(2018년 11월)에 게재된 논문을 수정 보완한 것임을 밝혀 둔다.

발생할 것이다. 폐기 단계에서도 4W1H가 핵심이다. 누가, 언제, 어디서, 어떤 것을 대상으로 파괴, 해체, 그리고 제3국으로 이동할 것이냐 하는 것이다.

핵심어: 사례, 전략, 비핵화 과정, 신고, 검증, 폐기

제1절 문제 제기

2008년 이후 10년 가까이 '전략적 인내'에 빠져 있었던 북한 비핵화 회담이 2018년 6월, 싱가포르에서 열렸다. 그것도 과거의 상향식(Bottom−Up)이 아니라 하향식(Top−Down) 방식의 정상회담이었다. 이로써 북한 비핵화에 대한 기대감이 한껏 높아졌다. 북한이 4반세기 넘는 기간 동안 국제사회의 온갖 제재와 비판에도 불구하고 핵을 개발하고 또 이를 지속시켜 왔음[1)]에도 불구하고 회담에 나선 것은 다소 의외이긴 하다. 김정은 위원장(이하 김정은)이 회담에 나오게 된 배경은 여러 가지로 설명이 가능하다. 제3장에서 서술했듯이 11개에 달하는 유엔의 대북제재와 미국·한국·일본·유럽연합(EU)의 대북 독자제재, 그리고 2018년 1월까지 미국이 선보였던 다양한 형태의 군사적 옵션 때문이라는 외부 변수와 김정은의 전략적 노선 변경에 따라 비핵화 회담이 개최되었다는 내부 변수가 설명의 핵심이다.[2)] 미국은 전자에 초점을 맞추고 있고 북한은 후자에 초점을 맞추고 있긴 하지만 두 가지 설명이 어느 정도 절충된 결과로 정상회담이 열렸다고 볼 수 있다. 물론 이 과정에서 한국의 중재자(Mediator) 역할도 있었다.

---

1) 북한의 핵개발 동기와 지속 요인은 국제적 고립 타개 및 정권 생존에 유리한 환경 조성, 주변국과의 대등한 관계 설정, 한국 특히 미국과의 관계설정에서 우위 선점, 군사력 강화, 통치의 정당성과 정통성 확보 등이다. 이에 대해서는 부승찬 ·박경진, "김정은 정권의 핵개발 동기와 지속요인", 『국가안보와 전략』, 제18권 1호(2018년), pp. 99-102를 참고할 것.
2) 김열수, "시론: 김정은의 네 가지 계산", 『중앙일보』, 2018.3.8.

2018년 김정은의 신년사를 계기로 북한은 평창 올림픽에 참가하게 되었고 이를 계기로 대북 특사단이 방북하여 김정은과 면담할 수 있는 기회를 가졌다. 이때 6개항이 합의되었다. 핵심적인 내용은 "체제가 보장되고 군사적 위협이 해소되면 비핵화하겠다."는 것과 "비핵화 협의 및 북미관계 정상화를 위해 미국과 대화할 용의가 있다."는 것이었다. 특사단은 곧바로 미국을 향했다. 트럼프 대통령(이하 트럼프)을 만나 김정은의 의사를 전달했고 트럼프는 긍정적인 반응을 보였다. 3월과 6월 사이에 두 번에 걸친 남북정상회담이 있었고 두 번에 걸친 북중정상회담이 있었으며 두 번에 걸친 폼페이오 미 국무장관(이하 폼페이오)의 방북이 있었다. 북미 정상회담이 가시화되자 회담에 임하는 서로의 각오가 언론을 통해 분출하기 시작했고 이것이 회담 불발로 이어질 수도 있는 사건도 있었으나 해프닝으로 마무리되었다.[3)]

제1차 북미 정상회담에 대한 기대는 컸다. 정상회담에서 과거의 핵회담 성과를 뛰어넘는 그 무엇인가가 나올 것으로 기대했기 때문이다. 그러나 공동성명은 그렇지 못했다. 북미 관계 개선, 한반도 평화체제 구축, 한반도 완전한 비핵화, 그리고 유해 송환 등 대단히 포괄적인 내용으로 채워졌기 때문이다. 비핵화 의제도 세 번째 항으로 밀렸을 뿐만 아니라 미국이 강조해왔던 완전하고 검증가능하며 되돌이킬 수 없는 비핵화(CVID: Complete, Verifiable, Irreversible, Denuclearization)라는 용어 대신 완전한 비핵화(CD)가 명시되었고 '북한'의 비핵화가 아니라 '한반도' 비핵화가 명시되었다.

공동성명의 내용을 추진하기 위한 후속 회담이 성과를 내지 못하는

3) 최선희 외무성 부상의 펜스 부통령에 대한 날 선 비판과 핵 대결장에서 만날 수도 있다는 대미 비판 담화문이 발표(5.24)되자 트럼프는 회담 개최 중단이 포함된 김정은에게 보내는 편지를 공개함(5.25)으로써 한 때 회담 자체가 열리지 못하는 것이 아닌지에 대한 우려도 있었다. 결국 김계관 부상이 반성문 형태의 담화문을 발표(5.25)하자 회담이 성사되게 되었다.

가운데 제3차 남북 정상회담이 평양에서 개최되었다. 비핵화를 위한 일정부분 성과도 있었다. 제3차 남북 정상회담 이후 문재인 대통령은 미국을 방문하여 트럼프와 정상회담을 했다. 이때 트럼프는 제2차 북미정상회담을 기정사실화했다. 중간선거 이전에도 열릴 수 있을 것 같았던 분위기도 있었다. 그러나 제2차 북미정상회담은 2019년으로 연기되었다. 이것은 그만큼 회담에 임하는 양국 간의 의견차이가 크다는 것을 반증하는 것이다. 또한 비핵화 추진과정에서도 수많은 장애물에 봉착할 수 있음을 예고하는 것이었다.

이 글은 신고－검증－폐기라고 하는 비핵화 추진과정에서 봉착할 수 있는 갈등 요소들을 도출하는 데 그 목적이 있다. 이를 위해 먼저 과거 비핵화 합의 사례를 분석해 보고자 한다. 무엇이 합의되었고 왜 결렬되었는지를 분석해 봐야 같은 실수를 반복하지 않을 수 있기 때문이다. 또한 회담에 임하는 양국의 전략을 분석해 볼 것이다. 전략을 분석해 보면 양국이 어떤 쟁점에서 부딪힐지를 유추해 볼 수 있기 때문이다. 비핵화 추진과정에서도 과거 사례의 교훈과 양국의 전략은 그대로 투영될 것이다. 양국은 비핵화 추진과정에서 수많은 장애물에 봉착하게 될 텐데 결국 이런 장애물을 어떻게 극복하느냐에 따라 비핵화의 성패가 좌우될 것이다. 외람되지만 지면 관계상 장애물 극복 방안은 다음 연구자를 위해 남겨두었다.

제2절 북한 비핵화 회담의 사례와 교훈

북미 간에 재개된 북한 비핵화 회담의 연원은 길다. 제네바 합의부터 따진다면 벌써 4반세기가 되었다. 6자회담을 통해서도 9.19 공동성명, 2.13 합의 및 10.3 합의 등을 도출했다. 이런 합의들만 제대로 지켜졌더라면 북한은 벌써 비핵화되었을 것이다. 이런 실패 사례들을 교훈삼아 북미는 향후 비핵화 회담에 임할 것이다.[4)]

1. 제네바 합의

1992년 5월 IAEA는 핵무기 개발 의혹을 받고 있던 북한에 대해 최초의 핵사찰을 실시하였다. 핵사찰 결과, 북한이 신고한 플루토늄의 양과 IAEA의 추정치가 불일치하자 IAEA는 특별사찰을 요구했다. 그러나 북한은 1993년 3월 IAEA의 요구를 거부하면서 NPT를 탈퇴하였다. 이로써 제1차 북핵 위기가 발생했다. IAEA는 1994년 3월에도 북한의 핵 의심시설 7곳에 대한 사찰을 실시했으나 북한은 끝끝내 시료 채취를 거부한 바 있다. 영변 핵시설에 대한 클린턴 행정부의 족집게 공격(Surgical Strike)이 논의되는 가운데 카터 전 미국 대통령이 방북하여 김일성과 면담함으로써 북미 고위급 회담이 열리게 되었다. 북미 고위급 회담은 1993년부터 네 차례에 걸쳐 개최되었고 그 결과 1994년 10월 21일 제네바 합의가 이루어졌다.

제네바 합의서는 4개조 13개항으로 구성되어 있는데 이를 요약해 보면 다음과 같다. 제1조는 북한의 흑연감속 원자로 및 관련시설을 2003년까지 총 2,000Mwe의 경수로 원자로발전소로 대체하고 미국은 연간 50만톤 규모의 중유를 공급하며, 사용 후 연료봉은 경수로 건설기간 동안 안전하게 보관하고 북한 내에서 재처리하지 않는다. 제2조는 정치적, 경제적 관계의 완전 정상화를 추구하는데, 무역 및 투자 제한의 완화, 그리고 쌍방의 수도에 연락사무소 개설 및 대사급으로까지 격

4) 이 부분은 본 저서의 제9장 제2절 2항에 자세히 설명되어 있다.

상 등이다. 제3조는 핵 없는 한반도의 평화와 안전을 위한 노력인데, 미국은 북한에 대해 핵무기로 불위협 또는 불사용에 관해 공식 보장하고, 북한은 한반도 비핵화공동선언을 이행하며, 북한은 남북대화에 착수한다. 제4조는 국제적 핵비확산 체제 강화를 위한 노력인데, 북한은 NPT 당사국으로 잔류하며 동 조약상의 안전조치협정 이행을 허용하고, 북한과 IAEA간 안전조치 협정에 따라 임시 및 일반사찰을 재개하며, 경수로 사업의 상당 부분이 완료될 때 북한은 IAEA 안전조치협정(INFCIRC/403)을 완전히 이행한다.

북한은 제네바 합의 이후 NPT에 복귀하고 핵발전 시설을 동결하였다. 그러나 공화당이 장악한 미 의회는 클린턴 행정부의 제네바 합의를 비판했다. 미 의회는 북한과의 국제적 합의는 공산국가인 북한에 대한 회유책이라는 이유로 반대했으며, 북한에 대한 경수로 발전소 공급 자금을 불허하였다. 이로 인해 경수로 발전소 건설은 상당기간 지연되었다. 경수로 건설과 중유 공급이 차질을 빚자 북한도 여러 차례 핵동결 파기를 선언하기도 했다. 1997년 12월에는 비핵화 회담이 북미 양자회담에서 남북미중의 4자회담으로 바뀌기도 했다. 2001년 공화당 부시 대통령의 집권과 때를 같이하여 9.11테러 사건이 발생하자 부시 행정부는 북한을 3대 테러국가로 지목하게 되었다. 2002년에는 북한이 고농축 우라늄 개발을 시인했다. 이로써 제2차 북핵 위기가 발생하면서 경수로 건설과 미국의 중유 지원도 중단되었다. 결국 북한이 2003년 1월 NPT를 다시 탈퇴하고 핵시설을 가동하기 시작함으로써 제네바 합의는 파기되었다.

2. 6자회담

가. 9.19 공동성명

2003년 8월, 북한 비핵화를 위한 다자회담 틀인 6자회담이 시작되었다. 6자회담이 진행되는 가운데서도 북한은 협상력 제고를 위해 오히려 도발적인 행동을 했다. 6자회담 개시 직후인 2003년 10월에는 핵연료봉 8,000개의 재처리를 완료했다고 발표했으며 2005년 2월에는 핵무기를 보유했다고 발표하기도 했다.

2005년 9월 제4차 6자회담 회의를 통해 9.19 공동성명이 채택되었는데 이를 요약해보면 다음과 같다. 제1조에서는 6자회담의 목표가 한반도의 검증가능한 비핵화를 평화적인 방법으로 달성하는데 있으며, 이를 위해 북한은 모든 핵무기와 현존하는 핵계획을 포기할 것과, 조속한 시일 내에 NPT와 IAEA의 안전조치에 복귀할 것을 공약한다. 미국은 한반도에 핵무기를 갖고 있지 않으며, 핵무기 또는 재래식 무기로 북한을 공격 또는 침공할 의사가 없다는 것을 확인하고 한국은 영토 내에 핵무기가 존재하지 않는다는 것을 확인하면서, 「한반도의 비핵화에 관한 남.북 공동선언」에 따라 핵무기를 접수 또는 배비하지 않겠다는 공약을 재확인한다. 또한 여타 당사국들은 적절한 시기에 북한에 대한 경수로 제공 문제에 대해 논의하는데 동의한다. 제2조에서 북미는 상호 주권 존중과 관계정상화를 위한 조치를 취할 것을 약속하며 북·일도 관계 정상화를 위한 조치를 취할 것을 약속하였다. 제3조에서는 에너지, 교역 및 투자 분야에서의 경제협력을 양자 및 다자적으로 증진시킬 것을 약속한 것으로서 북한에 대한 에너지 지원 제공 용의 표명과 한국은 북한에 대한 200만 kw의 전력공급을 재확인하였다. 제4조에서는 별도 포럼에서 한반도의 항구적 평화체제에 관한 협상을 가질 것과 동북아시아에서의 안보협력 증진을 위한 방안과 수단을 모색하기로 합의하였다. 제5조에서는 '공약 대 공약', '행동 대 행동' 원칙에 입각하여 단계적 방식으로 상기 합의를 이행한다는 것이다.

9.19 공동성명의 채택과 그 이후 이어진 북한의 국제적 도발에는 모두 마카오의 방코델타아시아(BDA)에 대한 제재와 직접적인 관계가 있다. 미국 재무부가 BDA의 위조 달러 지폐 유통 및 자금 세탁 문제를 조사하고 있다고 발표하자 북한은 곧바로 9.19 공동성명에 합의했다. 9.19 공동성명 후 미국이 BDA에 제재를 가하자 북한은 이에 반발하면서 국제적 도발로 대응했다. 북한은 2006년 7월 함경북도 무수단리에서 대포동 2호 미사일 시험 발사를 했으며 10월에는 함경북도 풍계리에서 제1차 핵실험을 단행했다. 유엔 안보리 결의안들이 채택되었지만 북한은 요지부동이었다. 9.19 공동성명의 단 한 구절도 실천되지 못했다. 미국 공화당이 2006년 11월 중간선거에서 패배하자 그때서야 출로가 모색되었다. 2007년 1월 크리스토퍼 힐 미 국무부 차관보와 김계관 외무성 부상이 독일 베를린에서 BDA 문제에 합의했다. 이로써 6자회담은 재개되었다.

나. 2.13 합의

2007년 2월, '9.19 공동성명 이행을 위한 초기조치'인 2.13 합의가 도출되었다. 제1조는 행동 대 행동 원칙을 재천명한 것이고 제2조는 당사국들의 병렬적 조치에 관한 것이다. 즉, 북한은 재처리 시설을 포함한 영변 핵시설을 폐쇄・봉인하고 IAEA와의 합의에 따라 모든 필요한 감시 및 검증 활동을 수행하기 위해 IAEA 요원을 복귀토록 초청하고, 사용 후 연료봉으로부터 추출된 플루토늄을 포함, 성명에 명기된 모든 핵프로그램의 목록을 여타 참가국들과 협의하며, 북미는 전면적 외교관계로 나아가기 위한 양자대화를 개시하고, 미국은 북한을 테러지원국 지정[5] 해제와 대적성국 교역법(TWEA: Trading with the Enemy Act)[6] 적용을 종료시키기 위한 과정을 진전시켜 나간다. 또한 참가국들은 북한에 대한 경제·에너지·인도적 지원에 협력하되 초기단계에서 중유 5만톤 상당의 긴급 에너지 지원을 제공하고 참가국들은 상기 초기조치들을 향후 60일 이내에 이행한다는 것이다. 제3조는 공동성명의 완전한 이행을 목표로 한반도 비핵화, 북미 관계정상화, 북일 관계정상화, 경제 및 에너지 협력, 그리고 동북아 평화.안보 체제 등 5개의 실무그룹(W/G) 설치에 관한 것이다. 제4조는 초기조치 기간 및 북한의 모든 핵프로그램에 대한 완전한 신고와 흑연감속로 및 재처리시설을 포함하는 모든 현존하는 핵시설의 불능화를 포함하는 다음 단계 기간 중, 북한에게 중유 100만톤 상당의 경제.에너지.인도적 지원을 제공한다는 것이고, 제5조는 장관급 회담의 조기 개최와 제6조는 적절한 별도 포럼에서 한반도의 항구적 평화체제에 관한 협상을 갖는다는 것이다.

2007년 6월 BDA에 동결되었던 북한 자금이 러시아 중앙은행을 거쳐 북한 계좌로 이체 되었다. 6월 말에는 IAEA 실무단이 방북해 2.13 합의에 따른 핵시설 폐쇄와 검증 등에 대해 협의했다. 7월 5일에는 북한 외무성이 중유 5만t 중 1차분이 북한에 도착한 것을 확인하고 영변 핵시설 가동을 중단한다고 발표했다. 또한 IAEA는 영변 5개의 핵시설(5Mw 원자로, 방사화학실험실, 핵연료봉 제조공장, 50Mw, 200Mw) 폐쇄를 확인했다. 2007년 9월 1일 북미 관계정상화 실무그룹이 북한 핵시설을

5) 북한은 지난 1987년 대한항공 여객기 폭파 사건을 계기로 1988년 1월 테러지원국으로 지정되었다.

6) 미국은 1917년 제1차 세계대전 당시 미국과 교전 중인 적대국가와의 무역을 규제하기 위해 적성국 교역법(US trading with the Enemy Act)을 제정했다. 미국은 북한이 6,25전쟁을 일으키자 1950년 북한에 대해 이 법을 적용했다.

연내 불능화하고 전면 신고한다는데 합의함에 따라 10.3 합의가 도출됐다.

다. 10.3 합의

'9.19 공동성명 이행을 위한 제2단계 조치'인 10.3 합의는 크게 4개조로 구성되어 있다. 제1조는 한반도 비핵화로써, 북한은 모든 현존하는 핵시설 불능화를 위해 2007년 12월31일까지 영변의 5MW 실험용 원자로, 재처리시설(방사화학실험실) 및 핵 연료봉 제조시설의 불능화를 완료할 것이고 전문가 그룹이 권고하는 구체적인 조치들은 모든 참가국들에 수용 가능하고, 과학적이고, 안전하고, 검증가능하며, 또한 국제적 기준에 부합돼야 한다는 원칙들에 따라야 할 것이며, 미국은 불능화 활동을 주도하고 초기 자금을 제공할 것이며, 불능화 준비를 위해 전문가 그룹이 향후 2주 내에 북한을 방문할 것이다. 또한 북한은 2.13 합의에 따라 모든 자국의 핵 프로그램에 대해 완전하고 정확한 신고를 2007년 12월 31일까지 하기로 합의하였으며 핵 물질, 기술 또는 노하우를 이전하지 않는다는 공약을 재확인했다. 제2조는 관련국간 관계 정상화로써 북미 양자관계 개선 및 전면적 외교관계 수립 지향, 교류 및 상호 신뢰 증진, 테러지원국 명단 삭제 및 대적성국 교역법 적용을 종료한다는 공약 상기, 그리고 공약에 대한 병렬적 조치를 한다는 내용과 북일 관계 개선에 대한 내용이다. 제3조는 북한에 대한 경제.에너지 지원으로써 중유 100만t 상당의 경제 · 에너지 · 인도적 지원에 대한 공약 확인에 관한 것이다, 제4조는 6자 외교장관 회담에 관한 것이다.

10.3 합의 후 실제로 어떤 조치들이 취해졌는지 살펴볼 필요가 있다. 2007년 10월, 성김 한국과장을 포함하여 미 북핵 불능화팀이 북한을 방문하여 영변 핵원자로, 재처리시설, 핵연료봉 제조시설을 사찰 및

불능화하기 위한 10여 개 항에 합의했다. 11월 초에는 미국 불능화팀이 방북하여 불능화 조치에 착수했으며 11월 말에는 6자회담 당사국 등 불능화 실사단이 북한 영변을 방문했다. 2008년 6월 26일, 북한은 플루토늄 생산량 등을 적시한 핵 신고서를 제출하고 미국은 북한에 대해 테러지원국 지정 해제 절차에 착수했다. 27일에는 북한 영변 원자로 냉각탑이 폭파됐다. 2008년 7월 한국 관광객이 금강산에서 피살되자 미국은 북한에 대해 테러지원국 해제 연기를 발표했다. 그러나 북한 외무성 대변인은, 테러지원국 해제 연기는 10.3 합의 위반이라며 영변 핵시설 불능화 중단과 원상복구를 고려한다는 입장을 발표했다. 9월 19일에는 북한 외무성 대변인이 "영변 핵시설 원상복구 중"이라고 발표했다. 2008년 10월 11일 미국은 북한을 테러지원국에서 해제한다고 발표했으며 미국은 검증 문제에 대해서도 북한과 합의함[7]에 따라 핵 불능화 작업이 재개되었다. 그러나 2008년 11월 12일, 북한 외무성은 "검증 방법은 현장 방문, 문건 확인, 기술자들과의 인터뷰로 한정한다."고 발표했다. 시료 채취를 거부한다는 것이었다. 시료 채취 거부로 6자회담은 공전되기 시작했고 미국에서는 다시 오바마 행정부가 들어섰다.

3. 비핵화 회담 요약 및 교훈

제네바 합의와 6자회담 합의를 요약해 보면 다음 <표 7>과 같다.

---

7) 6자회담 당사국의 전문가들이 검증활동에 참여할 수 있으며 IAEA가 핵검증에 중요한 자문과 지원 역할을 담당한다. 전문가들은 신고된 모든 시설에 접근할 수 있으며 신고되지 않은 시설에 대해서는 상호동의에 의해 접근한다. 샘플링과 실증적으로 규명해내는 과학적인 절차의 이용에 관해서도 합의가 이루어졌다. 검증체계에 포함된 모든 조치들은 플루토늄을 기반으로 한 프로그램, 모든 우라늄 농축, 핵 확산 활동 등에 적용된다.

〈표 7〉 제네바 합의와 6자회담 합의 요약

<table>
<tr><th></th><th>미국 등</th><th>북한</th></tr>
<tr><td rowspan="2">제네바 합의 (1994)</td><td colspan="2">• 정치 · 경제관계 정상화</td></tr>
<tr><td>• 총 2,000Mwe의 경수로 발전소 제공
• 연간 50만톤 규모의 중유 제공
• 폐연료봉은 국외 반출
• 북한에 대한 핵무기 불위협/불사용</td><td>• 흑연감속 원자로 및 관련시설 폐기
• 폐연료봉은 경수로 건설기간 중 보관
• 비핵화공동선언 이행/남북대화 착수
• NPT 복귀/안전조치협정 이행
• IAEA의 임시 및 일반사찰 재개</td></tr>
<tr><td rowspan="2">9.19 공동 성명 (2005)</td><td colspan="2">• 한반도의 검증가능한 비핵화를 평화적인 방법으로 달성
• 북미 관계/북일 관계 정상화
• 한반도/동북아 평화 체제
* 공약 대 공약, 행동 대 행동 원칙</td></tr>
<tr><td>• 미국은 한반도에 핵무기 미보유 및 대북 불가침 공약
• 한국은 한반도 비핵화 공동선언 이행
• 북한에 대한 경수로 제공 문제 논의
• 경제협력을 양자/다자적 증진
• 북한에 대한 에너지 지원 제공
• 한국은 북한에 200만 kw 전력 공급</td><td>• 모든 핵무기와 현존 핵계획 포기
• NPT와 IAEA의 안전조치 복귀</td></tr>
<tr><td rowspan="2">1단계 조치: 2.13 합의 (2007)</td><td colspan="2">• 행동 대 행동 원칙 재천명
• 북미 양자대화 개시
• 한반도 비핵화, 북미 관계정상화, 북일 관계정상화, 경제 및 에너지 협력, 동북아 평화 · 안보 체제 등 5개의 실무그룹(W/G) 설치
• 한반도 평화체제 협상</td></tr>
<tr><td>• 북한을 테러지원국 지정 해제와 대적성국 교역법 적용 종료
• 북한에 대한 경제 · 에너지 · 인도적 지원</td><td>• 영변 핵시설 폐쇄.봉인
• 감시 및 검증 위해 IAEA 요원 복귀
• 모든 핵프로그램의 목록 협의</td></tr>
</table>

	• 북한에게 중유 100만톤 상당의 지원	
2단계 조치: 10.3 합의 (2007)	• 북미 양자관계 개선 및 전면적 외교관계 수립, 교류 및 상호 신뢰 증진 • 북일 관계 개선 • 6자 외교장관 회담 개최	
	• 불능화 활동 주도, 초기 자금 제공 • 불능화 준비위한 전문가 그룹 방북 • 테러지원국 명단 삭제 및 대적성국 교역법 적용 종료 • 중유 100만t 상당의 지원	• 모든 현존하는 핵시설 불능화 – 2007년 12월31일까지 영변의 5MW 실험용 원자로, 재처리시설(방사화학 실험실), 핵 연료봉 제조시설 불능화 • 구체적인 조치들은 검증가능 • 2007년 12월31일까지 핵 프로그램에 대해 완전하고 정확한 신고 • 핵 물질, 기술, 노하우 이전 금지

제네바 합의와 6자회담 합의의 교훈을 정리해 보면 다음과 같다. 첫째, 북한은 일괄타결보다는 단계별 동시 행동 원칙을 선호한다. 살라미 전술을 통해 더 많은 이익을 챙길 수 있고 매 단계마다 미국의 신뢰성을 확인할 수 있다고 생각하기 때문이다. 만일 미국이 행동 대 행동 원칙을 지키지 않거나 또는 약속 내용을 일정대로 추진하지 않을 경우 북한은 어김없이 도발로 대응했다. NPT 탈퇴와 탈퇴 번복, 핵동결과 핵동결 파기 선언, 핵시설 불능화와 원상복구 등이 대표적인 사례들이다.

둘째, 북한은 핵 프로그램의 신고, 검증, 폐기의 단계 중 검증 단계를 가장 후순위로 미루는 경향이 있다. 북한은 2.13 합의 이행시 신고 → 검증 → 폐기의 단계가 아니라 핵시설 불능화 → 신고 → 검증의 단계를 밟았다. 결국 북한은 검증 단계의 핵심인 시료 채취를 거부했다. 북한은 제1차 핵위기 시에도 특별사찰을 거부한 바 있다.

셋째, 북한은 강압적 비핵화보다 셀프 비핵화에 초점을 맞추고 있다. 또한 국제사회가 원하는 대상을 비핵화하는 것이 아니라 자신이 비핵화하고자 하는 대상만을 골라서 비핵화하고자 한다. 신고 및 불능화 대상과 검증 대상도 미국의 의지보다 북한의 의지가 관철된 것이다. 제2차 북핵 위기의 핵심이 농축우라늄임에도 불구하고 농축 우라늄은 신고, 검증, 불능화 대상에서 제외되었고 북한이 동의하지 않은 기타 시설에 대해서도 신고 및 검증은 이루어지지 않았다.

넷째, 북한은 비핵화 회담을 진행하면서도 항상 플랜 B를 준비했다. 북한은 미국이 항상 강압적으로 자신을 대한다고 생각했다. 이런 결과로 만들어진 합의가 제대로 지킬지에 대해서도 의심했다. 경수로 건설과 중유 공급은 물론 BDA 해제와 테러지원국 해제 문제에 대해서도 미국이 시간을 끈다고 생각했다. 따라서 북한은 한편으로는 회담을 진행하면서도 다른 한편으로는 합의의 결렬을 염두에 두고 핵미사일 개발에 열중했다.

다섯째, 미국은 북한에 대한 압박과 기존의 제재 조치를 해제해 줌으로써 비핵화 합의를 이끌어 내고자 했다. 미국이 BDA 불법자금을 꺼내들자 북한은 9.19 공동성명에 합의했고, BDA에 대한 해제조치를 취하자 북한은 9.19의 1단계 조치인 2.13에 합의했다. 또한 미국이 테러지원국 해제 조치를 언급하자 북한은 9.19의 2단계 조치인 10.3에 합의했다. 그리고 미국이 테러지원국 해제를 발표하자 북한은 검증에 합의했다.

여섯째, 북한의 비핵화와 이에 대한 상응조치가 안보와 경제의 교환에서 안보와 안보의 교환형태로 서서히 바뀌고 있다. 북한은 비핵화의 반대급부로 북미관계 개선, 평화체제 구축, 경제 및 에너지 협력을 요구했다. 북한은 최초에 중유 제공 등 경제적 보상에 초점을 맞추었으나 점차 대북 불가침 공약 등 체제 보장 요구와 북미 관계 개선에 초점을 맞추고 있다.

일곱째, 미국은 적어도 2017년까지는 북한의 핵미사일 위협을 대수롭지 않게 여겼다. 북한이 제1차 핵실험을 했지만 아주 초보적인 실험에 불과하고, 대포동 미사일을 발사했지만 사거리나 기술면에서 미국이 걱정할 정도가 아니었다. 따라서 미국은 북한 핵미사일 문제가 기껏 한국이나 일본에 대한 위협 정도로 생각하고 비교적 객관적으로 이 문제를 바라보았다. 이러다 보니 회담에 임해 합의를 도출하고 이를 강제하는 데 있어 절박성이 있을 수 없었다. 당시 미국은 적어도 2017년의 분위기와는 완전히 다르게 북한 핵미사일 문제를 바라보았다.

여덟째, 미국 내의 권력 변동에 따라 미국의 비핵화 정책은 일관성을 유지하지 못했다. 1994년에 체결된 제네바 합의는 중간선거에서 공화당이 다수를 차지하게 되자 합의가 제대로 이행되지 못했다. 회담의 틀도 양자에서 4자로 그리고 6자로 바뀌었다. 6자회담이 진행되는 동안 미국은 BDA 제재를 함으로써 합의 내용의 이행을 어렵게 만들었다. 또한 민주당 오바마 정부의 전략적 인내라는 대북 전략은 북한으로 하여금 핵미사일 개발에 가속도를 붙여주는 결과를 초래했다. 미국은 비핵화뿐만 아니라 대량살상무기, 북한 인권 문제로 의제를 확대하기도 했다. 이런 것들로 인해 미국의 비핵화 정책은 일관성을 유지하지 못했다.

제3절 새로운 비핵화 회담에 대한 미국과 북한의 전략

2018년에 접어들면서 또 다시 북한 비핵화를 위한 북미간에 양자회담이 재개되었다. 과거 20여 년에 걸친 미북 회담을 통해서 북한과 미국은 각각 충분한 교훈을 얻었다. 그 교훈의 결과가 새로운 양자회담에 임하는 북한과 미국의 전략에 반영될 것이다. 물론 20년 전의 북한 핵 능력과 현재의 북한 핵 능력은 현격한 질적 차이가 있다. 북한의 핵미사일 능력이 한국을 넘어 미국을 비롯한 전 세계적 차원의 위협이 되자 북한 비핵화에 대한 국제사회의 관심도 비례적으로 높아졌다.

전략은 목적 또는 목표(Objectives/Ends), 자원 또는 수단(Resources/Means), 그리고 개념 또는 방법(Concepts/Ways)으로 구성된다.[8] 목표는 조직이 달성해야 할 최종상태를 의미하고, 수단은 조직이 보유하고 있는 유무형의 자산을 의미하며, 방법은 목표를 달성하기 위해 조직이 보유하고 있는 수단의 운용을 말한다. 우선 미국의 전략과 이 전략이 어떻게 이행되고 있는지 살펴보자.

1. 미국의 전략과 이행 경과

가. 목 표

한반도 비핵화에 대한 미국의 목표는 북한 핵의 CVID이다. CVID는 미국의 요구로 2006년부터 유엔 안보리 결의안에 명시되었다. 2006년 북한이 제1차 핵실험을 하자 유엔 안보리는 추가 핵실험 및 추가 미사일 발사 시험 중지 요구와 함께 초보적인 대북제재 결의안을 통과시켰는데 여기에 CVID가 들어있다. 물론 여기에는 비핵화라는 D 대신에 포기라는 의미의 A(Abandonment)가 들어있다. 유엔 안보리는 그 후에도 2017년까지 대북 제재 결의안에 지속적으로 CVID라는 용어를 포함시켰다. 미국의 또 다른 목표는 싱가포르 공동성명에 명시된 것처럼 북

8) Arthur F. Lykke, "The Fundamental of Military Strategy: Definition, Concept and Theory", *Military Strategy*(Washington, D.C.: US Army War College, 1969), p. 1; Arthur F. Lykke, "Defining Military Strategy", *Military Review*, Vol. 69 No. 2(1989), pp. 2-8.

미관계 개선과 한반도 평화체제 구축이다. 그러나 미국은 '북한의 CVID'를 주요 목표로, 그리고 그에 대한 상응조치를 부수적인 목표로 설정한 것으로 보인다.

나. 수 단

제3장 제3절에 구체적으로 서술되어 있듯이 미국은 외교(Diplomacy), 군사(Military), 경제(Economy)적 차원의 DME 요소를 수단으로 삼아 북한을 비핵화 회담장으로 끌어내고 또 CVID라는 목표를 달성하고자 한다. 첫 번째 수단인 외교적 차원에서, 미국은 유엔을 포함한 국제레짐 활용, 개별 국가 설득, 그리고 미국의 독자적인 대북 제재 등의 수단을 사용했다. 미국은 전 세계적 차원에서 북한을 압박하기 위해 유엔 안보리를 이용하여 대북 제재 결의안을 도출했다. 국제사회도 안보리 결의안을 근거로 NATO, ASEM 등 다양한 레짐의 국제회의가 개최될 때마다 북한의 CVID를 촉구하는 공동성명을 발표함으로써 북한을 압박했다. 미국은 북한을 고립시키기 위해 개별 국가들에 대한 설득도 병행했다. 미국의 치밀한 북한 고립작전으로 전 세계 20개국 이상이 북한 대사 추방과 경제 관계 축소 등의 조치를 취했다. 미국은 다양한 대북 제재법을 제정하고 또 행정명령을 발령함으로써 북한에 대한 독자적인 제재를 가했다.[9)]

두 번째 수단은 군사력이다. 군사력의 역할은 크게 4가지로 나뉜다. 방어, 억제, 강압, 시위가 그것이다.[10)] 특히 미국은 군사력을 강압의 수단으로 많이 사용한다. 소위 말하는 강압외교(Coercive Diplomacy) 또는

---

9) 박재석・황태희, "핵무기 보유 추진 국가들과 경제제재: 미국의 사례를 중심으로", 『한국정치학회보』, 제52집 제4호(2018년 가을), pp. 124-125.

10) Robert J. Art, "The Four Functions of Force", Robert J. Art and Robert Jervis ed., *International Politics: Enduring Concepts and Contemporary Issues*, 8th ed.(New York: Pearson and Longman, 2007).

함포외교(Gun Diplomacy)라고 할 수 있다. 강압이란 '상대방으로 하여금 무엇을 하도록 하는 의도된 행동'이기 때문에 상대방이 행동을 바꾸어야 성공할 수 있다. 강압에는 군사력의 사용 위협과 함께 실제 군사력 사용이 모두 포함된다. 군사적 차원의 강압은 통상 군사적 사용 위협 단계, 군사력의 과시적 사용 단계, 그리고 실제 사용 단계 등 3가지 단계로 구분되는데 미국은 첫 번째 단계인 군사력 사용의 위협을 과시하였다. 미국은 2017년 9월부터 매월 한 개씩의 군사적 옵션을 선보이거나 또는 실행 계획을 노출한 이유가 여기에 있다.

세 번째 수단은 경제이다. 북한의 경제력을 고갈시킴으로써 북한으로 하여금 핵무기를 포기하도록 하는 것이다. 경제적 수단에는 북한에 직접 영향을 미치는 수단도 있고 제3국에 직접 영향을 미쳐 북한에 간접적인 영향을 미치는 수단도 있다. 직접 영향을 미치는 경제적 수단에는 북한에 대한 수출입 통제, 북한의 해외 근로자 파견 금지, 북한과의 합작사업 금지, 유류 및 석유제품 통제, 그리고 각종 물품 환적 금지, 북한의 개인·집단·기업·선박 등에 대한 제재가 있다. 제3국에 직접 영향을 미쳐 이것이 북한에 간접적으로 영향을 미치는 수단도 있다. 바로 세컨더리 보이콧(Secondary Boycott)이다.[11] 북한과 거래하는 제3국의 기업이나 금융기관까지 제재하는 것이 바로 세컨더리 보이콧이다. 안보리 대북 제재로 인해 북한이 수출은 90% 정도 차단되었고 석유제품 등 수입도 차단당하고 있다. 부분적이긴 하지만 세컨더리 보이콧도 발동되고 있다. 제3장 제3절에 북한에 대한 최대한의 압박정책이 구체적으로 서술되어 있다.

---

11) 전통적인 의미에서 프라이머리 보이콧(primary boycott)이란 노동자나 노동조합이 쟁의의 대상이 된 회사의 제품 불매를 주장하는 것을 말하는 반면, 세컨더리 보이콧(secondary boycott)은 1차 보이콧의 대상이 된 회사와의 거래를 중단할 것을 다른 회사에게 요구하는 운동을 말한다.

다. 방 법

미국은 비핵화 목표를 달성하기 위해 외교·군사·경제적 수단을 혼합적으로 사용한다. 미국은 이런 수단들을 이용하여 '선 비핵화 후 보상'이라는 리비아 모델을 적용하고자 했다. 북한이 먼저 핵 프로그램 전체에 대해 신고를 하면 이를 검증하고 폐기 한 후 이에 상응하는 조치를 취하겠다는 것이다. 볼턴 보좌관이 초기조치(Front Loading)로써 "폐기된 핵무기를 테네시 주(州) 오크리지에 가져와야 한다."고 한 발언이 대표적이다. 이것은 과거 리비아의 대량살상무기(WMD)를 이곳으로 가져온 것을 염두에 두고 한 말이다.

그러나 북한이 리비아 모델에 극렬 반발하자 미국은 비핵화 방법론을 일부 수정했다. 비핵화와 보상 체계를 큰 틀에서 맞바꾸는 '빅딜'에 합의하는 포괄적 타결을 하되 이행은 단계적으로 한다는 소위 '트럼프 모델'로의 전환이었다.[12] 사실 이 방법은 북한이 주장하는 '단계적·동시적 방식'의 또 다른 버전이라고 할 수 있다. 결국 비핵화 단계마다 보상을 교환하는 방식으로 전환한 것으로 보인다. 비핵화 시간표는 최초 6개월, 1년, 그리고 트럼프 1차 임기 내로 조정되다가 최근에는 이것마저도 없앴다. 트럼프는 2~3년이 걸려도 관계없다고 했다. 미국의 양보처럼 보이는 이런 변화에도 불구하고 미국의 기본적인 대북 전략은 강압 또는 압박이라고 할 수 있다. 외교, 군사, 경제적으로 최대의 압박을 통해 목표를 달성하는 것이다.[13]

---

12) 민정훈, "트럼프 대통령 하 미국 국내정치 상황과 북핵 해법에의 함의", 『주요국제문제분석』 2018-27(서울: 국립외교원 외교안보연구소, 2018), p. 11.

13) Victor Cha and Katrin Fraser Katz, "The Right Way to Coerce North Korea: Ending the Threat Without Going to War", *Foreign Affairs*, Vol. 97, No. 3(May/Jun 2018), pp. 87-100.

2. 북한의 전략과 이행 경과

가. 목 표

북미회담을 통한 북한의 목표는 6.12 공동성명에 명시되어 있다. 북한의 주요 목표는 공동성명 제1, 2항에 명시된 것처럼 미국과의 새로운 관계수립과 한반도 평화체제를 구축하는 것이고 부수적인 목표는 제3항에 명시된 것처럼 '한반도 비핵화'를 달성하는 것이다. 이런 목표를 달성하기 위해 북한은 싱가포르 회담에서 한반도 비핵화를 제3항을 밀어내고 북미관계개선과 평화체제 구축을 공동성명의 제1, 2항으로 채택하는 데 성공했다. 또한 비핵화의 대상을 '한반도'로, 비핵화의 수준을 '완전한 비핵화'로 한정하는 데에도 성공했다.

미국과의 새로운 관계 수립이란 최종적으로는 미국과 수교를 하는 것을 말한다. 물론 그 과정 속에 연락사무소나 이익대표부 설치 등이 중간목표가 될 수도 있을 것이다. 한반도 평화체제 구축이란 최종적으로는 현재의 정전체제를 평화체제로 바꾸는 것이다. 종전선언[14], 불가침 협정[15] 등이 중간목표가 될 수도 있으며 최종적으로는 평화협정을 체결함으로써 평화체제를 완성하고자 한다.

나. 수 단

북한의 수단은 외교와 군사로 나눌 수 있다. 외교는 자신을 지지해 줄 든든한 후원자와 자신을 대변해 줄 세력을 찾는 것이다. 김정은은

---

14) 최용환, "종전선언의 쟁점과 과제", 『이슈 브리핑 18-30』(서울: 국가안보전략연구원, 2018); 유현정, "종전선언 관련 북미간 입장 차이와 중국 변수", 『이슈 브리핑 18-25』(서울: 국가안보전략연구원, 2018).

15) 김영준, "북미 정상회담과 북미 상호 불가침 약속", 『이슈 브리핑 18-15』(서울: 국가안보전략연구원, 2018).

2018년 3월말부터 2019년 1월까지 무려 4번이나 중국을 방문하여 시진핑 주석과 정상회담을 가졌다. 3월 말 방북시에는 전용 열차를 타고 베이징을 찾았다. 이를 계기로 김정은 등장 이후 최악의 북중 관계가 사라지고 전통적인 혈맹관계가 복원되었다. 시진핑은 김정은에게 최고의 예우를 해주었다. 양 정상은 "고위층 교류강화, 양국 사회주의 체제 발전, 당 대 당 협력, 인적교류 확대" 등에 합의했다. 시진핑은 북한과 중국은 피로써 맺어진 친선 관계로서 세상에서 유일무이한 것이라고 했다.[16] 5월 초에는 중국의 따렌에서 두 번째 북중 정상회담을 했으며 6월 하순에는 다시 북경에서 세 번째 정상회담을 가졌다. 이 회담에서 시진핑은 북중관계의 불패성(Invincibility)을 강조했으며 김정은은 북중 관계를 한 가족으로 표현했다.[17] 이로써 김정은은 미국과의 회담에서 든든한 후원자를 확실하게 확보하게 되었다. 트럼프 대통령이 김정은의 2차 방중 후부터 태도가 달라졌다고 지적하면서 중국 배후론을 거론한 것은 우연이 아니다. 김정은은 2019년 1월 제2차 북미 정상을 앞두고 북경을 방문하여 네 번째 정상회담을 가졌다. 김정은은 조만간 러시아를 방문함으로써 또 하나의 든든한 지지세력을 확보할 것으로 보인다.

또 하나의 외교적 수단은 자신을 대변해 줄 한국 내의 세력을 이용하는 것이다. 북한의 대남 협상전략은 민족공조, 남남갈등, 반미, 핵평화론, 그리고 실리추구 등 크게 5가지로 구분할 수 있다.[18] 북한은 민족공조를 내세워 대북지원을 추동질한다. 또한 대북지원을 둘러싸고 한

---

16) 예영준, "김정은 '중국 먼저 찾는 게 도의', 시진핑 '내 아버지, 83년 역에 나가 김정일 마중'", 『중앙일보』, 2018.3.29.

17) 김정은은 방중시마다 양국 관계에 대한 표현이 달랐는데, 1차 방중시에는 '새로운 높이로 강화・발전', 2차 시에는 '중국 동지들과 굳게 손잡고 나갈 것'(2차), 그리고 3차 방중 시에는 '한 참모부, 한 가족'으로 표현했다. 이용수, "김정은, 트럼프 보란 듯 '중국 동지들은 한 식구, 한 참모부'", 『조선일보』, 2018.6.21.

18) 남성욱, "남북한 협상 전략의 비교 연구", 『통일전략』, 제18권 제2호(2018), pp. 45-55.

국 내에서 남남 갈등이 일어나 이것이 반미 운동이나 주한미군 철수 주장으로 이어지기를 바란다. 그 뿐만이 아니다. 아예 북한이 핵을 가지고 있어도 평화가 유지될 수 있다는 핵평화론(Nuclear Peace)을 주장하기도 한다. 김정은은 2018년 3월, 북한을 방문한 대통령 특사단에게 남측을 향해 핵무기는 물론 재래식 무기도 사용하지 않겠다고 했다. 사실 핵평화론은 북한이 핵을 가지고 있어도 동족인 남한을 향해서 사용하지 않을 것이기 때문에 평화가 유지될 수 있다는 기이한 논리이긴 하다. 그럼에도 이에 동조하는 사람들이 생겨났다.

군사적 수단은 핵무기 사용을 위협하거나 또는 핵무기 보유를 기정사실화하면서 핵무기의 방어적 성격을 강조하는 것이다. 북한은 2013년 핵무기를 이용한 선제타격론을 주장했다. 북한은 선제타격을 미국의 독점물이 아니라고 하면서 "다종화된 우리식의 정밀 핵 타격 수단으로 맞받아"칠 것이라고 했다. 그러나 2017년 11월 29일 화성 제15형이 성공적으로 발사되자 태도가 달라졌다. 김정은은 핵무력 완성을 선언하면서 핵보유 국가답게 핵무기의 방어적 성격을 강조하기 시작했다.[19] 사실 북한은 핵 선제사용 의지 표명과 핵선제불사용(NFU) 원칙 사이를 필요에 따라 오갔다고 할 수 있다.[20]

다. 방 법

북한은 핵무기를 가진 채로 미국과 관계 개선을 한 인도와 파키스탄 모델을 선호하는 것으로 보인다. 이것이 불가능하더라도 북미관계 개선·평화체제 수립 대 한반도 비핵화를 단계별 동시적으로 진행하여

19) 임혁백, "반복(Echoes)에서 선택(Choices)으로: 불가능한 조건하에서 한반도 냉전해체의 문을 연 지도자들의 선택", 『국제정치논총』, 제58집 제2호(2018), p. 319.

20) 김보미, "북한의 핵선제불사용(No First Use) 선언의 배경과 의미", 『전략연구』, 통권 제70호(2016.11), pp. 49-54.

체제를 보장받고자 한다. 비핵화 방법은 김정은의 제1차 방중시에 다시 한 번 명확하게 표출되었다. 6자회담 시 북한이 주장했던 '단계적 · 동시적 조치'가 바로 이것이다. 시진핑도 그 동안 중국이 줄곧 주장해 왔던 쌍중단(雙中斷: 북한 핵 · 미사일 도발 중단과 한미 연합군사훈련 중단)과 쌍궤병행(雙軌竝行: 한반도 비핵화 프로세스와 평화협정 협상 동시 진행)을 강조했다. 결국 북중은 정상회담을 통해 비핵화의 방법론에 합의한 것이다. 사실 단계적 · 동시적 조치는 전형적인 살라미 전술이다. 북한이 한 단계씩 비핵화 조치를 할 때마다 미국이나 국제사회가 즉각적으로 보상을 제공하는 '행동 대 행동' 방식인 것이다.

북한은 살라미 전술과 함께 자신의 의지를 최대한 반영하기 위해 벼랑끝 전술을 구사한다. 볼턴 보좌관이 리비아식 방법을 강조하자 북한 외무성 부상인 김계관이 담화문을 통해 일방적인 핵포기만을 강요할 경우 북한은 대화에 흥미를 가지지 않을 것이라고 했다. 또한 최선희 외무성 부상도 담화문을 통해 미국에 대화를 구걸하지 않을 것이며 핵 대결장에서 만날 수도 있다고 했다. 2018년 7월 초 폼페이오가 세 번째 방북시 폼페이오는 김정은을 만나지도 못했다. 폼페이오는 많은 진전이 있었다고 했지만 당일 북한 외무성 대변인은 미국이 CVID와 신고 및 검증만 요구하고 종전선언은 뒤로 미루는 등 일방적 · 강도(强盜)적 요구만 했다고 비난했다. 그러면서 "단계적 동시적 행동 원칙이 조선반도 비핵화 실현의 지름길"이라고 했다.[21] 북한의 벼랑끝 전술은 2017년 북미 양국간의 말 폭탄에서도 그대로 드러났다. 미국의 트럼프 대통령이 "화염과 분노", "로켓 맨", "북한의 완전한 파괴", "폭풍 전의 고요" 등을 언급[22]했을 때 북한의 김정은과 관료들은 "크고 작은 선물

21) 안준용, "김정은도 못 만나고… '빈손'으로 나온 폼페이오", 『조선일보』, 2018.7.9.

22) Scott D. Sagan, "Armed and Dangerous: When Dictators Get the Bomb", *Foreign Affairs*, Vol .97, No. 6(November/December 2018), p. 41.

을 미국으로", "괌 타격", "늙다리 미치광이", "사상최대의 초강경 조치", "태평양 상에서 수폭 실험", "책상 위의 핵 단추" 등으로 맞받아쳤다.

3. 미국과 북한의 전략 이행 경과 비교

제1차 북미 정상회담을 전후하여 미국과 북한이 수행한 전략의 이행 경과를 비교해 보면 다음 <표 8>과 같다.

〈표 8〉 미국과 북한의 전략 이행 경과

	미국	북한
목표	• 주요 목표: 북한 CVID/FFVD • 부수 목표: 관계개선·평화체제 구축	• 주요 목표: 북미관계개선·평화체제 • 부수 목표: 한반도 CD
수단	• 외교: 유엔대북제재 11회, 각종 국제회의 통한 압박, 북한 고립 20여 개국 동참, 제재법 제정과 행정명령 그리고 테러지원국 재지정 등 독자제재 • 군사: 2017년 9월부터 2018년 1월까지 매월 1개씩 군사옵션 시연 • 경제: 제제와 세컨더리 보이콧 적용	• 외교: 4회 방중으로 혈맹 관계 복원, 남남 갈등 및 한미 동맹 균열 • 군사: 핵선제타격, 핵무력 완성 선언 후에는 핵무기의 방어적 성격 강조
방법	• CVID와 보상 일괄타결, 이행은 단계별로 • 강압전략	• 살라미 전술: 단계별 동시 행동 요구 • 벼랑끝 전술: 외무성 부상/대변인 담화, 말 폭탄

제4절 비핵화 추진과정에서의 갈등 쟁점

미북 간에 타협이 쉽지 않겠지만 설령 타협이 된다고 하더라고 비핵화 추진과정에서는 수많은 지뢰밭이 널려있다. 2.13과 10.3 합의를 통해 북한 핵 프로그램의 신고, 검증, 폐기에 대한 합의까지 했지만 결국 실패로 끝났던 사례가 이를 반증한다. 김정은은 남북 및 북미 정상회담을 통해 비핵화 의지를 밝혔다. 그럼에도 불구하고 국제사회는 북한이 인도와 파키스탄 모델을 추구하고 있는 것은 아닌지 의심한다. 김정은의 약속과 이 약속에 대한 의심을 먼저 살펴보고 비핵화 추진과정에서의 상호 충돌과 해법을 제시하고자 한다.

1. 약속과 의심

가. 약 속

2018년 3월, 정의용 실장 일행이 대북 특사단으로 김정은을 만났을 때 김정은은 비핵화가 선대의 유훈이며 그 유훈에는 변함이 없다고 했다. 또한 3.5 합의에 나타나 있듯이 위협이 해소되고 체제 안정이 보장되면 핵을 보유할 이유가 없으며 비핵화 협의 및 북미관계 정상화를 위해 미국과 대화할 용의가 있다고 했다. 그리고 대화가 지속되는 동안 핵실험, 탄도미사일 발사 등 전략적 도발을 하지 않겠다고 했다.

아직까지 북한은 전략적 도발을 하지 않고 있다. 또한 미북 정상회담이 결정된 후에는 북한이 인질로 잡고 있던 한국계 미국인 3명을 폼페이오 방북 후 귀국시 석방시켰다. 또한 5개국 기자단이 참관한 가운데 풍계리 핵실험장 갱도를 붕락시켰다. 제1차 북미 정상회담이 끝난 직후 한미는 8월에 계획되어 있던 을지프리덤가디언(UFG) 연습을 중단한다고 발표했다. 그러자 북한은 동창리 위성발사장 및 엔진시험장 해체와 미군유해 55구를 송환시켰다. 북한은 동창리 해체 및 미군 유해송환에 대한 미국의 상응조치로써 종전을 요구했다. 심지어 종전선언은 정치적 선언일 뿐이라고 하면서 미국을 압박했다. 그러나 미국은 이것이 본격적인 비핵화의 과정이 아니라는 이유와 등가성의 관계가 아니라는 이유로 이를 거부했다. 최근에 북한은 종전선언보다는 제재 해제를 요구하고 있으나 미국은 비핵화가 완료되어야 제재 해제를 해 줄 수 있다는 입장이다.

북한은 북미관계 개선과 평화체제 구축을 한 축으로 그리고 비핵화를 다른 축으로 하여 단계별 동시조치를 해 나가자는 입장이다. 따라서 정상회담에서 약속했듯이 김정은의 비핵화 의지는 확고하다는 것이다. 북한은 자주권을 수호하고 강화하며 공고화하기 위한 정치적 동기 때문에 핵미사일을 개발[23]해 왔음에도 불구하고 김정은은 정말 핵무기를 포기하겠다는 생각을 가지고 있는 걸까? 김정은의 의지를 의심할 수 있는 단서들은 많다.

나. 의 심

김정은은 2017년 11월 29일 화성 15형을 발사한 후 '핵무력 완성'을 선언했다. 핵무력 완성 후 북한이 지향하고자 하는 정책 방향은 김정은의 2018년 신년사에 담겨있다. 신년사를 통해 김정은은 2017년에 "각종 핵운반 수단과 함께 초강력 열핵무기 시험도 단행함으로써 우리 총적 지향과 전략적 목표를 성과적·성공적으로 달성하였고 우리 공화국은 마침내 그 어떤 힘으로도 그 무엇으로도 되돌릴 수 없는 강력하

---

23) 문장권, "탈냉전기 북한의 핵정책 결정요인 연구", 『국가전략』, 제24권 제1호(2018), pp. 72-86.

고 믿음직한 전쟁 억제력을 보유하게" 되었으며 "핵 단추가 내 사무실 책상 위에 항상 놓여" 있다고 했다. 또한 신년사에서 김정은은 2018년에는 "위력과 신뢰성이 확고히 담보된 핵탄두들과 탄도로켓들을 대량생산하여 실전배치하는 사업에 박차를 가해 나가야" 한다고 하면서 "즉시적인 핵반격 작전 태세를 항상 유지"할 것을 강조했다. 신년사의 내용이 그대로 실천된다면 2018년은 핵탄두와 탄두로켓들이 실전배치되는 해라고 볼 수 있다.

북한의 비핵화 의지를 의심해 볼 수 있는 두 번째 단서는 2018년 4월 20일 진행된 조선노동당 당 중앙위원회 제7기 제3차 전원회의에서 결정된 결정서에 나타나 있다.[24] 이 자리에서 김정은은 핵·경제 병진노선의 승리를 선언하고 '핵무기 없는 세계'에 대한 비전 제시와 함께 사회주의 경제건설에 총력을 집중하는 새로운 전략적 노선을 제시했다. 핵·경제 병진노선의 승리를 선언한 결정서에는, 북한이 "림계전핵시험과 지하핵시험, 핵무기의 소형화·경량화·초대형핵무기와 운반수단개발을 위한 사업을 순차적으로 진행하여 핵무기 병기화를 믿음직하게 실현하였"기 때문에 2018년 4월 21일부터 "핵시험과 대륙간탄도로켓 시험발사를 중지할 것"이며, "핵시험 중지를 투명성있게 담보하기 위하여 공화국 북부핵시험장을 폐기할 것"이라고 했다. 또한 "핵시험 중지는 세계적인 핵군축을 위한 중요한 과정이며 우리 공화국은 핵시험의 전면중지를 위한 국제적인 지향과 노력에 합세할 것"이고 "우리 국가에 대한 핵위협이나 핵도발이 없는 한 핵무기를 절대로 사용하지 않을 것

24) 이 회의에서 3개의 결정서가 채택되었다. 즉 「경제건설과 핵무력건설 병진노선의 위대한 승리를 선포함에 대하여」, 「혁명발전의 새로운 높은 단계의 요구에 맞게 사회주의 경제건설에 총력을 집중할 데 대하여」, 그리고 「과학교육사업에서 혁명적 전환을 일으킬데 대하여」 등이 채택되었다. 이에 대해서는 이승현, "김정은, '사회주의 경제건설 총력 집중' 새 전략노선 천명: 당 제7기 제3차 전원회의, '경제·핵 병진노선 승리' 선언(요지)", 『통일뉴스』, 2018.4.21.

이며 그 어떤 경우에도 핵무기와 핵기술을 이전하지 않을 것"이라고 했다. 또한 사회주의 경제건설에 총력을 기울이겠다는 결정서에는 "당과 국가의 전반사업을 사회주의경제건설에 지향시키고 모든 힘을 총집중할 것"이라고 했다.

이 결정서들을 해석해 보면, 북한은 핵보유국이 되었기 때문에 앞으로는 국제사회의 일원으로서 핵군축 노력, 핵무기 선제 불사용, 핵무기 및 기술 이전 금지 등의 국제 규범을 지켜 나가겠다는 것이다. 또한 핵무력이 완성되었기 때문에 앞으로는 사회주의 경제건설에 총력을 기울이겠다는 것이다. 결정서의 어떤 문구에도 북한 비핵화라는 단어는 단 한마디도 없다. 핵・경제 병진노선에서 사회주의 경제건설로 전략적 노선을 변경했다곤 하지만 핵・경제 병진노선을 포기했다는 말은 없다. 필요하면 언제든지 병진을 추진할 수 있다. 북한 외무성의 미국 연구소 소장인 권정근은 병진노선을 다시 시작할 수도 있음을 언급했다.[25] 사실 이 시간에도 북한은 핵물질과 핵무기, 그리고 탄도미사일을 생산하고 있다. 국제사회가 북한은 여전히 인도・파키스탄 모델을 자기화하고자 하는 유혹을 떨쳐버리지 못하고 있다고 의심하는 이유도 여기에 있다.

비핵화 의지를 의심해 볼 수 있는 세 번째 단서도 있다. 김정은은 2019년 신년사에서 "완전한 비핵화로 나가려는 것은 우리 당과 공화국 정부의 불변한 입장이며" 제2차 북미정상회담이 개최될 경우 "국제사회가 환영하는 결과"를 도출할 수 있도록 노력하겠다고 했다.

이런 긍정적인 신호 못지않게 암울한 암시도 있다. 김정은은 신년사에서 "핵무기를 더 이상 만들지도 시험하지도 않으며 사용하지도

---

25) 이제훈・황준범, "핵・경제 병진 되살릴 수도"…북, 고위급회담 앞 '미국 압박', 『한겨레』, 2018.11.4.

전파하지도 않을 것"이라고 했다. 언뜻 보기엔 매력적인 구절 같지만 사실은 이미 만들어 놓은 과거 핵은 끝까지 가져가겠다는 말에 다름 아니다. 인도·파키스탄처럼 사실상의 핵보유국이 되겠다는 것이다.

2. 해석상의 갈등

가. CVID/FFVD와 CD

폼페이오가 2018년 7월 6일 제3차 방북을 앞두고 뭔가 새로운 것인냥 FFVD 개념을 꺼내 들었다. '최종적이고 완전히 검증된 비핵화(Final, Fully Verified Denuclearization)'라는 뜻의 FFVD와 CVID의 차이는 '되돌이킬 수 없는' Irreversible에 있다. 굳이 의미를 따진다면 북한이 워낙 CVID에 민감하니 북한을 고려해서 FFVD라는 용어를 선택한 것으로 본다.[26] 폼페이오는 FFVD의 의미를 다음과 같이 해석했다. final(최종)이란 "북한이 대량 살상 무기와 탄도 미사일 프로그램을 재개 할 가능성이 전혀 없게 되는 것"을 말하며 Fully Verified(완전하게 검증된)란 "이란 핵합의(JCPOA) 시 요구했던 것보다 더 강력한 수준의 검증"을 의미한다. 그러면서도 폼페이오는 "북한과의 합의 내용은 여전히 협상 대상이지만, '최종'과 '완전히 검증 된 것'은 타협하지 않을 핵심 부분"이라고 했다.[27] 사실 폼페이오의 의지는 CVID와 다를 게 없다. 다자협의체의 공동성명에서도 CVID와 FFVD를 혼용해서 사용하기 시작했다.

이와 달리 북한은 완전한 비핵화(CD)를 주장한다. 남북한 정상회담과 북미 정상회담의 공동성명에도 CVID/FFVD 대신 CD가 들어있다.

---

26) 김성한, "대북 비핵화 외교 평가와 한국이 안보정책 방향", 『신아세아』, 제25권 제3호(2018), p. 43.

27) Michael R. Pompeo, Confronting Iran: The Trump Administration's Strategy, *Foreign Affairs*, Vol. 97, No. 6(November/December 2018).

그러나 CD가 무엇을 의미하는지 아무도 모른다. 북한도 CD의 의미를 밝히지 않았기 때문이다. 그럼에도 세 국가는 CD에 합의했다. 향후 협상시 서로 다른 비핵화의 의미와 이행을 두고 논쟁이 벌어질 가능성이 있다. 9.19 공동성명에는 "검증가능한 비핵화" "모든 핵무기와 현존하는 핵계획의 포기"가, 2.13 합의에는 "폐쇄 · 봉인"이, 그리고 10.3 합의에는 "불능화" 등의 문구가 명시되어 있다. 또한 2018 평양 공동선언의 제5조에서는 엔진시험장과 미사일 발사대의 "영구적 폐기" 그리고 영변 핵시설의 "영구적 폐기"라는 문구가 등장한다. 따라서 이런 단어들을 조합해보면 북한의 CD가 곧 FFVD를 의미하는 것 같지만 북한은 CVID/FFVD라는 용어를 수용하지 않을 가능성이 더 크다.

나. 한반도 비핵화와 북한 비핵화

사실 CVID와 ID의 차이도 있지만 더 중요한 것은 비핵화의 대상이 북한이냐 또는 한반도이냐가 관건이 된다. 미국과 한국은 한반도 비핵화라는 것이 북한의 비핵화를 의미한다고 하지만 북한의 입장은 그렇지 않다. 한결같이 한반도 비핵화만을 주장하고 있기 때문이다. 따라서 이 용어를 둘러싸고 오해가 생길수 있다.[28] 북한이 말하는 한반도 비핵화가 무엇을 의미하는지는 2016년 7월 북한 정부 대변인 성명에 잘 드러나 있다. 이때 북한은 '비핵화 5대 조건'을 제시했는데 이 조건 속에 '한반도 비핵화'의 의미가 들어있다. 5대 조건이란 남한에 있는 미국의 핵무기 공개, 남한에 있는 핵무기와 기지 철폐 및 검증, 한반도에 핵 타격 수단 미전개 담보, 대북 핵 미사용 확약, 그리고 남한에서 핵 사용권 쥐고 있는 미군 철수 선포 등[29]이다. 미국은 한국에 배치했던 전

---

28) Robert Jervis and Mira Rapp-Hooper, "Perception and Misperception on the Korean Peninsula: How Unwanted Wars Begin", *Foreign Affairs*, Vol. 97, No. 3(May/Jun 2018), pp. 113-115.

술핵무기마저 모두 철수했기 때문에 앞의 2개 조건은 의미가 없다. 그러나 세 번째 조건은 미국의 폭격기나 항공모함, 그리고 전략 잠수함 등을 한국에 전개하지 말라는 요구이고, 네 번째 조건은 북한에 대한 핵무기 사용을 하지 않겠다는 약속을 하라는 것이며, 다섯 번째 조건은 결국 주한미군을 철수하라는 것이다.

북미는 북한이 주장했던 비핵화 5대 조건을 합의문에 명시한 적은 없다. 그러나 9.19 공동성명에는 이와 유사한 내용이 담겨있다. 즉, 미국의 핵무기 한반도에 미존재, 그리고 미국은 핵무기 또는 재래식 무기로 북한을 공격 또는 침공할 의사 없음 등이 명시되어 있다. 따라서 향후 북한은 5대 조건은 아니라고 하더라고 적어도 9.19 공동성명의 내용 +α를 요구할 가능성은 있다. 이미 이런 징조가 나타나고 있다. 북한은 2018년 12월 20일 조선중앙통신의 담화를 통해 '한반도 비핵화'에 대해 "우리의 핵 억제력을 없애기 전에 조선(북)에 대한 미국의 핵 위협을 완전히 제거하는 것"이라고 했다. "남측 영역뿐 아니라 한반도를 겨냥하고 있는 주변으로부터의 모든 핵위협요인을 제거해야" 한다는 것이다. 결국 북핵 폐기에 앞서 한국에 핵우산을 제공하는 한반도 주변 미군 전력부터 모두 철수해야 한다는 주장이다. 이는 2016년 7월 북한 정부 대변인 성명 발표와 유사한 내용이다. 비핵화를 둘러싼 동상이몽의 진실이 서서히 드러나게 될 것이다.

3. 신고, 검증 그리고 폐기 과정에서의 갈등 쟁점

가. 신 고

비핵화의 신고 대상에는 크게 핵무기, 핵물질, 핵무기 및 핵물질 생

---

29) 『조선중앙통신』, 2016.7.6.

산시설, 운반수단, 그리고 핵 프로그램에 종사하는 전문인력 등 5가지가 있다. 핵무기란 이미 생산된 핵무기를 말하며 현재 20~60개 내외로 추정된다. 핵물질이란 핵무기를 만들 수 있는 물질로써 플루토늄, 우라늄, 3중 수소 등이 있다. 한미 정보 당국은 북한이 플루토늄은 54kg, 우라늄은 758kg 정도 보유한 것으로 추정하고 있다.[30] 핵무기 및 핵물질 생산시설이란 말 그대로 핵무기와 핵물질을 생산하는 시설을 말한다. 운반수단이란 주로 미사일을 의미하는데 여기에는 순항미사일과 탄도미사일이 있다. 북한은 각종 사거리의 탄도미사일을 1,000여 기 보유한 것으로 알려져 있으며 북극성이라는 잠수함 발사탄도미사일(SLBM)도 가지고 있다. 전문인력이란 핵과 미사일 개발에 종사하는 인력을 말한다. 정확한 정보는 없으나 "핵심 고급인력만 200여 명, 전문인력 3,000여 명, 기술인력 6,000명 등 약 1만 명에 달한다."[31]는 첩보는 있다. 전문인력이 있으면 핵개발은 언제든지 재개할 수 있다. CVID의 I의 핵심이 바로 전문인력에 관한 것이다.

물론 핵을 과거 핵, 현재 핵, 미래 핵으로 구분할 수도 있다. 그러나 현재 핵과 미래 핵의 구분은 경계가 애매하기 때문에 큰 의미는 없다. 굳이 구분해 본다면 핵무기는 과거 핵이 될 것이며, 현재 핵은 핵물질과 운반수단 등이 될 것이고 미래 핵은 핵시설과 전문인력 등이 될 것이다.

북한은 위치와 능력을 포함한 5대 핵무기 신고 대상을 모두 신고할까? 우선 과거 사례로 돌아가보자. 1992년 북한은 국제원자력기구(IAEA)에 여러 핵시설과 함께 플루투늄 90g을 추출했다고 신고했다. 그러나 미국과 IAEA 전문가들은 북한의 플루토늄 보유량을 수 kg 정도

---

30) 손지은, "조명균 '北 핵무기 적게는 20개, 많게는 60개 보유'", 『서울신문』, 2018.10.2.
31) 이용수, "북한에 핵개발 인력만 1만 명, 이들을 떼어내야 '영구적 비핵화'", 『조선일보』, 2018.5.5.

라고 추정했다. 결국 플루토늄 보유량의 불일치가 이유가 되어 IAEA는 특별사찰을 요구했고, 북한은 이를 거부했다. 북한은 핵시설과 핵물질의 양만 신고했고 그것도 거짓 신고했던 것이다.

10.3 합의의 이듬해인 2008년 5월 10일, 성김 과장은 방북하여 18,000쪽 분량의 핵 관련 자료를 제출받았다. 이 당시 미 국무부는 북한이 제출한 자료는 지난 1986년 이후 가동된 5Mw 원자로와 영변 핵시설에서 진행된 세 차례의 핵 재처리 활동 기록 등을 담고 있다고 밝혔다.[32] 6월 26일, 북한은 중국에 핵 신고서를 제출했는데 그 골자는 약 26kg의 플루토늄을 핵무기용으로 재처리했으며 사용후 연료봉 가운데 7~8kg의 미추출 플루토늄을 보유하고 있다는 내용이었다.[33] 결국 북한은 영변 핵시설, 핵물질, 그리고 가동일지만 제출했던 것이다. 미국은 핵 신고서에 핵물질과 핵시설, 그리고 핵탄두가 됐든 핵폭발장치가 됐든 핵무기와 관련된 모든 것을 제출할 것을 요구했으나 그 뜻을 이루지 못했다.[34]

그렇다면 양자회담에 임하고 있는 김정은은 제대로 된 신고를 할까? 폼페이오가 제4차 방북했을 때 김정은은 핵신고 거부 입장을 밝혔다. 폼페이오 장관이 "핵 리스트의 일부라도 제출해달라."고 요구하자 김위원장은 "신뢰관계가 구축되지 않은 상태에서 리스트를 제출해도 미국이 믿지 않을 것이고 재신고를 요구할 수도 있다. 그러면 싸움이 될 것"이라고 수용하지 않았다.[35] 향후에도 5대 핵신고 대상에 대한 범위와 시기를 둘러싸고 북미간에 사사건건 갈등이 있을 수 있다. 특히 운반 수단 중 단거리 탄도미사일도 비핵화 대상이 되는지를 두고 많은

32) VOA, "미 '북, 18000쪽 분량 핵 문서 제출' 공식 발표", 2008.5.11. https://www.voakorea.com/a/a-35-2008-05-11-voa1-91353794/1319685.html
33) 조민 · 김진하, 『북핵일지: 1955-2014』(서울: 통일연구원, 2014), p. 55.
34) 이우탁, "성 김 과장 '북핵박스' 무엇이 담겼나", 『연합뉴스』, 2008.5.10.
35) 이우탁, "김정은 위원장, 왜 핵신고 강하게 거부할까", 『연합뉴스』, 2018.10.19.

논란이 있게 될 것이다. 2006년 유엔 안보리는 결의안 제1695호를 통해 북한에 탄도미사일 기술을 사용한 모든 발사체의 사용을 금지한 바 있다.

나. 검증(사찰)

비핵화의 두 번째 단계는 FFVD 중의 V에 해당되는 검증(檢證)이다. 검증은 북한이 신고한 목록이 맞는지 그렇지 않은지를 검사하여 증명할 때에도 필요하고 핵 폐기 과정에서도 필요하다. 이것이 제대로 이루어졌는지 조사해야 하기 때문이다. 검증과 사찰(査察)은 서로 비슷한 말이긴 하지만 강제성 면에서 사찰이 조금 강한 의미를 지니고 있다.

제1차 북핵 위기는 IAEA의 사찰 결과로 발생했다. 북한이 신고한 플루토늄의 양과 IAEA의 추정치가 달랐기 때문이다. 또한 북한은 2008년 12월, 북한이 제출했던 핵 신고서에 대한 검증 문제를 둘러싸고 시료 채취를 거부함에 따라 6자회담도 역사 속으로 사라졌다. 미국은 북한이 샘플링(시료 채취)에 양해했다고 했지만 북한은 힐 차관보와의 합의에서 "검증 방법은 현장 방문, 문건 인쇄, 기술자들과의 인터뷰로 한정한다"[36]고 주장했다. 결국 북한이 시료 채취를 거부했기 때문에 6자회담은 중단되고 말았다. 10.3 합의를 통해 '과학적인 방법'에 합의했다고 하더라도 샘플링이 과학적인 방법인가에 대해서 북미는 서로 다른 해석을 했던 것이다. 폼페이오가 검증을 강조하는 이유도 북한이 이런

---

36) 미 국무부는 2008년 10월 11일, '북한과의 검증 이해사항'을 발표했는데 여기에는 시료 채취를 포함한 과학적인 절차에 대해 합의한 것으로 명시돼 있다. 그러나 북한은 2008년 11월 12일, 대변인 담화를 통해 10월 초 크리스토퍼 힐 미 국무부 차관보가 평양을 방문해 북측과 합의한 내용을 공개하면서 "검증 방법은 현장방문, 문건 확인, 기술자들과의 인터뷰로 한정된다"고 밝혔다. 북한은 또 "힘들게 이룩된 서면합의 외에 한 글자라도 더 요구한다면 그것은 곧 가택수색을 시도하는 주권 침해행위가 될 것이며, 불피코(필연코) 전쟁을 불러오게 돼 있다"고 말했다. 유신모, "北 외무성 "핵 시료 채취 거부"…"서면합의 내용 불포함","『경향신문』, 2008.11.13.

전력을 가지고 있기 때문이다.

검증을 하려면 왜(Why) 해야 하는지를 제외하고도 4W1H가 필요하다. 즉, 북미는 검증의 주체(Who), 시기(When), 장소(Where), 대상(What), 방법(How)에 합의해야 한다. 검증의 주체(Who)는 미국이나 미국을 포함한 5대 핵보유국 또는 IAEA가 주체가 될 수 있다. 미국은 미국 중심의 검증단을 꾸리고 싶어할 것이나 북한은 러시아와 중국이 포함된 5대 핵보유국이나 IAEA를 선호할 수 있다. 시기(When)에 대해서는 미국은 신고서 제출 후와 폐기 과정에서의 검증을 요구할 것이나 북한은 검증단이 수시로 대상 지역을 돌아다니는 것보다 신고서 제출 후나 또는 폐기 후 1회의 검증 시기를 선호할 것이다. 장소와 대상(Where & What)은 북한이 제출한 신고서에 따라 달라질 것이다. 미국은 의심스러운 장소와 대상에 대해 검증하고자 신고서 +α를 요구할 것이나 북한은 이에 반대할 것이다. 1991년 연말에 채택되고 1992년 2월에 발효된「한반도비핵화공동선언」제4항을 주목할 필요가 있다. 제4항에는 "한반도의 비핵화를 검증하기 위하여 상대측이 선정하고 쌍방이 합의하는 대상들에 대하여 남북핵통제공동위원회가 규정하는 절차와 방법으로 사찰을 실시한다."라고 되어 있다. 즉, 검증의 대상은 쌍방이 합의해야 한다는 것이다. 북한은 북한이 동의한 대상과 장소에 대해서만 검증을 허용할 것이다. 검증 방법도 첨예하게 대립할 것이다. 미국은 북한 핵의 과거를 제대로 알기 위해선 샘플링을 해 봐야 된다고 주장할 것이나 북한은 2008년처럼 현장 방문, 문건 인쇄, 기술자들과의 인터뷰로 한정하고 싶어 할 것이기 때문이다.

다. 폐 기

폐기도 4W1H를 고려해야 한다. 폐기의 방법(How)에는 현장 파괴,

현장 해체, 그리고 제3국으로 이동 등이 있다. 그러나 북한은 6자회담 당시처럼 폐기(Dismantlement)보다는 불능화(Disablement)를 선호할 수도 있다. 주체면에서 미국은 미국 주도로 폐기하고 싶어할 것이나 북한은 셀프 폐기를 선호하거나,[37] 5대 핵보유국 또는 IAEA에 의한 폐기를 선호할 수도 있다. 폐기의 장소(Where)을 두고서도 첨예하게 대립할 수 있다. 비핵화의 대상을 제3국으로 이동시킬 경우, 북한은 해외 반출을 꺼려할 것이나 미국은 미국 본토로의 반출을 주장할 것이다. 과거 구소련의 우크라이나·카자흐스탄·벨루로시의 경우, 핵탄두를 러시아로 옮겨 해체한 전력이 있기 때문에 최악의 경우 북한은 핵탄두를 미국 대신 러시아나 중국으로 옮기기를 원할 수도 있다. 폐기 대상(What)은 신고서에 명시된 것이 될 수 있으나 어떤 것이 현장 파괴, 현장 해체, 그리고 제3국으로의 이동할 것이냐에 대해서는 의견이 다를 수도 있다. 북한은 2008년 6월 27일 불능화 대상이었던 5Mw급 원자로 냉각탑을 폭파한 적이 있지만 1회성 이벤트로 끝났을 뿐이다. 미국의 뉴욕타임스(NYT)는 북한이 핵탄두 20~60개, 핵시설 40~100곳을 보유하고 있다고 보도한 바 있다.[38] 북한 전역에 산재해 있는 핵시설을 제외하고도 영변에만 390개가 넘는 핵시설 건물이 있는데 이런 것들을 모두 폐기하는 것은 그리 간단한 일이 아니다.

37) David S. Cloud,, "Monitoring North Korea would be a massive task; If Kim agrees to disarm, open up his vast nuclear weapons program, would he comply fully?" *Los Angeles Times*; 04 June 2018, p. A.1.

38) 정충신, "北 핵시설 최소 100여곳…청천강 이북에 무기 은닉", 『문화일보』, 2018.5.25.

제5절 결 론

한반도 비핵화는 제네바 합의와 6자회담을 통한 합의, 그리고 그 결과 등을 종합해 볼 때 결코 쉽지 않은 과정을 겪게 될 것이다. 제네바 합의와 6자회담을 통한 합의는 모두 실패로 끝났다. 북한은 합의를 통해 경제적·인도주의적 이익을 챙기는 한편 플랜 B를 가동시키면서 핵미사일 수준을 고도화시켰다. 북한의 핵미사일 수준이 20여 년이나 10여 년 전에 비해 현격히 향상되었기 때문에 북한의 비핵화는 더 어려울 수밖에 없다. 비핵화에 대한 상응조치도 과거에 비해 높을 수밖에 없고 까다로울 수밖에 없다.

미국은 북한 핵의 CVID/FFVD를 목표로 외교, 군사, 경제 등 DME 요소를 수단으로 강압전략을 추진하고 있다. 반면에 북한은 미국과의 관계 개선 및 한반도 평화체제 구축을 목표로 미국의 강압전략을 회피하면서 주로 중국과의 관계 개선과 한미동맹의 균열을 조장하면서 살라미 전술과 벼랑끝 전술로 이에 맞서고 있다. 미국은 과거처럼 북한에게 '두 번 다시 속지 않겠다'는 생각을 가지고 '선 비핵화 후 제재 해제'를 주장하고 있다. 이에 반해 북한은 '단계별 동시행동'을 주장하면서 미국이 먼저 상응조치를 취할 것을 요구하고 있다.

이런 상이한 전략으로 인해 양국은 신고－검증－폐기라고 하는 비핵화 과정에서도 갈등을 빚을 수 있다. 신고 단계에서는 핵무기, 핵물질, 생산시설, 운반수단, 전문 인력 등 5가지 종류의 신고 대상(What)이 핵심이다. 향후 북미는 5대 핵신고 대상에 대한 범위와 시기를 두고 사사건건 신경전을 벌일 것이다. 검증 단계에서는 4W1H가 핵심이다. 검증의 주체, 시기, 장소, 방법을 두고 갈등이 발생할 것이다. 폐기 단계에서도 4W1H가 핵심이다. 누가, 언제, 어디서, 어떤 것을 대상으로 파괴, 해체, 그리고 제3국으로 이동할 것이냐 하는 것이다.

비핵화라는 쟁점 외에도 북미 관계 개선과 한반도 평화체제 쟁점도 해결해야 한다. 비핵화의 진전도에 따라 상호 연락사무소 설치, 대사급 외교 관계 수립, 종전선언, 평화협정, 제재 해제, 경제 지원 등의 상응 조치가 있어야 하기 때문이다. 물론 낮은 수준에서 상호 예술단이나 체육의 교류, 인도주의 지원, 경제시찰단 등의 상응조치도 있을 수 있다. 어떤 비핵화 단계에서 어떤 상응조치를 해야 할지에 대해서도 서로의 주장은 갈등을 빚게 될 것이다. 비핵화뿐만 아니라 이런 쟁점에 대해서도 중국이나 러시아 같은 행위자들이 적극적으로 개입하게 되면 해결은 점점 더 복잡해진다.

한국에게 가장 좋은 시나리오는 북한이 CVID를 하고 북미 및 북일 간에는 관계개선을 하며 남북한이 주체가 된 2+2 또는 2+4형태로 평화협정을 체결하는 것이다. 물론 북한이 비핵화되면 북한에 대한 모든 제재가 해제될 것이고 또한 북한이 국제사회의 일원이 됨에 따라 대규모의 마샬 플랜이 작동될 수도 있을 것이다. 한미동맹은 굳건하고 주한미군은 현재 규모대로 주둔하며 특히 유엔사마저 그대로 유지될 수 있다면 최상의 시나리오이다. 한국에게 가장 나쁜 시나리오는 북한이 CVID되지 않았는데 유엔사는 해체되고 동맹이 균열되면서 주한미군마저 철수하는 것이다. 북한과 미국은 최선과 최악의 시나리오 어느 쯤에서 타결을 시도할 것이다. 한국은 최선의 시나리오에 가까운 시나리오가 현실화되도록 노력함과 동시에 최악의 시나리오에도 대비하면서 비핵화 과정에 관여해야 할 것이다.

참고문헌

1. 저서 및 논문 등

김성한. “대북 비핵화 외교 평가와 한국이 안보정책 방향”. 『신아세아』, 제25권 제3호(2018).

김보미. “북한의 핵선제불사용(No First Use) 선언의 배경과 의미”. 『전략연구』, 통권 제70호(2016. 11).

남성욱. “남북한 협상 전략의 비교 연구”. 『통일전략』, 제18권 제2호(2018).

대한무역투자진흥공사(KOTRA). ‘2017년도 북한 대외무역동향’ 보고서.

박재석・황태희. “핵무기 보유 추진 국가들과 경제제재: 미국의 사례를 중심으로”. 『한국정치학회보』, 제52집 제4호(2018 가을).

문장권. “탈냉전기 북한의 핵정책 결정요인 연구”. 『국가전략』, 제24권 제1호(2018).

민정훈. “트럼프 대통령 하 미국 국내정치 상황과 북핵 해법에의 함의”. 『주요국제문제분석』 2018－27. 서울: 국립외교원 외교안보연구소, 2018.

부승찬 ・박경진. “김정은 정권의 핵개발 동기와 지속요인”. 『국가안보와 전략』, 제18권 1호(2018).

이헌경. “제7장 유엔 및 국제사회의 대북한 제재 조치와 실효성에 대한 경험적 접 근”. 『통일전략』, 제17권 제3호(2017).

임혁백. “반복(Echoes)에서 선택(Choices)으로: 불가능한 조건하에서 한반도 냉전해체의 문을 연 지도자들의 선택”. 『국제정치논총』, 제58집 2호(2018).

조민・김진하. 『북핵일지: 1955－2014』. 서울: 통일연구원, 2014.

최용환. “종전선언의 쟁점과 과제”, 『이슈 브리핑 18－30』. 서울: 국가안보전략연구원, 2018.

Art, Robert J. “The Four Functions of Force”, Robert J. Art and

Robert Jervis ed., *International Politics: Enduring Concepts and Contemporary Issues*, 8th ed. New York: Pearson and Longman, 2007.

Cha, Victor and Katrin Fraser Katz. "The Right Way to Coerce North Korea: Ending the Threat Without Going to War". *Foreign Affairs*, Vol. 97, No. 3(May/Jun 2018).

Jervis, Robert and Mira Rapp-Hooper. "Perception and Misperception on the Korean Peninsula: How Unwanted Wars Begin". *Foreign Affairs*, Vol. 97, No. 3(May/Jun 2018).

Lykke, Arthur F. "The Fundamental of Military Strategy: Definition, Concept and Theory", *Military Strategy*. Washington, D.C.: US Army War College, 1969.

Mastro, Oriana Skylar. "Why China Won't Rescue North Korea: What to Expect Things Fall Apart". *Foreign Affairs*, Vol. 97, No. 1(January/February 2018).

Pompeo, Michael R. Confronting Iran: The Trump Administration's Strategy. *Foreign Affairs*, Vol. 97, No. 6(November/December 2018).

Sagan, Scott D. "Armed and Dangerous: When Dictators Get the Bomb". *Foreign Affairs*, Vol. 97, No. 6(November/December 2018).

Stanton, Joshua, Sung-Yoon Lee, and Bruce Klingner. "Getting Tough on North Korea: How to Hit Pyongyang Where It Hurts". *Foreign Affairs*, Vol. 96, No. 3(May/June 2017).

VOA. "미 '북, 18000쪽 분량 핵문서 제출' 공식 발표". 2008.5.11. https://www.voakorea.com/a/a-35-2008-05-11-voa1-91353794/1319685.html

2. 신문 등 언론 기사

김병연. “강한 대북 제재가 북한을 비핵화 협상으로 이끈다”. 『중앙일보』, 2018.1.22.

김열수. “시론: 김정은의 네 가지 계산”. 『중앙일보』, 2018.3.8.

김영준. “북미 정상회담과 북미 상호 불가침 약속”. 『이슈 브리핑 18-15』. 서울: 국가안보전략연구원, 2018.

손지은. “조명균 ‘北 핵무기 적게는 20개, 많게는 60개 보유’”. 『서울신문』, 2018.10.2.

안준용. “김정은도 못 만나고… ‘빈손’으로 나온 폼페이오”. 『조선일보』, 2018.7.9.

_____. “미, 올 9번째 대북제재… 개성공단 기업인 방북도 ‘경고’”. 『조선일보』, 2018.10.27.

예영준. “김정은 ‘중국 먼저 찾는 게 도의’ 시진핑 ‘내 아버지, 83년 역에 나가 김정일 마중’”. 『중앙일보』, 2018.3.29.

유신모, “北 외무성 ‘핵 시료 채취 거부’…‘서면합의 내용 불포함’”. 『경향신문』, 2008.11.13.

유현정. “종전선언 관련 북미간 입장 차이와 중국 변수”. 『이슈 브리핑 18-25』. 서울: 국가안보전략연구원, 2018.

이승현. “김정은, ‘사회주의 경제건설 총력 집중’ 새 전략노선 천명: 당 제7기 제3차전원회의, ‘경제・핵 병진노선 승리’ 선언 (요지)”. 『통일뉴스』, 2018.4.21.

이우탁. “성 김 과장 ‘북핵박스’ 무엇이 담겼나”. 『연합뉴스』, 2008.5.10.

_____. “김정은 위원장, 왜 핵신고 강하게 거부할까”. 『연합뉴스』, 2018.10.19.

이용수. “북한에 핵개발 인력만 1만 명, 이들을 떼어내야 ‘영구적 비핵화’”. 『조선일보』, 2018.5.5.

_____. “김정은, 트럼프 보란 듯 ‘중국 동지들은 한 식구, 한 참모부’”. 『조선일보』, 2018.6.21.

이제훈・황준범. “핵・경제 병진 되살릴 수도 …북, 고위급회담 앞 ‘미국 압박'". 『한겨레』, 2018.11.4.

정충신. "北 핵시설 최소 100여곳…청천강 이북에 무기 은닉". 『문화일보』, 2018.5.25.

조의준. "미 치밀한 '北고립작전'… 20여 개국이 관계 끊거나 축소". 『조선일보』, 2017.10.10.

조의준 · 김진명. "미 '세컨더리 대북제재' 못박은 리스트 466개 내놨다". 『조선일보』, 2018.10.15.

Cloud, David S. "Monitoring North Korea would be a massive task; If Kim agrees to disarm, open up his vast nuclear weapons program, would he comply fully?" *Los Angeles Times*, 04 June 2018.

제5장 김정은 체제 변동 가능성과 추동 전략*

요 약

제5장에서는 김정은 체제의 변동 가능성과 그 한계를 검토해 보고 체제 변동을 위해 어떤 전략을 지속적으로 추진해야 하는지를 제시하고자 한다. 탈냉전 직후 현재에 이르기 까지 많은 국가들이 체제 변동을 경험했다. 체제 변동은 상하(上下)로부터 그리고 내외(內外)부로부터 발생할 수 있다. 어느 정도의 변동이냐에 따라 혁명적 수준인지 개혁적 수준인지 구분할 수 있다. 북한 내부에서 아래로부터의 변동은 거의 불가능하다. 북한 내부에서 위로부터의 변동도 기대하기 곤란하다.

결국 외부로부터의 변동을 기대할 수밖에 없다. 국제사회의 압박은 군사적 제재와 비군사적 제재로 구분할 수 있다. 그러나 군사적 제재에 의한 변동은 전쟁을 전제하기 때문에 채택하기 곤란하다. 결국 국제사회는 핵미사일 문제에 대해 비군사적 집단제재와 개별 국가의 독자 제재를 통해 정책의 변화를 추구하고 있지만 이런 제재만으로 북한의 체제 변동을 기대하기 곤란하다. 따라서 체제 변동이 일어나도록 하려면 현재 진행 중인 집단 제재가 보다 철저하게 이행되어야 하고 북한 인권 문제도 국제 쟁점화해야 한다. 또한 중장기적인 변화를 위해 북한 주민에 대한 알 권리를 충족시켜 주는 등 북한 정권에 대한 정치·사회적 압박전략도 병행 추진해야 하며 김정은의 통치자금에 대한 추적 조사와

---

* 이 장은 김열수 · 김경규, "김정은 체제 변동 가능성과 추동전략", 『국가안보와 전략』, 제16권 제3호(2016년 가을)에 게재된 논문을 수정 보완한 것임을 밝혀둔다.

함께 차단도 필요하다.

핵심어: 체제 변동, 제재, 북한 인권, 정치사회적 압박, 통치자금

제1절 문제의 제기

김정은은 2016년에 불과 집권 4년 여 만에 당대회를 개최했다. 자기 아버지인 김정일조차 하지 못했던 제7차 당대회를 무려 36년 만에 개최한 것이다. 두둑한 배짱과 자신감이 없었다면 불가능했을 일이다. 김정은은 왠지 최고지도자가 아닌 것처럼 여겨질 수 있는 '숫자 1'을 떼 낼 필요가 있었다. 김정은은 2016년 5월 6일 개최된 제7차 당대회를 통해 나폴레옹이 그러했듯이 자기 스스로에게 왕관을 씌우는 대관식을 거행했다. 대관식을 통해 김정은은 조선노동당 '당 위원장'이라는 왕관을 썼다. 이로써 김정은은 2012년 4월 11일, 급하게 개최된 제4차 노동당 대표자회 때 부여받았던 제1비서라는 딱지를 뗐다.

2012년 6월 29일 개최된 최고인민회의 제13기 4차 회의는 김정은의 대관식을 마무리하는 '축제의 장'이었다. 일사천리로 진행된 회의에서 김정은은 대의원 687명 전원 찬성으로 국무위원회 위원장 자리에 올랐다. 비상기구로 운영되어 왔던 국방위원회가 해체되고 국무위원회가 그 자리를 차지했다. 이로써 김정은은 2012년 4월 13일, 최고인민회의 제12기 제5차 회의 때 부여받았던 국방위원회 제1위원장에서 국무위원회 위원장으로 우화(羽化)했다.

김정일 사후 채 몇 년이 지나지 않았음에도 불구하고 김정은은 9개의 감투[1]를 완전히 틀어쥐었다. 제1비서, 제1위원장에서 노동당 위원

1) 당에서는 정치국 위원, 상무위원회 위원, 중앙위원회 위원, 당 군사위원회 위원장, 노동

장, 국무위원회 위원장이 됨으로써 명실상부한 '위원장 시대'를 열었다. 사실 김정은이 처음 등장했을 때만 하더라도 어린 세습 왕자가 막강한 군부 세력을 통제하면서 북한을 제대로 이끌어갈 수 있을지에 대한 내외부의 우려가 있었던 것이 사실이다. 체제가 흔들리거나 그렇지 않으면 체제 안정에 오랜 시일이 소요될 것이라는 전망도 있었다. 그러나 김정은은 자신의 고모부 처형과 이복형 암살 등 공포통치를 통하여 자신의 유일지배체제를 제도화하는데 성공했다. 또한 김정은은 핵·경제 병진정책을 자신의 전매특허로 내세워 군부와 주민의 환심을 사는데도 일정 부분 성공하고 있는 것처럼 보인다.

김정은은 2012년에 개정된 북한 헌법에 핵보유국임을 명시했고 2016년 개최된 제7차 당대회를 통해 개정된 당 규약에서도 핵·경제 병진정책을 흔들림 없이 항구적으로 추진해 나갈 것임을 명시했다. 심지어 핵무력을 질량적으로 더 강화해 나갈 것임을 밝히기도 했다. 절대로 핵을 포기하지 않겠다는 의지를 헌법과 당규약에 명시함으로써 누구도 이에 대해 왈가왈부하지 못하도록 대못을 박은 것이다. 김정은은 핵포기는 고사하고 오히려 인도나 파키스탄처럼 당당한 핵무기 국가가 되기를 바라고 있다. 심지어 중·장거리 미사일이 미국 영토에 도달할 수 있을 것이라고 위협함으로써 미국과 평화협정을 체결하고 주한미군을 철수시키기를 바라고 있다.

북한이 2016년 제4차 핵실험과 광명성 4호(제6차 장거리 미사일)를 발사하자, 박근혜 전 대통령은 국회연설을 통해 북한의 핵보유가 생존을 보장하는 대신 오히려 체제 붕괴를 재촉할 것이라고 했다.[2] 대통령이

당 위원장 등 5개의 감투를, 군에서는 최고사령관이라는 직책에 더하여 국가원수라는 계급을, 행정분야에서는 국무위원회 위원장을, 최고인민회의에서는 대의원이라는 감투를 가지고 있다.

2) 강병철, "朴대통령, 대북정책 대전환…"北정권 변화" 체제붕괴까지 언급", 『연합뉴스』, 2016.2.17.

직접 북한의 체제 변화(regime change)를 언급한 것이다. 또한 박 대통령은 "북한 정권의 인식과 태도에 근본적 변화가 없는 한 어떤 만남과 합의도 일시적인 이벤트에 그칠 수 있다"고 강조함으로써 북한의 변화를 촉구했다.[3] 북한이 비핵화에 대한 어떤 의지를 내보이지 않는 한 대화는 없으며 비핵화 대화에 나올 때까지 제재를 계속하겠다는 것이다. 제3장에서 언급한 한국판 최대한의 압박과 관여 정책이 시작되어 오늘에 이르고 있다.

그렇다면 이런 제재로 인해 실제 북한에서 체제 변동이 일어날 수 있을까? 체제 변동시 어떤 시나리오가 가장 가능성이 있을까? 만일 제재로 인한 체제 변동의 가능성이 낮다면 체제 변동을 추동하기 위해 어떤 추가적인 전략이 필요할까? 이 글은 이런 문제 인식 하에 김정은 체제의 체제 변동 가능성과 한계를 시나리오별로 살펴보고 대안을 제시해 보고자 한다. 비교를 위해 탈냉전 시기 발생한 체제 변동 사례들을 먼저 살펴볼 것이다.

제2절 탈냉전 시대의 체제 변동

1. 체제 변동(System Change)

체제란 어떤 사회를 규정하고 정통화하는 가치, 규범, 제도의 총체이다. 흔히 봉건체제, 자본주의 체제, 사회주의 체제라고 칭할 때 각 체제는 서로 다른 가치, 규범, 제도 등을 가지고 있다. 예를 들어, 자본주

---

3) 이용욱, "박근혜 대통령 "북 근본 태도변화 없는 한 어떤 만남, 합의도 일시적 이벤트에 그쳐", 『경향신문』, 2016.7.6.

의 체제란 자본이 원칙적으로 사적으로 소유되고 관리되는 체제를 말한다. 자본주의란 노동력의 고용이 주종관계이던 봉건제도와 달리 자유계약을 기초로 하고 있다. 또한 자본의 사회적 소유를 기본으로 하는 사회주의와는 달리 사적 소유를 기본으로 한다. 따라서 자본주의 체제에서는 이런 가치와 규범을 보장하기 위한 제도가 마련된다.

체제를 총체적으로 칭할 수도 있지만 이를 분리하여 세분화할 수도 있다. 남북한의 정치체제, 경제체제, 사회체제 등으로 구분하여 비교할 수도 있고 사람이나 집단, 또는 어떤 양식(樣式)을 기준으로 이를 호칭할 수도 있다. 사람이 기준이 될 때는 마오쩌둥 체제, 박정희 체제, 김일성 체제(Regime) 등으로 구분할 수도 있고, 집단이 기준이 될 때는 군사 정권, 유일 체제, 과두 체제 등으로 구분될 수 있다. 또한 양식이 기준이 될 때는 구체제(Ancient Regime)와 신체제 등으로 구분할 수 있다.

변동이란 말 그대로 바뀌어서 달라지는 것을 말한다. 가격 변동, 주가 변동, 지각 변동이란 각각 가격이나 주가, 또는 지각이 변해서 달라지는 것을 말한다. 따라서 체제 변동이란 체제가 바뀌어서 달라지는 것을 말한다. 바뀌어서 달라지는 것은 양(量)만 있는 것이 아니다. 질(質)도 달라질 수 있다. 변동의 폭과 질이 크게 변하는 것을 혁명적 수준의 변화라고 한다면 상대적으로 적게 변하는 것을 개혁적 수준의 변화라고 할 수 있다.

국가적 차원에서의 변동은 정치 변동, 경제 변동, 사회 변동, 문화 변동 등으로 구분할 수 있다.[4] 그러나 이 글에서는 비교적 변동의 폭과 질을 구분하기 용이한 정치 변동과 경제 변동에 대해서만 살펴보고자

---

4) 체제변환, 제제개혁, 체제이행 등 용어 정립에 대해서는 김근식, "사회주의 체제전환과 북한변화: 비교사회주의 관점에서", 『통일과 평화』, 제2집 제2호(2010년), pp. 113-118을 참고할 것.

한다. 또한 정치 변동과 경제 변동은 질량(質量)적으로 혁명적 차원의 변동이 있을 수 있고 개혁적 차원의 변동이 있을 수도 있다. 공산주의 체제나 독재 체제에서 민주주의 체제로 변하는 것은 혁명적 차원의 정치 변동이라고 할 수 있다. 이에 반해 1인 독재체제에서 집단지도체제로, 독재 체제에서 권위주의 체제로 변하거나 또는 권위주의 체제에서 민주주의 체제로 변하는 것은 개혁적 수준의 변동이라고 할 수 있다. 혁명적 수준의 경제 변동이란 계획경제 체제에서 시장경제 체제로 변하는 것을 말한다. 개혁적 수준의 경제 변동이란 집권적 계획 경제를 분권적으로 바꾸거나 또는 공산당이 지배하되 생산수단을 국가가 소유하지 않고 민영화하여 시장경제체제를 도입하여 운용하는 것을 말한다.[5)]

혁명적 차원이나 개혁적 차원의 변동은 위로부터 일어날 수도 있고 아래로부터 일어날 수도 있다. 위로부터의 변동이란 변화의 주체가 국가 지도부란 의미이고 아래로부터의 변동이란 저항하는 국민들이 변화의 주체가 되는 것을 말한다. 변동은 내부에서도 일어나지만 외부의 압박에 의해 일어날 수도 있다. 외부 압박에 의한 변동은 군사적 압박을 통해 체제 변동을 야기할 수도 있고 경제 제재라는 비군사적 제재 조치를 통해 체제 변동을 야기할 수도 있다.[6)]

---

5) 사회주의 경제체제를 단순화하면 4가지 유형으로 나누어볼 수 있다. 첫째 유형은 공산당 지배 + 집권적 계획 + 생산수단의 국유화, 둘째 유형은 공산당 지배 + 분권적 계획 + 생산수단의 국유화, 셋째 유형은 공산당 지배 + 계획과 시장의 공존 + 생산수단의 국가 소유, 넷째 유형은 공산당 지배 + 시장경제+ 생산수단의 민영화이다. 북한의 경우, 첫째 유형은 1980년대 말까지의 경제체제이며, 둘째 유형은 7.1조치의 경제관리체계에 해당한다. 셋째 유형은 2012년에 도입된 「새로운 경제관리체계」가 해당한다. 이에 대해서는 박형중, "「새로운 경제관리체계의 도입」은 「판도라의 상자가 열린것」", Online Series, CO 12-33 (2012.8.13.), p. 2를 참조할 것.

6) 체제 변동의 이론적 논의에 대해서는 이규형, "현실사회주의 체제전환이론의 모색", 『국가전략』, 제21권 제2호(2015년 여름), pp. 94-102를 참조할 것.

2. 탈냉전 시대의 정치 변동과 경제 변동

가. 상하로부터의 체제 변동

탈냉전시대에도 다양한 정치 변동과 경제 변동이 있었다.[7] 냉전의 해체로 인해 발생한 구소련과 동유럽 차원의 변동도 있었고[8], 재스민 혁명이 기폭제가 된 중동 및 아프리카 차원의 변동도 있었다. 구소련·동유럽 차원과 중동·아프리카 차원의 변동은 혁명적 차원의 변동이었다. 그러나 중국, 베트남, 미얀마 등은 국가 지도부가 개혁적 차원의 변동을 주도했다. 그런가 하면 남아공, 나미비아, 이라크 등의 경우는 국제평화와 안전을 명분으로 국제사회가 개입함으로써 체제 변동을 경험했다.

체제 변동의 수준 못지않게 체제 변동의 주체도 중요하다. 위로부터의 변동(①)은 국가 지도부가 정치체제나 경제체제를 바꿔야 되겠다고 결심하여 이를 실천에 옮긴 경우이고, 아래로부터의 변동(②)은 국민의 저항에 부딪혀 어쩔 수 없이 정치체제나 경제체제를 바꾼 경우이다. 또한 국가 지도부가 정치체제는 그대로 두고 경제체제만 개혁적 차원에서 변화시킨 제3의 경로(③)도 있다.

우선 3가지 유형을 사례별로 나누어 살펴보자. 우선 위로부터의 체제 변동(①)인 구소련부터 살펴보자. 1985년 구소련의 서기장으로 취임한 고르바초프(Mikhail Gorbachev)는 모든 영역에서의 개혁을 의미하는 페레스트로이카(Perestroyka)와 개방을 의미하는 글라스노스트(Glasnost)

---

7) 권만학, "탈국가사회주의의 여러 길과 북한: 붕괴와 개혁", 『한국정치학회보』, 제35집 제4호(2000년 겨울), pp. 247-263.

8) 정치적 탈사회주의화 과정에 대해서는 박형중, 『북한의 개혁개방과 체제변화』(서울: 해남, 2004)를 참조하고 유럽의 탈사회주의 체제 변동의 유사성과 차이점에 대해서는 진승권, 『동유럽 탈사회주의 체제개혁의 정치경제학』(서울: 서울대학교 출판부, 2003)을 참조할 것. 동유럽 체제전환과 동유럽 체제전환의 북한 시사점에 대해서는 조한범·황선영, 『북한 사회위기 구조와 사회변동 전망: 비교사회론적 관점』(서울: 통일연구원, 2013)을 참조할 것,

정책을 추진하기 시작했다. 구소련의 지도부에 의한 위로부터의 개혁과 개방 정책이 추진됨으로써 구소련의 정치 및 경제 변동이 시작되었다.[9] 구소련의 해체와 함께 러시아는 공산당 1당 독재체제를 버리고 국민들이 자신의 지도자를 선택하는 절차적 제도를 도입함으로써 민주주의 체제를 선택했다. 또한 스탈린주의적인 계획경제를 포기하고 시장경제로 전환하였다. 사실 고르바초프가 추진한 것은 개혁·개방이었지만 그 결과는 사회주의체제를 붕괴시킨 정치 및 경제적 차원의 혁명적 변동이었다.

동유럽도 고르바초프의 개혁개방 정책에 직접적으로 영향을 받아 혁명적 수준의 정치 및 경제적 변동을 경험했다.[10] 구소련이 해체되는 과정에서 동구권에 대한 통제가 느슨해지자 동유럽 국가들은 모두 공산주의와 국가사회주의 체제를 포기하고 서구적 민주주의와 시장경제 체제를 채택했다. 물론 국가마다 조금의 차이는 있었다. 폴란드, 헝가리, 구유고슬라비아 등은 소련식 스탈린주의로부터 점진적으로 탈피하여 비교적 유연하게 변했다. 폴란드의 경우, 공산당과 자유주의자들이 원탁회의를 통해 협상과 타협을 거쳐 평화적인 대변혁을 이루었다. 헝가리의 경우, 위로부터의 개혁이 1989년의 조직적인 대중운동 연합과 연계됨으로써 공산정권을 몰락시켰다. 이로써 이들 국가들은 정치, 경제적으로 혁명적 수준의 변동(①)을 경험하였다. 그러나 비교적 강력한 스탈린주의를 오랫동안 유지해왔던 알바니아와 루마니아는 폭력적인 유혈 사태를 거쳐서 민주주의 체제(②)로 변했다. 체코와 불가리아는 이 두 유형의 중간 정도에 해당되었다. 특히, 체코는 조직적 대중운동

9) 이인성, "비교정치발전론과 사회주의체제의 민주화 과정", 『한국정치학회보』, 제27집 제2호(1992년 여름), pp. 217-222.

10) 정흥모, "1989년 동구혁명에 관한 해석: 체제혁명의 관점에서", 『한국정치학회보』, 제33집 제1호(1998년 봄), pp, 309-326.

과 야당운동이 결합되어 내부적 변혁이 추진되었다.

탈냉전 시대 아래로부터의 저항에 의해 정치 변동이 발생한 사례들도 있다. 바로 재스민 혁명으로 대표되는 중동의 민주화 운동(②)이다. 재스민 혁명이란 23년간 독재를 해오던 튀니지의 벤 알리(Zine El-Abidine Ben Ali) 정권에 반대해 2010년 12월 시작된 튀니지의 민주화 혁명을 말한다. 장기 독재자의 억압통치, 집권층의 부정부패 등 정권에 대한 불만이 쌓여 있던 시민들이 정권 퇴진과 민주화를 요구하면서 전국적으로 민주화 시위가 일어났다. 결국 당시 튀니지 대통령은 2011년 1월 14일 사우디아라비아로 망명했다. 튀니지혁명은 아프리카 및 아랍권에서 쿠데타가 아닌 민중봉기로 독재정권을 무너뜨린 첫 사례가 되었다.

튀니지에서의 민주화 혁명은 인근 이슬람 국가들에게도 영향을 미쳤다. 튀니지에 인접한 이집트를 비롯해 알제리·예멘·요르단·시리아·쿠웨이트 등에서 민주화 운동이 일어났다. 대부분 독재정권에 시달리던 아프리카 및 아랍국가들의 민중들이 민주화 시위에 참가했다. 30년 장기 집권했던 이집트의 무바라크 대통령을 권좌에서 내쫓았고 42년 동안 장기 독재를 했던 리비아의 카다피 대통령을 축출했다. 그러나 재스민 혁명의 여파로 발생한 중동 민주화 혁명의 대부분은 성공의 경로를 걷지 못하고 지체와 서행, 심지어 퇴행을 거듭했다. 중동의 민주화 운동으로 제대로 된 정치 변동을 겪은 국가는 튀니지가 거의 유일하다고 볼 수 있다.

아래로부터의 저항이 통제 가능함에도 불구하고 미래를 위해 국가 지도부가 오히려 변동을 주도한 제3의 경로도 있다. 이 유형은 혁명적 수준의 정치 변동과 경제 변동을 경험한 구소련이나 동유럽과는 완전히 다르다. 공산당 1당 독재라는 정치체제를 그대로 유지한 채 경제만 계획경제 대신 자본주의 체제를 받아들인 경우이다. 중국과 베트남(③)

이 대표적이다. 공산당 1당 체제를 유지하고 있던 중국은 1978년 점진적인 개혁·개방 정책을 추진했다. 경제특구를 지정하였고 계획경제를 국유제에 기초한 상품경제로 변신한 뒤 드디어 사회주의 시장경제 체제로 전환하였다. 사회주의 시장경제체제란 공산당이 통제하되 생산수단을 민영화한 시장경제 체제를 말한다. 중국은 여전히 공산당 1당 체제이긴 하나 상무위원을 핵심으로 통치하는 집단지도 체제를 유지하고 있으며 당내 민주화에 대한 실험을 계속하고 있다. 그럼에도 불구하고 중앙 및 지방의 지도자를 주민들이 직접 선출하는 것이 아니라는 점에서 중국의 정치 변동은 아직 멀었다. 또한 시진핑 등장 이후 장기집권의 가능성이 제도화됨으로써 당내 민주화 분위기조차 사라져 버렸다.

공산당 집단지도체제를 유지하고 있는 베트남은 1986년 도이모이(쇄신) 정책을 도입했다. 그 이후 가족농 제도를 정착시키고 국영기업의 경영 자율권을 확대했다. 사기업을 인정하고 외자도입법을 제정했으며 1996년에는 공업국가화를 선언하였다. 2001년에는 사회주의 시장경제 체제를 공식화하였다. 베트남은 1990년 이후 연 평균 7%의 경제성장률을 기록하고 있다.[11]

미얀마는 중국이나 베트남과는 조금 다르다. 미얀마는 1988년부터 반정부 민주화 운동이 거세게 일어났지만 오히려 군사정권이 들어서게 되는 계기가 되었다. 그 이후 오랫동안 군부 독재체제가 유지되어 왔다. 미얀마에서 커다란 변화가 찾아온 것은 2011년 이후였다. 2011년 3월 '군부 대리인' 정도로 여겨졌던 테인 세인(Thein Sein)이 대통령이 되자 그는 예상을 깨고 개혁정책을 추진했다. 야당 탄압을 완화하고 정치범을 석방했으며 반세기 이상 이어진 언론 사전검열 제도도 폐지했

11) 안준호·김진명, "中·베트남, 개방후 年7~9% 성장… 北, 두 모델 사이서 오락가락", 『조선일보』, 2014.2.11.

다. 그의 개혁개방 조치로 유럽연합(EU) 등 서방 국가들은 경제 제재를 해제하기도 했다. 미얀마는 공기업을 민영화하고 수입을 자유화하였다. 국채발행 등 개혁개방을 추진하고 경제특구법을 제정하여 외국인 투자를 유치하였다. 이로 인해 미얀마는 개혁개방 이후 높은 경제성장률을 유지하고 있다. 특히 2016년 3월, 문민정부로의 평화적 정권 이양이 이루어졌기 때문에 미얀마는 앞으로도 당분간 고도의 GDP 성장률을 보일 것으로 전망된다.[12] 특히 미얀마의 경우는 독재정권 → 전환정권 → 민주정권으로 변해가면서 정치적 민주화와 경제적 시장화를 지향해 나가고 있다.[13]

상술한 정치 및 경제 변동의 사례를 요약하면 다음 <표 9>와 같다.

〈표 9〉 상하로부터의 체제 변동

		위로부터	아래로부터
혁명적 변동	정치 변동	① 구소련, 폴란드, 헝가리	② 알바니아, 루마니아, 재스민 혁명 (튀니지, 이집트, 알제리, 예멘, 시리아, 리비아 등)
	경제 변동	① 구소련, 폴란드, 헝가리 알바니아, 루마니아	
개혁적 변동	정치 변동	③ 미얀마	④ 거의 불가능
	경제 변동	③ 중국, 베트남, 미얀마	

나. 내외부로부터의 체제 변동

정치 변동이나 경제 변동이 국가 내부에서 시작되었는지 또는 국가

12) 배윤경, "미얀마 양곤에 조성되는 '이노그룹 이노시티'", 『매일경제』, 2016.4.14.

13) 미얀마 민주화의 상징이자 노벨 평화상 수상자인 아웅산 수치가 문민정부로의 평화적 정권 이양에 따라 미얀마의 '사실상의 국가 수반'이 된 후 미얀마의 소수 민족인 로힝야족에 대해 탄압과 집단 학살을 묵인한 것은 별개의 문제이다.

외부의 압력에 의해 시작되었는지도 살펴볼 필요가 있다. 국제사회의 개입은 경제제재를 통한 비군사적 개입도 있고 무력침공을 통한 군사 개입도 있다. 국제사회의 비군사적 개입을 통해 체제 변동을 경험한 국가(⑤)도 있고 무력침공에 의해 체제 변동을 경험한 국가(⑥)도 있다.

위에서 살펴본 구소련과 동유럽, 중국과 베트남, 그리고 미얀만 사례는 모두 내부에서 시작되었다. 국제사회의 적극적 개입에 의해 변동이 일어난 것은 아니라는 뜻이다. 그러나 외부의 개입에 의해 정치 및 경제 변동을 경험한 국가들도 있다. 사실 국제사회의 개입은 특정국가에 대해 정치 변동이나 경제 변동을 목적으로 하지 않는다. 특정국가가 '평화에 대한 위협, 평화의 파괴 또는 침략행위'를 한 경우에만 국제사회는 안전보장이사회의 결의를 통해 국내 문제에 개입할 수 있기 때문이다[14) 또한 정치 및 경제 변동 등 국내관할권에 속하는 사항에 대한 간섭은 할 수도 없다.[15) 그럼에도 불구하고 국제사회가 개입하게 되면 피개입 국가는 적잖은 정치 변동을 경험하게 된다. 국제사회의 개입은 '평화에 대한 위협, 평화의 파괴 또는 침략행위'로 한정되어 있기 때문에 경제 변동보다는 정치 변동에 영향을 미치는 경우가 많다.

국제사회의 개입 수단은 유엔 헌장 제41조와 제42조에 명시되어 있다. 유엔헌장 제41조는 비군사적 제재 조치로써 특정국가가 평화에 대한 위협, 평화의 파괴 또는 침략행위를 할 경우, 국제사회는 외교관계 단절, 경제관계 및 철도·항해·항공·우편·전신·무선통신 및 기타 운수 통신 수단의 전부 또는 일부를 중단할 수 있도록 규정하고 있다. 유엔헌장 제42조는 군사적 제재 조치로써 비군사적 제재 조치가 불충분할 경우, 시위, 봉쇄, 기타 행동을 할 수 있도록 규정하고 있다.

---

14) 유엔 헌장 제7장 및 유엔 헌장 제2조 7항.
15) 유엔 헌장 제2조 7항.

통상 특정국가가 '평화에 대한 위협, 평화의 파괴 또는 침략행위'를 할 경우, 국제사회는 유엔 안보리 결의를 통해 비군사적 제재 조치에 착수한다. 그럼에도 불구하고 특정국가가 행한 평화에 대한 위협, 평화의 파괴 또는 침략행위가 원상회복 되지 않을 경우, 국제사회는 또 다시 유엔 안보리 결의를 통해 군사적 제재 조치에 착수한다. 비군사적 제재 조치를 대표하는 것은 경제제재 조치이고 군사적 제재 조치를 대표하는 것은 기타 행동, 즉 군사적 집단안보를 의미한다. 비군사적 제재 조치이든 군사적 제재 조치이든 국제사회가 지향하는 것은 특정국가의 체제 변동이 아니다. 평화에 대한 위협, 평화의 파괴 또는 침략행위를 원상회복 시키는 것이 1차적 목표이다.

국제 사회의 제재 목표가 혁명적 차원의 정치체제나 경제체제의 변동을 요구하는 것은 아니더라도 낮은 수준이긴 하지만 개혁적 차원의 변동을 요구할 수도 있다. 아주 투박하게 표현한다면, 변동은 아니더라도 정책의 변화 정도는 요구할 수 있다는 뜻이다. 특정국가가 대량살상, 인종차별, 인권 침해, 또는 핵무기 개발 등을 시도할 경우, 국제사회가 이런 요소들이 평화에 대한 위협이나 평화를 파괴한다고 규정하여 안보리 결의안을 통과시킬 경우 비군사적 제재와 군사적 제재 조치를 할 수 있다. 이렇게 되면 피제재국가의 결심 여하에 따라 낮은 수준의 정치 변동이 있을 수 있다. 국제사회의 제재에 대해 저항할 수도 있지만 국제사회의 제재에 순응하여 정책 변화를 꾀할 수도 있기 때문이다.

국제사회의 비군사적 개입을 통해 체제 변동을 경험(⑤)한 대표적인 국가가 바로 남아프리카공화국이다. 남아공 정부는 1948년 인종차별(Apartheid)을 공식 강령으로 채택하고, 1956년에는 만델라 등 흑인지도자들을 체포하면서 흑인에 대한 탄압을 지속하였다. 유엔 총회는

1962년 남아공의 인종차별 정책을 개선하기 위해 무역규제 결의안을 통과시켰다. 그러나 선진국들의 불성실한 참여로 효과는 부진했다.[16] 유엔 총회는 1974년 남아공의 인종차별정책에 대해 아예 유엔 회원국으로서의 자격정지도 결의하였다. 그러나 남아공 정부는 오히려 흑인 민권 운동가 및 단체들에 대해 대대적인 탄압 조치를 취했다. 그러나 이런 제재 조치도 남아공을 바꾸지 못하자 결국 미국이 나섰다.

1986년 미국 의회는 「반인종차별법」(Anti Apartheid Act)을 통과시켰다. 핵심 내용은 남아공에 대한 신규투자 금지, 경찰 및 군에 대한 군사용 물자 판매 금지, 신규은행 대출금지, 무역거래특별조치로 남아공의 농산물, 철근, 석탄, 우라늄 및 국영기업체의 생산물 수입금지 등이었다. 1987년 미국 예산법이 수정 통과되자 연방차원에서의 남아공 규제는 더욱 확대되었다. 미 연방정부가 남아공 관련 미국기업의 세금감면 혜택을 철회하자 1980년대 말까지 약 200개의 미국 기업이 남아공으로부터 철수했다. 1980년대 중반 미국 은행들이 차관 상환 연장거부와 차관 회수결정을 하자 남아공은 금융공황사태에 직면하기도 했다. 미국의 남아공 경제제재 조치로 인해 남아공은 320~400억 달러(1985~1989년)의 손실을 입었으며, 유엔 안보리 결의에 의한 석유금수 조치로 남아공은 매년 20억 달러의 추가 지출이 강요되었고 무기수출 금지로 암시장에서 2배 가격으로 무기를 구매할 수밖에 없었다.[17] 이로 인해 남아공의 경제성장은 1980년대 말 1.3%로 하락하였고 1990년대 초에는 마이너스 성장을 기록하게 되었다.[18]

16) 당시 영국, 미국, 일본은 남아공 수출의 50%를 자지했으며, 영국, 미국, 서독, 이탈리아, 일본은 남아공 수입의 62%를 차지하였다. 이러한 추세는 1980년대까지도 계속되었다. 국방부, 『한반도 군비통제』, 제15집(1994년 12월), p. 45.

17) 김열수, "북한 핵문제 전망: 국제사회의 핵확산 저지모델을 중심으로", 『국제문제연구』, 제5권 제2호(2005년 여름).

18) 윤진표, "핵무기 개발과 제재사례 연구: 남아프리카공화국의 핵보유 포기 배경을 중심으로", 『한반도 군비통제』, 제15집 (1994년 12월), pp. 32-36.

국제적인 고립과 비난 속에 1989년 취임한 디클라크(De Klerk) 대통령이 집권하면서 상황은 해결국면에 들어갔다. 디클라크 대통령은 만델라 등 흑인지도자의 석방, 아프리카민족회의(ANC)의 합법화 승인, 인종차별법 폐지 등을 실시하고 범국민적 개헌협상회의인 민주남아공회의(CODESA)를 개최하는 등 획기적인 민주화 및 민족화합 정책을 추진하였다. 또한 디클라크 대통령은 1991년 핵무기 포기를 결정하면서 NPT에 가입하였고 두 달 후부터 IAEA와 안전조치협정을 체결하고 국제사찰을 받았다. 1993년 3월 디클라크 대통령은 남아공 의회에서 핵보유 포기를 공식적으로 선언하였다. 이에 UN 총회는 1993년 10월 대남아공 제재를 해제하였으며, 1994년 6월에는 남아공의 유엔 회원국 자격 정지를 해제하였다. 결국 남아공의 경우는 국제사회의 제재보다는 미국의 제재와 디클라크라는 새로운 리더십이 시너지 효과를 발휘함으로써 남아공의 정치 변동을 가져왔다고 볼 수 있다.

국제사회의 군사적 개입에 의해 체제 변동이 일어난 사례들도 있다. 냉전시대 국제사회의 변방에 머물렀던 유엔이, 탈냉전시대가 되자 국제사회의 중요 행위자로 재등장하게 되었다. 유엔은 유엔 창설의 기본 목적인 국제평화와 안전유지를 위해 평화유지군(Peace-Keeping Forces)의 이름으로 국제분쟁과 국내분쟁을 가리지 않고 여기저기 개입하기 시작했다. 이에 따라 유엔 주도의 PKO는 급속도로 증가했다. PKO를 통해 새로운 국가가 독립하기도 했고 권위주의 정권이 민주주의 정권으로 교체되기도 했다. 무력투쟁을 벌이던 여러 파벌들이 PKO 등 국제사회의 지원으로 하나의 정통성있는 정부를 수립하기도 했다. 국제사회의 개입이 곧 성공을 보장하진 않았지만 이로 인해 유의미한 체제 변동을 경험한 국가들도 상당히 많다. 캄보디아, 나미비아, 구유고슬라비아, 아이티, 라이베리아, 과테말라, 중앙아프리카공화국 등이 유엔의 개입에 의해 체제 변동을 경험했다.

유엔의 힘이 벅차면 특정국가나 지역기구가 주도가 된 다국적군(Multi-National Forces)이 개입했다.[19] 다국적군이 개입한다고 해서 모든 피개입국이 체제 변동을 경험하는 것은 아니다. 동티모르, 아프가니스탄, 이라크, 구유고슬라비아 등은 다국적군의 개입에 의해 체제 변동을 경험했다. 그러나 소말리아는 철저히 실패했고 리비아는 잠시의 체제 변동 경험과 긴 혼란의 시기를 마주하고 있다. 비교적 유의미한 체제 변동을 경험한 사례 두 개만 들어보자.

1990년 이라크가 쿠웨이트를 침략했을 때, 유엔 안보리는 낮은 수준의 결의안부터 높은 수준의 결의안 등 10여 개의 결의안을 차례대로 통과시킴으로써 이라크를 압박했다. 유엔 안보리는 쿠웨이트에서의 이라크군 철수, 무기 금수조치, 석유 수출금지, 경제제재 단행, 비행금지구역 설치, 항공 및 선박 운행 제한 등을 거쳐 급기야 해상봉쇄를 결의하고 다국적군 구성을 결의했다. 34개국으로 구성된 미국 주도의 다국적군이 이라크를 침공했다. 1991년 1월 17일 개시된 전쟁은 2월 28일 부시(George Herbert Walker Bush) 미국 대통령이 특별 성명을 통해 전투 중지를 선언함으로써 43일 만에 다국적군의 일방적 승리로 전투가 종결되었다. 물론 걸프전쟁의 완전한 종결은 이라크가 4월 7일 유엔 안보리의 휴전 결의안을 수락함에 따라 이루어졌다. 다국적군의 일방적 승리에도 불구하고 이라크의 정치체제나 경제체제가 변한 것은 아니었다. 이라크의 독재자 사담 후세인(Saddam Hussein)이 건재했기 때문이다. 이라크의 정치체제가 변한 것은 1991년의 걸프 전쟁의 결과가 아니라 2003년 미국 중심의 다국적군이 이라크를 침공한 이라크전이 계

---

19) 김열수, "탈냉전 후 유엔 안보리의 위상변화: 군사력 사용을 중심으로", 『국제정치논총』, 제48집 제1호(2008년 봄).

기가 되었다. 이 전쟁을 계기로 미국은 후세인 체제를 무너뜨리고 새로운 체제를 수립했다. 외부 개입에 의한 전형적인 체제 변동이었다.(⑥)

외부 개입에 의한 또 하나의 체제 변동 사례는 아프가니스탄이다. 2001년 9.11테러가 발생하자 미국은 알 카에다를 배후세력으로 지목하였다. 아프가니스탄이 알 카에다의 지도자인 오사마 빈 라덴(Osama Bin Laden)의 신변 인도를 거부하자 미국은 아프가니스탄을 침공했다. 미국의 침공으로 미국은 탈레반 정권을 붕괴시키고 민주적 선거 절차를 통해 새로운 정권을 수립했다.(⑥) 물론 이렇게 수립된 체제라고 해서 미래가 보장된다는 뜻은 아니다.

상술한 내외부로부터의 정치 및 경제 변동 사례를 요약하면 다음 <표 10>과 같다.

〈표 10〉 내외부로부터의 체제 변동

		내부로부터	외부로부터
혁명적 변동	정치 변동	구소련(①), 동유럽(①, ②) 재스민 혁명(②)	이라크, 아프가니스탄, PKO 대상 국가(⑥)
	경제 변동	구소련(①), 동유럽(②)	
개혁적 변동	정치 변동	미얀마(③) 남아공(1/2, ③)	남아공(1/2, ⑤)
	경제 변동	중국, 베트남, 미얀마(③)	

제3절 김정은 체제의 변동 가능성

1. 상하로부터의 체제 변동 가능성

<표 9>가 보여주듯이 상하로부터의 체제 변동은 크게 4가지로 대

별할 수 있다. 위로부터의 혁명적 변동(①), 아래로부터의 혁명적 변동(②), 위로부터의 개혁적 변동(③), 그리고 아래로부터의 개혁적 변동(④) 등이다. 그러나 아래로부터의 개혁적 변동(④)은 이상적 모델일 수는 있으나 현실성은 없다. 따라서 북한에서 고려될 수 있는 상하로부터의 체제 변동 가능성은 3가지로 요약될 수 있다. 3가지 모델을 북한에 적용해 보자.[20)]

가. 위로부터의 혁명적 변동(①) 가능성

북한은 위로부터의 혁명적 변동이 가능할 것인가? 위로부터 혁명적 변동이 가능하려면 구소련의 고르바초프 같은 개혁적 사고방식을 지닌 위대한 지도자가 등장해야 한다. 동유럽에서 일어난 위로부터의 혁명적 변동조차도 고르바초프 대통령이 없었다면 불가능했을 것이다. 결국 구소련의 해체와 러시아 및 구소련 공화국들의 민주화 및 시장경제 도입, 그리고 동구의 민주화 및 시장경제의 도입은 고르바초프라는 지도자와 직접 관련이 있다. 지도자의 현실 인식과 미래 구상이 혁명적 변동을 가능하게 했기 때문이다.

그렇다면 3대 세습체제를 유지하면서 국제사회와 담을 쌓고 있는 북한의 김정은이 고르바초프와 같은 현실 인식 및 미래 구상을 할 수 있을까? 김정은 정권 초기, 그가 스위스에서 유학했다는 이유로 북한의 개혁·개방 가능성이 조심스럽게 제기되었다.[21)] 핵·경제 병진노선도 과거 김일성 시대와는 달리 오히려 경제에 방점이 찍혀있어 개혁개방의 가능성에 무게를 두기도 했다.[22)]

---

20) 북한과 관련된 정치 변동에 대해서는 박형중 외, 『독재정권의 성격과 정치 변동: 북한 관련 시사점』(서울: 통일연구원, 2012)을 참고할 것.

21) 정성장, "김정은 체제 개혁·개방 전망과 과제", 『국가전략』, 제18권 제4호(2012년 겨울).

22) 조동호, "경제·핵 병진노선의 의미와 김정은 시대의 경제정책 전망", 『국가전략』, 제

북한이 당 대회 개최를 앞두고 '휘황한 설계도'와 '새로운 전성기'를 예고했다. 따라서 혹시 김정은이 중국식 개혁·개방 정책을 따르지 않을까 하고 당 대회를 주목했다. 그러나 김정은은 개혁·개방 없는 핵·경제 병진정책만 강조했다. 무려 7만2천자에 달하는 장문의 총화 문서에서 김정은은 "세계 사회주의 체제가 붕괴되고 제국주의 연합 세력의 반사회주의 공세가 우리 공화국에 집중되고, 전대미문의 시련의 시기에 우리 당과 인민들은 제국주의 세력과 단독으로 맞서 싸우지 않으면 안 된다"고 했다.[23] 이로써 김정은의 개혁·개방에 대한 기대는 사라졌다고 봐야 한다. 오히려 김정은이 집권하는 동안 위로부터 혁명적인 정치 및 경제 변동은 거의 불가능하다고 볼 수 있다.

나. 아래로부터의 혁명적 변동(②) 가능성

북한은 아래로부터 혁명적 변동(②)이 일어날 것인가? 구동구권 중 알바니아와 루마니아는 위로부터의 혁명적 변동보다는 아래로부터의 혁명적 변동이 더 컸다.[24] 루마니아의 차우세스쿠(Nicolae Ceausescu)는 1965년에 공산당 서기장이 되었고, 1967년에는 국가평의회 의장(대통령)이 되었다. 그 후 4선 대통령이 되었지만 1989년 반(反)정부시위에 무자비한 유혈진압을 강행하다 임시정부에 의해 체포되어 처형되었다. 루마니아 혁명을 통해 1,104명이 목숨을 잃었고 3,352명이 부상당했다. 루마니아 혁명은 동유럽 공산정권의 붕괴 과정에서 가장 피비린내 나는 사건이었다. 이후 루마니아는 혁명적 차원의 정치 및 경제적 변동을 경험했다.

19권 제4호(2013년 겨울).

23) 조성은, "북 당대회 첫날 표정… 김정은 고난의 70년 회고, 정당한 후계자 자처", 『국민일보』, 2016.5.7.

24) 북한의 동유럽 경로 유형에 대해서는 박종철 외, 『김정은 체제의 변화 전망과 우리의 대책』(서울: 통일연구원, 2013), pp. 161-196을 참고할 것.

루마니아에서 유혈 민중 봉기에 의해 차우세스쿠 정권이 몰락하자 알바니아는 알리아(Alia, R.) 노동당[25] 제1서기의 주도하에 '위로부터의 부분적 · 점진적 개혁'을 실시하기 시작하였다. 그러나 1990년 3월 카바야에서 최초로 반(反)공산 민주화 시위가 발생하였다. 결국 알바니아는 1991년 4월 26일 대통령 중심제의 공화제로 신헌법을 제정했고 국호도 '알바니아인민사회주의공화국'에서 '알바니아공화국'으로 변경함으로써 혁명적 차원의 정치 및 경제적 변동을 경험했다

알바니아와 루마니아, 그리고 튀니지로 대표되는 재스민 혁명은 아래로부터의 혁명적인 정치 변동을 가져왔다. 재스민 혁명의 영향을 받은 중동 민주화 운동은 튀니지와 다른 길을 걸었다. 이집트의 경우 독재자만 바뀌었을 뿐이고, 리비아의 경우는 더 혼란스러운 국가가 되었으며, 시리아의 경우는 체제 변동도 없이 수년째 내전을 치르고 있다. 이는 아래로부터의 민주화 운동이 반드시 긍정적인 결과만을 가져오는 것이 아니라는 것을 보여준다. 그러나 결과와 관계없이 민주화 운동이 일어났다는 것 자체가 중요한 의미를 가진다.

북한에서 아래로부터의 혁명적 변동이 가능한가? 아래로부터 혁명적 변동이 일어나려면 체제에 대한 조직적인 저항이 전제되어야 한다. 그러나 북한에서는 이런 조직적인 저항이 불가능하다. 언론 · 출판의 자유, 집회 · 결사의 자유, 거주이전의 자유, 종교의 자유 등이 없고 또 그런 시민단체나 시민 지도자들도 없기 때문이다. 오히려 주체사상과 유일사상에 매몰되어 수령을 위해 '1000만 총폭탄'이 될 것을 결심하고 있다. 유치원 때부터 주입되기 시작한 세뇌교육으로 인해 반정부 데모나 민주화 운동은 꿈도 꾸지 못한다. 촘촘히 엮여있는 폭력적 감시망이 북한 주민의 의식을 무력화해버렸기 때문이다. 체제에 대한 비판은 공

25) 1991년 6월 '사회당'으로 당명 변경.

개처형이나 3족(三族)이 멸하는 광경을 너무 많이 봤기 때문에 공포의식이 저항 의식을 누르고 있다.

북한 주민들의 체제에 대한 순응적 DNA도 민주화 운동을 불가능하게 만든다. 조선시대와 일제 식민지, 그리고 바로 공산주의 통치를 받은 북한 주민들은 민주주의가 무엇이며 시장경제가 무엇인지를 잘 모른다. 한 번도 경험해 본적이 없기 때문이다. 이런 무경험이 주민들의 저항 DNA를 없애버린 것이다. 동서고금을 막론하고 기아와 굶주림이 발생할 때 민란이 발생하지 않은 적이 없었다. 그러나 북한은 1990년대 중반, 수십만 명이 굶어죽은 고난의 행군 시기에도 민란은 일어나지 않았다.

2019년도 초 북한에는 460개의 장마당이 있고 580만 대의 손전화기가 있어 과거에 비해 어느 정도 정보가 유통되고 있는 것만은 사실이다. 그러나 이것만으로 북한 주민에 의해 민주화운동이 일어나거나 반체제 운동이 일어날 것으로 보지 않는다. 적어도 수년 내로는 거의 불가능하다고 봐야 할 것이다.

다. 위로부터의 개혁적 변동(③) 가능성

그렇다면 북한은 위로부터의 개혁적 변동이 가능한가? 중국과 베트남은 공산당 1당 독재를 유지하면서 개혁개방 정책을 추진했다.[26] 정치적 변동은 없었으나 경제적 변동은 있었다는 뜻이다. 또한 그 변동이 개혁적 수준이지 혁명적 수준은 아니라는 뜻이기도 하다. 조금씩 문호를 개방하면서 사회주의 시장경제체제를 유지하고 있는 오늘날의 중국과 베트남이 된 것이다. 미얀마는 국민들의 민주화 요구에 대해 시장경제를 도입했지만 정치적 탄압은 지속하였다. 테인 세인이 대통령이 되

26) 북한의 중국 경로 유형에 대해서는 박종철 외, 『김정은 체제의 변화 전망과 우리의 대책』, pp. 119-160을 참고할 것.

면서 정치적 민주화와 경제적 차원에서의 개혁개방 정책을 추진하기 시작했다. 정치체제는 민주주의 체제로 전환하였고 군부 세력은 역사 속으로 퇴장하였다.

그렇다면 북한의 김정은은 위로부터 개혁적 수준의 변동을 할 수 있을까? 사실 3가지 종류의 변동 중에서 정권에 큰 부담을 주지 않으면서도 가장 쉽게 도입할 수 있는 것이 바로 세 번째 유형이다. 김정은 스스로 결심만 한다면 위로부터의 변동이 일어날 수 있기 때문이다. 정치체제의 변동은 곤란하더라도 경제체제의 변동은 가능할 수 있다. 또한 혁명적 수준의 변동은 아니더라도 개혁적 수준의 변동은 가능하다. 사실 6.28 경제개선관리조치와 이의 확대판인 5.30 조치, 그리고 국가급 및 지방차원의 경제특구 지정 등이 이런 개방과 개혁을 위한 몸부림이라고 할 수 있다. 그러나 공산당이 통치하고 생산수단을 국유화한 상태에서 계획과 장마당이 공존하는 형태로는 중국이나 베트남과 같은 획기적인 경제 변동이 일어날 수 없다.

정치체제는 그대로 유지하더라도 생산수단의 사유화를 인정하고 계획경제를 폐지하는 대신 완전한 시장경제를 도입해야 경제체제의 변동이 일어날 수 있다. 김정은은 비록 경제적 차원이긴 하지만 개혁과 개방을 추진하는 순간 바로 차우세스쿠의 운명과 같은 처지에 처할 수 있다고 생각한다. 다양한 외부 정보들이 물밀듯이 들어와 자신의 아성을 무너뜨릴 수 있기 때문이다. 또한 동구권의 모든 공산체제가 도미노처럼 쓰러진 것처럼 결국 북한체제도 붕괴될 것이라고 생각한다. 북한체제의 붕괴는 곧 한국에 의한 흡수통일로 연결된다고 생각하기 때문에 개혁개방에 나서지 못하고 있는 것이다. 김정은이 제7차 당대회를 통하여 제도통일에 대해 강한 적개심을 드러낸 것도 이와 무관하지 않다.[27]

2. 외부로부터의 체제 변동 가능성

현재 상태가 지속된다면 북한 내부의 위로부터나 아래로부터의 체제 변동 가능성은 거의 없다고 해도 과언이 아니다. 쿠데타나 암살 등 급변사태가 발생한다면 체제 변동의 가능성은 열려있긴 하다. 그렇다면 외부로부터의 체제 변동 가능성은 있는가? 만일 외부로부터 체제 변동이 가능하다면 2가지 차원, 즉 국제사회의 비군사적 개입에 의한 체제 변동이 있거나(⑤), 또는 군사적 개입에 의해 체제 변동(⑥)이 있을 수 있다. 외부의 군사/비군사적 개입에 의해 김정은 체제가 무너지고 새로운 체제가 등장하면서 그 새로운 체제가 북한을 민주주의 및 시장경제 체제로 전환시킨다면 이는 혁명적 변동에 해당될 것이다. 반면에, 외부의 개입에 의해 김정은 체제가 무너지고 새로운 체제가 등장하되, 이 새로운 체제가 권위주의 체제이거나 제한적 개혁개방을 시도할 경우에는 개혁적 변동에 해당된다고 볼 수 있다. 물론 김정은 체제보다 더 혹독한 체제가 등장할 수도 있다. 일단 2가지 모델만 북한에 적용해 보자.

가. 외부의 비군사적 개입에 의한 체제 변동(⑤) 가능성

외부의 비군사적 개입에 의해 북한에서 체제 변동이 일어날 수 있을 것인가? 국제사회의 비군사적 개입 수단은 주로 경제제재였다. 무기 등에 대해 금수조치를 취하거나 또는 수출입 품목에 대한 통제를 함으로써 특정국가의 '평화에 대한 위협, 평화의 파괴 또는 침략행위'를 응징하는 것이다. 결국 정치 변동까지 원하진 않지만 국제사회의 평화와 안

27) 김정은은 통일에 대해 "평화적 방법과 비평화적 방법이 있을 수 있다"고 주장하면서 "만일 남조선 당국이 천만부당한 '제도 통일'(흡수 통일)을 고집하고 끝끝내 전쟁의 길을 택한다면 정의의 통일대전으로 반통일 세력을 무자비하게 쓸어버릴 것"이라고 위협했다. 윤상호, "김일성의 연방제 꺼내든 김정은… 南南갈등 노린 대화공세", 『동아일보』, 2016.5.9.

전을 해치지 못하도록 정책을 변화시킬 것을 요구하는 것이다. 앞에서 서술한 남아공이 대표적인 성공 사례에 속한다.

북한도 제3장에서 상세하게 서술했듯이 국제사회로부터 경제제재를 받고 있다. 그렇다면 북한에도 남아공의 사례가 적용될 수 있을 것인가? 아직까지는 남아공식의 국제제재가 북한에 먹혀들지 않고 있는 것처럼 보인다. 유엔 안보리가 강력한 대북 경제 제재 결의안을 통과시키고 또 다양한 독자제재도 지속되고 있음에도 불구하고 북한이 이를 아랑곳하지 않고 핵미사일 프로그램을 가동시켰기 때문이다. 달리 표현하면, 북한의 도발에 대한 국제사회의 대북 억제가 실패했다는 것이다.

경제제재를 통하여 정치적 변동을 일으킨다는 것이 결코 쉽지 않다. 사실 경제제재를 통하여 피개입 국가의 특정 정책을 바꾼다는 것도 그리 쉽지 않다. 국제사회가 처음부터 강한 경제제재를 부여하지도 않을 뿐만 아니라 또 경제제재의 시일이 지나갈수록 피제재국가가 이에 적응하기 때문이다. 따라서 유엔 안보리 결의에 의하든 또는 특정국가에 의한 제재이든 그 성공확률은 그리 높지 않다.[28] 또한 제재의 강도가 어느 정도인지에 따라서 성공확률도 달라진다. 즉, 수입, 수출, 수출입, 그리고 금융 제재 등 이런 요소들을 얼마나 복합적으로 결합시켜 제재하느냐에 따라 성공확률이 달라진다는 뜻이다. 또한 피제제대상국가의 레짐 형태에 따라서 성공확률도 달라진다. 미국 피터슨 국제경제연구소 후프바우어(Gary Clyde Hufbauer) 박사팀의 <표 11>, <표 12>, 그리고 <표 13>이 이를 보여준다.[29]

---

28) 강압에 의한 성공률은 32%이고 확장된 억제에 의한 성공률은 57%이나 경제제재에 의한 성공률은 25~33%에 불과하다. 이에 대해서는 Robert J. Art, “Coercive Diplomacy”, in Robert J. Art and Robert Jervis ed., *International Politics: Enduring Concepts and Contemporary Issues*, 8th ed.(New York: Pearson and Longman, 2007), p. 165를 참고할 것.

29) Gary Clyde Hufbauer, Jeffrey J. Schott, Kimberly Ann Elliott, and Barbara Oegg, *Economic Sanctions Reconsidered*, 3rd ed.(Washington D.C.: Peterson Institute for

〈표 11〉 정책목표 별 성공률

정책목표	성공사례	실패사례	계	성공률(전체중 %)
적절한 정책 변화	22	21	43	51
레짐 체인지/민주화	25	55	80	31
군사모험 중단	4	15	19	21
군사력 손상	9	20	29	31
기타 중요정책 변화	10	23	33	30
계	70	134	204	34

* 출처: Gary Clyde Hufbauer, Jeffrey J. Schott, Kimberly Ann Elliott, and Barbara Oegg, *Economic Sanctions Reconsidered*, 3rd ed.(Washington D.C.: Peterson Institute for International Economics, 2009), p. 159.

<표 11>은 제재의 목표가 무엇인지에 따라 성공확률이 많은 차이가 있음을 보여준다. 적절한 정책 변화만을 요구했을 때에는 제재 성공확률은 1/2 정도 된다. 그러나 군사모험 중단과 같은 목표를 설정할 경우, 성공확률은 1/5로 떨어진다. 레짐 체인지는 그 중간 정도인 1/3 정도 된다. 유엔의 대북 제재 목표는 핵미사일 시험 금지 및 NPT 복귀이다. NPT에 복귀하려면 비핵화해야 한다. 따라서 김정은 정권의 적절한 정책 변화를 요구하기 때문에 제재의 성공확률은 51% 정도 된다.

〈표 12〉 제재 형태별 성공률(%)

제재 형태	성공사례	실패사례	계	성공률(전체중 %)
금융제제 + 수출입	25	37	62	40.3
금융제재	19	34	53	35.8
수출 or 수입 or	10	30	40	25.0

International Economics, 2009).

수출입				
금융제재 + 수입	2	8	10	20.0
금융제재 + 수출	5	23	29	17.9

* 출처: Gary Clyde Hufbauer et al, 앞의 책, p. 170.

제재 형태별 성공확률은 복합적일수록 높다. 안보리 결의안에 의해 북한은 석탄, 철강, 해산물 등 북한산 제품 수출을 금지 당하고, 노동자 송출 금지 및 합작사업 금지, 그리고 북한 은행 지점 및 금융기관 사무소 개설 금지 등의 제재를 받았다. 이런 것들이 제대로 북한에게 적용된다면 적어도 40% 이상의 성공확률이 있다. 그러나 북한은 독재국가이기 때문에 민주국가나 혼합국가에 비해 제재의 성공확률이 대부분 절반 가까이 떨어진다. 특히, 적절한 정책 변화를 요구할 때의 성공확률은 39% 정도에 불과하다.

〈표 13〉 제재대상 국가의 레짐 형태별 성공률(%)

정책목표	독재국가	혼합국가 anocracy	민주국가
적절한 정책 변화	39	50	69
레짐 체인지/민주화	23	28	78
군사모험 중단	33	11	25
군사력 기능장애	37	50	0
기타 중요정책 변화	9	67	29
성공률(%)	28	34	47

* 출처: Gary Clyde Hufbauer et al, 앞의 책, p. 166.

<표 11>, <표 12>, 그리고 <표 13>이 보여주는 의미는 제재를 통한 성공확률이 높지 않다는 것이다. 또한 금융 및 수출입 제재의

성공확률은 40.3%이고 독재국가인 경우 적절한 정책 변화에 대한 성공확률이 39%라는 점을 고려한다면, 유엔 제재를 통한 제재의 성공확률은 약 40% 정도 된다고 할 수 있다. 따라서 현재 수준의 경제제재를 가지고 북한에서의 정책 변화나 정치 변동을 기대하는 것은 확률적으로 어렵다고 볼 수 있다.

나. 외부의 군사적 개입에 의해 체제 변동(⑥)의 가능성

그렇다면 군사적 개입에 의한 체제 변동의 가능성은 있는가? 이라크와 아프가니스탄은 외부의 군사적 개입에 의해 혁명적 변동이 있었다. 정권의 지도부가 퇴출되고 민주적 절차에 의해 새로운 정부가 구성되었다. 따라서 두 국가에서는 정치적 변동이 두드러지게 나타났다. 또한 평화적 개입과 군사적 개입의 중간 형태인 PKO가 전개된 곳에서도 정치 변동이 있었다. 실패한 곳도 있었지만 탈냉전 시기의 중미국가, 발칸반도, 캄보디아 등 PKO가 전개된 많은 국가들에서 정치적 변동을 경험했다.

유엔 헌장 제7장을 근거로 안보리가 군사 개입을 결의하면 북한은 이라크나 아프가니스탄의 경로를 걸을 수 있다. 미국의 코피 작전이 실제로 이행될 수도 있다. 그러나 이것은 한반도에서 제2의 6.25 전쟁을 각오하지 않으면 안 된다. 특히 핵무기를 보유한 북한과의 전쟁은 신중할 수밖에 없다. 그렇다면 현재 상태가 지속되는 한 북한의 정치 및 경제 변동을 기대하는 것은 어려운 측면이 많다. ①번부터 ⑥번까지의 변동 가능성이 모두 닫혀 있거나 아니면 그 확률이 아주 적기 때문이다.

제4절 체제 변동 추동 전략

1. 가능성 있는 시나리오

①번부터 ⑥번까지의 변동 시나리오 중 어떤 것이 가장 가능성이 높을까? 내부로부터의 변동 가능성은 외부로부터의 변동 가능성보다 낮다. 특히, 아래로부터의 개혁적 변동인 ④번 시나리오와 아래로부터의 혁명적 변동인 ②번 시나리오는 거의 불가능하다. 위로부터의 혁명적 변동인 ①번 시나리오도 거의 불가능하다. 위로부터의 개혁적 변동인 ③번 시나리오는 그나마 가능성이 조금 있다. 그 가능성의 확률을 순서대로 따져본다면 ②④ → ① → ③이 될 것이다.

외부에 의한 변동 가능성은 외부의 군사 개입인 ⑥번 시나리오보다 외부의 비군사적 개입인 ⑤번 시나리오가 더 현실적이다. 그러나 앞 절에서 분석해 보았듯이 ⑤번 시나리오조차도 그 확률이 40% 정도에 머문다. 그것도 체제 변동 수준이 아니라 정책 변화 수준일 때 그렇다. 만일 체제 변동 수준인 레짐 체인지를 목표로 할 경우, 그 확률은 <표 13>에서 보는 것처럼 23%로 떨어진다.

⑤번 시나리오를 100%로 만들어야 김정은이 핵미사일에 대한 정책 변화를 시도하거나 또는 김정은에 대한 레짐 체인지를 할 수 있다. 결국 이것이 가능하려면 유엔 안보리의 집단제재와 개별 국가의 독자적인 대북제재가 철저하게 이행되어야 하고 북한 인권 문제를 국제 쟁점화해야 한다. 또한 중장기적인 변화를 위해 북한 주민에 대한 알 권리를 충족시켜 주는 등 북한 정권에 대한 정치·사회적 압박전략도 병행 추진해야 하며 김정은의 통치자금에 대한 추적 조사와 동결도 필요하다.

2. 빈틈없는 대북 제제 이행

대북 제재 결의안 통과 초기에는 잘 이행되던 제재 조치들이 시간이 흐름에 따라 유야무야해지거나 또는 회원국들이 북한에 대해 뒷구멍을 열어두어 결의안이 제대로 이행되지 않는 경우가 있다. 2016년 6월 하순, 인도 언론이 보도한 북-중-파키스탄의 은밀한 핵거래가 대표적이다. ANI통신 등 인도 언론에 따르면 '파키스탄에너지위원회(PAEC)'는 중국 '베이징 선테크 테크놀로지'를 통해 우회 수출하는 방식으로 북한에 핵·미사일 품목을 제공해 왔다.[30]

대북제재가 강화될수록 북한의 불법 무역 거래는 더 교묘해 지고 있다. 특히, 북한은 선박을 통한 유류 환적을 많이 하고 있다. 미국은 이를 감시하기 위해 2017년 10월부터 2018년 12월까지 동중국해에서 300회가 넘는 정찰비행을 했고 그 결과 30차례의 환적을 중단시켰다. 또한 미국의 동맹국들은 2018년 4월 30일부터 200회가 넘는 정찰비행을 실시했으며 2018년 9월부터는 한국과 일본, 영국, 프랑스, 캐나다, 호주, 뉴질랜드 등 모두 8개국이 감시 작전에 참여했다.[31] 유엔 안보리 대북제재위원회는 2018년 10월, 불법 환적 형태로 유류로 추정되는 물품을 북한에 넘긴 선박 3척을 제재 대상에 추가한바 있다. 제재 대상이 된 선박은 등록 취소와 입항 금지, 자산 동결은 물론 선박의 소유·운용·대여·선급·인증·보험 제공 등이 모두 금지된다. 그럼에도 불구하고 불법 환적 횟수는 줄지 않고 있다. 미 국무부는 북한이 불법 환적

30) 조승호, "구멍 뚫린 북핵봉쇄… 北-中-파키스탄 은밀한 '3각 核거래'", 『동아일보』, 2016.6.24.

31) 백나리, "美NBC '北, 해상 불법환적 계속…감시에도 횟수 안 줄어'", 『연합뉴스』, 2018.12.15.

을 통해 정제유를 확보하는 행위로 인해 정제유 수입량이 유엔이 정한 상한선을 초과했다고 밝혔다.[32)]

북한의 불법 유류 환적 행위를 막기 위한 활동 강화와 함께 국경을 통한 불법 무역에 대한 감시도 강화해야 한다. 북한 대외 무역의 90% 이상을 차지하고 있었던 중국의 역할이 가장 중요하다. 또한 중국과 러시아는 북한과 국경을 맞대고 있어 밀무역의 가능성이 크다고 볼 수 있다. 따라서 1,334km에 달하는 북중 국경선과 17.5km에 달하는 북러 국경 지역에서 불법적인 무역 거래 일어나지 않도록 감시해야 한다.

3. 북한 인권 문제 국제 쟁점화

북한에 대한 직접 제재만이 능사가 아니다. 단기적인 직접 제재와 함께 중장기적인 압박 전략도 필요하다. 북한 인권 침해 문제는 2014년 유엔인권이사회(UNHRC) 소속의 북한인권조사위원회(COI)의 보고서를 통해 전 세계에 폭로되었다. COI는 수백 명의 피해자와의 면담과 공청회 증언 등을 통해 방대한 분량의 인권유린 사례를 분석했다. COI 보고서에는 북한에서 벌어지고 있는 고문과 비인도적 대우, 강간, 공개처형, 비사법적·자의적 구금·처형, 적법절차 및 법치 결여, 연좌제 적용, 강제노동 등 각종 인권 침해 행위 등이 나열되어 있다. COI가 발표한 372쪽에 달하는 보고서의 결론은 북한에서 벌어지고 있는 인권 침해의 상당수가 '반인도적 범죄'(Crimes against Humanity)에 해당한다는 것이었다. 따라서 COI는 유엔 안전보장이사회가 북한 인권 상황의 국제형사재판소(ICC) 회부, 인도에 반하는 죄에 '가장 책임 있는 자'에 대한 선별적 제재 등 COI의 결론과 권고 사항을 검토하고, 책임규명을

32) 임주영, "美 "영국과 北불법환적 차단방안 논의…제재이행 민간과 협력"", 『연합뉴스』, 2018.11.17.

위해 적절한 조처를 할 것을 권고했다. 2014년 유엔 총회는 북한 인권 문제를 유엔 안보리 차원에서 논의하고 인권침해의 책임자를 국제형사재판소(ICC)에 제소할 것을 건의하였다.[33] 안보리 상임이사국인 중국과 러시아의 반대로 무산되긴 했지만 안보리에서 처음으로 ICC 제소문제가 논의된 점은 주목할 만하다.

UNHRC는 2016년 3월에도 의미있는 북한 인권 결의안을 채택했다. 국제사회가 북한 인권 침해의 책임규명에 협력할 것을 권고하는 결의안이었다. 핵심 내용은 2년 동안 서울에 설치되어 있는 '유엔북한인권사무소'를 비롯한 유엔 인권최고대표 사무소 역량을 강화할 것과 증거보존소 설치, 그리고 책임규명 절차에 이용될 수 있는 정보·증언 관련 법률 전문가 임명 등 북한 정권에 책임을 묻는 구체적인 절차와 방법 등이었다.[34] UNHRC에서 채택된 북한 인권 결의안은 통상 유엔 총회 제3위원회의 논의를 거쳐 본회의에 회부된다. 이런 절차를 거쳐 유엔 총회는 2005년 이후 매년 북한 인권 결의안을 채택했다. 2018년에도 유엔 총회는 본회의를 통해 북한 당국의 인권 침해 행위를 강력히 규탄하고 인권 상황 개선 및 책임자 제재 등을 요구하는 내용의 북한 인권 결의안을 채택했다. 북한 인권 문제를 부단히 국제쟁점화해야 북한의 체제 변동을 추동할 수 있을 것이다.[35]

---

33) 국기연, "유엔 총회, 14년 연속 북한 인권 결의안 채택", 『세계일보』, 2018.12.18

34) 이광철, "'北반인도범죄 증거보존소' 설치 추진…유엔, 인권 결의 채택", 『연합뉴스』, 2016.3.24.

35) 한국 국회도 2016년 3월, 첫 발의 후 11년 만에 북한의 인권 문제를 다룰 근거와 기구를 마련하는 북한인권법을 마련했다. 북한주민의 인권개선과 아울러 외교부 산하에 북한인권대사 임명, 통일부 지도를 받는 북한인권재단 설립과 북한인권기록보존소 설치 및 북한인권단체 지원 등을 그 내용으로 하고 있다. 특히 '북한인권기록보존소'는 북한주민의 인권 상황과 인권증진을 위한 정보를 파악하게 된다. 북한주민의 인권 침해 자료를 수집하여 이를 기록하고 보존하는 업무를 하게 되는 것이다. 북한 당국 차원의 반인도적 범죄를 체계적으로 기록하고 관리하면 이를 근거로 가해자 처벌이 가능해 진다. 북한인권법에 따라 2017년에 통일부 북한인권기록센터와 법무부 북한인권기록보존소가 출범하였다. 그러나 그 운영은 별로 활성화되지 못했다. 북한인권재단은 출범조차도 하지 못한 채 역사 속으로 사라지게 되었다.

4. 북한 주민의 알 권리 충족

북한 주민들에게 '알 권리'를 충족시켜 주는 정책을 추진할 필요가 있다.[36] 단기 목표는 북한 정권을 흔드는 것이고 장기 목표는 북한 민주화의 토양을 마련하는 것이다. 따라서 전략적, 전술적 차원의 대북 심리전이 필요하다. 북한 주민들이 외부 정보를 접하게 되면, 이것이 체제 변동의 기반이 될 수 있다는 압박감을 김정은 정권이 가져야 한다.[37] 460개의 장마당과 580만 대의 손전화기가 있어도 북한 주민들이 이런 수단들을 이용하여 외부 정보를 손쉽게 얻을 수 있는 것이 아니다. 따라서 다양한 수단을 이용하여 북한주민들이 체제 변동과 관련된 세계정세, 민주주의, 시장경제, 인권, 남북한 실상, 역사, 통일 등에 대한 정보를 얻을 수 있도록 해야 한다. 북한 주민들이 올바른 정보를 접해야 북한 주민의 탈김정은이 가능하고 친한(親韓) 의식도 생길 수 있다.

북한 비핵화가 진전이 없을 경우, 북한에서 민주화 세력이 자라도록 하기 위해서 대북 방송과 심리전 역량을 획기적으로 강화해야 한다. 정부차원에서도 북한 주민들에게 정보 접근권을 보장할 방법을 강구해야 한다. KBS 한민족방송을 대북 방송으로 전환하고 민간 대북 방송 단체에 대한 재정 지원과 AM 주파수도 배정할 필요가 있다. 북한 주민의 '알 권리'를 신장하는 데 걸림돌이 된다면 관련 법을 개정할 필요도 있다.[38]

---

36) 미 하원 소위원회도 2017년 6월, 대북정보 유입법(Distribution and Promotion of Rights and Knowledge Act of 2017)을 통과시켰다.

37) Richard N. Haass, "Time to End the North Korean Threat", *The Wall Street Journal*, 23 December 2014. http://www.wsj.com/articles/richard-haass-time-to-end-the-north-korean-Treat-for-good-1419376266(검색일: 2016.7,1)

38) 천영우 "방통위는 무슨 이유로 對北방송 가로막나", 『동아일보』, 2016.4.15.

대북 방송도 재개해야 한다. 대북 방송은 2004년 6월 4일 남북 장성급회담에서 상호 비방 중단을 규정한 '6.4 합의'('서해 해상에서 우발적 충돌 방지와 군사분계선 지역에서의 선전활동 중지 및 선전수단 제거에 관한 합의서')가 타결되면서 대북 방송이 중단되었다가 북한이 제4차 핵실험을 단행하자 국방부는 6.4 합의가 소멸되었음을 강조하면서 대북확성기 방송을 재개했다. 그러나 2018년 4월 남북한의 판문점 정상회담을 앞두고 방송 중단 및 방송시설을 철거했다.

대북 전단도 보내야 한다. 한만 국경선과 백령도 등을 잘 활용할 필요가 있다. 대북 전단은 바람에 의해서만 이동하는 것이 아니다. 해류를 이용하면 북한 전 해안선에 전단을 보낼 수 있고 USB와 라디오 수신기 등도 보낼 수 있다. 단둥－신의주뿐만 아니라 지안－자강도 만포, 투먼－함북 남양, 훈춘－함북 원정리, 창바이－양강도 혜산 등 주요 북중 국경지역에서 북한 주민들에게 라디오와 USB 등 필요한 정보수단을 무상으로 줄 수도 있다. 제7차 당대회를 통해 북한이 전단, 대북 방송 등의 문제에 대해 남북 군사회담을 제의한 이유를 생각해보면 비록 짧은 기간이긴 하지만 이런 것들이 얼마나 효과를 나타내고 있는지를 알 수 있다.

미국 하원 외교위원회 소위원회도 2016년 7월, 대북 정보 유입을 촉진하는 법안인 '2016 북한 정보유입촉진법안'(H.R. 4501)을 의결했다. 오바마 행정부가 북한 김정은 국무위원장을 인권 제재 대상자로 지정한 데 이어 미 의회가 대북 정보 유입 촉진 법안을 의결한 것이다. 이 법안은 대북 정보 유입 수단에 기존의 라디오에 휴대용 저장장치인 USB나 소형 메모리카드, 음성·영상 재생기, 손전화, 무선인터넷, 무선통신 등을 포함하고 있다. 또 북한에 유입시키는 정보에 한국, 미국, 중국의 대중음악과 TV 방송물을 포함하고 인권, 법치, 자유와 관련된 내용을 다루도록 했다. 특히 대북 정보 유입과 관련된 물품과 수단을 개발하는 단체를 행정부가 지원하도록 했다.[39)]

5. 김정은 비자금 동결

김정은이 해외에 은닉하고 있는 비자금을 동결시켜야 한다. 김정은이 해외에 은닉한 비자금은 총 30억~50억 달러에 이르는 것으로 알려져 있다. 비자금을 차단하면 선물정치를 중단시킬 수 있다. 선물정치가 중단되면 김정은에 대한 당·정·군 간부들의 충성도가 약해질 수도 있다. 2005년 조지 W. 부시 정부가 마카오 방코델타아시아(BDA)에 예치되어 있던 김정일의 비자금을 동결한 사례가 있다. 이 사건 이후 북한은 이 '검은돈'을 스위스와 홍콩, 중동, 러시아 등의 여러 금융회사에 숨겨놓고 있다.[40)]

비자금은 주로 해외 파견 노동자들이 벌어들이는 임금, 해외에서 영업활동을 하고 있는 북한 식당, 불법 무기거래 자금 등으로 마련되었다. 국제사회의 제재로 인해 향후에는 비자금 마련이 쉽지 않을 것으로 보인다. 그러나 이미 마련된 비자금은 상당기간 김정은이 선물정치를 하기에 부족하지 않을 것이다. 따라서 이를 찾아내어 동결시킬 필요가 있다.

비자금을 차단하는 것이 용이하지 않을 수도 있다. 비자금 계좌 차단을 위해서는 해당국의 협조가 필요하다. 또 계좌가 차명으로 되어 있어 어느 계좌가 김정은의 자금인지를 확인하려면 입출금 시스템과 인맥을 모두 추적해야하기 때문에 어려울 수밖에 없다.[41)] 그러나 각 국가

39) 오애리, "미 하원 외교소위, 대북 정보유입 촉진법 의결 …한미일 공조 결의안도 채택", 『뉴시스』, 2016.7.7.

40) 김동욱·정인설, "'김정은 해외 비자금 5조 넘어'…미국, 안보리 통해 동결 '정조준'", 『한국경제』, 2017.9.9.

41) 윤설영·김상진, "김정은, 비자금 3조~5조원 중국·러시아 등에 숨겨놨다", 『중앙일

들이 의지를 가지면 불가능한 것도 아니고 또 탈북한 39호실 출신 간부들을 활용하면 못할 것도 아니다

제5절 나오며

대북제재가 성공할 것인지에 대한 비판이 많다. 우선 북한의 대외수출 비중이 북한 GDP에서 차지하는 비중이 그리 높지 않아 제재의 효과가 미비할 것이라는 비판이 있다. 한국은행 자료에 따르면, 2016년 북한의 GDP는 285억 달러였으며 수출은 28.2억 달러인 것으로 나타났다. 결국 북한 수출이 GDP에서 차지하는 비중은 10% 정도에 불과하다. 따라서 90%가 내수 경제가 의존하기 때문에 대북 제재의 효과는 미미할 것이라고 비판한다.

두 번째 비판은 북한은 고난의 행군을 견뎌 낸 경험이 있어 이번 대북 제재도 견뎌낼 수 있다는 것이다. 통계청의 조사에 의하면 북한은 고난의 행군(2006~2010년) 시절 33만 명 정도 아사한 것으로 보인다.[42] 동서고금을 막론하고 이렇게 많은 사람이 아사했음에도 불구하고 민란이 일어나지 않은 곳은 북한뿐이다. 따라서 이들은 강력한 대북제재가 있다고 하여도 북한 정권이 무너지지 않을 것이라고 생각한다. 심지어 러시아의 푸틴 대통령조차도 한·러 정상회담에서 "북한은 풀뿌리를 먹는 한이 있어도 체제가 안전하다고 느끼지 못한다면 핵 프로그램을 포기하지 않을 것"이라고 했다.[43] 그만큼 생존력이 강하다는 것이다.

보』, 2017.9.9

42) 허귀식, "북한 '고난의 행군' 5년 동안 주민 33만 명 굶어 죽어", 『중앙일보』, 2010.11.23.

43) 강혜란, "푸틴 '北, 풀뿌리 먹는 한 있어도 체제 보장 못 하면'", 『중앙일보』, 2017.9.6.

세 번째 비판은 원유 중단을 해도 그것이 북한 경제에 결정적인 치명타를 입히지 못할 것이라는 관점이다. 1980~2015년 북한의 에너지 공급에서 원유 비중은 전 기간 내내 5~10% 수준에 불과하다. 자력갱생을 해야 했고, 에너지 수입을 위한 외화도 부족했던 탓에 자급이 가능한 석탄과 수력이 에너지 공급의 대부분을 차지한다. 북한의 운송 체계가 자동차 대신 철도 위주로 되어 있는 것도 바로 이 때문이다. 1990년 북한의 원유 도입량은 1,850만 배럴이었다가 고난의 행군을 겪은 1999년에는 230만 배럴로 무려 90% 가까이 줄었지만 그래도 북한 경제는 살아남았다.[44)]

사실 제3절에서도 분석했듯이 역사적 사례를 보면 제재의 성공확률은 그리 낙관적이지 않다. 유엔 안보리 결의에 의한 제재이든 또는 개별 국가에 의한 제재이든 그 성공확률이 그리 높지 않기 때문이다. 이는 경제제재를 통한 체제 변동은 그만큼 일어나기 힘들다는 것을 의미한다. 더군다나 수령유일지배체제, 강력한 감시 및 억압시스템이 작동하고 있어 김정은 체제가 단기간에 붕괴될 가능성은 적다.[45)]

그럼에도 불구하고 국제사회의 집단제재와 특정 국가들의 독자제재에 구멍이 나지 않도록 이를 철저하게 이행하고, 북한 인권 문제를 지속적으로 국제쟁점화하며, 북한 주민들의 알 권리 충족을 포함한 정치・사회적 압박을 병행해 나가고, 김정은의 통치자금을 완전히 차단한다면 체제의 어디에선가 폭발이 일어날 수도 있다. 지역균열과 계층균열[46)]보다는 쿠데타나 측근세력에 의해 김정은의 신상에 변고가 일어날 가능성도 있다. 북한 급변사태는 제5장에서 다룬다.

---

44) 조동호, “경제 제재로 김정은 권력 내부 분열 유도해야”, 『조선일보』, 2017.8.14.
45) 오경섭, “북한체제이행 조건: 레짐이행이론을 적용한 분석”, 『국가전략』, 제21권 제3호(2015년 가을), p. 80.
46) 박영자, “체제 변동기 북한의 계층・세대・지역 균열: 행위자 모형에 기반한 상황과 구조”, 『한국정치학회보』, 제46집 제5호(2012년 겨울).

참고문헌

1. 저서 및 논문 등

국방부. 『한반도 군비통제』, 제15집(1994).

권만학. "탈국가사회주의의 여러 길과 북한: 붕괴와 개혁". 『한국정치학회보』, 제35집 제4호(2000년 겨울).

김근식. "사회주의 체제전환과 북한변화: 비교사회주의 관점에서". 『통일과 평화』, 제2집 제2호(2010).

김열수. "북한 핵문제 전망: 국제사회의 핵확산 저지모델을 중심으로". 『국제문제연구』, 제5권 제2호(2005년 여름).

_____. "탈냉전 후 유엔 안보리의 위상변화: 군사력 사용을 중심으로". 『국제정치논총』, 제48집 제1호(2008년 봄).

김열수 · 김경규. "김정은 체제 변동 가능성과 추동전략" 『국가안보와 전략』, 제16권 제3호(2016년 가을).

박영자. "체제 변동기 북한의 계층 · 세대 · 지역 균열: 행위자 모형에 기반한 상황과 구조". 『한국정치학회보』, 제46집 제5호(2012).

박지연. "유엔의 스마트제재 연구". 『국가전략』, 제21권 제1호(2015년 봄).

박종철 외. 『김정은 체제의 변화 전망과 우리의 대책』. 서울: 통일연구원, 2013.

박형중. "「새로운 경제관리체계의 도입」은 「판도라의 상자가 열린것」". Online Series, CO 12-33(2012.8.13.).

_____. 『북한의 개혁개방과 체제변화』. 서울: 해남, 2004.

박형중 외. 『독재정권의 성격과 정치 변동: 북한 관련 시사점』. 서울: 통일연구원, 2012.

신각수. "효과적인 대북제재를 위한 한국의 외교전략". 『통일한국의 비전과 군의 역할』, 육군사관학교 개교 70주년 기념 통일세미나(2016.4.29, 육사).

오경섭. “북한체제이행 조건: 레짐이행이론을 적용한 분석”. 『국가전략』, 제21권 제3호(2015년 가을).

윤진표. “핵무기 개발과 제재사례 연구: 남아프리카공화국의 핵보유 포기 배경을 중심으로”. 『한반도 군비통제』, 제15집(1994).

이규형. “현실사회주의 체제전환이론의 모색”. 『국가전략』, 제21권 제2호(2015년 여름).

이인성. “비교정치발전론과 사회주의체제의 민주화 과정”. 『한국정치학회보』, 제27집 제2호(1992년 여름).

정성장. “김정은 체제 개혁・개방 전망과 과제”. 『국가전략』, 제18권 제4호(2012년 겨울).

정흥모. “1989년 동구혁명에 관한 해석: 체제혁명의 관점에서”. 『한국정치학회보』, 제33집 제1호(1998년 봄).

조동호. “경제・핵 병진노선의 의미와 김정은 시대의 경제정책 전망”. 『국가전략』, 제19권 제4호(2013년 겨울).

조한범・황선영. 『북한 사회위기 구조와 사회변동 전망: 비교사회론적 관점』. 서울: 통일연구원, 2013.

진승권. 『동유럽 탈사회주의 체제개혁의 정치경제학』. 서울: 서울대학교 출판부, 2003.

Art, Robert J. “Coercive Diplomacy”, in Robert J. Art and Robert Jervis ed., *International Politics: Enduring Concepts and Contemporary Issues*, 8th ed. New York: Pearson and Longman, 2007.

Ashford, Emma. “Not-So-Smart Sanctions: The Failure of Western Restrictions Against Russia”. *Foreign Affairs*, Vol. 95, No, 1(Jan,/Feb 2016).

Hufbauer, Gary Clyde, Jeffrey J. Schott, Kimberly Ann Elliott, and Barbara Oegg. *Economic Sanctions Reconsidered*, 3rd ed. Washington D.C.: Peterson Institute for International Economics, 2009.

2. 신문 등 언론기사

강병철. “朴대통령, 대북정책 대전환…“北정권 변화” 체제붕괴까지 언급”. 『연합뉴스』, 2016.2.17.

강혜란. “푸틴 ‘北, 풀뿌리 먹는 한 있어도 체제 보장 못 하면’”. 『중앙일보』, 2017.9.6.

국기연. “유엔 총회, 14년 연속 북한 인권 결의안 채택”. 『세계일보』, 2018.12.18

곽명일. “北 해외근로자, 고강도 노동으로 월평균 7명 사망”<RFA>”. 『연합뉴스』, 2016.6.24.

김동욱 · 정인설. “‘김정은 해외 비자금 5조 넘어’…미국, 안보리 통해 동결 ‘정조준’”. 『한국경제』, 2017.9.9.

김열수. “ICC 법정에 서지않는 길은 북한주민 인권개선뿐”. 『미주 한국일보』, 2016.7.20.

김치관. “통일부 “핵을 두고서 진정한 대화 있을 수 있느냐”. 『통일뉴스』, 2016.5.9.

김형구. “북한 연간 5억 달러 돈줄…‘월급 80~90% 떼어가 허탈’”. 『중앙일보』, 2016.5.1.

노효동. “오바마 새 대북 행정명령 발동…국외노동자 ‘외화벌이’ 차단(종합3보)”. 『연합뉴스』, 2016.3.17.

배윤경. “미얀마 양곤에 조성되는 ‘이노그룹 이노시티’”. 『매일경제』, 2016.4.14.

백나리. “美NBC ‘北, 해상 불법환적 계속…감시에도 횟수 안 줄어’”. 『연합뉴스』, 2018.12.15.

심인성. “美재무부, 북한 ‘주요 자금세탁 우려 대상국’ 첫 지정(3보)”. 『연합뉴스』, 2016.6.1.

안준호 · 김진명. “中 · 베트남, 개방후 年7~9% 성장… 北, 두 모델 사이서 오락가락”. 『조선일보』, 2014.2.11.

양희정. “유엔회원국 대북제재 보고 미흡”. 『자유아시아방송(RFA)』, 2015.5.14.

오애리. "미 하원 외교소위,대북 정보유입 촉진법 의결 …한미일 공조 결의안도 채택". 『뉴시스』, 2016.7.7.

유용원. "83도 高角발사… 北미사일 놀랄 수준". 『조선일보』, 2016.6.24.

윤상호. "김일성의 연방제 꺼내든 김정은… 南南갈등 노린 대화공세". 『동아일보』, 2016.5.9.

윤설영 · 김상진, "김정은, 비자금 3조~5조원 중국 · 러시아 등에 숨겨놨다". 『중앙일보』, 2017.9.9.

이광철. "'北반인도범죄 증거보존소' 설치 추진…유엔, 인권 결의 채택". 『연합뉴스』, 2016.3.24.

이상현, "北 김정은 "SLBM 시험발사, 성공 중의 성공" 선언(2보)". 『연합뉴스』, 2016.8.25.

이용욱. "박근혜 대통령 "북 근본 태도변화 없는 한 어떤 만남, 합의도 일시적 이벤트 에 그쳐". 『경향신문』, 2016.7.6.

임주영. "美 "영국과 北불법환적 차단방안 논의…제재이행 민간과 협력"". 『연합뉴스』, 2018.11.17.

조성은. "북 당대회 첫날 표정… 김정은 고난의 70년 회고, 정당한 후계자 자처". 『국민일보』, 2016.5.7.

조승호. "구멍 뚫린 북핵봉쇄… 北－中－파키스탄 은밀한 '3각 核거래'". 『동아일보』, 2016.6.24.

조동호. "경제 제재로 김정은 권력 내부 분열 유도해야". 『조선일보』, 2017.8.14.

천영우. "방통위는 무슨 이유로 對北방송 가로막나". 『동아일보』, 2016.4.15.

허귀식. "북한 '고난의 행군' 5년 동안 주민 33만 명 굶어 죽어". 『중앙일보』, 2010.11.23.

Haass, Richard N. "Time to End the North Korean Threat". *The Wall Street Journal*, 23 December 2014.

제6장 북한 급변사태시 중국의 군사 개입*

요 약

제6장에서는 북한 급변사태시 중국의 군사 개입을 목적, 양상, 유형으로 구분하여 이를 예측해 보고자 한다. 북한 급변사태시 중국은 안보적 요인과 정치·사회적 요인 때문에 군사적으로 개입하려 할 것이다. 중국군 단독으로 개입할 경우 과거 사례를 통해 볼 때 최소 50만 명 이상의 중국군이 투입될 것으로 예상되며 이들의 최초 임무는 WMD 통제, 저항군 소탕, 국경지대 통제 등이 될 것이며 차후 임무는 안정화 작전이 될 것이고 최종 임무는 친중 정부 수립을 지원하는 일이 될 것이다.

개입유형은 단독 개입 외에도 다국적군 개입이나 유엔 평화유지군 개입 등도 있다. 단독 개입은 한국을 비롯한 이해당사자들의 반발, 대중국 봉쇄 벨트의 현실화 가능성, 성공에 대한 불확실성, 개입으로 인한 엄청난 인적·물적 피해, 한반도 개입 역사에 대한 휴우증 등으로 인해 곤란할 것이다. 유엔 평화유지군 개입도 현실성이 떨어지기 때문에 결국 다국적군 개입을 선택하지 않을 수 없을 것이다. 이라크나 아프가니스탄처럼 북한에도 미국이 다국적군 전체를 작전통제하는 가운데 미국 주도의 다국적군, 중국 주도의 다국적군, 그리고 한국 주도의 다국적군이 설치될 수 있을 것이다.

중국의 관료들은 북한 급변사태에 대해 한중간의 논의를 반대하고 있고 미중

---

* 이 장은 김열수, "북한 급변사태시 중국의 군사 개입: 목적 · 양상 · 형태를 중심으로, 『신아세아』, 제19권 제2호(2012년 여름)에 게재된 논문을 수정 보완한 것임을 밝혀둔다.

간의 논의에도 한계가 있다. 그러나 이런 문제가 사전에 논의되지 않는다면, 중국도 일방적으로 개입하고 한국 및 미국도 개입하게 되어 오해로 인한 군사적 충돌의 가능성도 있다. 따라서 한국은 한국 주도의 통일이 중국의 이익을 반영하고 중국의 우려사항을 해소해 줄 수 있는 것은 무엇인지, 한국, 중국, 미국 등 개입 주체가 수행해야 할 임무와 역할 분담은 무엇인지, 통일 한국을 위한 큰 그림은 무엇인지 등에 대해 트랙 2나 트랙 1.5 등을 통해 미국 및 중국과 부단하게 이를 협의해 나가야 할 것이다.

핵심어: 북한 급변사태, 군사 개입, 목적, 유형, 형태, 다국적군

제1절 문제 제기

중국은 고대로부터 현대에 이르기까지 한반도에 군사적으로 개입한 전력을 가지고 있다. 직접 침략하기도 했고, 통일 지원을 명분으로 출병하기도 했으며, 중국 이외의 외세를 배격하기 위해 파병하기도 했다. 한(漢)과 수(隋)는 고구려를 침략했고, 몽고는 고려를 침략했으며, 청(淸)은 조선을 침략하였다. 또한 당(唐)은 고구려 지역을 갖는 조건으로 신라의 3국 통일을 지원하기 위해 출병했으며 오늘날의 중국도 6.25 전쟁을 통해 북한을 지원하기도 했다. 중국은 자신과 조공관계를 형성하고 있던 조선에 외세가 개입하는 것을 막기 위해 출병하기도 했는데, 명(明)은 임진왜란 때 군대를 파병했으며 청은 갑신정변을 계기로 조선에 군대를 파병하였다.

이런 역사를 고려해 볼 때 북한에서 급변사태가 발생할 경우, 중국이 적극적으로 개입할 가능성은 높다. 현재의 중국은 한반도의 평화와 안정을 제일 중요한 정책으로 삼고 있기에 북한에서 급변사태가 발생하지 않도록 하는데 외교적 노력을 기울일 것이나 이것이 실패하면 군사적으로 개입하려 할 것이다. 물론 역사성만이 개입의 중요한 변수는 아니다. 따라서 군사 개입의 목적은 제2절에서 구체적으로 논의될 것이다.

한국과 미국은 북한 급변사태를 가정한 한·미 공동의 작전계획 5029를 가지고 있다. 작계 5029는 김정은 유고, 쿠데타 등으로 인한 내전, 대량살상무기(WMD) 유출, 북한 내 한국인 인질사태, 대규모 탈북사태, 대규모 자연재해 등 6가지를 북한 급변사태로 규정한 대비계획으로서 그 실태가 어느 정도 공개되어 있지만, 중국의 북한 급변사태 대비 계획은 철저히 비밀에 가려져 있다. 중국이 가지고 있는 체제 특성상, 그리고 북한을 배려할 수밖에 없는 중국의 입장이 있기에 그럴 수도 있다. 따라서 북한 급변사태시 중국이 어떤 의도를 가지고 어떻게 행동할 지를 판단하기가 쉽지 않으나 합리적인 추론은 가능할 것이다.

북한 급변사태를 다룬 국내외 학자들의 글은 넘쳐난다.[1)] 그럼에도 불구하고 중국의 군사 개입만을 다룬 글은 그리 많지 않다. 특히, 군사

1) 2008년 김정일 뇌졸중 발병 이후에 발표된 글도 많다. 강장석, "북한의 체제 붕괴 위기시 중국의 군사 개입 가능성", 『신아세아』, 제13권 제3호(2006년 가을); 김근식, "북한 급변사태와 남북연합: 통일과정적 접근", 『북한연구학회보』, 제13권 제2호(2009); 박창희, "북한 급변사태와 중국의 군사 개입 전망", 『국가전략』, 제16권 제1호(2010년 봄); 박휘락 "북한 급변사태와 통일에 대한 현실성 분석과 과제", 『국가전략』, 제16권 제4호(2010년 겨울); 소치형, "중국의 대북정책과 한국의 대중외교", 『신아세아』, 제18권 제4호(2011년 겨울): 신상진, "중국의 미얀마 코캉사태 대응전략: 북한 급변사태에 주는 시사점", 『통일정책연구』, 제20권 제1호(2011); 이근관, "북한 위기상황시 주변국의 개입가능성과 그 국제법적 논리에 대한 검토", 『서울국제법연구』, 제18권 제2호(2011); 이기동, "북한 급변사태시 우리의 대응방향", 『북한학보』, 제34집 제2호(2009); 이종철, "북한 급변사태시 미국의 개입 전략 고찰: 개입 유형과 한미연합사 계획을 중심으로", 『신아세아』, 제18권 제1호(2011년 봄); 정성장, "한미의 북한 급변사태 논의와 대북 군사전략 과제", 『정세와 정책』, 제15권(2009); Bruce W. Bennett and Jennifer Lind, "The Collapse of North Korea: Military Missions and Requirements", *International Security*, Vol. 36, No.2(Fall 2011); Paul B. Stares and Joel S. Wit, *Preparing for the Sudden Change in North Korea*(New York: Council on Foreign Relations, 2009), Ferial Ara Saeed and James J. Przystup, *Korean Future: Challenges to U.S. Diplomacy of North Korean Regime Collapse*(Washington D.C.: INSS, 2011).

개입의 목적이나 양상 및 형태를 다룬 글은 드물다. 이 글은 북한 급변사태시 중국 군사 개입의 기정사실화를 전제로 개입의 목적과 양상, 그리고 개입의 형태를 분석해 보는데 그 목적이 있다. 중국은 왜 북한 급변사태시 군사적으로 개입하려는 것인가? 군사적으로 개입한다면 그 임무, 규모, 그리고 투입방법은 어떻게 될 것인가? 중국 단독으로 또는 공동으로 개입할 것인가? 이런 의문에 대한 추론이 각각 2~4절에서 논의될 것이다.

제2절 군사 개입의 목적

1948년 정권 수립 이후 중국은 구소련 및 인도와의 국경선 분쟁, 6.25 전쟁시 미국과의 전쟁, 베트남과의 분쟁, 필리핀 및 베트남과의 도서 영유권 분쟁 등에 각각 개입하였다. 중국의 군사 개입은 해외에서의 개입보다는 주변국에 대한 개입이라는 점과 영토를 획득하기 보다는 군사 개입을 통해 현상을 관리하기 위해 개입했다는 특징을 가지고 있다. 또한 중국은 자신의 이익이 침해받았다고 판단되면 강대국이든 주변의 약소국이든 상관없이 군사적 충돌을 했다는 특징도 가지고 있다. 북한 급변사태시 중국은 어떤 이익 때문에 군사적으로 개입하게 될까? 크게 보면 2가지 요인이나 세분화해 보면 5가지 요인으로 분류된다.

1. 안보적 요인

가. 동아시아 세력 불균형 방지[2)]

북한 급변사태가 발생했음에도 불구하고 중국이 배제된 채 한국 주도의 통일이 이루어진다면 중국은 동북아는 물론 동아시아 전체에서 미국과의 세력 불균형이 더 심화될 것이라고 판단할 수 있다. 특히, 중국은 한국 주도의 통일이 되면 한반도에서 영향력을 상실할 것이고 이것이 대만 문제나 동·남 중국해에서도 중국의 이익을 크게 손상시킬 수 있다고 생각할 것이다. 따라서 중국은 동아시아에서 세력 불균형이 일어나지 않도록 하기 위해 북한 급변사태시 군사적으로 개입할 가능성이 높다. 특히, 세계 패권을 둘러싼 미중간의 경쟁이 고조되고 있어 더욱 그렇다.

미국의 트럼프 행정부는 오바마 행정부의 러시아와 중국에 대한 포용정책은 실패했다고 선언하면서 "미국 우선주의(America First)"를 바탕으로 "힘을 통한 평화(Peace through Strength)"를 강조했다. 군사력과 경제력을 재건하기 위한 노력을 가속화하면서 미국의 국력을 보존하고 미국을 다시 위대하게 만들고자 하는 것이다. 트럼프 행정부는 동아시아에서 중국을 경쟁국가로 인식하고 중국의 도전 가능성을 우려하고 있으며, 강대국 사이의 세력전이로 정의할 수 있는 투키디데스 함정에 대응하는 방법을 모색하고 있다. 그 방법 중의 하나가 바로 미국의 '인도-태평양(Indo-Pacific) 전략'이라고 할 수 있다. 미-일-호주-인도를 연결하는 이 전략은 오바마 행정부의 아시아 중시 정책에 인도를

---

2) 이 부분은 김열수 외, 『2018 동아시아 전략평가』(서울: 한국국가전략연구원, 2018), pp. Ⅰ~Ⅵ을 수정 및 보완한 것이다.

추가한 '아시아 중시 플러스'(Pivot to Asia +) 전략이라고 볼 수 있다. 중국의 일대일로(一帶一路, One Belt and One Road)[3]를 겨냥한 전략인 셈이다.

한편 시진핑 주석은 2017년 제19차 당대회를 통해 장기집권의 기반을 마련하면서 위대한 중화민족의 부흥을 위해 "중국의 꿈(夢)"을 제시했다. 중국의 꿈이란 2020년까지 전면적 소강(小康)사회를 건설하고 2035년까지는 사회주의 현대화를 실현하며 2050년까지 사회주의 현대화 강국을 건설하겠다는 것이다. 이는 과거의 '중화 제국(帝國)'의 재건을 염두에 둔 것이기도 하다. 또한 시 주석은 "중국이 손해를 감수하는 쓴 열매를 삼킬 것이라는 환상은 버려야 한다."고 강조함으로써 대외적으로 패권을 추구하지는 않겠지만 중국 국가 이익을 침해하면 강력 대응하겠다는 의지를 드러냈다. 또한 강군몽(強軍夢)을 실현하기 위해 "인해방군은 2020년까지 기계화와 정보화를 실현하고 2035년까지 국방 및 군대 현대화를 달성하며 2050년까지 세계 일류 군대를 건설해야 한다"는 3단계 시간표를 제시했다.

중국은 당 대회에서 '신형국제관계(新型國際關係)'의 구축과 '인류운명공동체(人類命運共同體)' 건설을 주장하는 등 급속히 강화된 중국의 위상과 역할을 강조했다. 이는 지난 40년간 중국식 개혁개방 정책의 성공과 비약적인 경제발전을 토대로 국제사회에서 미국과 대등한 위치에 올라섰다는 자신감과 함께 새로운 국제질서를 구축하겠다는 의지로 볼

---

3) 2013년 중국의 시진핑 주석은 중국 내륙 및 아시아를 거쳐 유럽과 아프리카로 연결되는 21세기형 신실크로드를 제안했다. 신실크로드는 일대일로로 구체화되었다. '일대(一帶)'란 중국으로부터 중앙아시아를 거쳐 러시아와 유럽에 이르는 육상 실크로드경제대(丝绸之路经济带) 건설을 의미하며, '일로(一路)'란 중국에서 남중국해를 거쳐 유럽과 아프리카에 이르는 해상실크로드(21世纪海上丝绸之路) 구축을 의미한다. 35년 동안(2014~2049) 현대판 실크로드를 구축하겠다는 것이다. 일대일로 구상은 경제발전을 확대하고 지역 간 네트워크와 상호교류를 늘려 아시아의 발전과 평화에 기여하자는 것이며, 그 내용은 교통/에너지 인프라 건설, 역내 자유무역지구 확대, 통화스와프와 위안화 결제 확대 등이다.

수 있다. 미국을 대신하여 국제질서의 수호자가 되겠다는 의지의 표현인 것이다.

이미 미국과 중국 간에는 다양한 분야에서 경쟁과 대립이 고조되고 있다. 나가고 있다. 무역 분쟁만 진행되고 있는 것이 아니다. 대만문제에 대해서는 제19차 당대회에서 2050년까지 대만통일을 이루겠다는 의지를 과시하면서 대만 주변에서 무력시위를 통해 양안 간의 긴장을 고조시키고 있다. 남중국해에서는 분쟁 중에 있는 7개의 산호초를 인공섬으로 만들고 여기에 무기를 배치하여 군사적 통제력을 강화하고 있다.

이에 반해 미국은 북한과 비핵화에 합의함으로써 북미관계를 개선하고 이를 통해 동북아에 대한 중국의 영향력을 약화시키려 하고 있다. 또한 대만과의 관계를 전면적으로 재조정하여 2018년 3월 '대만여행법'과 10월 '미국방수권법(National Defense Auturization Act)'을 발효하여 '하나의 중국' 원칙을 흔들고 있다. 중국의 남중국해 인공섬 건설을 저지하기 위해 '항행의 자유작전'을 지속적으로 실시하고 있다. 2018년 11월에는 미국의 항행 자유작전 도중 양국의 함정이 40m까지 접근하는 사건도 있었다.

중국은 1985년 중국 중앙군사위원회에서 채택된 노선에 따라 외부의 침입을 제1도련선(島連線, chain of islands: 일본-오끼나와-대만-필리핀-말라카 해협)에서 방어한다는 전략을 수립하였고, 2000년대 중반 이후에는 제2도련선(오가사와라 제도-사이판-괌-파푸아뉴기니)으로 확대하기 시작했으며 향후에는 하와이를 연하는 제3도련선으로 방어권을 확대할 생각을 가지고 있다.[4] 미국은 중국의 이런 전략을 반접근 및 접

4) 2008년 3월 11일 미 상원군사위원회 청문회시 키팅(Timothy Keating) 제독의 증언. 키팅 제독의 증언을 『산케이 신문』은 "중국 고위관리는 하와이 동쪽은 미국이 관리하고 하와이 서쪽은 중국이 관리하자고 제안했다."는 기사(2008년 3월 12일)를 싣기도 했다. 『산케이 신문』은 키팅 제독이 농담으로 들었던 대화가 3년 후에 현실화되고 있음을 지적하고 있다(2011.6.18.)

근거부(A2/AD: Anti Access/Area Denial)전략[5]으로 명명하고 이에 대한 대응전략을 구사하기 시작했다. 따라서 중국은 미국의 군사력이 자신들이 설정한 제1, 제2 도련선 안으로 자유롭게 드나들지 않도록 함과 동시에 투입된 미국의 군사력도 자유롭게 행동하지 못하게 하는 전략을 구사하고 있는 것이다. 항행의 자유를 반대하면서 미군의 행동을 저지하는 A2/AD의 일환인 셈이다.

중국은 주한미군에 대해서도 민감하게 반응한다. 한미연합훈련은 물론이고 미국 전략자산의 한반도 전개에 대해서도 과민한 반응을 보인다. 2010년 천안함 피격 이후 한미 연합훈련을 위해 미 항공모함이 서해에 진입하려 하자 중국은 격렬하게 반대하면서 해상 무력시위까지 벌였다. 2016~2017년 주한미군의 사드 배치 때는 더 강력하게 반대했다. 미국을 직접 상대하기보다는 사드 배치 지역을 공여해 준 한국을 대상으로 관광, 투자, 문화 등 다양한 분야에서 전방위적으로 압박을 가했다. 사드가 방어용 무기체계라는 점을 알면서도 이번에 이를 묵인하면 차후에는 더 강한 첨단 무기체계가 배치될 수 있는 것을 사전에 차단하고 싶었던 것이다.

이런 의지를 가지고 있는 중국이 한국 주도의 통일이 이룩되어 중국의 영향력에서 벗어나는 것을 결코 좌시하지는 않을 것이다. 따라서 중국은 미국 중심의 세력권이 중국을 압도할 수 없도록 하기 위해 북한 급변사태시 군사적으로 개입하려 할 것이다. 여기서 밀리면 대만 문제나 동·남 중국해에서도 밀릴 수 있기 때문에 더욱 군사적으로 개입하려 할 것이다.

---

5) A2란 "장거리에서 적이 작전지역으로의 접근을 예방하기 위한 행동이나 능력"을 의미하며, AD란 "비교적 단거리에서 작전지역 내에서의 적의 행동의 자유를 제약하는 행동이나 능력"을 말한다. 이에 대해서는 Department of Defense, *Joint Operational Access Concept*, Version1.0(Washington D.C.: Department of Defense, January 2012). p. 6을 참고할 것.

나. 중국의 지전략적 취약성 감소

중국의 입장에서 볼 때 현재의 북한은 미국과 중국, 또는 일본과 중국 사이에서 완충지대(Buffer Zone) 및 중국의 전방 방어(Forward Defense) 역할을 하고 있다. 그럼에도 불구하고 북한 급변사태시 중국의 이익이 투영되지 않은 채 한국 주도의 통일이 이루어진다면 중국의 지전략적 취약성은 대단히 높아질 것이다.[6)]

지리적으로 한반도는 대륙세력이 해양으로, 그리고 해양세력이 대륙으로 침공하는 통로 역할을 했다. 청의 일본 침략 시도, 그리고 일본의 명 및 청 침략 시도 등이 이런 사례에 속한다. 북한 급변사태시 미군이 한국 주도의 통일을 기회로 한만 국경선에 주둔하게 되면 중국의 완충지대는 없어지게 된다.

육상뿐만 아니라 한반도 주변의 해상에서도 미군의 중국 접근은 더욱 용이해 질 것이다. 미군은 서해에서 산둥반도 안쪽의 발해만으로 진입하여 베이징을 직접 위협할 수도 있으며 동해에서는 청진, 나진 등을 이용하여 선양 지역으로 접근할 수도 있다. 이렇게 되면 산둥반도의 칭타오에 위치해 있는 중국의 북해 함대사령부의 활동은 제한될 수밖에 없을 것이다. 또한 중국이 북한으로부터 50년간 임차한 나진 항구도 사용할 수 없게 됨으로써 중국이 6.25 전쟁 이후 60년 넘게 꿈꾸어 왔던 동해로의 진출도 좌절될 것이다.

중국은 통일 한국이 지리적으로 북경과 가장 가까운 국가가 될 뿐만 아니라 한반도의 모습이 베이징을 비롯해 텐진, 따렌 등 동북 공업기지를 겨냥하고 있다는 점도 무시할 수 없다. 만일 중국이 북한의 급변사태를 방치하거나 소극적으로 개입할 경우 중국은 이런 지전략적 이익

---

6) 박창희, "북한 급변사태와 중국의 군사 개입 전망", p. 42.

을 모두 잃게 될 것이기 때문이다.[7] 따라서 중국은 북한 급변사태시 군사적으로 개입하려 할 것이다.

다. 북한 WMD 이전 차단

북미간의 비핵화 회담이 진척이 없다면 제3장에서 서술했듯이 2020년 경 북한은 최대 100개의 핵무기를 보유하게 될 것이다. 미국을 위협할 수 있는 장거리 미사일뿐만 아니라 일본, 중국 등도 위협할 수 있는 중단거리 미사일도 보유하고 있다. 또한 북한은 다양한 생물학 무기와 2,000~5,000톤에 이르는 화학무기를 보유한 것으로 추정된다.

북한 급변사태시 중국이 북한의 WMD에 관심을 가지는 이유는 이런 무기와 전문인력들이 중국으로부터 독립을 추진하고 있는 티벳족이나 위구르족으로 흘러들어가 이것이 중국을 위협하지 않을까하는 우려 때문이다. 물론 첫 번째 관심 대상은 핵무기와 핵물질이다. 따라서 북한 급변사태시 중국은 북한의 핵무기와 핵물질을 우선적으로 확보하기 위해 군사적으로 개입하려 할 것이다.

2. 정치 · 사회적 요인

가. 동북 3성의 정정 불안 방지

북한 급변사태가 발생하면 대량 탈북 행렬이 이어지게 될 것이다. 지뢰밭인 DMZ와 철책을 극복해야 하기 때문에 한국으로의 탈북은 쉽지 않을 것이며, 선박을 이용해야 하는 일본으로의 탈북도 쉽지 않을 것이다. 물론 러시아로의 탈북도 일어나게 될 것이다. 그러나 중국으로의 탈북은 북중 국경선에 어느 정도 철책선이 쳐져 있다고 하더라도

7) 박창희, "북한 급변사태와 중국의 군사 개입 전망", p. 42.

한국행이나 일본행에 비해 쉬울 것이며 문화가 완전히 다른 러시아로의 탈북보다는 심리적으로 안정감을 줄 수 있는 중국행 루트를 선호할 것이다.

급변사태의 강도에 따라 다르겠지만 중국으로의 대량 탈북은 수십만 명에 이를 수도 있다. 이들이 한꺼번에 동북 3성으로 몰려갈 경우 동북 3성의 정정은 불안해 질 것이다. 이들에 대한 구호, 치안에 대한 대책은 물론 지역 주민들과의 사회적 갈등까지 일어날 수 있기 때문이다.

대량 탈북자와 동북 3성에 거주하는 약 200만 명 가까운 조선족들이 심리적으로 유대할 경우 정정 불안은 더 심해질 것이다. 이들은 중국에 대한 충성보다는 통일 한국에 대해 충성할 가능성이 더 높기 때문이다.

통일 한국은 또한 한중 국경선 재획정이나 간도 귀속 문제를 둘러싸고 중국과 갈등을 일으킬 수도 있다. 대량 탈북, 동북 3성 조선족들의 동요, 그리고 한국과의 갈등 등을 예상해 볼 때, 중국은 적극적으로 북한 급변사태에 개입하려 할 것이다. 중국은 또한 북한 내에 거주하는 5천여 명으로 추산되는 화교를 보호한다는 명목 하에 군사적으로 개입할 수 있다.

나. 친중 정권 수립

중국은 북한 급변사태를 계기로 한국 주도의 통일이 되는 것을 원하기보다는 오히려 한반도에 친중 정권이 수립되기를 원할 것이다. 안보적 요인도 중요한 변수가 되지만 이데올로기적 요인도 이에 못지 않게 중요할 수 있기 때문이다. 특히, 중국은 6.25 때 많은 물적·인적 손실을 입으면서도 북한을 지원했다. 중국은 6.25 때 중공군 230만 명 이상이 참전하였고 수십만 명이 피해를 입었다.[8] 휴전 당일 중공군의 숫자는 후근지원부대와 18개 군단을 포함하면 130만 명이었을 정도로 북한에 대한 중공의 지원은 대단했다.[9]

중국은 피로써 맺어진 혈맹의 관계를 북한 급변사태를 계기로 쉽게 포기하지는 않을 것이다. 1961년 7월 조인된 '조중 우호협력 및 호상원조조약'은 우여곡절이 있음에도 불구하고 여전히 존재하고 있으며 양국간의 당・정・군 사이에 구축된 인맥도 무시하지 못할 정도이다. 북한 급변사태시 북한 정부가 중국의 개입을 요청하면 친중 정부 수립은 문제가 없을 것이다. 설령 요청하지 않더라도 다양한 구실을 내세워 군사적으로 개입함으로써 친중 정부를 수립하려 할 것이다.

김정은 등장 이후 북한과 중국과의 관계는 냉랑함 그 자체였다. 북한이 핵미사일 프로그램을 가동함으로써 한반도는 물론 동아시아 지역 전체를 불안정으로 몰고 갔기 때문이다. 그 결과 중국은 유엔 대북 제재 결의안에 적극 동참하게 되었고 이에 따라 북한도 중국과 최악의 관계를 유지하게 되었다. 그러나 북미 정상회담이 기정사실화되자 중국 소외(China passing)론이 부각되었다. 중국은 이것을 극복할 필요가 있었고 북한도 북미 정상회담을 앞두고 중국과의 관계를 회복할 필요가 있었다. 김정은은 2018년 3월부터 2019년 1월까지 네 번이나 중국을 방문하여 북중 정상회담을 가졌다. 제1차 방중을 통하여 북한과 중국은 단계적・동시적 비핵화에 합의했다. 2018년 6월 제3차 방중시 시진핑 주석은 "북중 두 당과 두 나라의 불패성을 전 세계에 과시했다"고 했으며 김정은은 앞으로 "중국 동지들과 한 참모부에서 긴밀히 협력하고 협

8) 통계마다 다르다. 미국 통계는 중공군 전체 사상자는 92만 명으로, 중공 통계는 전투손실 11만 4천 명, 부상 38만 3천 명, 질병 치료 45만 명으로 되어 있고 다른 통계는 전체 사망과 입원 후 사망(21,600명)을 합하여 총 13만 3천명이라고 발표하고 있다. 이에 대해서는 박인석, "한국전 참전 중공군 병력 규모" [홍콩 시사잡지 광각경 93-4월호에 게재된 내용을 인용하여 한국 정보사령부가 발표한 것을 박인석의 개인 블로그에 올린 글: http://blog.naver.com/ PostPrint.nhn?blogId= 2011년1월12일(검색일: 2012년 4월 25일)]를 참조하였다.

9) 위의 글.

동할 것"이라고 했다. 이로써 북중관계는 시진핑이 말한 것처럼 "정세가 변해도 관계는 불변"하는 상태로 진입하게 되었다.[10] 이것은 중국이 북한을 포기하지 않을 것이라는 것을 단적으로 보여주고 있다.

제3절 중국의 군사 개입 양상

급변사태의 강도에 따라 중국의 군사 개입 규모는 달라질 것이다. 물론 한국을 포함한 국제사회의 중요 행위자의 반응 정도에 따라서 달라질 수도 있다. 제3절에서는 중국 단독 개입을 전제로 중국의 군사 개입 양상을 추론해 보고자 한다. 개입 양상에는 투입된 군사력의 임무, 투입 규모, 투입 방법 등을 다룰 것이다. 따라서 투입된 군사력의 임무와 투입 규모에 대한 선행 연구를 먼저 분석해 본 후 중국군의 개입 양상을 서술하고자 한다.

1. 군사력의 임무 및 규모에 대한 기존 연구

투입되는 군사력의 임무 및 규모에 대한 기존 연구로는 베넷과 린드(Bennett & Lind)의 연구가 있다. 이들은 북한 안정화를 위해 다음 <표 14>와 같이 약 260,000~400,000명 정도의 병력이 필요하다고 주장한다.[11]

이들의 연구는 투입되는 군사력의 임무를 바탕으로 각 임무별 소요되는 군사력의 규모를 최초로 도출했다는 데 큰 의미가 있다. 특히, 국

---

10) 예영준 · 정효식, "시진핑, 김정은에 '정세 변해도 관계 불변'", 『중앙일보』, 2018.6.20.
11) Bruce W. Bennett and Jennifer Lind, "The Collapse of North Korea: Military Missions and Requirements", p. 110.

제사회가 개입한 다양한 사례를 근거로 각 임무별 소요 군사력을 도출함으로써 객관성을 높이려 했다는 점은 인상적이다. 그럼에도 불구하고 이들이 스스로 밝혔듯이 이 시나리오는 북한 군부 및 주민들이 투입된 군사력에 대해 비교적 협조할 것을 가정한 시나리오(Relatively Benign Scenario)이다.[12] 또한 이들의 연구에서 제시된 국제사회의 다양한 개입 사례들을 북한과 비교하기 곤란하다는 측면도 있다. 북한은 128만에 달하는 정규군을 보유하고 있을 뿐만 아니라 WMD를 보유하고 있다는 점에서 다른 사례들과는 현저한 차이가 있기 때문이다.

〈표 14〉 북한 안정화를 위해 임무별 요구되는 병력

임무	요구되는 병력(명)
안정화 작전(인도주의적 구호 및 치안)	180,000~312,000
국경선 통제	24,000
WMD 제거	3,000~10,000
재래식 무기 비무장화	49,000
억지/저항세력 소탕	7,000~10,500
계	263,000~405,000

안정화를 위해 어느 정도의 병력이 소요될 것인지에 대한 연구로는 미국 RAND 연구소의 도빈스(Dobbins) 박사 등이 발표한 보고서가 있다. 이 보고서는 제2차 대전 이후 미국이 참여한 7개 주요 분쟁의 국가건설 과정에서 도전요소들은 무엇이었으며 미국과 국제기구는 이 도전들에 어떻게 대처했는가에 대해 교훈을 도출하였다.[13] 이 연구결과에

12) Bruce W. Bennett and Jennifer Lind, *ibid*, p. 86.

13) 병력 소요에 대해서는 김열수, “미국의 이라크 안정화 활동”, 『개혁시대의 한국과 미국의 국방정책』, 안보연구시리즈 제6집(서울: 국방대학교 안보문제연구소, 2005), pp. 62-63에서 재인용.

의하면 위험의 수준과 안정화군의 규모 사이는 반비례관계였으며 거주민의 인구에 대한 군대의 비율이 높을수록 발생한 희생자의 수는 낮았다는 것이다.[14] 실제로 병력이 충분히 배치되었던 대부분의 지역에서는 분쟁 이후 어떠한 희생자도 발생하지 않았다. 보스니아와 코소보의 사례를 성공적인 안정화 작전으로 가정한다면, 성공적인 국가건설은 보통 주민 1,000명당 약 20명의 안정화군이 필요[15]한 것이다. 스타즈(Stares)와 위트(Wit)도 인구 1,000명당 20명의 안정화 병력을 계산하여 북한 급변사태시 46만 명의 병력이 필요함을 주장하였다.[16]

〈그림 1〉 인구 1,000명당 안정화군의 수

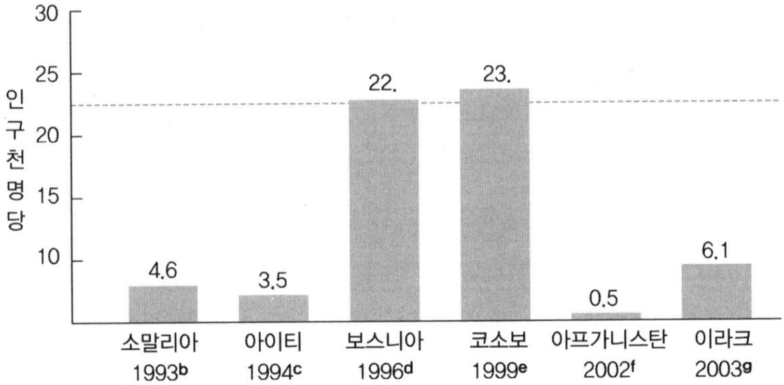

a 이라크를 제외한 최대 다국적군 비율은 Dobbins et al., *America's Role in Nation-Building*에서 인용. 총인원은: 소말리아(28,000), 아이티(23,000), 보스니아(60,000), 아프가니스탄(14,000), 이라크(150,000).
b 1993년 소말리아 인구: 6,059,950명. 출처: *U.S. Bureau the Census, International Data Base.*
c 1994년 아이티 인구: 6,500,213명. 출처: *U.S. Bureau the Census, International Data*

14) James Dobbins, et al, *America's Role in Nation-Building: From Germany to Iraq* (Santa Monica: RAND, 2003), p. xxv.

15) James Quinlivan, "Burden of Victory: The Painful Arithmetic of Stability Operations", *RAND Review*(Summer 2003), pp. 28-29.

16) Paul B. Stares and Joel S. Wit, *Preparing for the Sudden Change in North Korea*(New York: Council on Foreign Relations, 2009), p. 22.

Base.
d 1996년 보스니아 인구: 2,656,000명. 출처: U.S. *Bureau the Census, Report WP/96, World Population Profile: 1996*, washington, D.C.: Governing Printing Office, 1996.
e 1999년 코소보 인구: 1,900,000명. 출처: *UNMIK Kosovo Fact Sheet* (2002년 코소보 인구수 1,700,000－1,900,000명을 인용).
f 2002년 아프가니스탄의 인구: 27,755,755명. 출처: *U.S. Bureau the Census, International Data Base.*
g 2003년 이라크의 인구: 24,683,313명. 출처: *U.S. Bureau the Census, International Data Base.*

* 출처: James Quinlivan, "Burden of Victory: The Painful Arithmetic of Stability Operations", *RAND Review*(Summer 2003), p. 29.

2. 투입된 군사력의 임무

북한에서 어떤 형태의 급변사태가 발생하느냐에 따라 투입된 군사력의 임무, 규모, 방법 면에서 차이가 날 것이다. 베넷과 린드는 평화시 온건한 정부 붕괴(Government Collapse)를 가정한다. 즉, 어떤 지도자도 평양을 통제하지 못하고 정부 관료 및 군사 지도자들은 중국 등으로 도피하고, 군대는 구심점을 잃어 북한은 정치적 공백상태로 남아있는 시나리오를 가정한다. 따라서 북한 지도자들은 도피 중이거나 숨어 있으며 북한 군부는 안정화군에 대해 심각할 정도의 저항을 하지 않는 것으로 가정하고 있다.[17)]

세이드와 프리스텁(Saeed and Przystup)도 국가 붕괴를 가정하는 것이 아니라 김일성 패밀리가 추출되는 정권 붕괴(Regime Collapse)를 가정한 시나리오를 제시하고 있다. 군부 중심의 새로운 권력은 정권 획득 과정에서 붕괴된 공공 분배시스템을 복원하기 위해 노력할 것으로 가정하고 있다.[18)] 두 시나리오 모두 북한의 붕괴를 비교적 낙관적 입장에

---

17) Bruce W. Bennett and Jennifer Lind, "The Collapse of North Korea: Military Missions and Requirements", pp. 88-89.

18) Ferial Ara Saeed and James J. Przystup, *Korean Future: Challenges to U.S.*

서 가정하고 있다.

베넷과 린드필, 그리고 세이드와 프리스텁의 가정은 우리가 바라는 희망적 시나리오에 가깝다. 북한 권력 집단들간의 무력투쟁을 가정하지 않은 시나리오이기 때문이다. 그러나 필자는 북한 군부가 김정은 정권을 제거하는 과정에서 내전에 준하는 사태가 발생할 것으로 가정한다. 즉, 권력에서 밀려난 반김정은 군부세력이 쿠데타 실패 이후에 WMD를 통제하고 있는 김정은파와 반김정은파가 서로에게 총부리를 겨누고 있는 상황을 가정하는 것이다.

이런 시나리오 하에서 중국은 WMD를 장악하고 있는 김정은파를 지원하기 위해 개입할 것이다. 이때의 개입은 반김정은파와의 군사적 충돌을 가정하지 않을 수 없다. 따라서 중국군의 임무는 저항세력 소탕과 함께 WMD 통제 및 장악, 그리고 탈북자를 통제하기 위한 국경선 통제가 가장 우선적인 임무가 될 것이다. 인도주의적 구호를 포함한 안정화 작전이나 DDR(Disarmament, Demobilization, Reintegration)은 차후 임무가 될 것이며, 최종 임무는 차후 임무가 수행되는 동안 친중 정부 수립을 위한 정치적 활동을 지원하게 될 것이다. 중국의 최종 목표는 북한에 친중 정부를 유지하는 것이기에 중국의 목표는 현재 북한 체제로의 복원과 크게 다르지 않을 것이다.

3. 투입 규모 및 예상되는 투입 부대

퀸리반의 연구 결과를 적용해 본다면, 투입된 중국군이 순수하게 안정화 작전만을 수행할 경우 요구되는 병력은, 현재 북한 주민 약 2,400만 명을 고려해 볼 때 약 480,000명이 소요될 것이다. 물론 이 규모도

Diplomacy of North Korean Regime Collapse, pp. 7-8.

북한의 정규군과 예비전력, 그리고 WMD를 고려해 본다면 그리 많은 편은 아니다. 그런데 투입되는 중국군이 안정화 작전보다 반김정은파를 상대로 전투를 수행해야 한다면 이보다 더 많은 병력이 소요될 것이다. 북한 내전시 외부 세력이 개입하지 않을 것이라는 가정하거나 또는 김정은파의 병력이 반김정은파보다 많을 것이라고 가정을 하더라도 중국 지상군은 적어도 50만 명 이상이 투입되어야 할 것으로 본다.

중국은 2016년 2월, <그림 2>에서 보듯이 7대 군구를 동부·서부·남부·북부·중앙 등 5개 전구로 바꾸었다. 한반도가 주 임무인 북부 전구는 과거 선양군구의 담당지역에 북경군구 및 지난군구의 일부 지역을 추가로 담당하게 되었으며 동북 3성과 육지로 연결되어 있지도 않은 산둥반도까지 관할하게 되었다. 군구 체제가 전구 체제로 바

〈그림 2〉 중국 지상군 배치 지역 및 규모

* 출처: 김토일, "중국군 5대 전구로 개편", 『연합뉴스』, 2016.2.2.

뀌면서 중국군은 5개의 통합군 사령부를 가지게 되었다. 즉, 전구사령관이 전구 내의 육군, 해군, 공군은 물론 심지어 제2포병의 일부 지휘권까지 가지게 됨으로써 그야말로 막강한 지역 통합군 사령관이 되는 것이다.

5개 전구롤 바뀐 그 해 4월, 중국은 18개 집단군(GA, 군단급)을 13개로 축소하면서 13개 부대에 대한 부대 번호를 71~83까지 부여했다. 북부전구 소속의 16집단군(長春)은 제78집단군으로, 39집단군(遼陽)은 제80집단군, 그리고 산둥성 웨이팡(濰坊)에 소재한 26집단군은 제79집단군으로 바뀌었다. 78집단군은 제46, 제69차량화 사단, 제48, 제68차량화 여단, 제4기갑사단, 1개 포병여단 및 1개 대포병 여단으로 구성되어 있다. 랴오량에 소재를 두고 있는 제80집단군은 기계화 집단군으로서 신속반응부대(Rapid Reaction Unit: RRU)로서의 역할을 수행한다. 제115, 116 기계화보병사단, 제190기계화 보병여단, 제3기갑사단, 제7포병여단, 제9육군항공연대, 1개 방공여단, 1개 특수전 부대 등으로 구성되어 있다. 산둥반도의 웨이팡에 소재해 있는 제79집단군은 제77, 138, 199차량화 여단, 제8기갑사단, 제8포병여단, 제7육군항공여단, 1개 방공여단, 그리고 1개 특수전 여단으로 구성되어 있다.[19] 북부 전구 내에는 10개 이상의 공군 기지가 있으며 산둥성 칭타오에는 항공모함 랴오닝함이 소속되어 있는 해군의 북해함대사령부도 있다. 북해함대사령부는 항공모함 1척을 비롯하여 전술핵 잠수함 3척, 재래식 잠수함 25척, 구축함 8척, 소형 구축함 10척, 수륙양용함 11척, 미사일 초계정 18척 등이 있다.

북한 급변사태시 가장 먼저 투입될 수 있는 부대는 랴오량에 본부를 두고 있는 제80집단군이 될 것이다. 우리의 군단에 해당되는 집단군은 5만~7만의 병력으로 구성된다. 이어서 후속부대로 제78집단군과 제79

---

19) 김태호, "한반도 유사시 출동할 중국군 북부전구 실제 전투력은?" 『중앙일보』, 2018.2.17.

집단군이 될 것이다. 미 국방부가 미 의회에 제출한 『중국 군사 · 안보 발전 태세 2018 연례 보고서』에 따르면 북부전구사령부의 3개 집단군(78 · 79 · 80군)의 규모는 약 17만 명, 해군 함대, 공군 기지 두 곳, 공군 특수 사단, 해군 항공 사단 2개, 국경 수비를 담당하는 무장경찰이 북부전구에 배속됐다. 연례보고서는 또한 북한 긴급 사태시 다른 전구에서 추가 병력을 요청할 수 있다고 밝혔다.[20] 동부전구와 중앙전구도 증원군으로서 투입 가능하다. 동부 전구의 핵심 임무는 대만이며 중앙 전구의 핵심 임무는 북경 방어이다. 따라서 어떤 전구에서 얼마만큼의 병력을 추가로 한반도에 투입할지 여부는 그 당시의 상황과 직접 관련이 있을 것이다. 50만 명을 투입하는 것이 그리 녹록치 않은 상황이다.

특히 보고서는 한반도를 관할하는 북부전구의 활동 증가에 주목했다. 중국은 최근 들어 북부전구의 군 · 민 융합, 야간훈련, 산둥(山東)반도와 랴오닝(遼寧)반도 사이의 기동훈련 등을 강화해 왔다. 그 이유는 유사시 산둥반도의 육군 병력을 한반도로 투입하기 위한 기동 훈련으로 해석되었다.[21]

투입규모는 중국군이 북한의 어느 지역까지 점령할 것인지와 직접 관련이 있다. 2017년 12월, 미국의 랜드(RAND) 연구소가 북한 급변사태 발생 시 중국군 개입에 따른 한반도 분할선 4가지를 상정했다. 첫 번째는 중국군이 국경을 넘어 50km를 진격한 경우로, 분할선 길이는 550km로 가장 길다. 두 번째는 북 · 중 국경에서 내륙으로 100km 들어온 경우다. 영변 핵 시설을 장악할 수 있지만 동서 길이가 500km에 달한다. 분할선이 너무 길어 관리하기 쉽지 않으며 평양 부근을 세력권으로 확보하지 못한다는 약점이 있다. 세 번째는 중국이 북한의 핵 시

20) 김혜란 · 신경진, "미 국방부 "한반도 관할 중국군, 유사시 대비훈련 급증"", 『중앙일보』, 2018.8.19.

21) 김혜란 · 신경진, 위의 글.

설을 접수하고 한・미와는 최단 경계선을 형성하는 분할선이다. 39.5도 선 부근인 평북 남단과 함남 영흥 남부를 잇는 것으로 길이가 200km로 가장 짧다. 한반도의 '잘록한 목(Narrow Neck)' 선에 해당한다. 마지막은 서쪽 남포에서 동쪽 원산에 이르는 '남포~원산' 라인이다. 북한 핵 시설과 평양을 모두 장악해 사실상 북한 지역의 완전 접수에 가깝다. 한・미와의 경계선은 250km 정도다. 중국이 가장 선호하는 안이다.[22] 분할선이 한만 국경선에서 멀면 멀수록 중국군의 소요는 더 늘어날 것이다. 한국과 미국도 중국군이 평양~원산선을 넘어 남포~원산선까지 내려오는 것을 두고 보지는 않을 것이다.

4. 투입 방법

6.25 전쟁시 중국의 군사 개입은 상황적 변수와의 차이만 고려한다면 역사적 선례로서의 가치가 있다.[23] 중국은 안보리에서 유엔군의 참전이 결정되자 7월초부터 참전을 준비하기 시작했다. 1950년 8월 중순까지 중국 남부에 주둔하고 있던 제4야전군 제13병단의 4개군 25만 5천명을 압록강 일대로 이동시켰고 10월 19일자로 25만~30만 명의 중공군이 한만 국경선을 넘었다.

북한 급변사태로 인해 중국군의 단독 개입이 불가피할 경우, 중국은 개입 이전에 필요한 병력을 한중 국경선 부근으로 이동시킬 것이다. 급변사태가 갑자기 발생할 경우, 중국의 북부전구의 군사력은 지상으로 이동할 것이나, 동부 전구나 중앙 전구의 병력은 수송함을 해로나 철도

22) 이완범, "北 급변사태시 중국이 핵시설 접수? '한반도 분할안' 보니", 『중앙일보』, 2018.1.9.

23) 강장석, "북한의 체제 붕괴 위기시 중국의 군사 개입 가능성", 『신아세아』, 제13권 제3호(2006년 가을), pp. 33-34.

를 통한 육로로 북한 지역에 투입할 수 있을 것이다. 공군 공정군단이 보유하고 있는 수송기를 이용해서 투입할 수도 있을 것이다. 동부 전구의 상륙 임무를 수행할 수 있도록 편성된 부대들[24)]은 남포항으로 직접 상륙할 수도 있을 것이다. 중국이 북한으로 철도와 도로망을 이용하여 진입한다면 현재 연결되어 있는 단둥~신의주(평안북도), 허룽~무산(함경북도), 지안~만포(자강도), 쑹장허~혜산(양강도)간 4개 축선이 될 것이다.[25)]

제4절 개입 유형

중국이 개입할 수 있는 유형은 단독개입, 다국적군 개입, 유엔 주도의 PKO 방법 등이 있다. 북한이 원하고 이해당사국을 포함한 국제사회가 묵인한다면 중국은 단독개입을 선호할 것이다. 그러나 한국을 포함한 국제사회가 이에 반발한다면 중국은 다국적군 개입을 차선으로 채택할 수도 있을 것이다. 유엔 주도의 평화유지군은 어느 정도 치안이 확립된 상태에서 이루어진다는 측면을 고려할 필요가 있다.

1. 중국 단독 개입

북한의 급변사태는 과정은 물론 결과에 따라 중국의 국가이익에 심대한 영향을 미칠 수 있다. 북한 급변사태는 제2절 군사 개입의 목적에

---

24) Office of the Secretary of Defense, *Annual Report to Congress: Military and Security Developments Involving the People's Republic of China 2011*(Washington D.C.: DoD, 2011), p. 73

25) 김광수, “중국군, 北 급변 사태 땐 4개 축선으로 밀고 내려온다”, 『한국일보』, 2017.12.18.

서 서술했듯이 중국의 안보 차원의 이익은 물론 정치·사회적 이익이 중층적으로 걸려 있다. 따라서 중국의 입장에서 단독개입이 최선의 선택일 수 있다. 중국이 북한에 개입할 수 있는 근거는 많다. 우선 북한이 요청할 경우 정당하게 개입할 수 있다. 또한 WMD의 유출 위험성과 난민 통제, 그리고 북한 내 중국인의 보호 명목으로도 개입이 가능하다. 유엔 헌장 제51조의 자위권을 확대 적용하면 되기 때문이다.

단독 개입이 단기적으로 성공적으로 이루어진다면 중국이 얻을 수 있는 이익은 많다. 그러나 이해당사자(Stake Holder)들의 반발, 북한 주민 및 저항세력들의 반발이 거세어 장기간 개입해야 된다면 입을 수 있는 손실도 크다. 대 중국 봉쇄 벨트의 현실화 가능성, 성공에 대한 불확실성, 단독 개입으로 인한 엄청난 인적·물적 피해, 그리고 실패한 개입 역사의 트라우마의 작동 가능성 등이 예상되기 때문이다.

중국이 단독 개입할 경우, 한국을 포함한 주변국들의 반발은 불문가지이다. 2010년 이후 동중국해 및 남중국해에서의 해상 영토 분쟁을 둘러싸고 일본을 포함한 베트남 등 상당한 동아시아 국가들이 미국에 더욱 편승하기 시작했다. 북한에 대한 중국의 단독 개입은 미국 중심의 대중국 포위 벨트를 구체화할 빌미를 제공해 줄 것이며, 이는 결국 중국이 소탐대실하는 결과를 가져오게 될 것이다.

성공에 대한 확실성도 보장하지 못한다. 북한의 군사력과는 비교도 되지 않는 이라크와 아프가니스탄에서 미국은 고전했다. 중요 전투에서는 승리할 수 있었지만 안정화 작전은 그렇지 못했다. 미국은 베트남전에서도 패했고 구소련은 아프가니스탄전에서 패했다. 중국은 구소련, 인도, 베트남과의 전쟁에서도 승리하지 못했다. 북한의 중국에 대한 인식도 그렇게 좋은 것만은 아니다. 북한의 김정일은 10.8 유언을 통해 "역사적으로 우리를 가장 힘들게 했던 나라가 바로 중국"이라면서 "중국은 현재 우리와 가장 가까운 국가지만 앞으로 가장 경계해야 할 국가”[26]라고 했다. 북한과의 협조 없이 단독으로 개입할 경우, 성공의 가능성은 더 떨어지게 될 것이다.

단독 개입으로 인한 인적 물적 손실도 고려해야 한다. 미국은 이라크에서 10년 동안 대테러전을 수행하는 동안 막대한 피해를 입었다. 2013년 3월 초까지 미군 전사 자는 4,500명에 달했으며 부상자는 32,000명에 달했다. 이라크 전쟁에 소요된 비용은 2조 1,900억 달러를 넘어섰다. 전쟁을 통해 목숨을 잃은 이라크인은 민간인을 포함하여 176,000~189,000여 명에 이르는 것으로 추산됐다.[27]

2014년 12월 28일 미국은 아프가니스탄 전쟁 종료를 선언했다. 2001년 9.11 테러 이후 시작된 아프간전은 13년이라는 미국 역사상 최장 기간 전쟁 기록을 세우며 끝났다. 종전 선언은 되었고 알카에다 지도자 오사마 빈라덴은 사살됐지만 미군은 아직 아프간에서 철수하지 못하고 있다. 한때 10만 명을 상회했던 주 아프가니스탄 미군은 현재 14,000명에 불과하다. 13년의 전쟁을 통해 미군 전사자는 2,216명 그리고 부상자는 19,950명이었다. 전비는 6,860억 달러가 소요되었다.[28] 미국의 이라크전과 아프가니스탄 참전은 미국의 패권을 약화시키는 결정적인 계기로 작용했다. 중국이 단독 개입할 경우, 입게 될 인적· 물적 피해도 이에 못지않을 것이다.

명은 임진왜란 당시 조선을 지원한 후에 청에 망했고, 청 역시 조선말에 조선 정치에 개입했으나 청일전쟁에서 패하였으며, 6.25 전쟁시의 중공은 승리는 고사하고 막대한 인적·물적 피해를 입었다. 중국이 한

---

26) 이원진, “‘중국 믿지 마라, 김정남을…’ 김정일 유서 공개”, 『중앙일보』, 2012.04.13.
27) 양진영, “이라크 전쟁 10년: 수십만 목숨 앗아가고… ‘미국은 졌다’”, 『국민일보』, 2013.3.19.
28) 정원엽, “아프간 사령관이 아들을 죽이려 하는 이유는”, 『중앙일보』, 2016.5.16.

반도에 군사적으로 개입하여 이득을 보지 못했던 역사적 교훈도 무시할 수 없다. 특히, 중국이 북한에 전념(all in)할 경우, 그 상황을 이용하여 대만의 독립 선언 가능성과 중국내 소수민족의 독립 투쟁 고조도 무시하지 못할 미래 상황이 될 것이다. 결국 중국은 단독개입으로 얻을 수 있는 이익과 손실, 그리고 다자 개입으로 얻을 수 있는 이익과 손실 사이에서 선택을 하게 될 것이다.

2. 다국적군 개입

다국적군이 개입하려면 다음의 3가지 요건이 충족되는 것이 가장 이상적이다. 북한이 국제사회에 다국적군을 요청하고, 유엔 안보리는 다국적군 결성을 결의하며, 다국적군에 참여하는 국가들이 기꺼이 이에 동참하는 것이다. 북한이 요청하지 않더라도 북한의 WMD가 국제평화와 안전을 위협할 수 있다는 명분으로 안보리 결의는 가능하며, 북한 급변사태시 발생할 수 있는 주민의 인권을 보호하기 위한 보호의 의무(R2P: Responsibility to Protect)를 근거로 안보리 결의가 가능하다.[29)]

북한에 대한 다국적군 개입은 우선, 다국적군의 결성 주도국, 각 다국적군의 임무 및 기능, 편성 규모, 담당 지역 등에 대한 합의가 이루어져야 한다. 평화 강제적 성격의 다국적군은 처음부터 결성될 수도 있으며 이라크전이나 아프가니스탄전에서 보듯이 중요 작전이 끝난 이후에 결성될 수도 있다. 북한의 경우, 중국이나 미국이 단독 개입을 하여

---

29) 이 개념은 2001년 개입과 국가주권에 관한 국제위원회가 제시한 것으로써 자국민 보호의 일차적 책임이 주권국가에게 있지만 주권 국가가 이를 이행하지 못할 경우 잔존적·보충적 책임이 국제공동체에 귀속된다는 내용이다. 이 위원회의 건의 내용은 2005년 유엔 총회결의 제60/1호에서 채택되었다. 최종보고서는 *The responsibility to Protect: Report of the International Commission on Intervention and State Sovereignty*(International Development Research Center for ICISS, 2001)을 참고할 것.

WMD 통제 등의 중요 조치가 이루어진 후 다국적군을 결성할 수도 있을 것이다.

중국은 중국 주도의 다국적군을 선호할 것이나 한국은 한반도의 관할권을 주장하면서 한국 주도의 다국적군을 선호할 것이다. 미국은 풍부한 다국적군의 경험을 바탕으로 미국 주도의 다국적군 구성이 효율적이라고 주장할 수도 있다. 중국의 양보 여하에 따라 미국 주도의 다국적군이 구성될 수도 있을 것이다. 다국적군의 임무 및 기능은 제3절에서 논의한 내용과 비슷한 임무 및 기능을 수행하게 될 것이다. 저항세력 소탕과 함께 중국은 국경선 통제와 WMD 통제를 우선시 할 것이며 미국은 WMD에 초점을 맞추게 될 것이다. 한국은 안정화 작전이 주요 임무가 될 것이다.

다국적군의 규모는 단독 개입시 논의했던 50만 명 이상 규모가 되어야 할 것이다. 2003년 이라크 침공 직후 사담 후세인 정권을 축출할 당시에는 30만 명의 다국적군(MNF-I: Multi-National Forces in Iraq)이 투입되었으며, 아프가니스탄에는 NATO 주도의 다국적군(ISAF: International Security Assistance Force)이 최대 14만 명 투입되었다. 이라크에서의 다국적군과 아프가니스탄에서의 다국적군보다 훨씬 큰 규모이나 북한의 군사력과 WMD 통제 등을 고려해 본다면 그렇게 큰 규모는 아니라고 본다. 다국적은 미군의 작전통제하에 미국 주도의 다국적군, 중국 주도의 다국적군, 한국 주도의 다국적군 등으로 구성될 수 있을 것이다. 중국 주도의 다국적군이 10~15만 명, 한국 주도의 다국적군이 20~25만 명, 미국 주도의 다국적군이 10~15만 명 정도를 예상할 수 있다.

MNF-I는 영국 주도의 다국적군이 남부 지역을, 폴란드 주도의 다국적군이 중부 지역을, 그리고 그 외 지역을 미국 주도의 다국적군이 담당하였다. ISAF는 서부지역은 이태리군이, 북부지역은 독일군이, 동부지역은 미군이, 남부지역은 네델란드가, 그리고 수도지역은 프랑스군이 각각 담당하였다. 이를 참고하여 급변사태시 담당 지역을 구분해 보면 크게 3부분이 될 것이다. 즉, 황해도와 강원도(제1지역), 평양을 포함한 평안도와 함경남도(제2지역), 그리고 함경북도·자강도·양강도(제3지역) 등으로 구분될 수 있다. 한국군은 제1지역에, 미군은 제2지역에, 그리고 중국군은 제3지역에 배치될 수 있을 것이나 미군과 중국군의 직접 접촉을 피하기 위해 국군이 미군과 지역을 바꿀 수도 있을 것이다. 미군에게 WMD 임무가 할당된다면 국군이 제2지역을 담당하는 것이 미래 통일 한국을 위해서 더 유리할 수 있다.

문제는 반김정은 세력에 대해 평화강제작전을 할 것인가에 대한 합의와 미국 주도의 다국적군 사령부 창설에 대한 합의 여부이다. 과연 미국과 한국은 김정은 세력을 인정하고 반김정은파를 대상으로 무력을 행사할 것인지, 김정은파가 미군과 국군을 다국적군의 일원으로 받아들일 것인지, 그리고 중국이 미국 주도의 다국적군 사령부 창설에 동의할 것인지가 갈등의 대상이 될 수 있다. 따라서 내전 또는 준내전 상황에서 중국의 단독 개입은 물론 다국적군의 개입도 그리 만만한 것이 아니다.

3. 유엔 주도의 평화유지군 개입

중국이 단독개입으로 인한 이익보다 손실이 더 크다고 판단하거나 또는 다국적군 개입이 곤란할 경우, 중국은 유엔 주도의 평화유지군의 일원으로 개입할 수도 있을 것이다. 탈냉전 이후 분쟁관리를 위해 유엔 주도의 평화유지군 개입이 대세이긴 하나 이 방법이 북한에 적용될 가능성은 그리 많아 보이지 않는다.

평화유지군은 분쟁 당사자들이 정전이나 휴전에 동의 또는 이에 준하는 어떤 협정을 체결하고 나면 이를 관리하기 위해 개입하는 것이 정석이다. 그래서 평화유지군들은 유엔 안보리 및 초청국의 동의성, 임무의 중립성, 그리고 최소한의 무장이라는 원칙을 가지고 개입하게 된다.[30] 심지어 감시요원(Observer)들은 비무장으로 배치되기도 한다. 이것은 개입과 주권의 긴장 관계에서 발생한 타협의 산물이다.

초청국이 초청을 하지 않았음에도 불구하고 개입하게 되면 평화를 강제하는 성격을 띠게 된다. 유엔은 평화유지군으로 보스니아, 소말리아 등에서 이런 임무를 수행해봤으나 철저히 실패하였고 그 결과 평화강제적 성격의 개입은 지역기구나 또는 특정국가가 주도하는 다국적군이, 평화유지적 성격의 개입은 유엔이나 지역기구가 담당하는 역할 분담을 하게 되었다.[31]

북한에서 급변사태가 발생했을 경우, 유엔 주도의 평화유지활동이 곤란한 이유는 2가지가 있다. 우선 병영국가인 북한은 과거 유엔이 개입해 왔던 다른 분쟁 지역과는 비교할 수 없을 정도로 막강한 군사력을 보유하고 있기 때문에 최소한의 무장으로 개입하는 평화유지활동은 곤란하다는 점이다. 또한 북한이 유엔 주도의 평화유지군 파병을 동의해 줄지도 의문이다.

그보다 더 중요한 것은 급변사태 발생과 동시에 WMD 문제를 우선적으로 처리해야 하는 국제사회의 입장에서 볼 때 오랜 시간이 소요되는 유엔 주도의 평화유지활동은 현실성이 없다는 것이다. 이것 때문에 국제사회는 평화강제적 성격을 지닌 군사적 개입이 불가피할 수밖에

30) 김열수, 『국제기구를 통한 분쟁관리』(서울: 오름, 2000), pp. 54-57.
31) 김열수, "유엔 평화강제활동 실패 원인과 실패의 유산", 『신아세아』, 제13권 제1호(2006년 봄).

없을 것이다.

이라크의 MNF-I는 임무 종료시까지 다국적군이었으며 아프가니스탄의 ISAF는 현재까지도 다국적군의 성격을 띠고 있다. 그러나 동티모르는 호주 주도의 다국적군인 동티모르국제군(INTERFET)이 최초에 임무를 수행했으나 치안이 안정화되자 다국적군 개입 6개월 이후 유엔 주도의 평화유지군(UNTAET)으로 바뀌었다. 북한 급변사태시 유엔 주도의 평화유지군이 가능한 것은 단독개입이나 다국적군 개입 이후 치안이 어느 정도 확보되고 나면 새로운 국가 건설을 위해 평화유지군이 이들을 대체할 수도 있을 것이다.

제5절 결 론

중국은 북한 급변사태시 어떤 형태로든 북한에 군사적으로 개입하게 될 것이며 나름대로의 계획을 가지고 있는 것으로 보인다.[32] 북부 전구가 한반도 상황에 대비하기 위해 다양한 훈련을 하고 있는 이유도 여기에 있다. 중국은 어떤 형태의 개입을 선호하게 될까? 중국의 관료 및 학자들이 발언한 내용을 종합해 볼 필요가 있다. 중국 중앙군사위원회 총참모부 총참모장 조리(助理) 장친성(章沁生) 중장은 2006년 10월 개최된 국제회의에서 "중국군은 단독으로 개입하기 보다는 국제조직, 특히 유엔의 힘을 빌려 문제를 해결하기를 원한다"라고 하였으며, 스인홍(時殷弘) 인민대 교수는 2009년 9월 개최된 국제회의에서 "유엔 안보리

32) 북한 급변사태시 중국의 대비계획으로 알려지고 있는 '병아리(小鷄兒)계획은 흑금성 사건의 박채서씨가 공판 과정에서 증언한 북한 급변사태시 중국의 대비계획으로 알려져 있다. 신빙성이 떨어진다는 지적도 있다. 이에 대해서는 이종훈, "북한 급변사태시 중국군의 한반도 개입 전력", 『신동아』, 2011년 9월호, p. 288.

에서 이 문제를 다루도록 요청할 것"이라고 했다.[33] 물론 이들이 '단독 개입'의 가능성을 공식적으로 발언할 수 없다는 한계도 고려해야 하지만 진심으로 그럴 수도 있다고 본다.

중국의 관료들은 북한 급변사태에 대해 한중간의 논의를 반대하고 있고 미중간의 논의에도 한계가 있다. 그러나 이런 문제가 사전에 논의되지 않는다면, 중국도 일방적으로 개입하고 한국 및 미국도 개입하게 되어 오해로 인한 군사적 충돌의 가능성도 없지 않다.[34] 따라서 한국도 한국이 주체가 되어 한민족의 운명을 결정해 나갈 판을 만들어 나가야 할 필요가 있다. 중국에는 중국의 전통적인 국가이익과 주변국과의 선린관계를 중시하는 전통파만 존재하는 것이 아니라 미국과의 관계에서 국제문제를 조명하는 전략파도 존재한다.[35] 전자는 북한을 전략적 자산으로 생각할 수도 있으나 후자는 전략적 부채로 생각할 수도 있다. 또한 중국은 북한을 '혈맹의 관계'로 인식하기도[36] 하지만 정상적인 보통국가와의 관계로 인식할 수도 있다.[37] 한국은 중국의 이런 전략적 사고의 간극을 파고들 필요가 있다.

한국은 한국 주도의 통일이 중국의 이익을 반영하고 중국의 우려사항을 해소해 줄 수 있는 것은 무엇인지, 한국, 중국, 미국 등 개입 주체

---

33) 박창희, "북한 급변사태와 중국의 군사 개입 전망", p. 49.

34) Bruce W. Bennett and Jennifer Lind, op.cit., p. 119.

35) 소치형, "중국의 대북정책과 한국의 대중외교", 『신아세아』, 제18권 제4호(2011년 겨울), p. 228.

36) 중국은 2009년 5월 제2차 북핵 실험 이후인 7월 15일, 후진타오 주석은 당 중앙 외사영도소조(국가안전영도소조)를 주재하여 대북정책 방향을 논의하고 북한과의 전통우호관계를 강화하는 방향으로 지도부의 의견을 모은 것으로 진해졌다. 이에 대해서는 신상진, "중국의 미얀마 코캉사태 대응전략: 북한 급변사태에 주는 시사점", 『통일정책연구』, 제20권 제1호(2011), p. 121을 참고할 것.

37) 일부 학자들은 한중 수교로 인해 북중동맹조약은 약화되었고 제2조의 자동개입조항은 사문화되었다고 주장하기도 한다. 이에 대해서는 이근관, "북한 위기상황시 주변국의 개입가능성과 그 국제법적 논리에 대한 검토", 『서울국제법연구』, 제18권 제2호(2011), p. 43을 참고할 것.

가 수행해야 할 임무와 역할 분담은 무엇인지, 통일 한국을 위한 큰 그림은 무엇인지 등에 대해 트랙 2, 트랙 1.5 및 1.0등을 통해 미국 및 중국과 부단하게 이를 협의해 나가야 할 것이다.

참고문헌

1. 저서 및 논문 등

강장석. “북한의 체제붕괴 위기시 중국의 군사 개입 가능성”. 『신아세아』, 제13권 제3호(2006년 가을).

김근식. “북한 급변사태와 남북연합: 통일과정적 접근”. 『북한연구학회보』, 제13권 제2호(2009년 여름).

김열수. 『국제기구를 통한 분쟁관리』. 서울: 오름, 2000.

_____. “미국의 이라크 안정화 활동”. 『개혁시대의 한국과 미국의 국방정책』, 안보연구시리즈 제6집. 서울: 국방대학교 안보문제연구소, 2005.

_____. “유엔 평화강제활동 실패 원인과 실패의 유산”. 『신아세아』, 제13권 제1호(2006년 봄).

_____. “북한 급변사태시 중국의 군사 개입: 목적·양상·형태를 중심으로”. 『신아세아』, 제19권 제2호(2012년 여름).

김열수 외. 『2018 동아시아 전략평가』. 서울: 한국국가전략연구원, 2018.

박창희. “북한 급변사태와 중국의 군사 개입 전망”. 『국가전략』, 제16권 제1호(2010년 봄).

박휘락. “북한 급변사태와 통일에 대한 현실성 분석과 과제”. 『국가전략』. 제16권 제4호(2010년 겨울).

소치형 “중국의 대북정책과 한국의 대중외교”. 『신아세아』, 제18권 제4호(2011년 겨울).

신상진. “중국의 미얀마 코강사태 대응전략: 북한 급변사태에 주는 시사점”. 『통일정책연구』, 제20권 제1호(2011년 봄).

이근관. “북한 위기상황시 주변국의 개입 가능성과 그 국제법적 논의에 대한 검토”. 『국제법연구』, 제18권 제2호(2011년 여름).

이기동. “북한 급변사태시 우리의 대응방향”. 『북한학보』, 제34집 제2호(2009년 여름).

이종철. "북한 급변사태시 미국의 개입 전략 고찰: 개입 유형과 한미연합 사 계획을 중심으로". 『신아세아』, 제18권 제1호(2011년 봄).

정성장. "한미의 북한 급변사태 논의와 대북 군사전략 과제". 『정세와 정책』, 제15권(2009).

Bennett, Bruce W., Jennifer Lind. "The Collapse of North Korea: Military Missions and Requirements". *International Security*, Vol. 36, No. 2(Fall 2011).

Department of Defense, *Joint Operational Access Concept*, Version1.0. Washington D.C.: DoD, 2012.

Department of Defense. *Capstone Concept for Joint Operations*, Version 3.0. Washington D.C.: DoD, 2009.

Dobbins, James et al. *America's Role in Nation-Building: From Germany to Iraq*. Santa Monica: RAND, 2003.

Office of the Secretary of Defense. *Annual Report to Congress: Military and Security Developments Involving the People's Republic of China 2011*. Washington D.C.: DoD, 2011.

Quinlivan, James. "Burden of Victory: The Painful Arithmetic of Stability Operations". RAND Review(Summer 2003).

Saeed, Ferial A., James J. Przystup. *Korean Future: Challenges to U.S. Diplomacy of North Korean Regime Collapse*. Washington D.C.: INSS, 2011.

Stares, Paul B., Joel S. Wit. *Preparing for Sudden Change in North Kroea*. Council Special Report, No. 42. New York: Council on Foreign Relations, 2009.

UNAR 60-1. *The responsibility to Protect: Report of the International Commission on Intervention and State Sovereignty*. International Development Research Center for ICISS, 2001.

2. 신문 등 언론기사

김광수. "중국군, 北 급변 사태 땐 4개 축선으로 밀고 내려온다". 『한국일보』, 2017.12.18.

김태호. "한반도 유사시 출동할 중국군 북부전구 실제 전투력은?" 『중앙일보』, 2018.2.17.

김토일. "중국군 5대 전구로 개편". 『연합뉴스』, 2016.2.2.

양진영. "이라크 전쟁 10년: 수십만 목숨 앗아가고… '미국은 졌다'". 『국민일보』, 2013.3.19.

예영준・정효식. "시진핑, 김정은에 '정세 변해도 관계 불변'". 『중앙일보』, 2018.6.20.

이완범. "北 급변사태시 중국이 핵시설 접수? '한반도 분할안' 보니". 『중앙일보』, 2018.1.9.

이원진. ""중국 믿지마라, 김정남을…"" 김정일 유서 공개". 『중앙일보』, 2012.4.13.

정원엽. "아프간 사령관이 아들을 죽이려 하는 이유는". 『중앙일보』, 2016.5.16.

P·A·R·T

03

한국안보의 취약성: 실체와 변화 가능성

제3부에서는 북한 위협에 대응할 수 있는 한국 취약성의 실체를 분석해 보고 이 취약성을 변화시키기 위한 다양한 정책들을 검토해 본다. 제7장에서는 북한의 위협에 대한 한국의 군사전략은 무엇이며 특히, 북한 핵미사일 위협에 대응할 수 있는 능력과 문제점이 무엇인지를 도출한다. 이를 바탕으로 제8장부터 제10장까지는 이런 한국의 취약성을 줄이기 위해 어떤 정책을 추진해야 하는지에 대해 논의한다.

제8장은 북한에 대한 비핵화 노력이 실패하면서 북한이 사실상의 핵무기 보유국가가 되면 한국은 어떤 정책을 추진해야 하는지에 대한 대안을 제시한다. 제2의 6.25 전쟁을 가정하지 않고서는 군사적 옵션을 대안으로 선택할 수 없다. 북한의 핵미사일 위협을 억제하려면 북한과의 공포의 균형을 유지하는 것이 최선의 방안이 될 수 있다. 따라서 전술핵무기 재배치를 하나의 대안으로 제시한다.

제9장은 한반도 비핵화가 순조롭게 진행될 경우, 남북한간에 긴장을 완화하고 평화를 정착시키기 위한 방안으로 생각해 볼 수 있는 군비통제에 대해 논의한다. 이미 남북한간에는 2018년 9월 '남북한 군사분야 합의서'를 통해 군비통제가 진행되고 있다. 사실 군비통제는 위협의 감소 영역이다. 그러나 군비통제에 대한 정책 추진을 잘못하면 북한에 대한, 그리고 주변국에 대한 한국의 취약성이 더 커질 수도 있다. 따라서 군비통제의 목표와 추진원칙을 정한 뒤 분야별 군비통제를 추진해 나갈 필요가 있다.

제10장은 국방개혁, 그 중에서도 군구조 분야를 다룬다. 국방개혁의 목표는 안보환경 및 국내외 여건 변화와 전쟁양상의 변화에 능동적으로 대처할 수 있도록 국방운영체제, 군구조 개편 및 병영문화 등을 발전시키는 것이다. 지휘구조, 부대구조, 병력구조 등 군구조 분야에서 한국군의 취약성을 낮출 수 있는 대안이 무엇인지를 논의한다.

제7장 한국의 군사전략과 북한 핵미사일 위협에 대한 취약성*

요 약

제7장은 본 저서의 제2장인 '북한의 군사전략과 핵미사일 위협의 실체'와 대비된다. 제7장은 북한의 위협에 대한 한국의 군사전략은 무엇이며 특히, 북한 핵미사일 위협에 대응할 수 있는 능력과 문제점이 무엇인지를 도출하고 이에 대한 대안을 제시하는 것이다. 따라서 제2장이 북한 위협의 실체를 포괄적으로 정리한 것이라면 제7장은 북한의 위협에 대한 한국의 능력과 취약성을 포괄적으로 정리한 것이라고 할 수 있다.

한국의 전시 군사전략 개념은 동시·통합전이며 평시 전쟁 및 국지도발을 억제하기 위한 군사전략 개념은 적극적 억제 전략이다. 동시·통합전을 수행하기 위해 한국은 전력 증강 계획에 따라 C4+ISR+PGM 무기체계를 도입하고 있다. 이런 무기체계가 갖춰진다면 완벽하지는 않다고 하더라도 NCW에 기반한 동시·통합전은 가능하리라고 본다.

북한이 비핵화되지 않는다고 가정한다면, 북한의 핵미사일 위협에 대응하기 위해선 자체 핵무기 개발이나 전술핵무기 재도입이 필요하다. 그러나 이것이 외교·군사적으로 여의치 않을 경우 한미 양국은 맞춤형 억제 전략과 Kill-Chain, KAMD, KMPR 등 3K 전략을 추진해야 한다. 한국군 스스로 3K

---

* 이 장은 김열수, "북한 핵미사일 위협에 따른 대응전략", 『신아세아』, 제24권 제3호(2017년 가을); 김열수 · 김경규, "킬 체인(Kill-Chain)과 한국형 미사일 방어체제(KAMD): 실현가능성을 중심으로", 『신아세아』, 제20권 4호(2013년 겨울); 김열수 · 김경규, "남북한 군사전략 비교와 함의", 『신아세아』, 제22권 제2호(2015년 여름)에 게재된 논문들을 수정 보완한 것임을 밝혀둔다.

전략을 추진하기 위해 부족한 무기체계들을 빠른 시간 내에 확보해야 한다.

무기체계 도입은 북한의 무기체계에 대응하는 수세적 차원의 전력 증강이 아니라 전략 개념에 입각하여 무기체계를 도입하거나 또는 북한이 한국의 무기체계에 대응해야만 하는 역비대칭적 무기체계의 도입을 고려할 필요가 있다. 또한 최악의 상황에 대비하여 EMP 방호시설은 물론 국민들의 방호시설도 확보해야 한다.

핵심어: 군사전략, 동시·통합전, 맞춤형 억제 전략, 3K, 역비대칭적 무기체계

제1절 문제 제기

북한 군사전략의 목표는 무력적화통일이다. 이를 위한 북한의 군사전략 개념은 크게 기습공격전략, 조기 전쟁종결을 위한 속전속결 전략, 그리고 다양한 차원의 배합 전략 등 3가지이다. 이런 전략 개념을 수행하기 위한 군사전략의 수단은 한국군과는 완전히 차이 나는 비대칭적인 전력이다. 이를 위해 북한은 사이버전, 방사포 및 장사정포, 특수전 능력, 그리고 핵미사일 능력을 포함한 WMD 전력 증강에 많은 노력을 기울였다. 결국 이런 비대칭적 전력들이 한국안보를 위협하는 실체들이라고 할 수 있다.

북한의 이런 군사적 위협에 대응하기 위해 한국은 어떤 전략을 가지고 있는가? 특히 전시를 가정한 한국의 전략목표와 전략개념, 그리고 전략을 수행하기 위한 수단들은 무엇인가? 그리고 현재 추진하고 있는 이 수단들은 충분한가? 평시의 가장 큰 위협은 북한의 핵미사일 전력이라고 할 수 있는데 이에 대한 한국의 군사전략은 무엇인가? 이 전략으로 북한의 핵미사일 전력에 대응하기에 충분한가? 만일 모자란다면 어떤 전력을 구축해야 하는가?

제7장은 이런 문제 제기에 대한 나름의 해법을 제시한다. 그러나 북한의 핵미사일 위협에 대한 보다 근본적인 해법은 제8장에서 추가적으로 제시할 것이다.

제2절 한국의 군사전략 개념

1. 전시 전략: 동시 · 통합작전

역사 속의 군사전략은 대부분 전시의 전면전을 가정한 전략이다. 그러나 군사전략이 반드시 전시의 전면전만을 상정한 것이 아닌 이유는 평시에 전면전이나 국지도발을 억제하기 위한 전략도 있기 때문이다. 전면전을 가정한 전략을 방위전략이라고 한다면, 전면전이나 국지도발을 억제하기 위한 전략을 억제 전략이라고 할 수 있다. 전자는 전시의 전략이고 후자는 평시의 전략이다.

방위전략은 공세적 방위전략, 수세적 방위전략, 수세 · 공세적 방위전략으로 대별된다.[1)] 공세적 방위전략이란 침략이 임박했을 때 선제공격을 하거나 또는 현재는 위협이 되지 않지만 앞으로 위협이 될 수 있다고 판단될 때는 예방공격을 하여 자국의 안보를 보장하는 군사전략이다. 이 전략의 핵심은 전장을 적지역으로 확대함으로써 자국의 국경선 밖에서 또는 국경선 주변지역을 주전장화하여 자국의 인적 및 물적 손실을 최소화하는 전략이다.

---

1) 조영갑, “한국군 군사전략의 역사적 변천과정과 전략적 특징의 정립”, 『군사논단』, 제54호(2008년 여름), pp. 63-64.

수세적 방위전략이란 침략을 받았을 때 국가를 방위하기 위해 영토 내부에서 전쟁을 수행하는 전략이다. 이 전략은 침략을 받게 되면 상대방 지역이 아니라 자국 지역 내에서 전쟁을 수행하는 전략이다. 수세·공세적 방위전략이란 공세적 방위전략을 기본으로 하되 침략국가의 기습공격을 전제로 일단 수세를 취하다가 즉시 공세 이전하여 반격하는 전략이다. 이 전략은 상대방의 기습공격을 받은 후 일정지역까지 후퇴하였다가 전열을 가다듬어 다시 상대방 지역으로 공격해 들어가는 전략이다. 한국군은 안보환경의 변화에 따라 각기 다른 전면전 전략을 수립하여 시행해 왔다. 국방체제정립기(1945~61년)에는 수세적 방위전략을, 자주국방추진기(1961~98년)에는 공세적 방위전략을, 그리고 자주국방발전기(1998년 이후)에는 수세·공세 방위전략이나 공세적 방위전략을 추진해 왔다고 볼 수 있다.[2)]

북한의 군사전략 개념이 정형화되어 있는데 반해 한국의 군사전략 개념은 그 동안 '없었다'고 해도 과언이 아니다.[3)] 위에서 서술한 것처럼 이론 형태의 전략 개념만 있었을 뿐이다. 1967년부터 2년간 발간된 국방백서, 그리고 1988년 이후 재발간되기 시작한 역대 국방백서의 어디에도 한국의 군사전략 개념은 명시되어 있지 않다. 『2012년 국방백서』에도 "연합방위체제를 구축하여 최단시간 내에 전쟁 주도권을 장악하겠다."는 1개의 문장만 등장할 뿐이다. 그러나 『2014년 국방백서』부터

2) 조영갑, 위의 글, p. 85.

3) 전면전에 대비한 전략개념이 명확하지 못하다 보니 오히려 학자들이 한국의 전략개념 발전방향을 제시하고 있을 정도이다. 박창희는 '방어적 공세전략'을 수립해야 한다고 주장한다. 이 전략은 최초에 적의 공격에 대해 방어를 취하지만 곧바로 공세로 전환하여 전격적인 작전으로 신속결전을 추구하는 전략이다. 김재엽은 수세방어전략과 공세방어전략으로 구분한 뒤 '공세방어전략'을 채택할 것을 주장한다. 이 전략은 전장 공간을 전방 및 국경 주변이나 적 영토로 확대 전환하고, 공세이전의 조기 구현을 위한 여건을 적극적으로 조성하되 방어와 반격을 전쟁 초기부터 동시에 수행하는 것을 말한다. 이에 대해서는 박창희, 『군사전략론』(서울: 플래닛미디어, 2013), p. 620; 김재엽, "한국형 공세방어 전략의 모색", 『국방연구』, 제56권 제2호(2013년 여름), p. 159를 참조.

'한국 군사전략'이 명시되기 시작했다. 전략목표는 "북한의 전쟁수행 능력과 의지를 마비시키고 단기간에 결정적인 승리를 달성한다."는 것이다. 전략 개념은 '효과 중심의 동시·통합작전을 수행'하는 것이며, 전략 수단은 '지상, 공중, 해양, 사이버 공간 등 전 영역에서 합동전력과 연합전력을 공세적으로 운영하는 것'이다.[4] 이때 정립된 한국의 군사전략은 2016년과 2018년도 국방백서에서도 그대로 인용되었다. 그러나 2016년 국방백서부터는 '효과중심'이라는 용어가 빠진 채 동시·통합작전이라는 용어로 사용되고 있다.[5]

동시·통합전이라는 전략개념을 해체해 보면 다음과 같다. 동시전이라는 것은 방어를 한 뒤에 공세이전하는 개념이 아니라 방어와 반격을 동시에 수행한다는 개념이다. 이론 형태의 전략 개념인 수세·공세적 방위전략보다는 보다 적극적인 개념이다. 통합전이란 지상, 공중, 해양, 사이버 공간 등 전 영역에서 합동전력과 연합전력을 유기적으로 통합하여 전쟁을 수행하겠다는 개념이다.[6] 결국 동시·통합전이란 합동 및 연합전력을 유기적으로 통합하여 방어와 동시에 반격작전을 수행하겠다는 전략 개념이다.

전쟁이란 적을 먼저 보고(先見), 먼저 결심하고(先決), 먼저 때리면(先打) 승리하게 되는데 선견, 선결, 선타를 유기적으로 연결하는 것이 네트워크중심전(NCW: Network Centric Warfare)이라고 할 수 있다. 선견을 위해서는 전장식별능력체계(ISR: Intelligence, Surveillance, Reconnaissance)가 구축되어야 하고, 선결을 위해서는 신속한 광역정보전달체계(C4I)가 구축되어야 하며, 선타를 위해서는 정밀타격능력체계와 정밀유도무기

4) 국방부, 『2014 국방백서』, p. 52.

5) 국방부 『2016 국방백서』 서울: 국방부, 2016, p. 49; 국방부, 『2018 국방백서』 (서울: 국방부, 2018), p. 50.

6) 최병학, "한국의 군사전략", 『비교군사전략론』(대전: 충남대학교출판문화원, 2013), p. 368.

(PGM: Precision Guided Munitions)를 유기적으로 통합시켜야 한다. 결국 동시·통합전이란 연합 및 합동부대가 가지고 있는 ISR + C4I + PGM을 유기적으로 통합하여 동시전을 수행하는 개념이다.

2. 평시 전략: 능동적 억제 전략

평시에는 전쟁이나 국지도발이 일어나지 않도록 적을 억제하는 전략을 추진하게 된다. 즉, 억제 전략이란 상대방이 도발이나 전면전을 일으킬 경우, 도발이나 전면전으로부터 얻는 이익보다 손실이 훨씬 더 크다는 것을 평시부터 인식시킴으로써 도발이나 전면전을 일으키지 못하도록 하는 전략을 말한다. 전면전을 가정한 방위전략은 현상의 변경 가능성이 큰 전략인 반면, 억제 전략은 현상을 그대로 유지하고자 하는 현상유지 전략이라고 할 수 있다. 따라서 억제자는 상대방이 현상을 변경시키지 못하도록 하는 것이 중요하다.

억제의 방식에는 2가지 종류가 있다. 방위적 억제(Defense Deterrence) 또는 거부적 억제(Deterrence by Denial)와 보복적 억제(Deterrence by Retaliation)가 그것이다. 방위적 억제/거부적 억제란 방(어)자가 보유한 군사력이 공(격)자의 군사력보다 더 우월하여 오히려 공자가 패배당할 수 있음을 공자에게 인식시킴으로써 공자의 도발이나 침략행위를 억제하는 것을 말한다. 방자는 상대방의 공격을 무력화시킬 수 있는 능력을 보유하고 있어야 하고 상대방도 그 사실을 알고 있을 때 방위적 억제/거부적 억제가 성립된다. 보복적 억제란 상대방의 공격 행위에 대한 보복으로 상대방이 귀중하게 여기고 있는 목표를 파괴할 수 있는 힘을 가지고 있을 때 성립된다. 만일 방자가 공격을 받는다면 방자의 군사력으로 공자가 보유한 고가의 자산에 대해 보복한다는 위협

을 가함으로써 공자의 도발을 단념하게 하는 것을 말한다.[7)]

억제 전략도 전면전 전략처럼 안보환경의 변화에 따라 변해왔다. 2010년의 천안함 폭침과 북한의 연평도 포격도발은 한국의 군사전략을 근본적으로 되돌아보게 하는 계기를 마련했다. 2009년 연말부터 가동 중이었던 국방선진화추진위원회와 천안함 폭침 이후 가동되었던 국가안보총괄점검회의는 국군의 새로운 평시 전략 개념으로 적극적 억제 전략(Pro－Active Deterrence Strategy)을 국방부에 제시했다. 국방선진화추진위원회와 국가안보총괄점검회의는 기존의 방위적/거부적 억제 전략이 북한의 국지도발을 끊지 못했다는 반성을 바탕으로 북한의 국지도발시 응징 보복을 할 수 있는 보복적 억제를 하기 위한 적극적 억제 전략을 제시했던 것이다.

국방부는 양 위원회가 제시한 적극적 억제 전략을 수용하였다. 2010년 12월, 국방부가 2011년 업무보고를 하는 자리에서 적극적 억제 전략 개념 구현을 최우선 과제로 제시함으로써 적극적 억제 전략이 군사전략개념으로 자리 잡게 되었다. 여기에는 북한의 비대칭 위협과 국지도발에 대해 자위권 차원에서 적극적으로 응징하고 또 응징할 수 있는 타격 전력을 조기에 확보한다는 내용이 포함되었다[8)] 2012년 3월 말에는 북한의 도발시 "도발 원점, 지원세력, 지휘세력"까지 응징한다는 구체적인 응징보복의 대상이 발표되기도 했다.

적극적 억제 개념은 박근혜 정부 때 능동적 억제(Active Deterrence) 개념으로 바뀌었다. 적극적 억제란 적 도발시 단호한 응징으로 위기상황을 조기에 종결 및 확전을 방지하는 개념으로써 북한 도발시 도발원

---

7) 김열수, 『국가안보: 위협과 취약성의 딜레마』, 제5판(파주: 법문사, 2017), pp. 181-186.

8) 황병선, "한국의 적극적 억제 전략 분석: 군사전략 구성요소를 중심으로", 『군사논단』, 제74호(2013년 여름), p. 47.

점과 필요시 이를 지원·지휘하는 세력까지 응징하겠다는 개념이다. 이에 반해 '능동적 억제'란 북한의 다양한 위협을 억제하고, 도발하면 단호하게 대처해 추가로 도발하지 못하도록 하고, 전면전을 억제하기 위해 선제적 대응까지 포함하는 개념이라고 할 수 있다. 선제적인 대응조치란 도발 억제를 위한 군사적·비군사적 모든 조치를 포함하는 것으로 전면전 도발징후가 명백하고 임박한 경우에는 국제법적으로 허용하는 자위권 범위 내에서 모든 수단을 강구한다는 뜻이다. 킬 체인과 한국형미사일방어체제(KAMD)라는 개념이 구체화된 것도 이때였다. 언어 표현상의 차이가 있긴 하지만 국방부는 어쨌든 능동적 억제를 적극적 억제 + 선제공격으로 규정했다.

제3절 한국의 군사전략 수행 전력

1. 남북한 각각의 비대칭 전력

남북한 간에 2배 이상 차이나는 병력의 수, 5배 이상 차이나는 병사들의 복무 연한 등도 비대칭성을 지니고 있다. 그러나 한국에 대한 북한의 비대칭 전력의 핵심은 핵미사일 등 WMD, 사이버전, 방사포/장사정포, 그리고 특수전부대 등으로 요약된다. 그러나 북한이 최초부터 비대칭 전력을 증강시킨 것은 아니었다. 북한은 1990년대 중반 '고난의 행군'을 계기로 첨단 재래식 전력을 증강하는 대신 WMD 개발과 함께 한반도 지형에 특화된 저비용·고효율의 비대칭 전력을 개발 및 배치했다고 볼 수 있다. 김정은 시대 들어서도 이런 흐름은 지속되고 있다. 김정은은 2014년 신년사에서 국방의 경량화, 지능화, 무인화, 정밀화를 강조했는데, 경량화는 핵을, 지능화는 사이버전을, 무인화는 무인기개발을, 정밀화는 미사일 분야를 의미한다고 볼 수 있다.[9] 북한 전력의 비대칭성에 관해서는 제2장 제3절과 제4절에 자세히 서술되어 있다.

북한이 핵미사일 등 WMD 위주의 대남 비대칭성을 갖고 있다면, 한국은 첨단 무기체계 위주의 대북 비대칭성을 가지고 있다. 한국은 전시 군사전략을 수행할 수 있는 대북 비대칭 무기로 先見, 先決, 先打 차원의 전력 즉, ISR, C4I, PGM 차원의 비대칭성 무기체계를 가지고 있다.

2. 전시 군사전략 수행 전력

작계 5015는 전면전, 국지전의 확전, 참수작전, 그리고 북한의 핵미사일 공격 위협에 대비한 종합적인 작전계획이라고 할 수 있다.[10] 작계 5015는 한미 연합전력으로 시행되지만 그 중에서도 주한미군을 포함한 전면전시 증원되는 미국의 증원전력이 핵심 전력이라고 할 수 있다. 미 증원전력은 육·해·공군 및 해병대를 포함하여 병력 69만여 명, 함정 160여 척, 항공기 2,000여 대의 규모이다. 미 증원전력은 위기상황 전개에 따라 신속억제방안(FDO: Flexible Deterrence Option)과 시차별부대전개제원(TPFDD: Time Phased Force Deployment Data)으로 구분된다. 그러나 본고에서는 미국의 증원전력을 제외한 한국의 전력만을 살펴볼 것이다. 동시·통합전을 수행하기 위한 한국의 전력이 그 대상이

---

9) 김열수 외 5명, 『주변국 군사력 격차에 따른 적정 국방비 확보』, 2014 국방정책연구보고서(서울: 한국전략문제연구소, 2014), p. 102.

10) 작계 5015는 일명 '김정은 참수작전'으로 북한과의 전면전 때 선제 타격과 지휘부 제거를 위한 부대배치 등을 담은 최신 작전계획으로 2015년 한미 합참의장에 의해 서명되었다. 작계 5015의 특징은 북한의 미사일 위협을 탐지(Detect), 교란(Disrupt), 파괴(Destroy), 방어(Defense하는 4D작전계획을 반영하고 있다. 한미 양국의 감시·정찰자산을 통해 북한 핵·미사일 기지의 움직임을 감시하고 선제 타격하는 개념까지 포함하고 있다.

다. 군종별 분석보다는 먼저 보고, 먼저 결심하고, 먼저 타격하는 통합적 차원의 전력을 중심으로 분석할 것이다. 보유하고 있는 전력과 금명간 보유할 것으로 계획되어 있는 전력을 포함하여 분석하고자 한다. 적어도 한국군은 전시 군사작전을 수행하기 위한 ISR, C4I, PGM의 첨단성, 정밀성, 통합성, 다양성 차원에서는 북한의 무기체계를 압도한다고 볼 수 있다.

가. ISR 전력: 先見

전장을 조기에 식별하기 위해서는 영상, 음성, 신호 첩보를 획득해야 한다. 영상 정보를 획득하기 위해서는 인공위성, 정찰기, 레이더 등이 필요하다. 한국은 현재는 가지고 있지 않으나 2020년대 초반 5~6기의 군사위성을 운용할 계획이다. 현재 한국은 군사 영상을 다목적 실용위성인 아리랑 시리즈 위성(3호, 5호, 3A호 등)으로부터 획득하는데 아리랑 3A의 경우 화상도는 0.55m 정도이다.

국군은 고고도 무인 정찰기인 글로벌 호크(Global Hawk)를 2019년에 4대 도입할 계획이다. 글로벌 호크는 작전반경 3,000km로 20km 상공에서 30cm 크기의 물체를 적외선 영상으로 획득할 수 있다. 국군은 현재 작전적 수준의 정찰기만을 운용하고 있다. 4대의 금강 및 RF-16 정찰기는 군사분계선 남쪽 20~40km 거리에서 고도 10km 이상으로 비행하면서 70~80km 너머의 북한 군사시설 및 활동(남포~함흥)을 0.3m의 화상도로 촬영한다. 촬영된 영상은 실시간으로 후방 지상기지로 전송된다. 백두정찰기의 주 임무는 적의 레이더 신호 분석과 통신 감청이며 범위는 북한 전역이다.

군단급에서 운용하는 무인정찰기로는 RQ101 송골매가 있다. 날개폭 6.4m인 송골매는 시속 120~150km로 비행할 수 있으며 작전반경은 최대 200km이다. 한번 이륙하면 최대 4km 상공에서 6시간을 체공하며 북한군에 대한 영상정보를 수집할 수 있으며 실시간 지상기지로 전송한다. 사단급 UAV는 KUS－9으로써 길이 3.4m, 무게 150kg이다. 최대 4km 상공에서 시속 90 km의 속도로 비행할 수 있으며 작전반경은 60km에 달하고 최대 8시간 정도 체공 가능하다.

이 외에도 KAI 등은 2014년 세계에서 두 번째로 개발한 틸트로터(Tilt－Roter · 프로펠러가 이착륙할 때는 수직으로, 비행할 때 수평으로 전환) 방식의 신개념 무인기인 KUS－TR의 시험비행에 성공했다. 이 무인기의 군용화도 가능할 것으로 보인다. 또한 대한항공은 중고도 무인기 KUS－15을 개발 중인데 이 무인기는 10km 상공에서 장시간 체공하며 200km 떨어진 지상표적의 움직임을 관찰할 수 있으며 필요시 표적에 대한 무인공격도 가능하다. 따라서 다양한 종류의 전략 · 작전 · 전술적 수준의 무인기가 군사용으로 사용될 예정이다.

북한의 미사일 발사를 탐지하는 레이더도 보유하고 있다. 2대의 Super Green Pine 레이더와 3척의 이지스함의 SPY－I이다. Super Green Pine 레이더는 탐지거리가 900km이고, SPY－I의 탐지거리는 1,000km이다. 군은 2대의 Super Green Pine 레이더 블록 C형을 추가로 도입할 예정이다. 한국의 ISR과 대칭될 수 있는 전력은 북한이 가지고 있는 질 낮은 무인기뿐이다. 국군은 ISR 차원에서 북한에 비해 절대적 우위에 있다.

나. C4I 전력: 先決

먼저 결심하기 위해서는 신속한 광역정보전달체계(C4)가 구축되어야 한다. 한국 지형 여건상 통신은 많은 제한을 받을 수밖에 없다. 따라서 지형을 극복할 수 있는 통신 수단이 있어야 하는데 이를 위해 통신 인공위성이 필요하다. 국군은 통신용 군사위성은 없으나 통신 위성인 민군 겸용의 무궁화 위성 시리즈(무궁화 5호, 무궁화 6호)를 이용하고 있다.

국군은 군종별로 광역정보전달체계를 구축했다. 육군은 ATCIS를, 해군은 KNCCS를, 공군은 AFCCS라는 C4I 체계를 구축했다. 또한 정보를 교환할 수 있는 군사정보통합관리체계인 MIMS도 구축했다. 또한 각 군의 C4I 체계는 합참의 합동 C4I체계(KJCCS)에 연결되었으며, 대부대 훈련용(태극 JOS) 시스템도 합동 C4I체계에 연결되어 있다. 그러나 각 C4I체계에 연동되는 데이터 링크가 달라 전시에 유기적인 통합 타격이 어렵다는 문제점이 있으나 현재 보강 중에 있다.

한국은 통신용 인공위성을 가지고 군종별로 광역정보전달체계가 구축되어 있고 합동 C4I 체계도 구축되어 있다. 어마어마한 첩보와 정보를 수집·분석·생산·전파하고 표적별 가장 적합한 수단을 배분하며, 효과적인 지휘통제를 하기 위해 광역정보전달체계의 구축은 필수적이다. 그러나 북한의 광역정보전달체계는 미미한 수준이다.

다. PGM: 先打

방어와 동시에 반격이 이루어지면서 적의 중심을 마비시키려면 더 멀리, 더 빨리, 더 정확한 무기체계, 즉 PGM이 필요하다. 우선 지대지 미사일인 사거리 300km의 ATACMS, 사거리 300~500km의 현무Ⅱ, 사거리 1,500km의 현무 Ⅲ가 있다. 2017년 11월 한미정상회담의 결과 한국 탄도미사일의 탄두중량이 무제한으로 늘어남에 따라 한국은 향후 사거리 800km 그리고 무제한의 탄두중량을 가진 탄도미사일을 생산할 수 있게 되었다.

한국은 지대공 미사일인 항공 요격용 PACⅡ와 미사일 요격용인 PACⅢ를 확보하고 있다. PACⅢ는 고도 40km 미만에서 북한의 미사일을 요격할 수 있다. 군은 PACⅡ를 PACⅢ로 성능을 개량함과 아울러 PACⅢ도 도입하였다. 또한 국방부는 2022년까지 중거리 미사일인 M－SAM과 장거리 미사일인 L－SAM을 개발할 예정이다.

함대지 및 함대공 미사일도 무시 못할 전력을 가지고 있다. 향후 3척의 이지스함이 추가되면 한국은 총 6척의 이지스함을 보유하게 된다. 북한은 1척의 이지스함도 가지고 있지 않다. 이지스함에 탑재되어 있는 SPY－1 레이더는 1,000여 개의 표적을 동시에 탐지 및 추적하고, 20여 개 표적을 동시에 공격할 수 있다. 함대지 순항미사일 천룡(현무Ⅲ－C)은 사거리 1,500km이며, 해성2는 1,000km의 사거리를 가지고 있다. 적의 잠수함을 잡는 잠대지 미사일 해성3는 사거리 1,000km이며 이 외에도 대잠어뢰인 홍상어와 청상어를 보유하고 있다. 함정에는 SM2/SM6의 함대공 요격미사일도 탑재되어 있다.

북한 공군에 비해 한국 공군은 절대 우위에 있다. 한국 공군은 60대의 F－15K, 160대의 KF－16, 40대의 F－35A(스텔스 기능, 2019년부터 도입), 공중조기경보통제기인 피스 아이, 그리고 공중급유기 등을 운용하는데 반해 북한 공군은 1990년대 이후 소량의 미그 29기 도입 이후 새로운 전투기를 도입하지 못하고 있다. 따라서 한국 공군은 공대공 전투에서의 능력뿐만 아니라 공대지 전투 및 폭격이 가능한 다양한 미사일을 보유하고 있다. 한국 공군은 JDAM(Joint Direct Attack Munition, 20km),[11] JASSM(Joint Air－to－Surface Standoff Missile, 300km), SLAM－ER (Standoff Land Attack Missiles, 280km), POPEYE(100km), KGGB(한국형 JDAM, 100km), GBU－28 벙커버스터(9km, 지하 30m, 콘크리트 두께 6m 파괴) 등을 보유하고 있을 뿐만 아니라 사거리 500km인 독일산 TAURUS도 수백 발 도입하였다.

11) 재래식 비유도폭탄에 유도장치와 날개 장착하여 만든 정밀유도폭탄

한국은 지상 및 해상, 그리고 공중에서 발사하는 다양한 탄도 및 순항 미사일인 ATACMS, TAURUS, GBU-28 벙커버스터, 현무 등을 가지고 있고 북한도 다양한 미사일 1,000기 이상을 가지고 있다. 미사일 분야에서는 남북한이 어느 정도 대칭을 이루었다고 본다. 그러나 한국은 하늘, 바다, 땅에서 각각 하늘, 바다, 땅으로 발사할 수 있는 다양한 종류의 미사일을 보유하고 있는데 반해 북한은 주로 지대지 미사일을 많이 확보하고 있다고 볼 수 있다.

미국 헤리티지 재단이 2015년 2월, '2015 미국 군사력 지수 보고서'를 발표했다. 이 보고서는 13개 분야에서 남북한의 재래식 전력을 평가한 결과 장갑차와 헬기를 제외한 모든 분야에서 한국이 열세[12)]라고 밝혔다. 그러나 1990년대 중반 고난의 행군 이후 북한 재래식 전력 증강은 답보상태에 있다. 따라서 무기체계의 플랫폼 숫자를 나열하는 정량적 평가보다는 무기체계를 질적으로 평가하는 정성적 평가도 동시에 이루어져야 한다. 북한은 WMD, 방사포 및 장사정포, 사이버전 능력, 특수전 능력에 대해 대남 비대칭성의 우위를 가지고 있는 반면, 한국군은 ISR, C4I, PGM 차원에서 대북 비대칭성의 우위를 지니고 있다고 본다.

라. 전력의 네트워크화 사례: 전구합동화력운용체계(JFOS-K) 구축[13)]

동시·통합전이 구체적으로 어떤 모습으로 나타날지를 합동화력운용체계의 사례를 통해 설명해 보면 다음과 같다. 우선 방어 및 반격 초

12) Dakota I. Wood(ed.), *2015 Index of U.S. Military Strength: Assessing America's Abikity to Provide for the Common Defense*(Washington D.C.: The Heritage Foundation, 2015).

13) 강치구, "軍, 北 장사정포 등 대비 합동화력대응체계 전략화", KONAS.Net, 2014.12.10.

기에 북한의 다양한 표적 중에서 가장 중요한 표적, 즉 적의 중심에 해당되는 표적은 군사분계선(MDL) 인근에 집중적으로 배치된 북한의 240mm 방사포와 170mm 자주포 등 장사정포 및 중·단거리 미사일 등이 될 것이다. 국군은 지상, 해상, 공중 전력을 통합하여 동시에 이런 표적들을 타격해야 하는데 이것이 바로 JFOS-K로써 2014년 12월에 구축되었다.

JFOS-K는 공중통제기(피스아이), 무인정찰기(UAV), 대포병레이더(TPQ), 전자전 장비, 이지스 구축함 등에서 북한 장사정포와 미사일 기지 움직임을 실시간으로 탐지해 지상과 해상, 공중부대에 전파하고 유사시 이를 격파하는 일련의 합동대응체계를 말한다. 지상에서는 다연장로켓(사정 45km), ATACMS, 탄도탄 미사일인 현무Ⅱ, 크루즈 미사일인 현무Ⅲ 등으로 타격하고 K-9 자주포(사정 40km)와 아파치·코브라 공격헬기도 가담한다. 해상에서는 이지스함의 SM-2 대공미사일(사정 148km)과, 공중에서는 F-15K 전투기의 합동정밀직격탄(JDAM) 등이 동원된다.

제4절 북한 핵미사일 대응 전력

1. 맞춤형 억제 전략

6자회담이 파행을 겪고 있던 2006년 10월, 북한이 제1차 핵실험을 단행하자 한국 국민들은 충격에 휩싸였다. 유엔 안보리가 긴급하게 소집되어 대북 제재 결의안 제1718호를 통과시켰지만 이 정도로 국민들의 불안을 달랠 수 없었다. 매년 SCM 직후 발표되는 공동성명에는 "미국이 한국에 대해 핵우산을 제공한다."는 내용이 들어있지만 이 정도로도 부족했다. 미국의 강력한 개입 의지가 천명될 필요가 있었다. 이에 따라 한미 국방부장관은 2007년 워싱턴에서 개최된 SCM을 통해 핵우산의 확대판인 확장억제(Extended Deterrence)에 합의했다.

사실 확장억제는 직접억제와 대비되는 개념이다. 직접억제는 억제자가 직접 도발자를 억제하는 것인 반면, 확장억제는 억제자가 동맹이나 우방국을 보호하기 위해 억제력을 발휘하는 것을 말한다. 사실 핵우산도 이런 확장억제에 속한다. 그러나 한국은 미국이 제공하는 핵우산보다 조금 더 의미가 강한 새로운 개념을 요구했다. 따라서 한미간에 합의한 확장억제의 개념은 미국이 핵우산을 제공하고 북한의 재래식 무기 및 미사일 위협 등에 대해서도 억제력을 제공하는 개념으로 발전되었다.

한・미 국방부 장관은 제43차 SCM(2011.10.28.)에서 한・미 공동의 「맞춤형 억제 전략」 발전에 합의했고, 제44차 SCM(2012.10.24.)에서는 「맞춤형 억제의 개념과 원칙」에 합의했으며, 제45차 SCM(2013.10.2.)에서 최종 문서에 서명함으로써 맞춤형 억제 전략(Tailored Deterrence Strategy)이 가동되기 시작했다. 북한의 WMD에 대한 맞춤형 억제 전략은 3단계로 구분되며, 단계별 대응방식과 수단은 다음과 같다.[14)]

먼저, 위협단계(WMD를 발사대로 옮기거나 거치)에서는 한・미 연합훈련을 통한 무력시위 등 군사적 요소 외에 경제・외교적 압박 등 비군사적 요소까지 동원하여 북한을 압박하고 감시를 강화하며, 미사일이나 전투기 등을 동원해 이를 무력화시킬 준비를 한다. 또한 인공위성과 각종 정찰 장비 등을 통해 훈련인지, 기만전술인지, 또는 실제사용하려는 것인지를 판단한다.

---

14) 정용수, "한・미, 맞춤형 억제 전략 별도 문서화", 『중앙일보』, 2013.10.4.

사용 임박단계(연료 주입, 발사명령 포착)에서는 다양한 정찰 자산 분석을 바탕으로 구체적인 군사행동에 돌입한다. 지대지 미사일, 공대지 미사일, 잠수함 미사일 등을 동원해 선제 타격을 실시한다. 미국이 보유한 핵무기를 B－52나 B－2 폭격기, 미사일 등에 탑재해 동원할 수도 있다.

마지막 사용단계(북한 WMD 발사)에서는 사용 임박단계에서 무력화시키지 못한 미사일을 공중이나 낙하단계에서 요격을 시도한다. 각종 지대공 미사일과 미국의 미사일 방어체계(MD)를 이용하고, 한국형 미사일 방어체계(KAMD) 완성시 이것도 동원한다.

맞춤형 억제 전략은 전・평시 북한의 핵위기 시나리오별로 대응 전략을 마련했고, 기존에 말로 해 왔던 확장억제 공약을 실제적인 억제 방안이 포함된 전략으로 발전시켰다는 점에서 큰 의미가 있다.[15] 이런 전략의 실행력을 보장하기 위해 한미양국은 2011년 양자 협의체인 확장억제정책위원회(EDPC: Extended Deterrence Policy Committee)를 창설하였다. 2015년에는 EDPC와 미사일대응능력위원회(CMCC: Counter Missile Capability Committee)을 통합하여 차관보급 정례 협의기구인 한미 억제 전략위원회(DSC: Deterrence Strategy Committee)를 출범시켰다. 한미 양국은 매년 두 차례 DSC에서 확장억제수단의 운용 연습을 실시해 왔다. 2016년에 개최된 제48차 SCM에서는 차관급의 2＋2회담인 한미 외교・국방 확장억제 전략협의체(EDSCG: The Extended Deterrence Strategy and Consultation Group)를 운용하기로 했다.

동맹의 미사일 대응 작전개념인 4D는 2014년 제46차 SCM에서 합의되었다. 4D란 북한의 미사일을 탐지(Detect), 교란(Disrupt), 파괴

---

15) 권태영・노훈・박휘락・문장렬, 『북한 핵・미사일: 위협과 대응』(서울: 북코리아, 2014), pp. 263-270.

(Destroy), 방어(Defend) 한다는 개념이다. 한미는 4D의 이행지침을 토대로 동맹의 의사결정, 기획, 지휘통제, 연습 및 훈련, 능력 발전 등 5개 분야에 대해 실행력을 제고시켜 나가고 있다.

한미는 북한의 핵미사일 위협에 대해 동맹이 보유하고 있는 억제 방법과 수단을 최대한 활용하여 공동으로 대응한다는 맞춤형 억제 전략을 수립하였고 북한의 미사일에 대해서는 4D를 작전개념으로 수립하였다. 주한미군 기지에 사드를 배치한 것도 맞춤형 억제 전략의 제3단계를 대비한 것이었고 4D를 현실화하기 위한 것이었다.

2. Kill-Chain(전략적 타격체계)

맞춤형 억제 전략이 한미간의 공동 전략이고 4D가 동맹의 포괄적 미사일 대응 작전개념이라고 한다면, 킬 체인(Kill－Chain)과 한국방공 및 미사일방어체계(KAMD), 그리고 대량응징보복(KMPR) 등 3K는 4D를 구현하기 위한 한국 단독의 대북 핵미사일 억제 전략이라고 할 수 있다. 사용임박단계에서 국군 단독으로 선제타격을 실시하는 것을 Kill－Chain이라고 하고, 사용단계에서 국군 단독으로 북한 미사일을 격추하는 것을 KAMD라고 한다. KMPR은 북한이 핵・미사일을 사용했을 경우 보복 차원에서 김정은을 포함한 북한군 수뇌부를 제거하고 이들의 은거지와 주요 시설을 신속히 파괴, 제압하는 응징전략을 의미한다.[16)]

북한에 대한 비핵화가 실패하면 북한이 핵무기를 사용할 경우를 가

16) 『2018 국방백서』에서는 kill-chain을 '전략적 타격체계'라는 용어로 수정하여 사용하고 있다. 변화되고 있는 한반도 안보상황을 고려하여 용어를 수정한 것으로 보인다. 그러나 그 개념 자체는 변하지 않았다는 점을 중시하여 본 저서에서는 kill-chain이라는 용어를 그대로 사용한다.

정하여 이에 대한 대응전략을 시계열적으로 수립해야 한다. 우선 북한이 핵무기를 사용하지 못하도록 하는 억제가 필요하고, 억제가 실패할 경우 이에 대응할 수 있는 3K(Kill－Chain, KAMD, KMPR)를 조기에 구축해야 한다. 마지막으로 3K조차 뚫고 한국 땅에 떨어지는 핵미사일에 대한 방호대책을 강구해야 한다. 동시・통합전을 수행하기 위한 ISR, C4I, PGM 부분에서는 한국이 북한에 대해 비대칭적 우위를 가지고 있지만 북한 핵미사일 위협에 대해서는 오히려 보완해야 할 요소가 많다. 이 말은 방어가 그만큼 어렵다는 뜻이기도 하다.

북한 핵무기의 사용을 억제하기 위해서는 억제력을 확보하는 것이 가장 시급하다. 비핵국가와 핵국가가 군사적 긴장상태에 돌입할 경우 비핵국가가 핵국가에 취할 수 있는 행동에는 두 가지가 있다. 하나는 항복하는 것이고 다른 하나는 싸워서 멸망하는 것이다. 결국 핵국가에 대해 억제력을 확보하려면 비핵국가가 핵을 보유하는 수밖에 없다. 그러나 정치・외교・경제적으로 핵보유가 곤란하다면 NATO처럼 전술핵무기를 한국에 재배치함으로써 핵무기를 공유할 수도 있다. 여기에 대해서는 제8장에서 상세히 다룰 것이다.

확장억제는 미국이 한국에 제공하는 것이지 한국이 주체가 되어 북한의 위협에 대해 억제력을 발휘하는 것은 아니다. 전작권 전환이 이루어지면 한국은 한국 방위의 주도자가 되고 미국은 보조자가 되어야 하는데 확장억제는 그 반대 상황을 가정하고 있는 것이다. 국방부는 확장억제 전략을 한미간의 공동전략으로 둔 채, 한국 스스로의 억제 전략을 마련했다. 그것이 바로 2010년 12월 발표된 적극적 억제 전략이었다. 2013년 2월, 국방부는 북한의 제3차 핵실험 직전에 적극적 억제 전략의 핵심축의 하나인 Kill－Chain 개념을 발표했다.

Kill－Chain이란 북한의 미사일 위협을 실시간으로 탐지하여 표적 위치를 식별하고 효과적으로 파괴할 수 있는 타격 수단을 결심한 후 타격하는 일련의 공격체계를 말한다.[17] 전문용어로 표현하면, '시한성 긴급표적(Time Sensitive Target)에 대한 표적화 과정(Targeting Steps)'을 킬 체인이라고 정의할 수 있다. 미 공군에서는 Kill－Chain을 6단계로 나누어 F2T2EA(Find－Fix－Track－Target－Engage－Assess)라고 부르기도 한다.[18]

킬 체인이란 용어는 1991년 걸프전 때, 이라크가 이스라엘을 상대로 스커드 미사일을 발사하자 이라크의 스커드 미사일을 제거할 목적으로 등장했다. 시한성 긴급표적인 중요한 이동표적을 먼저 파괴할 필요가 있었기에 등장한 개념이었다. 걸프전 당시의 킬 체인은 그렇게 효율적이지 못했으나 센서(Sensor)체계와 슈터(Shooter)체계가 정밀화되면서 코소보전과 이라크전에서 그 위력을 발휘하기 시작했다. 현재 미군이 전투지역에서 킬 체인에 소모하는 시간은 최대 45분으로, 짧게는 10분을 목표로 하고 있다. 그리고 2025년에 이르면 수십 초의 대역에서 킬 체인을 수행하겠다는 야심찬 계획까지 세우고 있다.[19]

한국형 Kill－Chain은 미국의 킬 체인인 F2T2EA의 6단계를 탐지－식별－결심－타격 등 4단계로 축소한 개념이다. 한국형 킬 체인이란 북한이 핵·미사일로 한국을 타격할 가능성이 커질 경우, 한국은 이런 징후를 조기에 포착하여 선제공격을 실시함으로써 사전에 이를 제거한다는 개념이다. 목표는 북한의 미사일, 이동식 발사대 및 이동로, 지휘통제체계, 관련 고정시설 등 주로 북한 핵미사일 작전체계이다. 킬 체인은 표적 탐지－식별－결심－타격 등 4단계로 구성되어 있다. 한국은

---

17) 국방부, 『2016 국방백서』(서울: 국방부, 2016), p. 58.

18) 양욱, "북한의 비대칭 위협을 제거한다: Kill-Chain", http://navercast.naver.com/contents.nhn?rid=107&contents_id=31409(검색일: 2013.11.15.)

19) 양욱, 위의 글.

북한의 도발 징후 포착 30분 이내에 도발 원점을 선제공격하겠다는 것이다. 탐지에 1분, 분석(좌표식별)에 1분, 결심에 3분, 그리고 25분 이내에 타격함으로써 30분 이내에 선제공격을 마무리한다는 개념이다.[20] 한국은 적절한 수준의 지상, 공중, 해상의 미사일, 전투기, 함정 등 각종 타격수단을 보유하고 있다. 문제는 ISR이다.

북한은 한국의 킬 체인을 회피하기 위해 고정식 발사대보다는 이동식 발사대(TEL)를 사용하고, 터널에 숨어 있다가 발사할 순간에만 야지나 고속도로에 나와서 발사하는 연습을 하기도 한다. 또한 장시간 주입해 있는 상태에서도 발사 가능한 질 좋은 액체 연료를 사용하고 있다. 연료도 주입에 오랜 시간이 걸리는 액체연료에서 북극성 1, 2형에서 보는 것처럼 연료 주입 시간이 거의 필요 없는 고체연료로 점차 바뀌가고 있는 추세이기도 하다. 결국 킬 체인이 성공하려면 북한의 이동식 발사대까지 실시간으로 추적할 수 있는 ISR의 첨단화와 중첩화를 위한 전력화가 필요하다고 볼 수 있다.

3. KAMD(한국형 미사일 방어체계)

2013년에 개최된 제45차 SCM의 결과, 한국은 미국의 MD에 편입하지 않고 KAMD를 유지하기로 합의했다. 2000년 초에 이 개념이 구상될 때 한국은 중국을 의식하지 않을 수 없는 정치적 상황, 종심 없는 남북한 간의 거리, 한반도 지형, 체계 구축시 소요되는 재정적 부담, 기술 수준 등을 고려하였다. 따라서 KAMD는 탐지 센서의 운용 범위를 한반도로 국한시키고, 요격미사일 능력도 종말단계에서의 하층 방어로

---

20) 전현석, "[북한 핵무기 선제타격 능력은] 탐지부터 타격까지 30분내 완료 '킬 체인(Kill Chain)' 추진", 『조선일보』, 2013.2.8; 전현석, "[北 3차 핵실험] 北이동식미사일 100%탐지 어려워… '핵공격 선제타격' 사실상 불가능", 『조선일보』, 2013.2.14.

한정시키게 되었다.[21] KAMD는 조기경보체계, 지휘통제체계, 요격체계로 구성되어 있다. 북한에서 미사일을 발사하면 탄도탄 조기경보레이더, 이지스 레이더 등으로 탐지하여 탐지된 정보를 작전통제소에서 분석하고 최적 요격포대에 전달하면, 요격명령을 받은 포대는 자체 미사일로 미사일을 추적하여 요격 임무를 수행하게 된다.

한국은 독자적인 KAMD 체제를 구축과 동시에 미국과 함께 북한 미사일 위협에 효율적으로 대응하기 위해 상호운용성(Interoperability)을 증진시켜 나가기로 했다. 근 실시간(Real time)으로 요격하기 위해[22] 한국은 미군 자산을 필요로 하며, 미군 또한 한국의 자산으로부터 획득되는 정보를 필요로 하기 때문이다. 국방부는 2020년대 초반까지 KAMD 구축을 위한 몇 가지 계획을 발표했다. 그러나 미사일 방어를 위한 체계의 체계화(System of Systems)는 실현 가능성이 떨어져 보이는데 그 이유는 각 체계별 보완 계획이 미흡하기 때문이다.

우선, 감시체계부터 살펴보자. 한국은 조기경보체계 면에서, 지상에서의 Green Pine 레이더와 해상에서의 SPY-1 레이더를 보유하고 있으나 우주에서의 SBIRS에 기반한 조기경보위성은 없다. 이것은 한국이 지구 곡률(曲率)과 지형차폐, 레이더 탐지범위 등의 이유로 북한의 미사일 공격을 발사 직후부터 탐지할 수 없다는 뜻이다. 미국의 조기경보위성은 미사일 발사 약 40초 후에 탐지가 가능하지만 한국의 탐지 레이더는 약 100초 후에 탐지할 수밖에 없어 미국 조기경보위성으로부터의 지원이 없으면 임무 수행이 어렵다.[23]

---

21) 신영순, "한국형 미사일 방어체계", 『국가안보전략』, 2013년 5월호, p. 27.

22) 북한 신계리 미사일기지에서 발사된 미사일은 불과 3분 30초 정도면 서울에 떨어지고, 그에 대응하는 패트리어트 요격미사일의 반응시간은 2분 13초 가량이 소요된다. 이는 모든 것이 정상적으로 정확히 작동했을 때 겨우 요격이 가능하다는 말이 된다. 이에 대해서는 김영호, "탄도미사일 방어: 현황과 한국의 선택", 『국제정치논총』, 제50집 5호(2010), p. 161.

23) 신영순, "한국형 미사일 방어체계", 『국가안보전략』, 2013년 5월호, p. 28.

한국은 Kill-Chain을 위한 정찰 위성 5기 확보는 계획되어 있지만, SBIRS에 기반한 조기경보위성 확보계획은 없다. 이는 2020년대 초반 이후에도 한국이 미국의 조기경보위성으로부터 미사일 발사에 대한 통보를 받아야 된다는 것을 의미한다. 따라서 한국은 ISR을 위한 조기경보위성을 조기에 확보할 필요가 있고, 이를 보완하기 위한 고고도 비행선 도입과 미국의 지해상용 X-Band 레이더의 한국 배치도 고려해 볼 필요가 있다.

C4체계는 작전통제소(AMD-Cell)가 핵심이다. 작전통제소는 조기경보위성, SPY-1, Green Pine 등으로부터 수집한 데이터를 초고속 통신망(인공위성)을 이용하여 실시간으로 전송받게 된다. 정상 작동할 경우 AMD-Cell은 수집한 정보를 슈퍼 컴퓨터가 통합 정보 프로그램을 이용해서 연산한 결과를 실시간으로 대형 스크린에 표시하게 된다. 발사지점, 궤도추적, 예상 탄착 지점 등의 데이터가 생성되면 가장 적절한 탄도탄 요격 수단을 선정하여 초고속 통신망을 이용하여 요격명령을 하달하게 된다. 명령을 받은 부대는 탄도탄의 궤도와 예상 탄착 지점에 레이더빔을 조사하고 탄도미사일이 사정거리 안에 들어오는 순간 요격미사일을 발사하게 된다.[24] 한국군이 보유한 PAC-2와 PAC-3를 연결해 지상 20km 이하로 낙하하는 북한의 탄도유도탄을 요격한다는 구상이다. 그러나 AMD-Cell은 체계 전체를 통제하고 관리할 수 있는 기능에 한계가 있어, 미군의 전구유도탄작전통제소(TMO Cell)로부터 조기경보를 받아 이를 한국의 탐지 및 요격체계에 단순히 통보해 주는 수준에 머물러 있다.

제45차 SCM(2013.10.)에서 한미 양국은 C4체계를 위해 한국의

24) "AMD-Cell: 하나의 혁명입니다", 『유용원의 군사세계』 http://bemil.chosun.com/nbrd/bbs/view.html?b_bbs_id=10040&num=71963(검색일: 2013.11.22.).

AMD－Cell과 주한미군의 TMO－Cell을 전술 데이터 링크로 연내에 연동하기로 합의했다.[25] 이것이 연동되면 C4체계는 제대로 된 기능을 발휘할 것이나 이는 한국 AMD－Cell이 주한미군의 TMO－Cell에 의존하게 된다는 것을 의미한다. 극단적이긴 하지만, 1,000기가 넘는 북한의 다양한 미사일이 동시에 발사를 한다고 가정한다면, 컴퓨터에 의한 데이터 처리를 하지 않으면 아예 지휘통제가 불가능할 것이다. 따라서 AMD－Cell이 미국의 TMO－Cell에 링크되어 보조적 역할을 하는 것에 만족할 것이 아니라 AMD－Cell 스스로 C4의 중추적 역할을 할 수 있도록 체계를 구축해야 할 것이다.

요격체계도 많은 문제점을 가지고 있다. 우선, 북한의 미사일 발사를 탐지했다고 하더라도 요격체계가 제한되기 때문에 비행해 오고 있는 미사일을 아무런 조치도 취하지 못한 채 그냥 바라만 보고 있게 된다. 중간 비행단계에서 요격할 수 있는 미사일이 없다는 뜻이다. 또한 종말단계에서의 방어도 문제가 있다. 종말단계에서의 중상층을 지나올 동안 이를 요격할 수 있는 무기체계가 없기 때문이다.

국방부는 요격체계 도입에 대한 계획도 밝혔다. SM6 미사일과 PAC Ⅲ 추가도입은 물론 2020년까지 M－SAM(중거리)을, 2022년까지 L－SAM(장거리)을 개발하여 실전배치함으로써 중첩 방어 체계를 갖추겠다고 했다.[26] 따라서 적어도 2022년까지는 종말단계에서의 중층 및 하층 방어체계는 구축될 것으로 보인다. 그러나 도입예정인 한국군의 PACⅢ와 주한미군의 PACⅢ는 북한 탄도미사일을 요격하는 데 허용되는 시간이 5~7초에 불과해 실패할 가능성이 적지 않다.[27] 따라서 비행

---

25) 유용원, “한국, 독자적인 MD시스템 운용하더라도 北미사일정보 공유 등 연계 필요하다는 뜻”, 『조선일보』, 2013.10.3.

26) 김병륜, “美 MD 편입 않고 한국형 미사일방어체계 구축”, 『국방일보』, 2013.10.17.

27) 유용원, “軍, MD(美 미사일 방어) 미사일 도입하겠다며… “MD 참여는 없다””, 『조선일보』, 2013.10.16.

단계에서 이를 요격할 수 있는 수단의 확보도 필요하다. PAC Ⅲ의 속도는 마하 5이며 요격고도는 겨우 40km 내외이다. 북한의 스커드 계열 미사일은 겨우 막을 수 있으나 마하 8의 노동 미사일이 고각으로 발사될 경우 요격에는 한계가 있다. 노동미사일에는 사드(THAAD)가 최적의 요격 무기이긴 하나 이것은 주한미군이 가지고 있을 뿐 한국군에는 없다.

한국군도 사드의 도입을 검토해야 한다. 이것뿐만이 아니라 요격고도 150~500km인 SM-3 블록 1이나 또는 현재 개발 중인 요격고도 15,000km인 SM-3 블록 2의 도입도 고려해야 한다. 물론 북한이 한·미의 미사일방어망을 뚫기 위해 요격미사일의 최대 요격 고도보다 높은 상공에서 자탄을 쏟아 내는 방식(ERS: Early Release Submunitions)의 확산탄을 개발하고 있어 이에 대한 대비도 필요하다. 국방부가 2022년까지 여러 가지 문제점을 보완하여 KAMD를 완성하겠다고 밝혔지만 국방부가 발표한 수단 이외에 추가적인 수단을 확보하지 못할 경우, KAMD의 완성은 어려울 것이다.

4. KMPR(대량응징보복)

KMPR(Korea Massive Punishment and Retaliation)은 북한이 핵무기로 위해를 가할 경우 동시·다량·정밀 타격이 가능한 미사일 전력과 전담 특수작전부대 등을 운용하여 북한 전쟁지도본부를 포함한 지휘부를 직접 겨냥하여 응징보복한다는 개념이다.[28] KMPR은 동시에 다량으

---

28) 『2016 국방백서』에는 KMPR을 총괄하여 한국형 구축체계가 3페이지에 걸쳐서 소개되어 있으나 『2018 국방백서』에는 1/2페이지 정도만 소개되어 있고 그나마 KMPR은 아예 빠져있다. 이것도 한반도 안보상황을 고려한 것으로 보이나 그 개념 자체가 없어진 것은 아니기에 본 저서에서는 KMPR이라는 용어를 그대로 사용한다.

로 정밀타격이 가능한 미사일 등 타격전력과 정예화된 전담 특수작전 부대 등이 운용되며 킬 체인처럼 선제타격 개념을 포함하고 있다. 따라서 특전사 요원들이 침투할 경우에는 침투에 필요한 수송기, 스텔스 헬기 등이 필요하고 지휘 통제를 위한 무기체계도 필요하다.

제5절 역비대칭 전력 개발 및 생존을 위한 방호

1. 개념에 입각한 전력 및 역비대칭 전력 개발

조급하게 도입해야 할 전력이 있다. 바로 핵추진 잠수함이다. 북한은 북극성 1형 SLBM을 시험발사해서 성공했고 2017년 8월 23일에는 김정은이 화학재료연구소 방문시 북극성 3형의 SLBM 모형 그림도 공개했다. 북극성 3형은 2000톤급인 신포급 잠수함에 탑재되거나 또는 새로운 3000톤급에 탑재될 수도 있다. 잠수함을 추적하는 것은 여러 가지로 한계가 있다. 따라서 한국도 차기 3000톤급 잠수함인 장보고Ⅲ는 핵추진 잠수함으로 건조할 필요가 있다. 그래야 북한의 잠수함을 바다 속에서 추적할 수 있기 때문이다.

한국은 2020년부터 2024년까지 3000톤 급의 '장보고Ⅲ 배치1급'을 건조할 계획이며 그 이후에는 '장보고Ⅲ 배치2급'을 도입할 계획이다. 현재는 디젤 엔진을 장착하도록 되어 있다. 그런데 속도와 소음, 장시간 작전 수행 면에서 디젤 엔진은 핵추진 엔진을 따라 갈 수 없다. 따라서 북한의 SLBM을 탑재한 잠수함을 추적하기 위해선 반드시 핵추진 엔진을 장착할 필요가 있다.

핵추진 잠수함을 건조하기 위해서는 미국과 협상이 필요하다. 한국과 미국은 2015년에 한・미원자력협정을 개정했다. 이에 따라 한국은 미국의 동의하에 농축도 20% 미만의 우라늄을 농축 및 재처리할 수 있게 되었다.[29] 그러나 군사적 전용은 금지되어 있기 때문에 여기에 대한 협상이 필요하다. IAEA 규정도 넘어야 할 산이지만, 미국의 동의만 받으면 IAEA의 규정은 그리 큰 문제가 되지 않는다. 프랑스의 루비급 잠수함처럼 핵무기 제조불가 수준인 20% 미만의 농축 우라늄을 사용하면 IAEA와 NPT(핵확산금지조약)의 규제로부터도 벗어날 수 있다.

만약 북한이 조만간 3000톤급 잠수함을 개발하여 여기에 SLBM을 탑재한다면 그야말로 속수무책이다. 더 우려스러운 것은 북한이 3000톤급 잠수함을 원자력 엔진으로 추진할 수도 있다는 점이다. 이미 핵무기를 보유한 국가가 핵추진 엔진을 만드는 것이 그리 어려운 일이 아닐 수도 있기 때문이다. 적어도 '장보고Ⅲ 배치2급'에는 핵추진 엔진이 장착되어야 한다.

개념에 입각한 군사력을 건설할 필요도 있다. "한국군은 그동안 한・미 연합방위 체제 하에서 독자적인 전략・전술 개발 노력이 부족했으며, 개별 무기체계 및 기술개발 위주의 군사력 건설에 치중한 게 사실이다". "우리 군은 그동안 승리를 위한 노력을 계속해왔지만 개념에 기반을 둔 군사력 건설은 미흡했던 것 같다". "'북한 따라잡기 식' 전력 증강계획에서 탈피하여 'How to Fight'에 초점을 두고 군사력을 건설해야 한다".[30] 한국군의 전력은 군사전략 개념에 초점을 두고 건설한 것이 아니라 북한의 비대칭 전력을 따라잡는데 급급하게 건설했다는 것이다. 따라서 향후에는 군사전략 개념을 구현할 수 있는 전력을 개발 및 배치해야 할 것이다.

29) 이귀원・김효정, "우라늄 저농축・재활용 길열렸다…한미원자력협정 전면개정", 『연합뉴스』, 2015.4.22.

30) 한민구 국방부 장관이 한국국방안보포럼 초청 강연회(2015.1.28.)에서 기조연설 한 내용

사실 국군이 도입한 ISR, C4I, PGM은 결과적으로 동시·통합작전이라는 전략개념을 수행하기 위한 전력들이다. 또 이런 전력들이 대북 비대칭성을 지니고 있는 것도 사실이다. 그럼에도 불구하고 개별 플랫폼 위주의 전력 개발보다는 전략개념이라는 큰 틀 속에서 전력 개발과 배치가 이루어질 필요가 있다.

전력 개발에서 또 하나 중요한 것은 역비대칭 전력을 개발할 필요가 있다는 것이다. 현재의 ISR, C4I, PGM도 한국이 대북 비대칭성을 가지고 있지만 북한의 비대칭 전력을 압도할 수 있는 전력, 즉 역비대칭 전력들을 개발할 필요가 있다. 북한이 군비경쟁을 포기할 정도로 "압도적 우위의 역비대칭 전력을 개발"하면 더 좋다.[31]

북한이 따라오기엔 너무나 부담이 되는 역비대칭 전력 중에서 이미 군사 선진국들이 개발한 것도 많다. 레이저 빔, 고출력마이크로파(HPM), 초소형 드론, 아이언 맨 등도 있고 레일 건, 탄소섬유탄, 고섬광발생탄 등도 있다. 전쟁 양상이 점차 무인화, 지능화, 스텔스화, 정밀화로 진화함에 따라 AI 기술의 군사 분야 적용을 적극 검토해야 한다. 다른 국가가 개발하고 있는 것을 따라잡는 것을 넘어 아직 개발되지 않은 분야를 한국이 최초로 AI 기술 적용한 무기체계를 개발할 필요도 있다. 그래야 북한 전력과의 역비대칭성을 더욱 심화[32]시켜 나갈 수 있을 것이다.

---

31) 2015년 1월 19일, 한민국 국방부 장관의 기자회견 내용, 하종훈, "軍, 전자기파彈 등 최신무기 개발… '역비대칭 전력' 구축", 『서울신문』, 2015.1.20.

32) 노훈, "북한 비대칭 전략과 우리의 대응개념", 『국방정책연구』, 제29권 제4호(2013년 겨울), p. 107.

2. 생존을 위한 방호

군과 정부 기관은 북한 핵무기가 폭발했을 때 발생하는 전자기펄스(EMP: Electromagnetic Pulse)로부터 보호받을 수 있는 방호체계를 갖춰야 한다. 북한은 2017년 9월 제6차 핵실험 후 노동신문을 통해 EMP의 효과를 자세히 설명했다. EMP는 핵무기 폭발 때 발생하는 강력한 전자기파로 지상의 전자기기 내부 회로를 태우는 공격 방법이다. 이렇게 되면 단 한 번의 EMP 공격으로 현대 문명은 순식간에 석기시대로 후퇴될 수도 있다. 2015년 한국기술연구소는 100kt의 핵폭탄을 서울 상공 100km 위에서 터뜨리면 한반도와 주변 국가의 모든 전자기기를 파괴할 수 있다는 분석 결과를 발표했다.[33] 따라서 아직까지 EMP 시설을 갖추지 못한 군의 핵심 단위들과 정부 기관들은 EMP 방호시설을 조속히 갖춰야 한다.

국민들도 살아남아야 한다. 따라서 3K를 피해 한국 땅에 떨어지는 북한의 핵미사일로부터 살아남기 위해서는 방호 시설이 있어야 한다. 방호시설을 가장 잘 갖춘 곳이 바로 중립국 스위스이다. 200년 이상의 중립국 역사를 가진 스위스는 냉전이 절정에 달했던 1960년대부터 핵 방호시설을 짓기 시작했다. 주거지에 약 30만 곳의 개인 대피소, 공공장소에 약 5,100개의 방호시설이 있다. 핵공격을 받고도 방사능을 차단하면서 장기간 방호시설 안에서 살 수 있게 설계되었다. 2만 명이 한꺼번에 들어가 2주 동안 생존할 수 있는 루체른의 소넨베르그 터널도 있다.[34] 스위스 방호시설은 약 860만 명을 보호해 줄 수 있는데 이는 스

---

33) 박용한, “북 새 위협 수소탄 EMP … 400km 상공서 터지면 미 전역 마비”, 『중앙일보』, 2017.9.5.

34) 최현수, “핵 민방위도 필요하다”, 『국민일보』, 2017.4.5.

위스 인구의 114%에 해당된다. 각 가정에도 독가스와 방사능에 대비한 환기 및 공기여과장치가 부착된 대피시설이 있다. 스위스 다음으로 핵 방호시설이 많은 나라는 스웨덴과 핀란드이다. 이들 국가들도 전 인구의 약70%를 보호할 수 있는 방호시설을 구축해 두고 있다.

독일은 국민을 대상으로 미사일이나 핵 공격 상황에서 어떻게 대응해야 하는지 교육하고 있는데 10시간의 교육 시간을 준수하지 않으면 벌금을 내야한다. 각 가정에서는 마스크, 응급 구조 키트 등이 구비되어 있다. 대피소에는 방사능 물질, 화재, 파편, 생화학 공격을 막을 수 있는데 각 대피소엔 11일간 버틸 수 있는 식량·물·환기 장치·화장실이 있다.

2017년 7월 4일과 7월 28일, 북한이 화성 14형이라는 ICBM을 발사하자 가장 민감한 반응을 한 주(州)가 바로 미국의 하와이이다. 하와이가 화성 14형의 사거리 안에 있기 때문이다. 따라서 하와이는 2017년 11월부터 한 달에 한 번씩 재래식 폭탄 외에 북한의 핵 공격을 가정한 '핵 민방위' 훈련을 하기로 했다.[35] 1945년에 히로시마에 떨어진 것과 같은 15kt급 핵무기가 호놀룰루시 500m 상공에서 폭발했을 경우를 가정한 것이다.

일본도 북한 핵미사일이 일본 영토에 떨어질 가능성이 있다고 판단하면 일본 전국 순시경보시스템인 '제이 얼러트(J-alert)'를 통해 전국에 긴급 정보를 전달한다. 2017년 8월 29일, 북한이 일본 영공을 관통하는 미사일을 발사했을 때 일본 정부는 제이 얼러트 경보를 내리면서 홋카이도를 비롯한 12개 현의 주민들에게 대피하라고 권고했다. 북한은 오전 5시 57분에 미사일을 발사했고 일본은 6시 2분에 제이 얼러트를 발령했으니 5분 만에 경보를 내린 셈이다. 그리고 이 미사일은 6시 6분

35) 옥철, "美 하와이주, 내달 1일 북핵공격 대비 주민대피훈련", 『연합뉴스』, 2017.11.14.

경에 일보 열도를 넘어서 6시 12분에 북태평양에 떨어졌다고 발표했다.

한국은 민방위 체제가 구축된 지 오래지만 아직도 미흡한 것이 너무나 많다. 우선 한국은 핵공격에 견딜 수 있는 민간용 방호시설이 하나도 없다. 서울시내 초중고교는 1,364곳이지만 자체 대피소를 두고 있는 학교는 75곳에 불과하다. 우리도 방호 시설 전반에 대한 재검토와 함께 세내별 물사 준비는 물론 대피 훈련도 해야 한다. 이제 생존을 위한 방호는 재래식 무기에 대한 것이 아니라 핵무기에 대한 방호로 바뀌어야 한다. 북한 핵무기 공격에 대한 생존 차원의 방호체계도 서둘러 구축해야 한다.

참고문헌

1. 저서 및 논문 등

국방부. 2012. 『2012 국방백서』. 서울: 국방부.

______. 2014. 『2014 국방백서』. 서울: 국방부.

______. 2016. 『2016 국방백서』. 서울: 국방부.

______. 2018. 『2018 국방백서』. 서울: 국방부.

김열수. 『국가안보: 위협과 취약성의 딜레마』, 제5판. 파주: 법문사, 2017.

______. "북한 핵미사일 위협에 따른 대응전략". 『신아세아』, 제24권 제3호(2017년 가을).

김열수·김경규. "킬 체인(Kill－Chain)과 한국형 미사일 방어체제(KAMD): 실현가능성을 중심으로". 『신아세아』, 제20권 제4호(2013년 겨울).

______. "남북한 군사전략 비교와 함의". 『신아세아』, 제22권 제2호(2015년 여름).

김열수 외 5명. 『주변국 군사력 격차에 따른 적정 국방비 확보』, 2014 국방정책연구보고서. 서울: 한국전략문제연구소, 2014.

김영호. "탄도미사일 방어: 현황과 한국의 선택". 『국제정치논총』, 제50집 제5호(2010년 겨울).

김재엽. "한국형 공세방어 전략의 모색". 『국방연구』, 제56권 제2호(2013년 여름).

노 훈. "북한 비대칭 전략과 우리의 대응개념". 『국방정책연구』, 제29권 제4호(2013년 겨울).

박창희. 『군사전략론』. 서울: 플래닛미디어, 2013.

조영갑. "한국군 군사전략의 역사적 변천과정과 전략적 특징의 정립". 『군사논단』, 제54호(2008년 여름).

황병선. "한국의 적극적 억제 전략 분석: 군사전략 구성요소를 중심으로". 『군사논단』, 제74호(2013년 여름).

최병학. “한국의 군사전략”. 『비교군사전략론』. 대전: 충남대학교출판문화원, 2013.

Dupuy, Richard Ernest and Trevor N. Dupuy. *The Encyclopedia of Military History from 3500B.C. to the Present*. New York: HaperCollins, 1986.

Wood, Dakota I.(ed.). *2015 Index of U.S. Military Strength: Assessing America's Abikity to Provide for the Common Defense*. Washington D.C.: The Heritage Foundation, 2015..

2. 신문 등 언론 기사

강치구. “軍, 北 장사정포 등 대비 합동화력대응체계 전략화”. KONAS. Net. 2014.12.10.

김병륜. “美 MD 편입 않고 한국형 미사일방어체계 구축”. 『국방일보』, 2013.10.17.

박용한. “북 새 위협 수소탄 EMP … 400km 상공서 터지면 미 전역 마비”. 『중앙일보』, 2017.9.5.

신영순. “한국형 미사일 방어체계”. 『국가안보전략』, 2013년 5월호.

양 욱. “북한의 비대칭 위협을 제거한다: Kill−Chain”, http://navercast.naver.com/contents.nhn?rid=107&contents_id=31409(검색일: 2013.11.15.

옥 철. “美 하와이주, 내달 1일 북핵공격 대비 주민대피훈련”. 『연합뉴스』, 2017.11.14.

유용원. “AMD−Cell: 하나의 혁명입니다”. 『유용원의 군사세계』 http://bemil.chosun.com/nbrd/bbs/view.html?b_bbs_id=10040&num=71963(검색일: 2013.11.22.).

_____. “한국, 독지적인 MD시스템 운용하더라도 北미사일정보 공유 등 연계 필요하다는 뜻”. 『조선일보』, 2013.10.3.

_____. “軍, MD(美 미사일 방어) 미사일 도입하겠다며… ‘MD 참여는 없다’”. 『조선일보』, 2013.10.16.

이귀원 · 김효정. "우라늄 저농축 · 재활용 길열렸다…한미원자력협정 전면 개정". 『연합뉴스』, 2015.4.22.

전현석. "北이동식미사일 100%탐지 어려워… '핵공격 선제타격' 사실상 불가능". 『조선일보』, 2013.2.14.

정용수. "한 · 미, 맞춤형 억제 전략 별도 문서화". 『중앙일보』, 2013.10.4.

최현수. "핵 민방위도 필요하다". 『국민일보』, 2017.4.5.

하종훈. "軍, 전자기파彈 등 최신무기 개발… '역비대칭 전력' 구축". 『서울신문』, 2015.1.20.

제8장 공포의 균형 전략: 전술핵무기 재배치*

요 약

제8장은 북한이 비핵화를 하지 않거나 또는 핵동결 상태를 계속 유지할 경우, 한국은 어떻게 할 것이냐에 관한 글이다. 북한이 핵미사일로 한국을 위협할 경우, 제7장에서 분석했듯이 한미 양국의 맞춤형 억제 전략이나 한국 자체의 3K 전략으로 대응하지 못할 수도 있다. 그렇다면 전혀 다른 차원의 대응전략이 필요하게 되는데 그것이 바로 공포의 균형(Balance of Terror)이다.

공포의 균형을 유지하는 방법은 자체 핵무장을 하거나 또는 미국의 전술핵무기를 한국에 재배치하는 방법이 있다. 그러나 NPT와의 충돌 문제와 그로 인한 경제제재 등을 고려해 볼 때 전술핵무기를 재배치하는 방안이 훨씬 이성적이다. 게다가 전술핵무기의 재배치는 NPT 범위 안에 있다. 또한 미국이 한국에 공약한 확장억제(ED)의 일환이기도 하다. 확장억제력을 발휘하기 위해 미국의 핵전력은 미 본토에 있을 수도 있고 괌 등 본토 이외의 기지에 배치될 수도 있으며 동맹국에 배치될 수도 있기 때문이다.

미국은 유럽에 전술핵무기를 배치함으로써 NATO 국가들에게 확장억제력을 제공함과 동시에 핵공유 체제(Nuclear Sharing Mechanism)를 구축하고 있다. 한국에 전술핵무기를 재배치하는 것에 대해 비판이 있는 것도 사실이다. 그러나 북한이 비핵화될 때까지 한시적으로 전술핵무기를 배치한다고 설득하면

---

* 이 장은 김열수, 『심리적 확장억제: 전술핵무기 재배치』, 2018년 국회 용역과제로 제출한 보고서(12-99)를 수정・보완한 것임.

안 될 것도 없다. 전술핵무기를 한국에만 재배치할 것이 아니라 일본과 공동으로 재배치하는 것도 검토해 볼 가치가 있다. 일본의 핵무장을 막음과 동시에 중국의 경제제재로부터 벗어날 수 있는 길이기도 하기 때문이다. 이렇게 되면 북한에 대한 확실한 핵억제력은 유지될 수 있을 것이다.

* 주제어: 공포의 균형, 핵무장, 전술핵무기, 확장억제, 핵공유 체제

제1절 문제 제기

6.12 북미 정상회담 이후 비핵화 회담이나 이행여부가 지지부진한 가운데 2018년 9월 18일부터 2박 3일간 평양에서 제3차 남북 정상회담이 개최되었다.[1] 6개 분야 14개 항으로 구성된 '9월 평양 공동선언' 중에서 북한 비핵화와 관련된 분야는 다섯 번째 분야 2개항이었다. 핵심적 합의 내용은 ①항의 "북측은 동창리 엔진시험장과 미사일 발사대를 유관국 전문가들의 참관 하에 우선 영구적으로 폐기"하기로 한 것과 ②항의 "북측은 미국이 6.12 북미공동성명의 정신에 따라 상응조치를 취하면 영변 핵시설의 영구적 폐기와 같은 추가적인 조치를 계속 취해 나갈 용의가 있음"을 표명한 것이었다.

어떤 수준의 남북 회담이든 북한이 비핵화에 대해 남북한 간에 논의하기를 거부했던 과거에 비한다면 평양 정상회담을 통해 비핵화 문제를 논의하고 또 합의했다는 것은 대단한 진전이었다. 그럼에도 불구하고 이에 대한 비판도 적지 않았다. 그 이유는 동창리의 경우, 이미 용

---

1) 4.27 판문점 회담은 남북 관계의 진전과 한반도 긴장완화에 초점을 두었던 회담이었고 5.26 판문점 회담이 무산될 뻔한 미북 간의 회담을 재개시키기 위한 번개 회담이었다고 한다면 제3차 남북정상회담은 미북간의 북한 비핵화 회담을 재개시키는데 초점을 둔 회담이었다고 볼 수 있다.

도 폐기된 것을 다시 한 번 유관국 전문가들을 불러서 가식적 행사를 한다는 이유와 그마저도 전문가들이 검증이나 사찰(Verification or Inspection)하는 것이 아니라 참관(Participation)한다는 이유 때문이었다. 또한 영변의 경우 북한의 수많은 핵 관련 시설 중에서 단일 지역만을 제시했고 그마저도 핵물질, 핵무기, 운반수단 등은 언급도 하지 않았다는 것이다. 더군다나 미국이 먼저 '상응조치'를 해야만 북한이 비핵화조치를 취하겠다고 했기 때문이다.

평양 정상회담을 통해 김정은 위원장은 문재인 대통령에게 비핵화와 관련하여 자신의 메시지를 트럼프 대통령에게 전해 달라고 부탁했다. 이에 유엔 총회 참석차 미국을 방문한 문재인 대통령은 9월 24일 뉴욕에서 한미정상회담을 개최했다. 이 회담을 통해 트럼프 대통령은 제2차 북미정상회담을 공식화하면서 폼페이오 장관이 정상회담을 준비 중이라고 했다. 이런 연유로 미국의 11월 중간 선거 전에 북미 정상회담에 대한 기대도 있었다.

2018년 11월 말 아르헨티나에서 개최된 G20 회의 기간 중에 한미는 또 다시 정상회담을 개최했다. 양 정상은 남북 정상회담이 북미 정상회담의 모멘텀이 될 것이라고 합의함에 따라 남북 정상회담이 먼저 열릴 가능성이 높아졌다. 그러나 김정은의 답방은 무산되었고 그 대신 김정은은 문 대통령에게 2018년 세밑 친서를 보내 답방하지 못한 데 대한 아쉬움과 2019년에는 상황을 주시하면서 서울을 방문하겠다는 의지를 밝혔다. 또한 김정은은 2019년 신년사에서 "미국 대통령과 마주앉을 준비가 되어 있으며 반드시 국제사회가 환영하는 결과를 만들기 위해 노력할 것"이라고 했다. 이와 동시에 미국이 약속을 지키지 않고 북한에 대해 제재와 압박을 가한다면 북한은 '새로운 길'을 모색할 것이라고 했다. 김영철 북한 노동당 부위원장이 트럼프 대통령을 예방함에 따라 샌더스 백악관 대변인은 제2차 북미정상회담이 2월 말에 개최될 것이라고 밝혔다.

북한 핵미사일의 미래 시나리오는 다양하다. 제2차 북미 정상회담의 결과를 보면 북한 핵미사일의 미래 경로가 어느 정도 드러날 것이다. 가장 좋은 시나리오는 북한이 CVID하는 것이다. 가장 나쁜 시나리오는 북한이 절대로 핵미사일을 포기하지 않는 시나리오이다. 과거의 회담 패턴을 반복하면서 현재의 위기만 극복하고 인도와 파키스탄처럼 사실상의 핵보유국이 되는 것이다. 세 번째 시나리오는 첫 번째와 두 번째 시나리오의 중간 정도에 해당되는 것으로써 현재 및 미래 핵만 폐기하고 과거 핵은 그대로 두는 핵 동결이다.

북미 회담이 진행되고 있는 이유는 첫 번째 시나리오를 현실화하기 위한 것이다. 이럴 경우 정부는 한반도 번영과 평화체제 구축에 몰두하면 된다. 그러나 두 번째와 세 번째 시나리오가 현실화될 경우 정부는 전혀 다른 차원으로 이에 대비해야 한다. 이 글은 두 번째와 세 번째 시나리오가 현실화될 경우 한국 정부가 어떤 전략을 추진해야 할지에 대한 방안을 제시한다.

제2절 북한 핵미사일 시나리오

1. 시나리오 1: CVID

가. CVID를 할 수밖에 없는 조건

북한이 CVID로 핵미사일을 폐기할 것이라고 상상하는 것은 그리 쉬운 일이 아니다. 북한의 판단으로는 지난 25년 동안 모진 제재와 고통 속에서 오직 핵미사일 개발에만 몰두해 왔는데 이것을 하루아침에 포기한다면 지난 25년의 세월이 큰 의미가 없기 때문이다. 그럼에도 불구하고 북한이 외부의 제재나 고립화, 또는 군사적 위협을 견딜 수 없거나 또는 핵미사일 포기의 반대급부가 크다고 인식할 경우 CVID를 선택할 수도 있다.

북한이 CVID를 할 수밖에 없는 조건은 미국을 포함한 국제사회의 대북제재, 고립화 작전, 그리고 군사적 옵션 등이다. 유엔 안보리의 대북제재 결의안 11개가 통과되었고, 미국을 포함한 한국, 일본, 유럽연합 등은 대북 독자제재를 가하고 있으며, 미국은 북한을 외교·경제적으로 고립시키기 위한 외교적 조치를 취하고 있고 또 매월 1회씩 군사적 옵션에 대한 훈련을 전개하기도 했다. 이 부분에 대해서는 본 저서의 제3장 제3절 최대한의 압박정책에 상세하게 서술되어 있다.

북한은 제재, 고립화, 그리고 군사적 위협에 의한 공포심 이외에도 반대급부가 클 경우에 CVID를 포기할 수도 있다. 사실 북한은 2016년 7월 6일, 북한 대변인 성명을 통해 비핵화 5대 조건을 밝혔다[2]. 당시의 5대 조건은 ① 남조선에 끌어들여 놓은 미국의 핵무기를 공개하라. ② 남조선에서 핵무기와 기지를 철폐하고 세계 앞에 검증받으라. ③ 미국이 조선반도에 핵 타격 수단을 다시는 끌어들이지 않겠다고 담보하라. ④ 우리 공화국에 핵을 사용하지 않겠다고 확약하라. ⑤ 남조선에서 핵 사용권을 쥐고 있는 미군 철수를 선포하라 등이다. 북한의 비핵화 조건은 북한만 비핵화하는 것이 아니라 자신들이 판단하기에 남한 내에 있을 것으로 추정되는 미국의 핵무기와 기지를 철폐하고 또 주한미군도 철수하라는 것이 핵심이다.

---

2) 유지혜·박유미, “북·미 비핵화 간극 … 미 ‘북핵 폐기’ 북 ‘미군 핵도 폐기’”, 『중앙일보』, 2018,3.10.

2018년 3월 김정은이 대북 특사단에게 밝힌 2개의 비핵화 조건은 대북 군사적 위협 해소와 체제 안전보장이다. 이것은 2016년의 비핵화 5대 조건보다 훨씬 더 까다로울 수 있다. 5대 조건에 더해 북한 체제의 안전을 보장받기 위해 미국, 일본 등과의 외교관계 수립, 미국과 평화협정 체결, 더 나아가 유엔사 해체 등을 추가적으로 요구할 수도 있기 때문이다. 또한 북한 인권 거론 금지, 화학 및 생물학 무기뿐만 아니라 방사포 등 재래식 무기에 대한 추가 검증 및 사찰 요구 금지, 중・단거리 미사일 해체 요구 금지 등을 요구할 수 있다. 경제 제재 해제를 포함하여 각종 경제 지원과 투자 등은 덤으로 요구할 수도 있다. 결국 북한은 공포심 때문에 CVID를 선택할 수도 있고 반대급부가 많아도 CVID를 선택할 수 있으며 이 2가지가 동시에 작동해도 CVID를 선택할 수 있다. 그렇다면 이 조건들은 북한 핵의 CVID를 위해 충분한가? 조건에 대해 평가해보자.

나. 조건에 대한 평가

북한이 공포심 때문에 CVID를 할까? 북한은 정말 경제제재에 대해 공포심을 느끼고 있을까? 경제제재가 효과가 없는 것은 아니다. 그러나 제5장 제3절에서 서술했듯이 경제제재만으로 북한을 비핵화 시키기에는 한계가 있다.

또한 북한의 대외 수출 비중이 북한 GDP에서 차지하는 비중이 그리 높지 않다는 점도 제재의 효과를 반감시킬 수 있다. 한국은행 자료에 따르면, 2016년 북한의 GDP는 285억 달러였으며 수출은 28.2억 달러인 것으로 나타났다. 결국 북한 수출이 GDP에서 차지하는 비중은 10% 정도에 불과하다. 따라서 대북 경제 제재의 효과는 그리 크지 않을 것이라는 점이다.

두 번째 한계는 북한은 고난의 행군을 견뎌 낸 경험이 있어 이번 대북 제재도 견뎌낼 수 있다는 것이다. 통계청의 조사에 의하면 북한은 고난의 행군(2006~2010년) 시절 33만 명 정도 아사한 것으로 보인다.[3] 동서고금을 막론하고 이렇게 많은 사람이 아사했음에도 불구하고 민란이 일어나지 않은 곳은 북한뿐이다. 따라서 이들은 강력한 대북제재가 있다고 하여도 북한 정권이 무너지지 않을 것이라고 생각한다. 심지어 러시아의 푸틴 대통령조차도 한・러 정상회담에서 "북한은 풀뿌리를 먹는 한이 있어도 체제가 안전하다고 느끼지 못한다면 핵 프로그램을 포기하지 않을 것"이라고 했다.[4] 그만큼 생존력이 강하다는 것이다.

세 번째 한계는 원유 중단을 해도 그것이 북한 경제에 결정적인 치명타를 입히지 못할 것이라는 관점이다. 1980~2015년 북한의 에너지 공급에서 원유 비중은 전 기간 내내 5~10% 수준에 불과했다. 에너지 수입을 위한 외화가 부족했던 탓도 있지만 기본적으로 주탄종유(主炭從油) 정책과 수력 발전 위주의 에너지 정책을 추진했기 때문이다. 1990년 북한의 원유 도입량은 1,850만 배럴이었다가 고난의 행군을 겪은 1999년에는 230만 배럴로 무려 90% 가까이 줄었지만, 그래도 북한은 살아남았다.[5]

그렇다면 북한은 미국의 군사적 옵션 때문에 CVID를 할까? 여기에 대한 반대논리도 있다. 북한은 미국이 절대로 북한을 공격하지 못할 것이라고 생각할 수도 있다. 미국의 대북 군사적 행동은 곧 제2의 한국전을 의미하기 때문에 한국이 가장 반대할 것이고 또 주변국인 중국과 러시아가 반대할 것이라고 판단할 수도 있다. 이들 국가들이 북한을 대

---

3) 허귀식, "북한 '고난의 행군' 5년 동안 주민 33만 명 굶어 죽어", 『중앙일보』, 2010.11.23.

4) 강혜란, "푸틴 "北, 풀뿌리 먹는 한 있어도 체제 보장 못 하면".. 『중앙일보』, 2017.9.6.

5) 조동호, "경제 제재로 김정은 권력 내부 분열 유도해야", 『조선일보』, 2017.8.14.

신하여 미국의 대북 군사적 공격을 만류하기 때문에 미국이 쉽게 북한을 공격하지 못할 것이라고 오해할 수 있다는 뜻이다.

사실 문재인 대통령은 수차례에 걸쳐 미국의 대북 군사적 옵션에 대해 반대 입장을 밝혔다. 문대통령은 2017년 제72차 유엔총회 기조연설에서 북한의 무모한 도발이 계속되고 있는 점을 규탄함과 동시에 "우리의 모든 노력은 전쟁을 막고 평화를 유지하기 위한 것"이라고 강조했다. 또한 문 대통령은 특히 "지나치게 긴장을 격화시키거나 우발적인 군사적 충돌로 평화가 파괴되는 일이 없도록 북핵문제를 둘러싼 상황을 안정적으로 관리해 나가야 할 것"이라고 역설했다.[6] 심지어 2017년 12월 베이징에서 개최된 한중정상회담에서 양 정상은 "한반도에서의 전쟁은 절대 용납하지 못한다."는 원칙에 합의하기도 했다. 이 외에도 중국과 러시아는 수차례에 걸쳐 외교부 성명 등을 통해 미국의 대북 군사적 행동 불가 입장을 밝힌 바 있다.

경제제재, 고립화 작전, 그리고 군사적 옵션 때문에 북한은 공포심을 느끼게 되고 이런 공포심을 극복하기 위해 CVID를 할 수도 있다. 그러나 위에서 서술했듯이 이런 요소들이 CVID의 필요조건일 수 있으나 충분한 조건은 되지 못한다. 그렇다면 북한이 반대급부 때문에 CVID를 할 수 있을까? 한국과 미국은 CVID를 위해 북한이 요구하는 경제제재 해제를 넘어 외교관계 수립, 평화협정 체결, 한미동맹 폐기, 주한미군 철수, 유엔사 해체 등을 받아들일 수 있을까? 미국이 비핵화의 반대급부로 평화협정은 체결하되 한미동맹 유지 및 주한미군 철수는 불가능하다고 한다면 북한이 이를 받아들일까?

사실 북한이 CVID를 할 수밖에 없는 조건도 존재하지만 그 조건들

---

6) 김태규 · 장윤희, "[전문] 文대통령, 제72차 유엔총회 국문 · 영문 기조연설", 『뉴시스』, 2017.9.21.

이 가지고 있는 한계도 있고 시나리오 2에서 볼 수 있는 조건들도 있기에 북한이 CVID를 하지 않을 수도 있다. 그러나 북한이 비핵화에 대한 강력한 의지를 가지고 있다면 CVID가 불가능한 것도 아니다. 북한은 2018년 4월 20일, 제7기 제3차 노동당 중앙위원회 전원회의 결정서에서 사회주의 경제건설에 집중하는 것이 당의 새로운 노선임을 밝혔다. 또한 수차례에 걸쳐 김위원장이 직접 비핵화 의지를 밝혔다는 점, 싱가포르 정상회담이 무산 위기에 처했을 때 김계관 제1부상을 통해 사과문 형태의 담화문을 발표하고 김영철 통전부장을 특사로 미국에 파견한 점, 미북 공동성명 서명식에서 김위원장이 "세계는 놀라운 변화를 보게 될 것"이라고 발언한 점, 그리고 핵미사일 시험 유예, 풍계리 핵실험장 폐기, 동창리 미사일 발사장 시설 일부 철거한 점, 평양 공동선언을 통해 영변 핵시설의 폐기를 언급 한 점, 2019년도 신년사에서 완전한 비핵화가 당과 공화국 정부, 그리고 자신의 확고한 의지라고 밝힌 점 등에서 북한의 비핵화에 대한 의지는 드러난다.[7)]

2. 시나리오 2: 핵보유

가. 핵보유를 해야 하는 조건

북한이 핵무기를 보유해야 된다고 판단하는 3가지 조건은 핵보유의 전략적 목적, 북한에 우호적인 안보환경 조성, 그리고 핵보유 의지의 규범화 수준 등 3가지이다. 우선 핵보유의 전략적 목적부터 살펴보자.[8)] 가장 큰 이유는 대남 및 대미 억제력 확보이다. 북한이 느끼는 가장 큰

---

7) 김열수, "싱가포르 북미정상회담과 한반도 비핵화", 『자유마당』, Vol. 108(2018년 7월호)의 내용을 일부 수정 보완했다.

8) 김열수, "눈앞에 닥친 북한 핵・미사일 보유… 어떻게 대응할 것인가?" 『자유마당』, Vol. 98(2017년 9월호), p. 18의 내용을 수정 보완했다.

위협은 한미연합군이 북한을 먼저 공격하지 않을까하는 두려움이다. 따라서 김정은은 이를 억제할 수 있는 유일한 방법은 북한 스스로 핵무기를 보유하는 것이라고 판단할 수 있다. 경제난으로 인해 재래식 무기로는 한국과 군사력 균형을 유지하기도 힘들고 또 재래식 무기만으로는 미국의 대북 군사 행동을 억제할 수 없기 때문이다.

김정은은 이라크와 리비아가 침략을 당한 이유를 반면교사(反面教師)로 삼는다. 김정은은 유엔의 사찰 결과 핵무기가 없다는 것을 확인한 미국이 이라크를 침략했다고 생각한다. 만일 이라크의 후세인(Saddam Hussein) 대통령이 유엔 사찰을 허용하지 않고 지속적으로 핵무기를 개발했다면 미국의 침략은 억지할 수 있었다는 것이 그의 판단이다. 리비아도 마찬가지이다. 리비아의 카다피(Muammar Gaddafi) 대통령이 미국과의 외교관계 정상화와 핵무기 프로그램을 맞바꾸지 않았더라면 NATO의 공습을 피할 수 있었을 것이라고 생각한다. 우크라이나에 대한 그의 생각도 같은 연장선상에 있다. 구소련의 해체로 한때 세계 3위의 핵무기 보유국가였던 우크라이나가 핵무기를 포기하지 않았더라면 러시아가 우크라이나의 크림반도를 강탈하는 일은 없었을 것이라고 생각한다. 우크라이나가 비핵화 국가가 되는 과정에서 미국으로부터 많은 지원을 받고 또 미국·영국·러시아·우크라이나가 공동서명한 안전보장조치도 있었지만 이것이 러시아의 크림반도 강탈을 막을 수 없었다고 생각한다. 따라서 김정은은 이라크, 리비아, 우크라이나의 비극적인 결말을 보면서 핵미사일 포기보다는 오히려 미국을 위협할 정도의 핵미사일 보유국이 되어야 한다고 생각한다.

두 번째 이유는 북한 주도의 한반도 공산화를 위해 핵무기가 꼭 필요하다고 생각했을 수 있다. 북한이 한반도를 무력통일하기 위해 가장 중요한 첫 번째 조치는 바로 미국 증원군이 한반도에 전개하지 못하도록 하는 것이다. 69만 명에 달하는 미 증원군은 대부분 일본 내 미군 기지를 거치거나 또는 김해 비행장과 부산 항구를 통해 전개된다. 북한은 미 증원군을 차단하기 위해 스커드 ER과 노동 미사일을 맞춤형으로 개발했다고 해도 과언이 아니다. 북한은 이런 미사일들을 시험 발사하면서 목적지가 부산 및 김해라는 비행경로가 표시된 '전략군 탄도로켓 타격계획' 지도를 의도적으로 공개하기도 했다.[9]

북한은 북한의 핵미사일 수준이 고도화되면 미국이 한반도에서 철수할 것으로 보고 이 기회를 이용하여 한반도를 공산화시키겠다는 생각을 가지고 있다. 북한이 2017년 9월, 제6차 핵실험을 한 직후 평양에서 가진 군중집회에서 이런 의도가 명백하게 드러났다. 박봉주 내각 총리는 "미국은 오늘의 엄연한 현실을 직시하고 조선반도 문제에서 손을 떼는 현명한 선택을 해야 할 것"이라고 했고, 오금철 부총참모장은 "서울을 비롯한 남반부 전역을 단숨에 깔고 앉을 수 있는 만단(만반)의 결전 준비 태세를 갖춰나가겠다."고 했다. 이는 북한의 핵미사일 개발 목표가 주한미군 철수와 적화통일에 있음을 공공연히 드러낸 것이라고 할 수 있다.

세 번째 이유는 핵·경제 병진정책을 통해 강성국가가 될 수 있을 것이라는 판단 때문이었다. 북한은 2013년 3월 31일에는 조선로동당 중앙위원회 전원회의를 개최해 「경제건설과 핵무력 건설을 병진시켜 사회주의 강성국가 건설 위업의 최후승리를 앞당겨 나갈 데 대하여」를 명시함으로써 핵·경제 병진 정책을 채택했다. 이로써 북한은 핵무기를 포기했던 남아공이나 우크라이나의 길을 따라가거나 또는 핵프로그램

9) 2016년 7월 19일 북한은 황해북도 황주에서 일본 열도를 향해 노동미사일 3발을 시험발사했다. 북한은 그 다음날 김정은이 전략군 화성포병부대들의 탄도로켓 발사훈련을 현장 지도하는 사진을 공개했는데 그 사진에 부산과 김해로 향하는 전략군 탄도로켓 타격계획이 표시되어 있었다.

을 포기했던 이라크나 리비아의 길을 따라가지 않을 것임을 분명히 했던 것이다. 북한은 핵확산금지조약(NPT) 범위 밖에서 당당히 핵무기를 보유하게 되었던 인도나 파키스탄을 자신의 모델로 삼고 이 길을 가고자 하는 것이다. 이 외에도 부수적인 목적이 있을 수 있다. 예를 들면, 김정은에 대한 절대 충성을 유도하고 유일지배체제를 강화할 수 있고 또한 핵강대국이라는 외양을 통해 주민들의 자부심도 고취시킬 수 있기 때문이다.

두 번째 조건은 북한에 우호적인 안보환경 조성 가능성이다. 북한은 중국의 대한반도 원칙이 한반도의 비핵화와 부전(不戰), 그리고 불란(不亂)이라는 점을 알고 있다. 그러나 북한은 중국이 북한의 비핵화를 위해 북한을 버릴 것이라고는 생각하지 않는다. 환언하면 중국은 여전히 북한의 전략적 가치를 높이 평가할 것이라고 판단하고 있다. 중국은 한반도에서 군사적 충돌이 생기는 것도 바라지 않고 또 정권이 붕괴되어 수많은 난민들이 북중 국경지역으로 몰려드는 것도 바라지 않으며 이런 과정에서 북중 국경선에서 미군과 마주하는 일도 바라지 않는다고 북한은 판단하고 있다. 따라서 북한은 중국이 북한 정권의 붕괴보다는 오히려 북한 핵보유를 인정해 줄 것으로 믿고 있다. 더군다나 북한은 향후에는 미중 간의 갈등이 고조될 것이기 때문에 중국이 미국의 대북 비핵화 정책을 지지하기보다는 오히려 협조하지 않을 가능성이 있을 것으로 판단하는 것이다.

세 번째 조건은 핵보유 의지의 규범화 수준이다. 북한은 핵보유를 법적으로 제도화하기 위해 이를 이미 헌법, 법률, 당규약 등에 명시했고 심지어 핵·경제 병진이라는 정책으로 채택했다. 북한은 김정은 체제로 전환된 첫 해인 2012년 4월, 헌법을 개정하여 북한을 세계적인 군사강국이자 핵보유국으로 명시했다. 2013년 3월에는 조선노동당 중앙위원회 전원회의를 통해 핵·경제 병진 정책을 채택했고 2013년 4월에는 최고인민회의 제12기 7차 회의를 통해 최고인민회의 법령으로 「자위적 핵보유국의 지위를 더욱 공고히 할 데 대하여」라는 법령을 채택했다. 2016년 5월에는 무려 36년만에 개최된 당대회인 제7차 노동당 당대회를 통하여 노동당규약을 개정하였다. 노동당규약 서문에 "경제건설과 핵무력건설의 병진로선을 틀어쥐고"라고 명기했다. 어느 누구도 감히 비핵화를 꺼낼 수 없을 정도로 핵보유국이라는 사실을 규범화했다.

나. 조건에 대한 평가

핵을 보유하겠다는 북한의 전략적 목적은 쉽게 바뀌지 않을 것이다. 미국의 위협이 존재하는 한, 한반도 공산화라는 북한 정권의 존재 이유가 사라지지 않는 한 북한은 핵을 포기하지 않을 것이다. 그리고 핵을 포기하는 순간 이라크나 리비아의 전철을 밟게 될 것이라는 불안이 사라지지 않는 한 북한은 핵·경제 병진정책을 포기하지 않을 것이다. 김정은은 2018년 신년사를 통해 북한이 핵무력을 완성했기 때문에 올해는 핵탄두를 꽝꽝 생산하여 실전배치할 것이라고 강조했다. 이를 증명이라도 하듯이 북한은 6.12 싱가포르 정상회담 이후에도 각종 미사일 기지에 대한 시설 공사를 계속해 왔다. 미국의 언론들은 황해북도 삭간몰 기지와 양강도 영저리 기지는 새로운 시설 공사를 했고 영저리 인근의 자강도 회정리에서는 새로운 미사일 기지가 건설되고 있다고 보도했다.[10] 비핵화 회담을 통해 이런 기지들이 폐기 되어야 할 대상이 될 수 있음에도 불구하고 북한은 미사일 기지 공사와 새로운 미사일 기지를 건설하고 있는 것이다. 이는 북한이 미국에 대한 ICBM 능력을 오히려 키우고 있다는 것을 보여주고 있다. 또한 김정은은 2019년 신

10) 윤상호·신나리·박정훈, "中과 인접해 美타격 쉽지않아… 北, ICBM기지 활용 가능성", 『동아일보』, 2018.12.7.

년사를 통해 미국이 대북 제재와 압박으로 일관한다면 새로운 길을 모색할 수 있음을 밝히기도 했다.

북한은 또한 핵보유를 위한 우호적 국제 환경이 조성되어 가고 있다고 판단한다. 중국의 시진핑 주석은 장기 집권의 길을 열었고 러시아의 푸틴 대통령도 4선에 성공함으로써 2024년까지 21세기의 차르로 군림하게 되었다. '위대한 중화민족의 부흥'과 '강력한 러시아 건설'을 표방하는 중국과 러시아가 사사건건 미국과 충돌할 가능성이 높아지고 있다. 미중 간의 무역전쟁, 남·동 중국해에서의 갈등, 대만을 둘러싼 미중간의 갈등, 그리고 중국의 일대일로 전략과 이를 견제하고자하는 미국의 인도-태평양 전략(Indo-Pacific Strategy) 등이 부딪힐수록 중국은 북한을 전략적 자산으로 판단하여 북한 비핵화에 소극적이 될 것이라고 판단하는 것이다. 특히 미국이 「2018 국방수권법」을 통해 양국의 함정이 서로 방문하도록 허용했고 또 「대만여행법」을 제정함으로써 양국의 고위 관료들이 서로 방문할 수 있도록 하였다. 미국이 중국을 통제하기 위해 대만을 이용하자 중국도 미국을 견제하기 위해 본격적으로 북한 및 북한 핵을 이용할 것이라고 판단하는 것이다.

김정은 위원장이 2018년 3월 하순 중국을 전격적으로 방문했다. 시진핑 주석은 상상 이상으로 김정은 위원장을 환대했다. 김정은 위원장도 남북 및 미북 정상회담 전에 중국을 먼저 찾는 것이 순리라고 하면서 시진핑 주석의 발언을 열심히 적는 모습까지 연출했다. 시진핑 주석은 쌍궤병행(雙軌竝行)을 주장했고 김정은 위원장은 "비핵화의 단계적·동시적 조치"를 강조했다. 이는 북중이 비핵화 방법론에 대해 합의했음을 의미한다. 그러나 이 방법은 미국이 주장하는 '선 비핵화 후 보상' 원칙이나 '일괄타결' 원칙과는 다르다. 김정은 위원장은 5월과 6월에도 중국을 방문하여 북중 정상회담을 가졌다. 3개월 사이에 무려 3번이나 정상회담을 가졌던 것이다. 2019년 1월에도 방중하여 북중정상회담을 가졌다. 이것은 북한이 자신을 외교적·군사적으로 지원해 줄 수 있는 든든한 후원자가 있음을 미국에게 경고한 것이나 다름없다. 북한이 풍계리 핵실험장을 붕락시키고 동창리 미사일 발사장의 일부를 폐기하자 중국은 러시아와 함께 유엔 안보리를 통해 북한에 대한 대북제재의 해제를 요구하기 시작했다.

러시아는 크림반도 합병과 우크라이나 내전 개입 등으로 인해 서방으로부터 경제제재를 당하고 있다. 게다가 영국이 자국으로 망명한 전직 스파이를 러시아가 살해했다고 주장하자 서방권 전체와 러시아가 서로 대사관 직원을 추방하기도 했다. 2018년 11월에는 러시아군이 크림반도와 러시아 사이의 케르치해협을 통과하던 우크라이나 군함 3척을 나포한 사건이 발생했다.[11]. 이로 인해 러시아와 서방과의 긴장은 더욱 고조되었다. 이에 미국이 G20 회의에서 계획되었던 미러 정상회담을 취소하자 러시아는 중국과 함께 G20 회담장에서 북한에 대한 제제 해제를 주장하기도 했다. 이것은 서방과 날을 세우고 있는 러시아가 향후 북한 비핵화에 대해 더욱 더 소극적인 태도를 견지할 가능성이 높아졌다는 것을 의미한다.

또한 북한은 한편으로는 핵·경제 병진정책의 폐기를 운운하는 것처럼 하면서도 다른 한편으로는 핵보유국의 의지를 숨기지 않고 있다. 북한은 헌법 등 각종 규범에 명시된 것처럼 핵보유국이 되었음을 오히려 더 강조하고 있다. 북한은 2018년 4월, 제7기 제3차 노동당 중앙위원회 전원회의에서도 핵·경제 병진노선의 위대한 승리를 선포하면서 향후에는 핵군축을 위해 노력할 것과 핵무기와 핵기술의 이전을 하지

---

11) 손진석, "크림반도 삼키더니 이번엔 바다… 러, 우크라이나 군함 포격·나포", 『조선일보』, 2018.11.27.

않을 것임을 밝혔다. 마치 북한이 이미 핵보유국인 것처럼 발표한 것이다.[12] 2019년 김정은의 신년사에서도 똑같은 내용이 반복되었다. 심지어 김정은은 보도 기관과 문학 창작 기관을 상대로 북한이 '핵보유국'이 됐음을 주민들에게 알리고 그 의미를 교양하라는 보도 지침을 하달한 것으로 알려졌다.[13] 일종의 화전양면전술(和戰兩面戰術)을 구사하고 있는 것이다.

미어샤이머 교수도 "미국을 너무 많이 믿은 리비아의 카다피가 바보 같았다."고 하면서 북한의 핵포기 가능성을 1% 이하라고 했다.[14] 김정은도 2018년 신년사를 통해 핵무기는 북한을 지킬 "강력한 보검"이라고 하면서 "미국 본토 전역이 우리 핵 타격 사정권안에 있으며 핵 단추가 내 사무실 책상 위에 항상 놓여 있다는 것"을 강조했다. "그 어떤 힘으로도 그 무엇으로도 되돌릴 수 없는 강력하고 믿음직한 전쟁 억제력을 보유하게 되었"다는 것이다. 김정은은 인도나 파키스탄을 자신의 모델로 삼고 이 길을 가고자 하는 것이다.

3. 시나리오 3: 핵동결

가. 핵동결의 조건

CVID와 핵보유 사이의 시나리오가 바로 핵동결 시나리오이다.[15] 핵동결이란 과거 핵은 당분간 불문에 붙인 채 현재와 미래 핵에 대해서

---

12) 정용수, ""핵실험·ICBM 발사 중단" 김정은식 비핵화 첫 단추," 『중앙일보』, 2018.4.23.

13) 김명성, "김정은 "핵보유국 됐음을 주민들에 알려라" 보도 지침", 『조선일보』, 2018.4.25.

14) 이하원, "文대통령 美北중재 전략은 스마트… 해피엔딩은 기대 말길", 이하원 조선일보 논설위원이 美 국제정치 석학 미어샤이머 교수와의 인터뷰 내용, 『조선일보』, 2018.3.22.

15) 김열수, "김정은 신년사를 통해 본 한반도 안보경제 전망", 『국가안보전략』, 통권 제76호(2019년 2월호).

만 폐기하는 것을 말한다. 처음부터 CVID는 서로 합의에 이르기 쉽지 않기 때문에 먼저 핵동결을 한 연후에 최종적으로 비핵화하겠다는 시나리오이다. 이 시나리오가 실현되면 우선 핵무기가 더 이상 질적으로 고도화되거나 양적으로 더 많아지는 것을 차단할 수 있다. 그러나 CVID가 이루어지기 전까지는 북한은 '사실상의 핵무기 국가'가 되는 것이다.

핵동결 시나리오의 조건은 서로가 일방적으로 상대방을 제압할 수 없다는 인식이 있어야 하고 또 비핵화와 상응조치와의 균형도 있어야 한다. 우선 일방적 제압이라는 인식의 한계부터 살펴보자. 미국은 제재와 고립, 그리고 군사적 위협을 통해 북한을 비핵화시킬 수 있다고 생각할 수 있다. 그러나 북한은 제재와 고립, 그리고 군사적 위협의 한계를 계산하면서 억제력 차원, 우호적 안보환경 조성 차원에서 오히려 핵보유국이 되어야 한다는 의지를 가지고 화전양면전술을 구사할 수 있다. 결국 미국과 북한이 서로 자신의 목표 달성이 한계가 있음을 인정해야 핵동결이라는 타협점을 찾을 수 있을 것이다.

두 번째 조건은 비핵화 프로세스와 상응조치의 프로세스가 균형이 되어야 핵동결이 가능할 것이다. 미국은 북한에게 CVID를 요구하나 이를 위해 북한은 2017년에 5가지 조건을 제시한 바 있고 2018년 한국의 대북특사단이 방북했을 때 2가지 조건을 제시한 바 있으며 6.12 싱가포르 정상회담 때에는 북미 관계 개선과 한반도 평화체제를 요구한 바 있다. 그러나 미국은 이 모든 조건을 들어주지는 않을 것이다. 또한 북한도 핵무기, 핵물질, 생산시설, 운반수단, 전문 인력 등 북핵과 관련된 CVID의 대상을 모두 수용하지는 않을 것이다. 그러나 북한이 미국에 대해 상응조치를 완화할 경우 미국은 이를 수용할 수 있고 미국도 북한에 대해 CVID를 완화할 경우 북한도 이를 수용할 수 있다. 그 접점이 현재 및 미래 핵을 동결하고 과거 핵을 인정해 주는 것이다. 김정은은 이를 예견이라도 하듯 2019년 신년사를 통해 "우리는 이미 더 이상 핵무기를 만들지도 시험하지도 않으며 사용하지도 전파하지도 않을 것이라는 데 대하여 내외에 선포하고 여러 가지 실천적 조치들을 취해 왔"다고 했다. 이는 북한은 핵무기 제조를 동결할테니 과거 핵에 대해 시비 걸지 말라는 말과 다름 아니다.

나. 조건에 대한 평가

미국은 근본적으로 북한의 신뢰성에 대해 의심을 가지고 있다. 미국은 지난 25년 동안 북한의 비핵화를 위해 많은 회담을 했고 또 중유 제공 등의 경제적 지원을 했지만 북한은 당근만 챙기고 회담장을 박차고 나갔다고 생각한다. 도발 → 회담 → 보상의 악순환이 이어졌다는 것이다. 트럼프 대통령이 수차례에 걸쳐 절대 전임 행정부들의 실패를 반복하지 않을 것임을 밝힌 이유도 여기에 있다. 그러나 북한이 핵동결을 수용하면서 최종적으로 비핵화하겠다는 의지를 밝힌다면 이 시나리오는 현실화될 가능성이 있다.

북한은 충분한 반대급부를 받는 대신 이미 만들어진 핵무기만 보유하고 핵 물질, 시설, 운반수단 등은 폐기할 수도 있다. 이것은 북한에 대한 CVID가 완료되기 이전까지 북한은 사실상의 핵무기 보유국가로 인정받는 것을 의미한다. 시나리오 2와 시나리오 3의 차이점은 핵무기를 지속해서 생산해 낼 수 있느냐 아니면 현 수준에서 동결하느냐의 차이만 있을 뿐이다.

그렇다면 시나리오 2, 3이 현실화될 경우 한미 양국 또는 한국은 이에 대해 어떤 대비책을 가지고 있는가? 제7장에서 살펴본 것처럼 한미 양국의 맞춤형 억제 전략이나 한국 단독의 3K 전략은 많은 문제점을 안고 있다. 따라서 전혀 다른 차원에서 억제 전략을 모색할 필요가 있다. 그것이 바로 공포의 균형 전략인데 우선 전술핵무기의 과거와 현재부터 살펴보자.

제3절 전술핵무기의 과거와 현재

1. 한국의 전술핵무기

핵기술이 워낙 발전된 오늘날의 관점에서 전술핵과 전략핵을 구분하는 것은 그리 큰 의미는 없다. 미국도 2018년 발간한 핵태세검토보고서(NPR)에서도 전술핵이라는 용어 대신에 저강도(Low－Yield) 핵무기라는 용어를 사용하고 있다. 전략 핵무기는 주로 응징용으로 적국의 도시나 산업시설을 파괴하기 위한 것이며, 수단은 주로 폭격기, 핵잠수함, 지상발사 탄도 미사일 등이고 그 위력은 최대 수백 Mt에 이르는 것을 말한다. 전술핵무기는 주로 특정한 군사시설 등 소규모의 목표를 파괴하기 위한 것이며, 전투기・폭격기에서 투하하는 폭탄은 물론 각종 포에서 발사되는 포탄, 미사일・로켓・어뢰 탄두, 병사가 메고 운반할 수 있는 핵배낭, 전차부대 공격을 저지하기 위한 핵지뢰 등 다양하며 그 위력은 0.1～수백kt에 이르는 핵무기를 말한다.

한국에 미국의 전술핵이 배치되기 시작한 것은 1958년 1월부터였다. 주한미군은 어네스트존 지대지 미사일, 마타도어 크루즈 미사일, 핵파괴탄(ADM), 핵지뢰, 280㎜ 포, 8인치(203㎜) 곡사포 등에 사용될 전술핵을 반입했다. 이어 항공기 투하용 핵폭탄 B61과 지대지 미사일인 ‘라크로스’, ‘데이비 크로켓’, ‘서전트’, ‘나이키 허큘리스’가 들어왔고

155㎜ 곡사포용 전술핵무기는 1964년 10월에 배치됐다.

주한미군은 모두 11가지 종류의 전술핵을 반입했으며, 1967년엔 950기가 배치돼 사상 최다치를 기록했다. 이후 1976년 540기로 줄었고, 1980년대 중반 150여 기로 줄었다가 1991년 9월 부시 대통령의 전술핵 철수 선언 즈음엔 대략 100기 정도만 남았다. 철수핵이 모두 철수되자 노태우 전 대통령은 1991년 12월 18일 “지금 이 순간 대한민국에는 단 하나의 핵무기도 존재하지 않는다.”고 선언했다.[16)]

〈그림 3〉 한국 내 미국 전술핵무기 배치 및 철수 연표

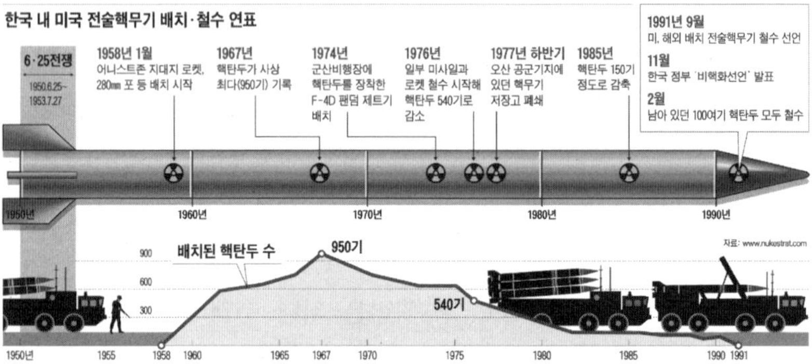

* 출처: 권대열, “핵보유론 공론화… ‘南核’으로 북핵 폐기 이끌어낼 수 있을까,” 『조선일보』, 2011.2.26.

2. 유럽의 전술핵무기

미국은 현재 전투기에서 투하할 수 있는 B-61 핵폭탄과 토마호크 크루즈미사일에 달 수 있는 W-80 핵탄두 등 두 종류의 전술핵을 보유하고 있다. W-80의 경우, 폭발력이 최대 1.2메가톤급으로 히로시마에 투하된 원폭보다 75배나 강해 전술핵무기로 보기도 어렵다. 주로 최

16) 박병수, “전술핵이 뭐길래 한국 재배치 논란 떠들썩하지?” 『한겨레』, 2017.9.14.

대사거리 1,600km에 달하는 토마호크 순항미사일에 탑재된다. 핵없는 세계를 주창했던 오바마 대통령은 2010년 NPR을 통해 전술핵무기 탑재 순항미사일(TLAM－N)을 퇴역시킬 것을 결정했다. 이로써 전술핵무기는 B－61 계열만 남았다.

미국이 1952년부터 유럽에 배치한 전술핵무기도 B－61 계열이었다. 최초 7개국(영국, 네덜란드, 벨기에, 독일, 이탈리아, 터키, 그리스)에 배치되었다가 현재는 영국과 그리스가 빠져 지금은 독일・이탈리아・네덜란드・벨기에・터키 등 유럽 5개국의 공군 기지 6곳에 배치되어 있다. 미국은 1968년부터 B61 핵폭탄을 총 3,155발 생산하였지만 2016년 말 기준으로 보면 약 450~500기 정도가 남아있다. 종류는 B61－3, B61－4, B61－7, B61－11 등 네 종류다. 미국이 보유한 B－61 핵폭탄 중 약 1/3인 150~200발 정도가 유럽 5개국에 배치되어 있는 것으로 알려져 있다.[17)]

3. 개량형 스마트 전술핵무기

현재 미국의 전술핵무기 운용체제는 B－61 저강도 핵폭탄(전술핵무기), 운반체계인 이중목적 항공기(DCA: Dual Capable Aircraft), 전략폭격기 B－52H로 구성되어 있다.[18)] 미국은 노후화된 기존의 B－61 계열의 핵무기를 B61－12로 개량할 예정이다. B61－12는 '스마트 수소폭탄'으로 알려져 있다. 길이 3m에 무게 350kg의 이 폭탄은 차세대 디지털 핵폭탄으로 목표물에 따라 폭발력을 4단계로 조절할 수 있으며 최

17) 유용원, "나토 전술핵, 유사시 동맹국도 사용… 최종 결정은 美대통령이", 『조선일보』, 2017.9.11.

18) 박창권, "전술핵 해상배치 재추진과 확장억제 보장 신뢰성 증대 강조: 미국의 2018년 핵태세 검토보서 평가", 『KIMS Periscope』, 제113호(2018년 2월 11일), p. 1.

대 50 kt의 폭발력을 가지고 있다.

폭발력 조절장치(Dial-a-Yield)는 물론 정밀유도장치(Guidance Tail Kit)를 갖추기 때문에 정밀도가 뛰어나다. 또한 벙커 버스트 기능이 있기 때문에 적국의 지하 핵시설과 수뇌부의 지하 대피시설을 파괴하는 데 유용하다. 지하 100m 이하의 견고한 벙커도 파괴할 수 있는 것으로 알려졌다. 벙커버스터 능력으로 지하를 관통해 들어가 폭발할 경우에는 지상시설들에 대해 750kt에서 1.25Mt의 수소폭탄이 지상에서 폭발한 효과를 낸다.[19] 무게가 가벼워 2021년부터 폭격기뿐만 아니라 이중목적항공기인 F-16, F-15, F-35 등에도 탑재할 예정이다. 만일 한국에 전술핵무기가 재배치된다면 B61-12가 될 가능성이 있다.

제4절 공포의 균형

1. 자체 핵무장과 전술핵 재배치

북한의 핵미사일 위협에 대한 대응은 맞춤형 억제 전략이나 3K로는 안 된다. 따라서 전혀 다른 차원의 억제 전략이 필요한데 그것이 바로 공포의 균형(Balance of Terror)이다. 공포의 균형을 유지하기 위한 방법은 한국 스스로 핵개발을 하거나 또는 미국의 전술핵무기를 재반입하는 방안이 있다. 북한이 제6차 핵실험을 하자 한국 내의 여론은 핵무장 또는 전술핵무기 재배치를 찬성하는 방향으로 급선회했다. 2017년 9월 갤럽 조사(9월 5~7일)에 따르면 핵무장 찬성은 60%로 반대 35%를 앞

19) 최현수, "전술핵 들여온다면 'B61-12' 유력… TNT 5만t 폭발력", 『국민일보』, 2017.9.16.

섰다. '북한 6차 핵실험이 한반도 평화에 위협적'이란 응답은 76%, '위협적이지 않다'는 20%였다. 다만 '북한이 핵·미사일 시험 발사를 계속할 경우 미국의 북한 선제공격에 찬성하느냐'는 물음에는 33%가 찬성했고 59%는 반대했다.[20] 한국사회여론연구소(KSOI) 여론조사(9월 8~9일) 결과도 전술핵 재배치 찬성이 68.2%였으며 반대는 25.4%였다.[21]

한국이 북한과의 공포의 균형을 유지하기 위해 자체 핵무장이든 또는 전술핵 재반입이든 어떤 정책을 추진하면 이를 반대하는 국가와 그룹들이 있을 수 있다. 특히 중국과 러시아는 물론 일본도 반대할 개연성이 있다. 공포의 균형 유지에 대해 국내여론도 60% 이상이 찬성이지만 막상 정책이 결정되면 반핵 시위와 핵무기고를 어디에 둘 것인지에 대해서 남남 갈등이 일어날 가능성도 있다.

한국이 핵무기를 개발하여 사실상의 핵 보유국이 되면 북한과 공포의 균형을 이뤄 가장 확실한 대북 억제력을 발휘할 수 있을 것이다. 한국이 개발했으니 핵무기에 대한 통제권도 당연히 한국이 가지게 된다. 그러나 핵무기의 수직적·수평적 확산을 차단하고자 하는 NPT와 충돌하게 된다. 국제원자력기구(IAEA)가 한국의 NPT 위반을 유엔 안보리에 보고하면 유엔 안보리는 한국에 대해 경제제재를 포함한 각종 제재 결의안을 통과시키게 될 것이다. 수출입으로 먹고 사는 한국 경제가 붕괴되는 것은 쉽게 예상할 수 있다. 또한 국제사회는 한국의 핵무장화가 일본 및 대만 등으로 핵도미노를 가져올 것으로 우려할 것이다. NPT가 희화화되면 핵무기가 수평적으로 확산될 것이고 이것이 세계 전체의 불안을 야기하리라 판단할 것이다. 어쨌든 한국 자체로 핵무기를 개발

---

20) 최경운·이용수·김명성, "南 '핵무장論' 커지고… 北, 대놓고 "무력 통일"", 『조선일보』, 2017.9.9.

21) 정우상, "금기시됐던 전술핵, 기류 변화… 국내 찬성여론 68%까지 올라", 『조선일보』, 2017.9.11.

하면 한국 안보는 당장 보장받을 수 있으나 경제 제재, 불량 국가 등의 손해는 감수해야 할 것이다.

주한미군이 전술핵을 재반입하게 되면 이것은 NPT 위반은 아니다. 유럽에 미국의 전술핵무기가 배치되어 있지만 이것을 NPT 위반이라고 하지 않은 이유와 같다. 따라서 경제적 제재를 받거나 또는 불량국가라는 이미지가 덧씌우질 이유가 없다. 그러나 전술핵무기가 미국 소유이기 때문에 한국이 가질 수 있는 통제권이 제한된다는 문제점은 있다.

〈표 15〉 자체 핵무장과 전술핵 재반입 장단점 비교

	자체 핵무장	전술핵 재반입
장점	사실상의 핵보유국 핵무기에 대한 통제권 소유	NPT와 무관 국제사회의 제재 무관 불량국가 이미지 무관
단점	NPT와 충돌 국제사회의 제재 불량국가 이미지	핵무기에 대한 통제권 제한
공포의 균형 장단점	장점: 위협 억제 단점: 주변국들의 반발, 남남 갈등	

2. NATO식 핵공유

NATO의 의사결정기구는 1952년 구성된 북대서양이사회(NAC: North Atlantic Council)와 1966년 구성된 방위기획위원회(DPC: Defence Planning Committee) 및 핵기획그룹(NPG: Nuclear Planning Group), 각국 합참의장이 참여하는 군사위원회(Military Council) 등으로 구성된다. NATO 사령관은 군사위원회의 전략지침을 받아 임무를 수행하게 된다. NPG는 DPC에 참가하는 국방장관들이 핵전력과 관련된 특정 정책 이슈들을 협의한다. 핵무기의 안전, 안보 및 생존성, 의사소통과 정보 체계, 배치문제, 핵군축과 핵확산 같은 공동의 우려사항 등을 토의한다. NPG 참모진들은 NPG에 참여하는 국가들의 대표단, 국제군사참모부 멤버, 전략사령부의 대표들로 구성되는데 이들은 거의 매주 만난다. NPG 참모진에게 자문을 하기 위한 고위급 그룹이라는 제도도 있다.[22] 이런 연유로 NATO는 회원국들 간에 핵 공유 체제(NSM: Nuclear Sharing Mechanism)를 유지하고 있다고 말한다.

그러나 NATO의 핵공유는 핵공격 명령까지 공유하는 것은 아니다. 핵공격 명령은 미국 대통령이 내린다. NATO의 핵무기들은 워싱턴에서 직접 송신하는 긴급행동메시지(EAM) 발사코드를 미군 탄약지원대대가 입력해야 활성화된다. 핵무기가 활성화되면 미군 탄약지원대대는 이를 NATO 현지 공군에 인계한다. 현지 공군은 핵무기를 자국 항공기에 장착해 발사하게 된다. 나토 회원국들은 핵무기의 안전, 안보 및 생존성, 의사소통과 정보 체계, 배치문제, 자국 공군기로 핵탄두 인수 및 미사일 공격, 그리고 이를 위해 B-61의 모의 핵탄두를 이용해 인수·인계와 장착, 발진 훈련 등을 실시한다. 따라서 핵공격 명령을 제외한 대부분의 정보는 서로 공유한다.

과거 한국에 배치되었던 전술핵무기는 저장, 승인, 공격 수단, 공격 방법 등 모든 것을 미군이 도맡아 했다. 한국이 개입할 여지는 거의 없었다. 한국이 할 수 있었던 것은 한국 보유의 지대지 미사일, 8인치 곡사포, 155미리 곡사포 등에 모의 핵탄두를 이용하여 발사 연습을 한 것이 전부였다. 이런 과거의 경험으로 인해 만약 한국에 전술핵무기가 재반입된다면 '나토식 핵공유 모델'이 적용돼야 한다고 주장한다. 나토식

22) NATO, *NATO Handbook*(Brussels: NATO Office of Information & Press, 2006): 한용섭·박휘락 역, 『NATO의 실상과 이해』(서울: 국방대학교 안보문제연구소, 2007), pp. 24-27.

핵 공유 체계가 도입된다면 한국이 핵공격 명령권을 갖진 못하겠지만 그래도 핵무기의 저장, 목표, 타격 수단 및 방법, 핵무기 정보 및 관리, 훈련 등 NATO 수준의 핵공유는 가능할 것이다.

NATO식 핵공유에 대한 비판도 있다.[23] 유럽에 배치된 전술핵이든, 미국 본토에 있는 전략핵이든 실제로 미국을 제외한 NATO 회원국은 아무런 권한을 가질 수 없다는 것이 핵심이다. 이름과 형식은 그럴듯하게 만들어졌지만 유럽 내 전술핵 배치 장소, 수량, 목표물 타격 요건 등을 미국이 일방적으로 결정하고 NPG는 이를 추인하는 기구에 불과하다는 것이다.[24] 그러나 NATO식 핵공유는 전술핵에 대해 정보를 교환한다는 차원에서 과거 한국에 전술핵무기가 배치되었을 때 한국이 배제되었던 것과는 다르다. 그리고 한미간의 2+2 협의체인 EDSCG에서 핵무기 공유체제를 NATO보다 더 발전시킬 수도 있다.

3. 미국의 2018 NPR

트럼프 행정부는 2018년 2월 초 8년 만에 NPR을 발표했다. '핵 없는 세상'을 지향했던 오바마 행정부의 2010 NPR과는 완전히 달랐다. 2010 NPR에서는 핵무기의 숫자뿐만 아니라 핵무기의 역할을 축소하겠다고 밝히면서 NPT를 준수하는 국가에 대해서는 핵무기를 사용하지 않겠다고 밝혔다. 그러나 2018 NPR에서는 지난 8년 동안 오히려 중국과 러시아는 새로운 유형의 핵무기를 개발하고 핵무기 사용 전략과 계획을 늘렸으며 이란과 북한도 핵무기 개발을 시도했다고 적시하면서

23) 찬반 논쟁에 대해서는 정은숙, 『NATO의 핵공유 협정과 전술핵무기: 배경, 전망, 시사점』, 세종정책연구 2016-1(성남: 세종연구소, 2016), pp. 21-28을 참고할 것.

24) 황일도, "NATO 수준 핵협의? 뭔지 알고나 말했나", 『주간동아』, 제1061호(2016년 11월 2일), pp. 22-24.

이로 인해 미국 안보가 이들의 핵무기 위협에 상당히 취약해 졌다고 진단한다. 따라서 2018 NPR은 이들 위협에 대응할 수 있는 강력한 핵태세를 갖추겠다고 했다.

2018 NPR의 핵심은 핵 능력 증강과 핵 전략의 변화에 관한 것이다. 미국은 핵 능력을 증강시키기 위해 ICBM인 미니트맨 Ⅲ를 2029년까지 지상기반핵억제(GBSD)로 교체할 것이며, 2020년대 중반까지 B－52H와 B－2A 스텔스 전략 폭격기는 차세대 폭격기인 B－21 Raider로 대체할 예정이다. 트럼프 행정부는 3축 체제의 개선과 함께 비전략적 핵능력, 즉 전술핵무기도 개선할 예정이다. B83－1과 B61－11 중력폭탄(gravity bombs)은 B61－12 중력폭탄으로 대체할 것이다. 저강도(전술급) SLBM도 개발하여 배치할 예정인데 개발 비용이 적게들 뿐만 아니라 적의 방어망을 뚫을 수 있는 신속한 반응이 가능하기 때문이다. 또한 미국은 SLBM뿐만 아니라 한때 퇴출했던 잠수함발사순항미사일(SLCM)도 보유할 예정이다. 저강도 핵무기를 장착할 수 있는 핵폭격기와 이중목적항공기를 전 세계에 배치하겠다는 것이다. NATO의 DCA도 전술핵무기를 장착할 수 있도록 개선할 예정이다.

전략은 지역별 맞춤형 억제 전략을 기본으로 하고 있다. 우선 핵선제 불사용 원칙(Non First Use)을 폐기하면서 핵 및 재래식 위협에 핵으로 대응할 수도 있음을 분명히 했다. 이를 위해 저강도, 즉 전술핵무기를 개량하여 작전의 융통성을 확보하고자 한다. 특히, 아태지역에서는 전략핵에 의한 맞춤형 억제 전략에서 전략핵과 전술핵에 의한 맞춤형 억제 전략으로 전환할 예정이며 필요시 아태지역에 DCA와 핵무기를 배치할 수 있는 능력을 확보할 예정이다.

2018 NPR에서 북한이라는 단어는 60번 넘게 언급되었다. 2010년 NPR에서 4번밖에 언급하지 않은 것과 대비된다. 북한에 대해서는

CVID를 요구함과 동시에 미국과 동맹국에 대한 핵공격은 북한 체제의 종말이 될 것이라고 경고했다. 특히, 북한의 강화지하시설(HDBT: Hardened and Deeply Buried Targets)을 타격하기 위해 맞춤형 전력을 지속적으로 배치하겠다고 했다. 사실 저강도 핵무기의 개발은 북한을 의식한 전략 변경이라고 볼 수 있다. 민간인의 피해를 최소화하면서 지하 시설에 의존하고 있는 김정은 체제를 효과적으로 제거할 수 있는 무기라고 판단하기 때문이다.

맞춤형 전력은 재래식과 전술핵무기로 대별된다. 미국은 2018년 1월에 초대형 재래식 폭탄인 GBU－57 MOP을 괌의 앤더슨 공군기지에 배치했다. B－2 스텔스 전략폭격기만이 장착할 수 있는 이 폭탄은 무게가 13.6t이며 지하 60m까지 파괴할 수 있어 북한의 지하시설 폭격에 매우 위력적인 것으로 알려져 있다.[25] 또한 미국은 2018 NPR에서 필요시 아태지역에 전술핵무기와 전술핵무기를 장착할 수 있는 DCA의 배치 능력을 언급하고 있다. 북한의 HDBT를 파괴시킬 수 있는 전술핵무기의 배치 가능성도 언급하고 있다. 따라서 미국은 이들 무기체계를 GBU－57 MOP처럼 괌에 배치할 수도 있지만 한국에 배치할 수도 있을 것이다. 저강도 SLBM과 SLCM을 탑재한 잠수함도 한반도 주변에 배치될 수 있다. 이것이 핵공유 체제가 조기에 마련되어야하는 또 다른 이유이기도 하다.

4 전술핵무기 재배치 가능성

한국 내에 전술핵무기를 재배치하려면 몇 가지 요소가 교집합을 이루어야 한다. 가장 중요한 것이 미국과 한국의 결정 여부일 것이다. 그

25) 박진희, “미 공군, 초대형 벙커버스터 실전 배치…대북 압박 강화”, 『뉴시스』, 2018.1.26.

외에도 주변국 요소가 있을 수 있다. 미국 내에서 한국에 전술핵무기를 재배치하자는 주장이 본격적으로 제기된 것은 2017년 이후였다. 북한이 스커드-ER, 북극성 2형, 화성 시리즈 등 다양한 미사일과 제6차 핵실험을 단행하자 여기에 대한 대응 차원에서 제기되기 시작한 것이다.

2017년 3월, 뉴욕타임스(NYT)는 "트럼프 행정부가 극적인 대북(對北) 경고 차원에서 전술핵 재배치 방안을 논의했다."고 했고, 4월엔 NBC방송이 "전술핵 배치도 옵션으로 거론되고 있다."고 했다. 9월엔 NBC 방송은 백악관과 국방부 고위관리의 말을 인용하면서, 한국의 요청이 있을 경우 트럼프 행정부가 한반도의 전술핵 재배치를 포함한 여러 옵션을 검토할 것이라고 보도했다. 이는 미국 핵심 정책 담당자들 사이에서 전술핵 재배치 문제가 논의되고 있음을 의미하는 것이다.[26] 미 NBC와 폴리티코(Politico)도 트럼프 정부가 한국 내 전술핵 재배치 및 한국·일본의 핵무장 용인 등을 검토하고 있다고 백악관·국방부 고위 관계자들을 인용해 보도했다. NBC는 "많은 이가 가능성이 없다고 본다."는 전제를 달았지만 "한국의 요청이 있을 경우 배제하지 않을 것"이라고 했다.[27]

2018년 1월 미 상원 군사위 청문회에서도 핵무장 용인에 대한 주장이 있었다. 헨리 키신저 박사는 청문회에서 "중국이 북핵에 전폭 반대하는 입장을 취하는 만큼 북한이 저항할 수 없는 제재·압박을 개발하는 게 가능하다고 생각하며 내가 선호하는 경로"라고 말하면서도 "어느 방안도 이용가능하지 않은 것으로 밝혀지면 그때는" 한국의 핵무장도 용인할 필요가 있다고 했다. "일본에도 비슷한 흐름이 이어질 것"이라고 했다.[28] 키신저는 북한에 대한 군사적 옵션보다는 한국과 일본의 핵

26) 최현수, "美 '전술핵 재배치' 카드 만지작… 중국 움직일 지렛대?" 『국민일보』, 2017.9.11.
27) 김민석, "전술핵 배치, 작년 10월 미국에 요청했다", 『중앙일보』, 2017.9.11.
28) 정효식, "키신저 "중국과 대북 압박 공조 안 되면 한국 핵무장이 낫다"", 『중앙일보』,

무장이 더 낫다는 것을 피력한 것이다.

이에 대한 반대 의견도 있다. 미국 정부 내에서의 논의는 중국에 대한 '외교적 카드'로 활용하기 위한 것일 뿐 실제 전술핵 재배치를 고려하고 있는 것은 아니라는 것이다. 중국은 핵무기가 한국, 일본, 대만 등으로 확산되는 것을 두려워한다. 따라서 미국이 이런 카드를 내비치면 중국이 대북제재에 더 적극적으로 동참할 것이라는 가정에 근거한 외교용 발언이라는 것이다. 또한 한미연합사령관과 미 제7공군사령관도 "한반도 전술핵 재배치를 지지하지 않는다."고 밝힌 바 있다.[29]

국내에서도 전술핵 재배치 문제가 급부상한 적이 있다. 북한이 제6차 핵실험 직후 개최된 국회 국방위에서 당시 송영무 국방부 장관은 나토식 핵공유 정책을 검토할 용의가 있다고 답변했다.[30] 앞의 1항에서 서술한 것처럼 핵무장이나 전술핵무기 재배치에 대한 찬성 여론이 60%를 넘어섰을 때의 일이다. 그러나 청와대의 생각은 달랐다. 청와대 국가안보실은 전술핵 재배치는 한반도 비핵화 원칙에 위배되고, 북한 비핵화 명분이 상실되며 동북아 핵무장이 확산하는 계기가 되기 때문에 고려하지 않고 있다고 했다.

그럼에도 불구하고 국가안보실의 3가지 반대 명분은 큰 설득력을 얻지 못했다. 3가지 이유 때문이다. 첫째, 1992년 2월 핵무기의 시험·제조·생산·보유·사용을 금지하는 '한반도 비핵화 공동선언'이 발효되었지만 북한은 이를 어기고 있기 때문이다. 6차례에 걸친 북한의 핵실험은 한반도 비핵화 공동선언을 위반한 것이다. 북한은 이미 비핵화 공동선언을 휴지조각으로 만들었는데 한국만 이것을 금과옥조처럼 여

2018.1.26.

29) 사설, "뜨거운 감자 전술핵 … 냉정히 계산하고 신중하게 결정해야", 『중앙일보』, 2017.9.11.

30) 이철재, "송영무 장관이 언급한 '나토식 핵공유' 5개국 기지에 미국 전술 핵탄두 보관", 『중앙일보』, 2017.9.6

길 필요는 없다.

둘째, 한국에 전술핵무기가 재배치되면 북한에 대한 비핵화 명분이 상실되는 것은 맞다. 그러나 한반도에 전술핵이 재배치되면 북한의 비핵화가 아니라 사실상의 '한반도' 비핵화 논의가 가능할 것이다. 그렇기 때문에 한국에 전술핵무기가 재배치되면 한반도 비핵화가 이루어질 때까지만 한시적으로 재배치한다고 하면 된다.

셋째, 핵무기의 수평적 확산 문제도 분명히 있다. 그러나 북한 핵을 이고 살 수는 없다. 지금 한국의 안보 상황이 남을 걱정해야 할 한가한 처지가 아니라는 것이다. 인도와 파키스탄처럼 한국이 스스로 핵무장을 하자는 것이 아니다. 미군 전술핵을 재도입하면 수평적 확산 문제도 어느 정도 차단할 수 있다.

전술핵의 효용성에 관한 비판도 있을 수 있다. 미국 본토에서 발사하는 미니트맨 Ⅲ의 경우 단 30분이면 북한을 타격할 수 있기 때문에 굳이 한국에 전술핵을 재배치할 필요가 없다는 것이다. 그러나 미니트맨 Ⅲ는 탄두 3발이 탑재될 수 있는데 탄두 1발 당의 위력이 히로시마 핵폭탄처럼 15kt급이 아니라 최대 475kt의 전략 핵무기이다. 약 1.5Mt의 핵무기가 평양에 떨어지면 도시 전체가 사라지게 된다. 북한이 전술급 핵무기를 사용한다고 하더라도 오히려 미니트맨 Ⅲ로 대응할 수 없는 것이 현실이다. 미국이 B61-12를 개발하는 이유도 여기에 있다.

전술핵 재배치에 대해 주변국들의 반대도 심할 것이다. 중국과 러시아의 반대는 불을 보듯 뻔하다. 중국은 사드 사례처럼 한국에 대한 경제보복 카드를 내밀 것이다. 일본 역시 한국에만 전술핵이 재배치되는 것을 찬성하지는 않을 것이다. 일본도 미군의 전술핵 재배치를 요구하거나 또는 자체 핵무장을 하려고 할 수도 있다.

미국 내에서의 찬반 의견, 한국 내에서의 찬반 의견, 그리고 주변국들의 반대 등을 고려해 볼 때 전술핵무기 재배치는 쉽지 않을 것이다. 그러나 북한핵이 시나리오 2, 3으로 간다면 한국은 반대 의견에만 귀를 기울여서는 안 될 것이다. 오히려 창의적 아이디어로 반대 의견을 돌파할 필요가 있다. 북한이 비핵화할 때까지만 한시적으로 전술핵무기를 도입한다든지, 또는 일본의 반발을 고려하고 중국의 경제보복의 가능성을 차단한다는 차원에서 일본에도 전술핵무기를 도입하는 문제를 공동으로 검토해 볼 수도 있을 것이다. 한국과 일본에 동시에 전술핵무기 재배치를 검토할 경우, 중국과 러시아는 북한 비핵화에 대해 제재를 더 강화하려 할 수도 있다. 실제로 한국과 일본에 전술핵이 재배치될 경우 한미일 3국은 NATO형 핵공유 체제를 구축할 수도 있을 것이다. 또한 한국과 일본에 대해 중국이 섣불리 경제제재 카드를 꺼낼 수도 없을 것이다.

제5절 결 론

3개의 북한 핵미사일 시나리오 중 두 번째와 세 번째 시나리오가 현실화될 경우, 한국은 북한 핵을 머리에 이고 살 수밖에 없다. 매일같이 느낄 수밖에 없는 안보 불안에서 벗어날 수 있는 유일한 길은 공포의 균형밖에 없다. 공포의 균형을 유지하는 방법은 자체 핵무장을 하거나 또는 미국의 전술핵무기를 한국에 재배치하는 방법이 있다. 그러나 NPT와의 충돌 문제와 그로 인한 경제제재 등을 고려해 볼 때 전술핵무기를 재배치하는 방안이 훨씬 이성적이다.

전술핵무기의 재배치는 NPT 범위 안에 있다. 또한 미국이 한국에 공약한 확장억제(ED)의 일환이기도 하다. 확장억제력을 발휘하기 위해 미국의 핵전력은 미 본토에 있을 수도 있고 괌 등 본토 이외의 기지에 배치될 수도 있으며 동맹국에 배치될 수도 있다. 미국은 유럽에 전술핵무기를 배치함으로써 NATO 국가들과 핵공유 체제를 구축하고 있다.

한국에 전술핵무기를 배치하기 위해선 미국과 한국의 정책 결정이 이루어져야 한다. 찬성도 있지만 비판이 많은 것도 사실이다. 특히 주변국들은 모두 반대할 것이다. 그러나 북한이 비핵화될 때까지 한시적으로 전술핵무기를 배치한다고 설득하면 안 될 것도 없다. 전술핵무기를 한국에만 재배치할 것이 아니라 일본과 공동으로 재배치하는 것도 검토해 볼 가치가 있다. 일본의 핵무장을 막음과 동시에 중국의 경제제재로부터 벗어날 수 있는 길이기도 하기 때문이다. 또한 한미일이 NATO처럼 핵공유 체제를 구축할 수도 있다. 확실한 핵억제력이 유지되는 가운데 적어도 한반도 주변에서의 미국의 핵전력과 전략에 대한 정보 공유는 가능할 것이기 때문이다.

참고문헌

1. 저서 및 논문 등

국방부. 『2016 국방백서』. 서울: 국방부, 2016.

김열수. 『심리적 확장억제: 전술핵무기 재배치』, 2018년 국회 용역과제.

정은숙. 『NATO의 핵공유 협정과 전술핵무기: 배경, 전망, 시사점』, 세종정책연구 2016-1. 성남: 세종연구소, 2016.

NATO, *NATO Handbook*. Brussels: NATO Office of Information & Press, 2006.: 한용섭·박휘락 역, 『NATO의 실상과 이해』. 서울: 국방대학교 안보문제연구소, 2007.

2. 신문 등 언론 기사

강혜란. "푸틴 '北, 풀뿌리 먹는 한 있어도 체제 보장 못하면'". 『중앙일보』, 2017.9.6.

김명성. "김정은 '핵보유국 됐음을 주민들에 알려라' 보도 지침". 『조선일보』, 2018.4.25.

김민석. "전술핵 배치, 작년 10월 미국에 요청했다". 『중앙일보』, 2017.9.11.

김열수. "눈앞에 닥친 북한 핵·미사일 보유... 어떻게 대응할 것인가?" 『자유마당』, Vol. 98(2017년 9월호).

______. "싱가포르 북미정상회담과 한반도 비핵화". 『자유마당』, Vol. 108(2018년 7월호).

______. "김정은 신년사를 통해 본 한반도 안보정세 전망". 『국가안보전략』, 통권 제76호(2019년 2월호).

김태규·장윤희. "[전문] 文대통령, 제72차 유엔총회 국문·영문 기조연설". 『뉴시스』, 2017.9.21.

박병수. "전술핵이 뭐길래 한국 재배치 논란 떠들썩하지?" 『한겨레』, 2017.9.14.

박진희. “미 공군, 초대형 벙커버스터 실전 배치…대북 압박 강화”. 『뉴시스』, 2018.1.26.

박창권. “전술핵 해상배치 재추진과 확장억제 보장 신뢰성 증대 강조: 미국의 2018년 핵태세 검토보서 평가”. 『KIMS Periscope』, 제113호(2018년 2월 11일).

사설. “뜨거운 감자 전술핵 … 냉정히 계산하고 신중하게 결정해야”. 『중앙일보』, 2017.9.11.

손진석. “크림반도 삼키더니 이번엔 바다… 러, 우크라이나 군함 포격·나포”. 『조선일보』, 2018.11.27.

유용원. “나토 전술핵, 유사시 동맹국도 사용… 최종 결정은 美대통령이”. 『조선일보』, 2017.9.11.

유지혜·박유미. “북·미 비핵화 간극 … 미 ‘북핵 폐기’ 북 ‘미군 핵도 폐기’”. 『중앙일보』, 2018.3.10.

윤상호·신나리·박정훈, “中과 인접해 美타격 쉽지않아… 北, ICBM기지 활용 가능성”. 『동아일보』, 2018.12.7.

윤평중. “진짜 평화 위해 전술핵무기 재배치해야”. 『조선일보』, 2017.8.18.

이철재. “송영무 장관이 언급한 ‘나토식 핵공유’ 5개국 기지에 미국 전술핵탄두 보관”. 『중앙일보』, 2017.9.6.

이하원. “文대통령 美北중재 전략은 스마트… 해피엔딩은 기대 말길”. 美 국제정치 석학 미어샤이머 교수와의 인터뷰 내용. 『조선일보』, 2018.3.22.

정우상. “금기시됐던 전술핵, 기류 변화… 국내 찬성여론 68%까지 올라”. 『조선일보』, 2017.9.11.

정용수. “‘핵실험·ICBM 발사 중단’ 김정은식 비핵화 첫 단추”. 『중앙일보』, 2018.4.23.

정효식. “키신저 “중국과 대북 압박 공조 안 되면 한국 핵무장이 낫다””. 『중앙일보』, 2018.1.26.

조동호. “경제 제재로 김정은 권력 내부 분열 유도해야”. 『조선일보』, 2017.8.14.

최경운·이용수·김명성. "南 '핵무장論' 커지고… 北, 대놓고 "무력 통일"". 『조선일보』, 2017.9.9.

최현수. "美 '전술핵 재배치' 카드 만지작… 중국 움직일 지렛대?" 『국민일보』, 2017.9.11.

_____. "전술핵 들여온다면 'B61－12' 유력… TNT 5만t 폭발력". 『국민일보』, 2017.9.16.

황일도. "NATO 수준 핵협의? 뭔지 알고나 말했나". 『주간동아』, 제1061호(2016년 11월 2일).

허귀식. "북한 '고난의 행군' 5년 동안 주민 33만 명 굶어 죽어". 『중앙일보』, 2010.11.23.

제9장 한반도 군비통제: 유럽과 한반도 사례의 비교*

요 약

제9장은 데탕트 이후 진행된 유럽 및 한반도 군비통제에 대한 평가를 통해 미래 한반도 군비통제 방향을 제시하고자 한다. 유럽 및 한반도 군비통제의 특징을 비교해 보면 다음과 같다. 우선 데탕트와 탈냉전이라는 국제질서의 변화 속에서 유럽과 남북한은 각각 관계 개선을 시도했으나 유럽은 성공한 반면 남북한은 전진과 후퇴를 반복하고 있다. 둘째, 유럽의 경우 지역-블록-양자 회담이 선순환적 관계를 형성함으로써 성공할 수 있었으나 남북한은 그렇지 못했다. 유럽은 안보협력(지역)—재래식 무기 군비통제(블록)—핵 군축(강대국) 회담이 서로 긍정적인 영향을 미쳤다. 그러나 남북한은 정치적 합의(남북한)—재래식 무기 군비통제(남북한)—비핵화(6자회담 등) 회담이 선순환적 관계를 형성하지 못했다. 특히 비핵화 회담이 교착될 때마다 정치적 합의와 재래식 무기 군비통제는 나쁜 영향을 받았다. 셋째, 한반도의 경우 북한의 핵개발 프로그램이 남북관계를 가로막는 블랙홀 역할을 했다. 북한의 빈번한 재래식 군사도발도 남북관계 진전을 후퇴시키는 역할을 했지만 가장 결정적인 변수는 역시 북한의 비핵화 의지와 수준이라고 할 수 있다. 넷째, 남북한 간에 많은 합의가 있었음에도 불구하고 그 이행은 적었으며 심지어 그 이행에 관한 내용조차도 검증에 제한을 받았다. 각종 회담을 통해 장밋빛 약속이 재생산되었으나 이행은

* 이 장은 김열수, "북한 비핵화와 한반도 군비통제 추진방향", 정성장 편, 『한반도 비핵·평화의 길: 북한의 협상 수용 배경과 한국의 전략』(성남: 세종연구소, 2018)의 논문을 수정·보완한 것임.

제대로 되지 않는 미이행의 습관화가 이루어졌다. 합의 → 불이행 → 재합의 → 재 불이행의 패턴이 반복되고 있는 셈이다. 심지어 검증과 사찰도 제한함으로써 상대방의 선의에 의존할 수밖에 없는 구조를 만들었다. 마지막으로, 남북한은 군비통제에 대한 비대칭적 시각을 가지고 있다. 남한은 현상유지, 점진적 현상변경, 군사적 신뢰구축에 초점을 맞추고 있는 반면 북한은 현상변경, 군축과 주한미군 철수에 초점을 맞추고 있다.

향후 한반도 재래식 군비통제 추진방향을 살펴보면, 우선 군비통제의 목표를 설정하고 이 목표를 달성하기 위한 몇 가지 추진원칙을 정해야 한다. 그리고 이런 목표와 원칙 속에서 분야별 군비통제를 추진해 나가야 한다.

제1절 문제 제기

2018년 남북한은 3번의 정상회담을 가졌고 북미간에도 6.12 싱가포르 정상회담이 있었다. 비핵화와 북미 관계개선 등은 북미 회담을 통해, 남북 관계 진전과 긴장완화 등은 남북 회담을 통해, 그리고 평화체제는 남북미 또는 남북미중 회담을 통해서 이루어질 것으로 예상된다. 이런 회담들이 서로 선순환 관계로 진전하게 되면 한반도 군비통제도 순조로운 경로를 걷게 될 것이다.

그러나 군비통제 중 구조적 군비통제 즉, 군축은 신중에 신중을 기해야 할 필요가 있다. 신뢰구축과 운용적 군비통제는 북한의 비핵화와 관계없이 한반도 군사적 긴장 완화 및 전쟁 위험 해소를 위해 반드시 필요하지만 군축은 그렇지 않기 때문이다. 북한이 비핵화되지 않았음에도 불구하고 군축을 하게 되면 북한 핵무기에 대응할 비교적 우위에 있다고 판단되는 재래식 무기마저 없애버리는 결과가 되기 때문이다. 그뿐만이 아니다. 군비경쟁에 여념 없는 주변국들도 고려해야 하기 때문이다.

유럽은 군비통제의 모범 사례이다. 미국과 구소련이 핵군축 회담을 진행하는 가운데 북대서양조약기구(NATO)와 바르샤바조약기구(WTO)는 재래식 무기에 대한 군축 회담을 진행했고, 모든 유럽 국가들은 서로 간에 신뢰를 구축하기 위한 안보협력회의를 진행했다. 핵회담–재래식 군축회담–신뢰구축을 위한 안보협력회의가 서로 선순환 과정을 거쳤다. 20년 넘게 진행된 이런 회담과 회의를 통해 유럽은 전쟁의 위험에서 벗어나 공존공영의 유럽공동체를 만드는데 성공했다. 유럽의 군비통제는 성공의 길을 걸은 반면 한반도의 군비통제는 그렇지 못했다. 왜 그랬을까? 그리고 앞으로 어떻게 해야 할까? 제9장은 데탕트 이후 진행된 유럽 및 한반도 군비통제에 대한 평가를 통해 미래 한반도 군비통제 방향을 제시하고자 한다.

제2절 군비통제 개념 및 유럽 군비통제의 함의

1. 이론적 배경

가. 군비통제란

군비(軍備)란 군사준비의 줄임말로써 군사력 건설, 유지 및 배치, 사용 등과 관련된 자원과 자원의 준비를 통칭한다. 군비통제란 이런 군사준비를 통제하는 것을 말하는데 군비감축 또는 축소, 군비제한, 무장해제, 군비관리, 신뢰구축 조치, 군비동결 등을 포함하는 포괄적인 개념[1]이라고 할 수 있다.

셸링과 할퍼린(Shelling and Halperin)은 목적 위주로 군비통제를 정

1) 국방부, 『군비통제란?』 (서울: 국방부, 1992), p. 6.

의하였다. 이들은 군비통제를 "잠재적인 적국 사이에 전쟁의 가능성을 줄이고 전쟁 발발시 그 확산 범위와 파괴력을 제한하며, 평시에는 전쟁 대비 정치·경제적 기회비용을 감소시키기 위한 다양한 형태의 군사적 협력"[2]으로 정의하였다. 한국의 국방부도 목적 위주로 군비통제를 정의했다. 국방부는 군비통제를 "군비경쟁을 안정화 또는 제도화시킴으로써 군비경쟁에서 야기될 수 있는 위험과 부담을 감소 또는 제거하거나 최소화하려는 모든 노력"[3]이라고 했다. 차이가 있다면 국방부는 군비통제를 군비경쟁의 반대 개념으로 정의한 반면 셸링과 할퍼린은 군비통제를 통해 얻을 수 있는 전평시의 이익을 중심으로 정의했다는 특징이 있다.

나. 군비통제의 이론적 근거

현실주의자들은 국제체제의 무정부성을 가정하기 때문에 절대안보를 추구해야 된다고 주장한다. 정글과 같은 국제체제 속에서 생존하기 위해선 강력한 군사력이 필요하다는 것이다. 이들은 자신을 위협하는 상대방에 대응하기 위해서는 자신의 취약점이 무엇인지를 파악하여 이를 보강해야 된다고 주장한다. 따라서 이들은 군사력을 건설하여 자주국방을 달성하거나 또는 동맹을 통해 상대방과의 힘의 균형을 달성할 것을 정책 대안으로 제시한다. 이렇게 될 경우 군비경쟁과 안보딜레마가 발생하는 것은 당연한 수순이 된다. 이와 반대되는 입장이 자유주의라고 할 수 있는데 이들은 취약성 감소보다는 위협 감소에 초점을 맞추고 있다. 국제법이나 통합 같은 것을 이루면 위협은 감소될 수 있다는 것이다.

---

2) Thomas C. Shelling and Morton H. Halperin, *Strategy and Arms Control* (New York: A Perggamon-Brassry's Classic, 1961), p. 142.

3) 국방부, 『군비통제란?』, p. 6.

군비통제를 이론적으로 뒷받침해 주는 이론은 신자유주의라고 할 수 있다. 신자유주의자들은 무정부적 체제에서 국가가 유일한 행위자이고 무정부 상태가 국가의 선호와 행동에 중요한 영향을 미친다는 것을 인정한다. 그럼에도 불구하고 무정부하에서도 협력이 가능(Cooperation under Anarchy)하다고 주장한다. 이들은 협력을 통해 위협과 취약성을 적절히 줄이면 군비통제도 달성되고 안보딜레마도 해소할 수 있다고 주장한다.[4)]

신자유주의자들이 정책대안으로 제시하는 것이 바로 다자안보이다. 흔히 말하는 협력안보란 국가들의 군사체계 간에 발생하는 대립관계를 청산하고 협력적 관계 설정을 추구함으로써 근본적으로 상호 양립 가능한 안보 목적을 달성하려는 노력을 말한다.[5)] 이런 협력안보의 특징[6)]은 예방외교활동을 중시하는 경향이 있다. 예방외교를 하게 되면 우발적 전쟁 위험을 줄이고 상대의 군사력 운용에 관한 불확실성(Uncertainty)을 감소시키고 투명성(Transparency)과 예측가능성(Predictability)을 높여 기습공격의 위험을 줄일 수 있다. 또한 협력안보는 국가간 협력장치를 제도화하려는 노력을 내포하고 있다. 안보레짐을 구축하는 것이 목표가 될 수 있다. 협력안보는 영합게임(Zero Sum Game)에서 벗어나 최소최대전략(Minimum－Maximum strategy)에 입각한 행동준칙을 강조한다는 특징도 있다. 또한 협력안보는 다양한 안보쟁점에 대한 포괄적 이해에 바탕을 두고 있기도 한데 그 이유는 가능한 많은 안보쟁점을 포괄해야 관련국들의 이해와 관심을 증가시킬 수 있기 때문이다.

---

4) 김열수, 『국가안보: 위협과 취약성의 딜레마』, 제5판(파주: 법문사, 2017), pp. 43-44.

5) 신범식, "다자안보협력체제의 개념과 현실: 집단안보, 공동안보, 렵력안보를 중심으로", 『JPI 정책포럼』, No. 2015-09, p. 8.

6) Janne E. Nolan, "The Concept of Cooperative Security", in Janne E. Nolan, ed., *Global Engagement: Cooperation and Security in the 21st Century*(Washington D.C.: The Brookings Institution, 1994), p. 4.

다. 통제 대상에 따른 군비통제 분류

군비통제를 대상에 따라 구분해 본다면 크게 신뢰구축 조치(Confidence Building Measures), 운용적 군비통제(Operational Arms Control), 구조적 군비통제(Structural Arms Control) 등 3가지로 나눌 수 있다. 신뢰구축조치란 분쟁 당사국들 간에 서로 우려할 만한 위협이 존재하지 않고 있다는 것을 신뢰성 있게 의사소통하는 정치·군사적 행위를 말한다. 신뢰구축조치는 3가지 목표가 있다.[7)] 첫째, 신뢰구축조치는 분쟁당사국들이 서로 침략하거나 기습공격을 감행하지 않을 것을 제도적으로 보장할 수 있어야 한다. 둘째, 투명성(Transparency)이 보장되어야 한다. 특히, 불가침을 보장하기 위해 자국의 군사상황을 상대방에게 공개함으로써 분쟁 당사국간에 속일 의사가 없다는 것을 적나라하게 보여주어야 한다. 셋째, 상대방에 대한 예측성(Predictability)이 높아야 한다. 투명성이 보장되면 전쟁이나 위기발발의 예측성이 높아지게 마련이다. 전력 구조 및 배치 등에 대한 투명성이 높아지면 무력충돌의 가능성에 대한 예측성은 더 높아진다.

신뢰구축 조치에는 군사 당국자 간의 핫라인 설치, 국방백서의 발간, 무기체계의 공개, 상대방 군사시설 상호 방문, 군 간부들의 상호 방문, 상대방 교육기관에서의 위탁교육, 상대방 훈련시 참관 등이 있다. 무기체계의 경우, 중요 무기의 종류, 수량, 배치 등이 공개되어야 한다.

운용적 군비통제는 군사력의 배치와 운용을 통제하여 투명성을 높이고 상호확인 및 감시를 통해 기습공격을 방지함으로써 전쟁 발발의 위험성을 감소시키는 데 그 목적이 있다. 따라서 운용적 군비통제에는 부대 훈련 및 기동의 사전 통보, 일정 규모 이상 부대의 훈련 제한, 비무

---

7) 김열수, 위의 책, pp. 312-313.

장 지대의 설치 등이 있다.

구조적 군비통제, 즉 군축이란 병력 및 무기체계를 구조적 차원에서 통제하는 것으로써, 군사력의 건설, 획득, 동원의 제한, 특정지역에서의 특정무기 사용 제한, 무기의 생산이나 이전에 관해 규제하는 것을 말한다. 구조적 군비통제에는 국제적 차원도 있고 국지적 차원도 있다. 국제적 차원의 군축에는 NPT, SALT, START, CWC, BWC, 유엔 재래식 무기 등록 등이 있고 국지적 차원의 군축에는 감축대상무기 및 보유수준을 상호 동수보유 원칙에 따라 점진적으로 감축하는 유럽재래식무기 감축(CFE), 공격용 무기의 배치제한 구역 설정, 국경선 부근에 군사력 배치 제한, 군사력 증강 금지, 군사력의 균형적 축소, 병력 감축, 외국군 주둔 통제 등이 있다.

2. 유럽 군비통제

가. 양자간 군비통제: 미-소의 핵군축

본격적인 유럽의 군비통제는 냉전이 완화되기 시작한 데탕트의 시기에 태동하여 탈냉전의 시기에 거의 완성되는 과정을 거쳤다. 유럽의 군비통제는 3가지 차원으로 진행되었는데 첫째는 핵 군축이고, 둘째는 재래식 군비통제이며, 셋째는 신뢰구축조치였다.[8] 핵군축은 미소간에 이루어졌고 재래식 군비통제는 진영간에 이루어졌으며 신뢰구축은 전 유럽이 참여하는 형태로 이루어졌다. 미소의 핵군축 회담이 스타트를 끊었다.

미국과 구소련은 1969년부터 전략무기를 제한하기 위한 회담(SALT)

8) Sir Paul Lever, "The Cold War: the golden age of arms control", *Cold War History*, Vol. 14, No. 4(2014), p. 501.

을 개최하였다. 1972년 양국은 SALT−1을 체결하였는데 하나는 방어용 전략무기 규제에 관한 협정이었고 다른 하나는 공격용 전략무기(ICBM, SLBM)의 수량 제한에 관한 잠정협정이었다. 방어용 전략무기란 날아오는 상대방의 미사일을 요격하는 요격미사일(ABM)을 말한다. 양국가는 ABM의 위치와 숫자를 규제하는데 합의했으며 1974년 재협의에서는 ABM의 발사기지를 1개로 축소하고 수량도 100기를 상한선으로 합의하였다. 미국은 '그랜드・폭스'의 ICBM 기지에 ABM을 배치하는 것을 선택했으며 소련은 모스크바 인근에 ABM을 배치하는 것을 택했다. 또한 양국은 ICBM을 미국 1,054기, 소련 1,618기로 제한하며 SLBM을 미국 710기, 소련 950기로 동결하기로 했다.

SALT II는 1979년에 체결되었는데 그 내용은 양국의 전략무기운반수단인 ICBM, SLBM, 전략폭격기, 공대지탄도미사일(ASBM)의 총수를 조약발효와 동시에 2,400기 이하로, 다시 81년 말까지는 2,250기 이하로 규제하면서 더 이상 새로운 공격용 전략무기의 개발 금지를 골자로 했다. 그러나 SALT II는 비준되지 못했다. 1982년 양국은 SALT를 재개하면서 회담명칭을 전략무기제한에서 감축을 목표로 하는 전략무기감축 회담(START)으로 변경하여 회담을 진행했기 때문이다.[9)]

나. 양 그룹간 재래식 군비통제: NATO−WTO의 재래식 무기 군축[10)]

1973년 10월, 미국과 구소련의 주도로 NATO와 WTO가 서로 군사력을 감축하는 상호균형감군(MBFR: Mutual and Balanced Force

---

9) 미국과 러시아 간에는 1991년 7월부터 2010년의 NEW START까지 총 4회의 핵무기 감축 협정이 있었다. 1991년의 START Ⅰ, 1993년의 START Ⅱ, 2002년의 SORT(Strategic Offensive Reductions Treaty), 그리고 2010년의 New START 등이다. 이 조약에 의해 미국과 러시아는 2021년 2월까지 모든 운반수단과 핵탄두를 각각 700기와 1,550기로 축소시키게 된다.

10) 남만권, 『군비통제 이론과 실제』 (서울: 한국국방연구원, 2004), pp. 137-141, 157-163.

Reduction)회담을 개최했다. NATO측에서는 당시 회원국 16개국 중 7개국이 참여했으며 WTO측에서는 7개국 중 4개국이 회담에 참여했다. 1989년 2월까지 16년간 무려 472회의 회담이 진행되었으나 양측은 합의에 실패했다.

군축의 대상지역은 중부유럽으로써 병력과 무기 불균형이 협상 초점이었다. NATO는 병력감축에서 공동상한선을 설정하되 공군과 핵무기를 협상대상에서 제외할 것을 주장했다. 그러나 WTO는 같은 비율로 감축하는 동률감축을 주장했으며 공군과 핵무기도 협상대상이 되어야 한다고 주장했다. 특히 쌍방은 군사력 자료교환에 대한 합의에도 실패했다. 또한 제시된 군축 방안에 대한 검증의 어려움과 검증방법에 대한 이견도 있었다. 재래식 무기의 군축에 대한 정치적 의지 결여가 가장 큰 걸림돌이었다.

1989년 비엔나에서 NATO와 WTO 22개국이 참가하여 MBFR을 대체하는 유럽재래식무기감축회담(CFE: Conventional Forces in Europe)이 개최되었다. 이것이 가능했던 이유는 개혁개방을 주장하던 구소련의 고르바초프가 유럽배치 소련 군사력 50만 명을 일방적으로 감축한다고 발표했기 때문이었다. 이로 인해 CFE는 탄력을 받게 되었다.

단기간의 협의 끝에 1990년 11월, CFE－Ⅰ조약이 체결되었다. 핵심 내용은 다음과 같다. 감축대상무기(TLI: Treaty Limited Item)는 공격용 군사무기체계인 전차, 장갑차, 야포, 전투기, 공격헬기 등 5가지 분야로 제한했다. 우선 양측은 군사력에 대한 정보를 교환했다. 정보 교환의 내용은 여단급 부대의 명칭과 그 상위부대, 공군 비행단 부대 명칭 및 그 상위부대, 5개 TLI 유형별 보유수, 5개 TLI 보유부대의 명칭, 평시위치, 지명, 지리좌표, 평시 경계임무를 수행하는 부대별 TLI 보유수, 검증대상과 신고대상에 관한 것이었다.

둘째, 5대 공격용 무기체계에 대해 각각 동일한 상한선이 정해졌다. 전차는 20,000대, 장갑차는 30,000대, 야포는 20,000문, 전투기는 6,800대, 그리고 공격 헬기는 2,000대 등이었다. 동일한 비율에 동일한 상한선으로 감축하는 것으로 정해졌기 때문에 WTO는 줄여야 하는 상황이었지만 NATO는 오히려 늘려야 하는 상황이었다.

셋째, 감축방법은 파괴하거나 비군사용으로 전환하거나 전시용으로 전환하거나 또는 공격헬기를 제외한 4개의 TLI는 표적용으로 사용하거나 또는 전투기와 헬기는 교육용으로 사용하기로 했다. 협정 발효 후 16개월 내에 감축량의 25%, 28개월 내에 60%, 그리고 40개월 내에 100% 감축한다는 데 합의했다. 넷째, 검증방법은 현장사찰, 국가 및 다국적검증기술수단, 그리고 공중정찰 등을 통해 검증하기로 했으며 합동자문단을 구성하기로 했다.

1992년 6월에는 CFE－Ⅰa 조약이 체결되었다. 이 조약을 통해 각국은 자체적으로 병력 상한선을 결정하였다. 1999년 11월에는 CFE－Ⅰ의 수정안인 CFE－Ⅱ 조약이 체결되었다. 1999년 전 WTO 회원국이었던 체코, 헝가리, 폴란드가 NATO에 가입하는 사태가 발생했고 또 소련과 유고슬라비아 등이 각각 분열되어 CFE 참가국들이 30개국으로 늘어났기 때문이다. 따라서 30개 회원국들은 진통 끝에 CFE－Ⅱ 조약을 체결했다. 핵심적 차이점은 본래의 CFE조약이 블록 단위인 상한선을 정한 반면 CFE－Ⅱ조약은 국가 및 영토를 단위로 하여 국가 상한선과 영토 상한선을 정한 것이다. 국가 상한선(National Ceiling)은 각국이 국경 내 소지한 자국 무기를 대상으로 하며 영토 상한선(Territorial Ceiling)은 각국 영토 내 주둔하고 있는 외국의 군사력까지를 대상으로 한다. 이외에도 본래의 CFE조약과 달리 신규 가입국들의 가입조항 첨부, 외국군사력 주둔시 주둔국의 동의 필요성, 특정상황하 일시적인 영토 상한선 초과 등을 새로운 합의에 포함시켰다.[11] 그러나 CFE－Ⅱ조약은 발효도 되지 않은 채 역사 속으로 사라졌다. 2007년 푸틴 러시아 대통령이 CFE에 대한 참여 중지를 발표했기 때문이다. 그 이후 유럽 재래식 군비통제는 별다른 진전을 보이지 못하고 있다.[12] 어쨌든 CFE 조약을 통해 유럽에서는 군 장비 60,000기가 해체되었고 6,000회 이상의 군부대 조직 변동 및 이동에 대한 사전 통보가 있었으며 3,000회 이상의 현장사찰 등이 있었다.

다. 다자간 신뢰구축: CSCE의 신뢰구축 조치

데탕트 시기였음에도 불구하고 재래식 무기 군축에 대한 최초 합의는 쉽지 않았다. 미국은 유럽에서의 MBFR을 주장한 반면 구소련은 NATO와 WTO가 포함된 전 유럽이 참여하는 유럽안보협력회의(CSCE: Conference on Security and Cooperation in Europe)를 선호했기 때문이다.[13] 결국 미국은 CSCE에 참여하는 대신 구소련은 유럽 재래식 군축에 참여하는 것으로 합의했다. 1973년 7월 미국과 소련, 그리고 유럽 등 총 35개국이 참여하는 회의가 개최되었다. 수 차례 회의 끝에 1975년 헬싱키에서 CSCE의 최종의정서(Final Act)가 채택되었다.

최종의정서에는 정치, 안보, 경제, 인권문제 등 모든 분야에 걸쳐 국가간 협력의 기반이 되는 일반적 규범, 원칙 및 행동 규칙이 제시되었다. 특히 CSCE는 협력의 범위를 4개의 배스킷으로 구분하였다. Basket 1은 유럽안보에 관한 문제(대규모 군사훈련 사전통보, 훈련참관단 교환, 군

---

11) 정은숙, “러시아의 CFE조약 유예선언과 유럽 안보”, 『정세와 정책』, 2007년 8월호, pp. 11-12.

12) Łukasz Kulesa, “The Role of Arms Control in Future European Security”, *Security and Human Rights*, Vol. 25(2014), pp. 221-234.

13) Christoph Bluth, “Arms control as a part of strategy: the Warsaw Pact in MBFR negotiations”, *Cold War History*, Vol. 12, No. 2(May 2012), p. 249.

인사교류, 검증 및 사찰 등)를 다루고, Basket 2는 경제, 과학, 기술 및 환경분야 협조 문제를 다룬다. Basket 3는 지중해에서의 안보・협조에 관한 문제와 지중해 연안의 비회원국으로 이를 확대하는 문제를 다루며, Basket 4에서는 인도주의와 기타 분야 협력을 다룬다.

CSCE는 1986년의 스톡홀름 합의와 1990~94년의 비엔나 합의를 거치면서 신뢰구축조치 문제를 더욱 강화하였다. 헬싱키의 최종의정서를 제1세대 신뢰구축조치, 스톡홀름 합의를 제2세대 신뢰구축조치, 그리고 비엔나 합의를 제3세대 신뢰구축조치로 분류할 정도로 세대가 거듭될수록 훈련에 참가하는 인원과 장비에 대한 숫자가 더욱 엄격해졌고 훈련 통보일자가 더욱 길어졌으며 검증체제는 더욱 강화되었다. 또한 훈련 참가 인원 및 장비, 그리고 훈련 횟수를 제한하기도 했다. 탈냉전이 되면서 CSCE의 기구화가 대두되자 전 유럽국가와 미국 및 캐나다 등 55개국을 회원국으로 하는 유럽안보협력기구(OSCE)로 발전하였다. 1999년 OSCE는 신뢰구축조치를 최종 확정하면서 모든 회원국들은 신뢰구축과 관련된 정보를 분쟁방지센터(CPC)에 제출하도록 했다. CPC는 이를 종합하여 전 회원국에게 배포하는 역할을 수행한다.

라. 유럽 군비통제의 교훈 및 함의

유럽의 군비통제는 데탕트라는 긴장완화의 물결 속에서 시작되었다. 미국과 구소련은 쿠바 미사일 위기를 겪었고 중국과 구소련은 이데올로기 논쟁과 중소 국경분쟁을 겪었다. 이런 상황으로 인해 미국과 소련을 포함한 동서 양 진영은 냉전이 전쟁의 위험을 고조시키고 핵전이 일어날 수도 있음을 인식하였다. 이로 인해 미국과 구소련을 포함한 동서 양 진영은 전쟁의 위험을 제거하고 평화공존을 위한 협상의 길에 나서게 되었다.

유럽에서는 핵군축, 재래식 군비통제, 그리고 신뢰구축을 위한 협상이 동시에 진행되었다. 미국과 소련은 핵군축 협상을, NATO와 WTO는 재래식 군축 협상을, 그리고 범 유럽은 신뢰구축조치 협상을 담당했다. 3개의 서로 다른 협상은 상호 선순환적으로 작용하면서 하나의 성공이 다른 협상에도 긍정적으로 영향을 미쳤다.

유럽 군비통제의 또 다른 특징은 유럽에서의 협력이 군사분야의 군비통제만이 아니었다는 것이다. CSCE의 다양한 배스킷이 이를 잘 보여주고 있다. 이로 인해 많은 국가들이 관심을 가지고 참여할 수 있었다. 유럽 군비통제는 정치적 관계 개선을 비롯한 정치적 신뢰구축이 선행되어야 이것이 군사적 신뢰구축으로 이어질 수 있다는 것도 보여주었다. 또한 3가지 차원의 군비통제에서 모든 당사자들은 검증의 중요성을 인식하고 이를 수용했을 뿐만 아니라 심지어 이를 의무화하는데 동의했다는 점이다.[14)]

군비통제의 시작이 1970년대 초라고 한다면 군비통제의 결실은 1990년대 초중반이라고 할 수 있다. 데탕트라는 시대 상황이 군비통제를 시작하게 만들었고 탈냉전이라는 시대 상황이 군비통제의 결실을 가져왔다고 볼 수 있다. 물론 고르바초프라는 특출한 인물의 등장도 무시할 수 없다.

유럽처럼 남북한 간에도 핵군축, 재래식 군비통제, 그리고 정치적 신뢰구축을 위한 다양한 협상이 있었다. 유럽은 3개 차원의 협상이 거의 동시에 진행되었지만 한반도에서는 정치적 신뢰구축을 위한 남북한 간의 협상이 먼저 시작되었고 북한이 NPT를 탈퇴하자 북미 간에 핵협상이 시작되었으며 재래식 군비통제가 뒤를 이었다. 제3절에서는 남북

14) 한용섭, "군비통제와 한반도 평화체제 수립: 선순환 관계를 위한 제언", 『한국과 국제정치』, 제22권 제1호(2006년 봄), p. 179.

한 간의 정치적 합의, 북미 및 6자 간의 한반도 비핵화 합의, 그리고 남북 군사 당국자들 간의 재래식 군비통제에 대한 합의한 내용을 정리해 볼 것이다. 남북한이 기념사나 축사 등을 통해 제의한 것은 300여 회도 넘을 뿐만 아니라 일방적인 것이어서 큰 의미는 없다.[15)]

제3절 남북한 정치적 합의 및 군비통제

1. 남북한 정치적 합의

가. 7.4 남북공동성명(1972년)

데탕트는 한반도에도 영향을 미쳤다. 남북한은 1972년 7.4 남북공동성명을 발표했다. 핵심 내용은 통일은 자주, 평화, 민족 대단결의 원칙하에서 추진되어야 하고 긴장상태 완화 및 신뢰 분위기 조성을 위해 상대방 중상비방 금지, 무장도발 금지, 군사적 충돌사건 방지를 위해 적극적인 조치를 취하기로 했다. 또한 남북 사이의 다방면적인 제반 교류를 실시하고 남북적십자회담을 성사시키기 위해 노력하며 서울과 평양 사이에 상설 직통전화를 설치하기로 했다. 또한 7.4 남북공동성명을 실천하기 위해 남북조절위원회를 구성하여 운영하기로 했다.

그러나 7.4 남북공동성명의 생명은 그리 길지 않았다. 남북한 양측의 지도자들이 한결같이 권력의 공고화에 몰입했기 때문이다. 남한에서는 1972년 10월 유신체제가 시작되었고 북한에서는 1972년 12월 주체사상을 헌법에 명시하고 국가주석제를 도입함으로써 권한을 강화하는

15) 양성철 · 조덕현, "남북한 군비통제 제안 분석 및 평가", 『한국정치학회보』, 제21권 제1호(1987년 봄), pp. 97-108.

등 사회주의 헌법을 제정했다. 남북조절위원회는 1972년 10월부터 1973년 6월까지 공동위원장 회의 3회, 본회의 3회 등 총 6회의 회의가 개최되었으나 양측의 입장 대립으로 성과 없이 끝났다. 결국 1973년 8월, 북한 측의 일방적 회의 중단선언으로 활동은 종료되었다

나. 남북기본합의서 및 부속합의서(1992년)

남북한은 1991년 4개장 25개조로 구성된 「남북 사이의 화해와 불가침 및 교류・협력에 관한 합의서」(일명 남북기본합의서)를 채택했다. 1992년에는 기본합의서와 함께 남북화해, 남북불가침, 남북교류협력을 규정한 3개의 부속합의서도 발효되었다. ① 남북화해를 위한 주요 합의 내용은 상대방 체제(제도)인정 및 존중, 내부문제 불간섭, 상대방에 대한 비방・중상금지(언론/삐라/그 밖의 수단), 파괴・전복행위 금지, 정전상태의 평화상태로의 전환(기본합의서와 비핵화 공동선언 성실한 이행준수, 현 군사협정 준수), 국제무대에서의 협력 등이다. 이를 위해 「남북화해공동위원회」라는 이행기구를 설치하고 필요한 수만큼의 실무협의회를 설치하기로 했다.

② 남북 불가침을 위한 주요 합의 내용은 무력 불사용(상대방 관할 구역 침입, 공격, 점령 행위 금지), 분쟁의 평화적 해결 및 우발적 무력 충돌 방지, 불가침 경계선 및 구역 준수(해상 불가침 경계선은 확정시까지 기존의 관할 구역), 군사직통 전화의 설치 및 운영(국방부장관과 인민무력부장 사이 핫라인 구축, 합의서 발표 후 50일 이내 개통) 등이다. 이를 위해 「남북 군사공동위원회」를 구성하여 여기에서 대규모 부대이동과 군사연습의 통보 및 통제문제, 비무장지대의 평화적 이용문제, 군인사 교류 및 정보교환 문제, 대량살상무기와 공격능력의 제거를 비롯한 단계적 군축실현 문제, 검증문제 등 군사적 신뢰 조성과 군축을 실현하기 위한 문제를

협의·추진하기로 했다.

③ 남북 교류·협력을 위한 주요 합의 내용은 경제교류·협력(자원 개발, 경제 관련 정보 교환, 철도와 도로 연결, 항로와 해로 개설 등), 사회문화 교류·협력, 인도적 문제 해결(서신거래, 자유왕래, 자유의사에 의한 재결합 실현 등) 등이다. 이를 위해 「남북 교류·협력공동위원회」를 구성하기로 했다.

기본합의서의 생명도 길지 않았다. 각종 공동위원회는 출범도 하지 못했다. 북한의 핵무기 개발 의혹이 결정적인 원인[16]이 되었기 때문이다. 1993년 제1차 북한 핵위기가 발생함으로써 남북기본합의서는 역사의 유물로 남게 되었다.

다. 6.15 남북공동선언(2000년)

2000년 6월, 남북 정상은 평양에서 6.15 공동선언을 발표했다. 핵심적인 내용은 ① 통일은 우리 민족끼리 힘을 합쳐 자주적으로 해결하고, ② 연합제와 낮은 단계의 연방제의 공통성을 인정하며, ③ 이산가족 상봉 및 장기수 문제 등 인도주의적 문제를 해결하고, ④ 경제협력과 다방면에서의 교류와 협력을 활성화하여 상호 신뢰를 도모한다는 것이었다. 이 선언 이후 주로 3항과 4항에 대한 내용들이 실천되었으며 남북분단으로 단절되었던 경의선과 동해선 연결을 위한 복원공사도 착수되었다.

---

16) 1991년말 한국정부는 북한이 IAEA의 핵사찰을 수용하고 〈제5차 남북고위급회담〉에서 한국측이 제시한 시범사찰을 받아들이면 팀스피리트 훈련을 중단할 수 있다고 했다. 북한이 12월 26일 「한반도의 비핵화에 관한 공동선언」에 합의하자 한미는 1992년 봄에 실시할 예정이었던 팀스피리트 훈련을 취소했다. 북한은 1992년 4월에 최고인민회의에서 IAEA의 핵안전 협정을 비준, 동의함으로써 6월부터 IAEA가 북한핵 사찰을 실시하게 되었다. 사찰은 1992년부터 6차례 이루어졌으나, 1992년 7월 시찰에서 보고서에 적힌 플루토늄의 양과 실제 플루토늄의 양이 다른 것이 드러나고 또 북한이 미신고한 시설에 대한 사찰을 거부하는 상황이 발생했다. 한미는 1993년 1월, 북한을 압박하기 위해 팀스피리트 훈련을 재개한다고 발표했다. 이에 북한은 강력히 반발하면서 1993년 3월 12일, NPT를 탈퇴한다고 선언하였다. 이로써 제1차 북한 핵위기가 발생했다.

라. 10.4 남북관계 발전과 번영을 위한 선언(2007년)

2007년 10월, 남북 정상은 평양에서 10.4 선언을 발표했다. 남북관계 발전과 번영을 위한 8개항이 채택되었다. 핵심적인 내용은 ① 6.15 공동선언 고수 및 적극 구현, ② 법률적·제도적 장치 정비 등을 통하여 남북관계를 상호존중과 신뢰 관계로 확고히 전환, ③ 군사적 적대관계 종식 및 한반도에서 긴장완화와 평화 보장위해 협력(한반도에서 어떤 전쟁도 반대하며 불가침 의무 확고히 준수, 서해에서의 공동어로수역 지정 및 평화수역화, 협력사업에 대한 군사적 보장조치), ④ 현 정전체제 종식 및 항구적인 평화체제 구축(3자 또는 4자 정상들에 의한 종전 선언, 9.19 공동성명 및 2.13 합의 이행 노력), ⑤ 민족경제의 균형적 발전과 공동의 번영을 위해 경제협력(민족내부협력사업의 특수성에 맞게 각종 우대조건과 특혜 우선적 부여, 서해평화협력특별지대 설치하고 공동어로구역과 평화수역 설정, 경제특구건설과 해주항 활용, 민간선박의 해주직항로 통과, 한강하구 공동이용 등 적극 추진, 개성공업지구 1단계 건설 빠른 시일 안에 완공 및 2단계 개발에 착수, 문산－봉동간 철도화물수송 시작, 통행·통신· 통관 문제를 비롯한 제반 제도적 보장조치들을 조속히 완비, 개성－신의주 철도와 개성－평양 고속도로 개보수 협의·추진, 안변과 남포에 조선협력단지 건설, 이를 위해 남북경제협력추진위원회를 부총리급의 남북경제협력공동위원회로 격상), ⑥ 사회문화 분야의 교류와 협력(백두산－서울 직항로 개설, 2008년 북경 올림픽경기대회에 남북응원단이 경의선 열차 이용하여 참가), ⑦ 인도주의 협력사업 적극 추진(상봉 확대, 영상 편지 교환, 이산가족 상봉 등), ⑧ 국제무대에서 협력 강화 등이었다. 선언의 이행을 위해 남북총리회담을 개최하기로 했다.

10.4 선언은 보수정권인 이명박 정부가 들어서면서 서서히 사문화되기 시작했다. 2008년 금강산 관광객이었던 박왕자씨 사건은 남북 관계를 얼어붙게 했다. 특히, 2009년 북한의 제2차 핵실험과 2010년 천안

함 폭침 사태로 남북 관계는 다시 냉전시기로 회귀하였다.

마. 판문점 선언과 평양 선언(2018년)

2018년 4월, 남북 정상은 판문점 평화의 집에서 4.27 판문점 선언을 했다. '한반도의 평화와 번영, 통일을 위한 판문점 선언'은 3개 장 13개 조항으로 이루어져 있는데 이를 요약해 보면 다음 <표 16>과 같다.

〈표 16〉 판문점 공동 선언 요약

구 분	내 용
남북관계 개선/발전	• 기존 합의 내용 이행 • 각 분야의 대화와 협상 진행 • 개성 남북공동연락사무소 설치 • 다방면의 협력교류 및 접촉 • 남북 공동행사 추진 및 국제경기 공동 참가 • 이산가족 상봉. 경의선 • 동해선 철도와 도로 연결 우선 추진
한반도 긴장상태 완화	• 적대행위 전면 중지, 5월 1일부 확성기 방송 및 전단 살포 중지 • 서해 북방한계선 일대 평화수역화 • 교류협력을 위한 군사적 보장책, 5월 중 장성급 군사회담 개최
한반도 평화체제 구축	• 기존 불가침 합의 준수 • 군사적 신뢰구축에 따른 단계적 군축 • 2018년 내 종전선언, 평화체제 구축위한 3자, 4자회담 개최 • 핵없는 한반도 실현이 공동의 목표

9월 19일 체결된 '9월 평양공동선언'은 6개 장 14개 항으로 구성되어 있다. 그러나 이것을 판문점 선언처럼 3개 분야로 나누어 비교해 보면 다음 <표 17>과 같다.

〈표 17〉 평양 공동선언 요약

구 분	내 용
교류협력 증진 및 민족경제 발전	• 동, 서해선 철도 및 도로 연결 착공식 • 개성공단과 금강산관광 사업 정상화, 서해경제공동특구 및 동해관광공동특구 조성 • 자연생태계의 보호 및 복원 • 방역 및 보건·의료 분야 협력 강화 상설면회소 개소, 이산가족 상봉 및 영상편지 교환 • 10월 중 평양예술단의 서울공연, • 국제경기 공동진출, 2032년 하계올림픽 남북공동개최 유치 • 10.4 선언 행사, 3.1운동 100주년 행사 공동 기념
전쟁위험 제거와 적대관계 해소	• '판문점 선언 군사분야 부속합의서' 채택 남북군사공동위원회 가동
한반도 비핵화	• 동창리 엔진시험장과 미사일 발사대 영구적 폐기 • 미국이 상응조치시 영변 핵시설의 영구적 폐기, 추가적인 조치

4.27 판문점 선언과 9.19 평양 선언은 이제 시작단계이다. 과거처럼 용두사미식으로 끝날 수도 있고 이번에야 말로 실천이 담보될 수도 있다. 비핵화와 연동되어야 추진될 수 있는 부분들이 많기에 비핵화의 진전 정도가 오히려 독립변수로서 역할을 수행할 수도 있다.

바. 남북한 정치적 합의에 대한 평가

지난 40여 년 동안 남북한이 신뢰구축과 관련된 정치적 합의를 보면 OSCE의 배스킷보다 더 포괄적인 내용이 합의되었다고 해도 과언이 아니다. 통일의 원칙, 남북 화해와 교류 협력, 긴장완화, 항구적 평화체제 구축 등 남북 쌍방이 민족화해와 협력을 통해 민족공동체를 지향하면서 통일로 나아가기 위한 합의가 이루어졌기 때문이다. 비핵화와 군비통제에 대한 합의도 있었고 각종 이행기구에 대한 합의도 있었다.

둘째, 합의 내용은 이상적이었지만 실행은 제한적이었다. 남북 관계 전반에 관한 포괄적인 합의가 이루어졌지만 실제 이행된 것은 극소수에 불과했다. 한국은 한반도 미래를 생각하면서 회담을 제의하고 또 합의했다면 북한은 정치적 계산을 우선했다. 따라서 회담은 주로 한국이 먼저 요청하고 북한이 이에 응하는 패턴을 띠게 되었고 심지어 북한은 정상회담을 위한 대가를 요구하기도 했으며 이산가족 상봉조차도 협상의 칩으로 사용했다. 합의된 내용 중에서 비교적 충실하게 이행된 것은 한국의 대북지원 사업이라고 할 수 있다.

셋째, 북한의 핵미사일 프로그램 가동이 남북한 합의를 휴지조각으로 만드는 결정적인 역할을 했다. 회담을 통해 합의된 내용을 중심으로 남북한 관계가 진전되다가 북한 핵 실험이나 미사일 시험 발사가 있게 되면 모든 것이 다시 원점으로 돌아가는 '시지프스 신화'의 행태를 띠게 되었다. 이것이 바로 남북 관계가 경색될 수밖에 없는 구조적인 한계이기도 하다.

넷째, 북한의 군사도발도 한국의 대북 불신을 키우는 역할을 하게 되었고 남북 합의를 중단시키는 역할을 하기도 했다. 남북한은 회담을 할 때마다 전쟁 재발 방지, 군사적 긴장상태 완화 등에 합의했지만 북한은 NLL 침범, 천안함 폭침, 연평도 포격 도발, 관광객 저격, 목함지뢰 도발 등을 자행했다. 북한이 군사적으로 도발하면 남북관계는 다시 경색되는 그런 악순환이 계속되었다.

다섯째, 한국과 미국의 정권 교체에 따라 대북 정책도 일관성을 유지하는데 한계가 있었다. 미국의 민주당과 한국의 진보 정부는 주로 대북 포용정책을 추진한 반면, 미국의 공화당과 한국의 보수 정부는 주로 대북 강경정책을 추진했다고 볼 수 있다. 한미 행정부간의 대북 정책에 대한 동일한 인식 또는 상이한 인식이 대북 정책의 일관성에 부정적인 영향을 미쳤다고 볼 수 있다.

여섯째, 판문점 선언과 평양 선언에 대한 평가는 아직 이르다. 북한의 비핵화 정도에 따라 선언의 이행 수준이 결정될 것이기 때문이다.

2. 한반도 비핵화 합의[17)]

가. 한반도의 비핵화에 관한 공동선언(1992년)

1991년 12월, 남북한 대표들은 「한반도의 비핵화에 관한 공동선언」에 합의하였다. 전문과 6개항으로 된 비핵화공동선언은 1992년 2월, 평양에서 열린 제6차 남북고위급회담에서 정식 발효되었다. 핵심 내용은 ① 핵무기의 시험 · 제조 · 생산 · 접수 · 보유 · 저장 · 배비(配備) · 사용의 금지, ② 핵에너지의 평화적 이용, ③ 핵재처리시설 및 우라늄 농축 시설 보유 금지, ④ 비핵화를 검증하기 위해 상대측이 선정하고 쌍방이 합의하는 대상에 대한 상호 사찰, ⑤ 공동선언 발효 후 1개월 이내에 남북핵통제공동위원회의 구성 등이다.

남북핵통제공동위원회 회의는 1992년 3월 19일부터 12월 17일까지 판문점 평화의 집과 통일각에서 번갈아 개최되었다. 그러나 북한은 군사기지는 사찰 대상이 아니며 특별사찰은 비핵화공동선언 제4항에 위반된다고 주장함으로써 13차례에 걸쳐 개최된 회의는 아무런 진전도 보지 못한 채 중단되었다

나. 제네바 합의(1994년)

북한이 1993년 3월 NPT 탈퇴를 선언함으로써 제1차 핵위기가 발생하였다. 이를 해결하기 북미는 1993년 11월부터 실무 접촉을 거쳐

17) 이 부분은 본 저서의 제4장 제2절에 자세히 설명되어 있다.

1994년 8월 5일부터 제네바에서 양측 고위급회담을 개최했다. 1994년 10월 제네바에서 4개조 13개 항의 핵 합의문이 채택되었다. 주요 내용은 <표 18>과 같다.

〈표 18〉 제네바 합의 요약

구 분	내 용
경수로 발전소 지원 등	• 2,000Mwe 경수로 제공 • 연간 50만 톤 중유 제공 • 흑연감속원자로 등 동결/해체 • 동결 기간 중 IAEA 감시 허용, 폐연료봉 해외에서 재처리
정치경제관계 정상화	• 무역 및 투자 제한 완화 • 연락사무소 개설 및 대사급 격상
핵 없는 한반도	• 미국은 핵무기 불위협/불사용 공식 보장 • 북한은 한반도 비핵화 공동선언 이행, 남북대화 개시
NPT 체제 강화	• 북한은 NPT 잔류, 동 조약의 안전조치 협정 이행 • 임시 및 일방사찰 재개 • IAEA의 안전조치 완전한 이행 등

제네바 핵합의서가 채택되었지만 미 의회는 이 합의문에 대해 비판적인 시각을 견지했다. 따라서 미국이 조치해야 할 약속 이행이 늦어지기 시작했다. 이를 빌미로 북한은 우라늄 농축시설을 가동하기 시작했다. 북한은 제네바 합의가 플루토늄 재처리만을 사찰 대상으로 할 뿐 우라늄 농축은 아니라는 자의적 해석도 한 몫 했다. 2002년 미국이 북한의 고농축우라늄(HEU) 프로그램 가동 의혹을 제기하자 북한은 핵 동결 해제 뒤 NPT 탈퇴를 선언함으로써 제네바 합의는 파기됐다.

다. 6자회담(2003~2008년)

한국과 북한, 주변 강대국인 미국 일본 중국 러시아 등 6개국은

2003년 8월부터 중국 북경에서 북한 비핵화를 위한 고위급 6자회담을 개최했다. 2005년에는 9.19 공동성명이 발표되었으며 2007년에는 2.13 합의와 10.3 합의도 발표되었다. 2005년 제4차 6자회담 2단계회의에서 발표된 9.19 공동성명의 핵심 내용은 <표 19>와 같다.

〈표 19〉 9.19 공동성명

구 분	내 용
6자회담의 목표	• 한반도의 검증가능한 비핵화를 평화적인 방법으로 달성 • 북한은 현존 핵무기와 핵프로그램 포기, 조속한 시일 내에 NPT와 IAEA 복귀 • 미국은 핵무기 또는 재래식 무기로 북한 공격 또는 침공 의사 없음을 확인 • 한반도비핵화 공동선언 준수, 적절한 시기 경수로 제공 논의
국제규범 준수	• 북미/북일 관계 정상화 추진
경협 증진	• 5개국은 대북 에너지 지원 제공, 한국은 200만kw 전력 공급
동북아 평화와 안정	• 한반도 영구적 평화체제 협상, 동북아 안보협력 증진 모색
기타	• 공약 대 공약, 행동 대 행동 원칙에 입각, 단계적 방식으로 이행

6자회담 당사국들은 2007년 2월, 제5차 6자회담 3단계 회의 결과인 '9.19 공동성명 이행을 위한 초기조치'(일명 2.13 합의)를 채택했다. 2.13 합의의 주요 내용은 다음 <표 20>과 같다.

〈표 20〉 2.13 합의 내용

구 분	내 용
병렬적 초기조치	• 북한은 영변 핵시설 폐쇄 및 봉인, IAEA 요원 복귀 초

	청, 모든 핵프로그램의 목록 협의 • 미북 양자대화 개시, 미국은 북한을 테러지원국 해제, 대적성국 교역법 종료 과정 진전 • 북일 양자대화 개시 • 경제 · 에너지 · 인도적 지원, 중유 5만 톤 상당 긴급지원
5개의 실무그룹(W/G) 설치	• 한반도 비핵화, 미북 정상화, 일북 정상화, 경제 및 에너지 협력, 동북아 평화 · 안보 체제, 30일 이내 W/G 회의 개최
대북 지원	• 초기조치 기간 및 모든 현존 핵시설의 불능화를 포함하는 다음 단계 기간 중 중유 100만 톤 상당의 경제 · 에너지 · 인도적 지원
장관급 회담 개최	• 초기조치 이행 직후
별도 포럼	• 한반도 항구적 평화체제 협상

6자회담 당사자들은 2007년 10월, 제6차 6자회담 2단계 회의를 개최하여 '9.19 공동성명 이행을 위한 제2단계 조치'에 합의(일명 10.3 합의)했다. 10.3 합의의 주요 내용은 다음 <표 21>과 같다.

〈표 21〉 10.3 합의

구 분	내 용
한반도 비핵화	• 모든 현존 핵시설 불능화, 영변의 5MW 실험용 원자로, 재처리시설 및 핵 연료봉 제조시설의 불능화는 2007년 12월 31일까지 완료, 미국이 불능화 주도 • 북한은 핵프로그램에 대한 완전하고 정확한 신고를 2007년 12월 31일까지 완료, 북한은 핵물질, 기술 등을 타국 이전 금지
관련국 관계 정상화	• 북미 양자관계 개선 공약 유지 • 테러지원국 명단 삭제 및 대적성국 교역법 종료 노력 • 북일관계 정상화,
경제·에너지 지원	• 중유 100만 톤 상당
기타	• 6자 외교부장관 회담 개최 재확인

북한은 핵 프로그램 신고서를 2008년 6월 26일 6자회담 의장국인 중국에 제출하였으며, 6월 27일 영변 5MWe 원자로의 냉각탑을 폭파하였다. 이에 미국은 6월 26일 북한에 대한 적성국 교역법 적용을 종료하고, 10월 11일 북한에 대한 테러지원국 지정을 해제하였다. 2008년 12월 열린 6자 수석대표회의에서는 검증의정서 채택 문제가 핵심쟁점이었다. 미국과 북한이 검증 방법에 대해 합의했음에도 불구하고 북한이 이를 거부하게 되고 미국에도 새로운 정부가 들어섬으로써 6자회담은 중단되었다.[18]

라. 2.29 합의(2012년)

2009년 1월 미국 오바마 행정부가 출범하자 북한은 그해 4월 장거리 로켓을 발사하고 5월에는 제2차 핵실험을 단행했다. '전략적 인내'로 일관하던 미국은 2011년 7월, 10월 등 두 번에 걸쳐 북미 고위급 회담을 진행했다. 김정일 위원장이 사망하고 김정은이 등장한 후인 2012년 2월, 세 번째 고위급 회담이 북경에서 개최되어 2.29 합의를 도출했다. 핵심은 북한이 핵실험과 장거리 미사일 발사를 중단하고 농축우라늄활동 중지 및 IAEA의 감시허용을 조건으로 미국은 24만 톤 규모의 영양식품을 제공한다는 것이었다.[19] 그러나 북한이 2012년 4월 13일 은하 3호를 발사함으로써 2.29 합의는 휴지조각이 되고 말았다.

18) 6자회담이 지속되는 동안 회담에 영향을 미친 결정직인 변수는 BDA였다. 미국은 2005년 9월, 9.19 공동성명 채택 직전에 마카오 BDA 은행을 잠재적 돈세탁 우려 대상으로 지정하면서, BDA 북한 계좌의 돈세탁 의혹을 제기했다. 북한은 이에 대한 반발로 2006년 미사일 발사와 제1차 핵실험을 단행하는 등 벼랑끝 전술로 맞섰다. 북한은 미국이 30일 이내에 BDA 문제 해결 약속을 전제로 2.13 합의에 동의했다. 이에 미국은 BDA에 동결된 북한 자금을 아무 조건 없이 해제했다.

19) 2.29 합의 전문, http://0701025.tistory.com/65(검색일: 2018.8.8.)

마. 미북 싱가포르 공동성명(2018년)

2018년 6월 싱가포르에서 개최된 북미 정상회담에서 공동합의문이 발표되었다. 이 합의문을 통해 트럼프 대통령은 북한에 안전보장을 약속했으며, 김정은 위원장은 한반도 비핵화를 위한 약속을 재확인했다. 합의된 4개항은 새로운 미-북 관계 수립, 한반도에 지속적이고 안정적인 평화 체제 구축, 북한은 한반도의 완전한 비핵화를 위해 노력, 그리고 미군 유해 송환 등이었다.

미북 정상회담을 전후하여 북한은 한국계 미국인 3명 석방, 풍계리 핵실험장 폐쇄, 동창리 엔진실험장 폐쇄, 그리고 미군 유해 55구를 송환하였다. 반면 미국은 한미연합훈련 중단과 전략자산의 한반도 전개를 유예한다고 발표했다. 북한은 조기 종전선언을 주장하는 반면, 미국은 비핵화 로드맵이나 시간표 그리고 핵프로그램 신고서 제출 등을 요구하고 있어 양측이 좀처럼 합의점을 찾지 못하고 있다.

사. 한반도 비핵화 합의에 대한 평가

현재까지 합의된 내용을 바탕으로 이를 평가해 보면 다음과 같다. 첫째, 북한 비핵화를 위한 다양한 회담의 틀이 동원되었지만 모두 실패했다. 최초에는 남북한 사이에서 한반도 비핵화 공동성명이 발표되었고, 제1차 핵위기 이후에는 미북 사이에 제네바 합의가 이루어졌으며 2003년부터는 6자회담이 2008년까지 지속되었다. 2011~2012년에는 다시 미북 회담이 잠시 이어졌다가 그리고 2018년에 미북 정상회담이 이루어졌다. 미북 정상회담이 어떤 비핵화 결과를 가져올지는 조금 더 지켜봐야 한다.

둘째, 북한은 일괄타결보다는 단계별 동시 행동 원칙을 선호한다. 살라미 전술을 통해 더 많은 이익을 챙길 수 있고 매 단계마다 미국의 신뢰성을 확인할 수 있다고 생각하기 때문이다. 만일 미국이 행동 대 행동 원칙을 지키지 않거나 또는 약속 내용을 일정대로 추진하지 않을 경우 북한은 어김없이 도발로 대응했다. NPT 탈퇴와 탈퇴 번복, 핵동결과 핵동결 파기 선언, 핵시설 불능화와 원상복구 등이 대표적인 사례들이다.

셋째, 북한은 핵 프로그램의 신고, 검증, 폐기의 단계 중 검증 단계를 가장 후순위로 미루는 경향이 있다. 북한은 2.13 합의 이행시 신고 → 검증 → 폐기의 단계가 아니라 핵시설 불능화 → 신고 → 검증의 단계를 밟았다. 결국 북한은 검증 단계의 핵심인 시료 채취를 거부했다. 북한은 제1차 핵위기 시에도 특별사찰을 거부한 바 있다.

넷째, 북한은 강압적 비핵화보다 셀프 비핵화에 초점을 맞추고 있다. 또한 국제사회가 원하는 대상을 비핵화하는 것이 아니라 자신이 비핵화하고자 하는 대상만을 골라서 비핵화하고자 한다. 6자회담시 신고 및 불능화 대상과 검증 대상도 미국의 의지보다 북한의 의지가 관철된 것이다. 제2차 북핵 위기의 핵심이 농축우라늄임에도 불구하고 농축우라늄은 신고, 검증, 불능화 대상에서 제외되었고 북한이 동의하지 않은 기타 시설에 대해서도 신고 및 검증은 이루어지지 않았다.

다섯째, 북한은 위기가 도래하면 합의를 하고 위기가 안정화 단계로 접어들면 다시 도발하는 패턴을 보여주었다. 클린턴 행정부가 외과수술식 공격을 검토하자 북한은 제네바 합의에 임했고 제네바 합의의 이행이 지연되자 북한은 우라늄을 농축하기 시작했다. 북한은 한편으로는 회담을 진행하면서 다른 한편으로는 합의의 결렬을 염두에 두고 핵미사일 개발에 열중했다고 볼 수 있다.

여섯째, 미국은 북한에 대한 압박과 기존의 제재 조치를 해제해 줌으로써 비핵화 합의를 이끌어 내고자 했다. 미국이 BDA 불법자금을 꺼내들자 북한은 9.19 공동성명에 합의했고, BDA에 대한 해제조치를 취하자 북한은 9.19의 1단계 조치인 2.13에 합의했다. 또한 미국이 테러지원국 해제 조치를 언급하자 북한은 9.19의 2단계 조치인 10.3에 합의했다. 그리고 미국이 테러지원국 해제를 발표하자 북한은 검증에 합의했다.

일곱째, 북한의 비핵화와 이에 대한 상응조치가 안보와 경제의 교환에서 안보와 안보의 교환형태로 서서히 바뀌고 있다. 북한은 비핵화의 반대급부로 북미관계 개선, 평화체제 구축, 경제 및 에너지 협력을 요구했다. 북한은 최초에 중유 제공 등 경제적 보상에 초점을 맞추었으나 점차 대북 불가침 공약 등 체제 보장 요구와 북미 관계 개선에 초점을 맞추고 있다.

여덟째, 미국은 적어도 2017년까지는 북한의 핵미사일 위협을 대수롭지 않게 여겼다. 북한이 제1차 핵실험을 했지만 아주 초보적인 실험에 불과하고, 대포동 미사일을 발사했지만 사거리나 기술면에서 미국이 걱정할 정도가 아니었다. 따라서 미국은 북한 핵미사일 문제가 기껏 한국이나 일본에 대한 위협 정도로 생각하고 비교적 객관적으로 이 문제를 바라보았다. 이러다 보니 회담에 임해 합의를 도출하고 이를 강제하는 데 있어 절박성이 있을 수 없었다. 미국이 북한의 핵미사일 위협을 자신에 대한 위협으로 인식하기 시작한 것은 2017년 이후였다.

아홉째, 미국 내의 권력 변동에 따라 미국의 비핵화 정책은 일관성을 유지하지 못했다. 1994년에 체결된 제네바 합의는 중간선거에서 공화당이 다수를 차지하게 되자 합의가 제대로 이행되지 못했다. 회담의 틀도 양자에서 4자로 그리고 6자로 바뀌었다. 6자회담이 진행되는 동안 미국은 BDA 제재를 함으로써 합의 내용의 이행을 어렵게 만들었다. 또한 민주당 오바마 정부의 전략적 인내라는 대북 전략은 북한으로 하여

금 핵미사일 개발에 가속도를 붙여주는 결과를 초래했다. 미국은 비핵화뿐만 아니라 대량살상무기, 북한 인권 문제로 의제를 확대하기도 했다. 이런 것들로 인해 미국의 비핵화 정책은 일관성을 유지하지 못했다.

열째, 북한은 검증이나 사찰을 회피함으로써 사실상의 핵보유국 지위를 갖고자 한다는 의심을 받고 있다. 미국은 CVID를 주장하지만 북한은 검증이 빠진 완전한 비핵화(CD)만을 주장한다. 또한 북한은 사찰도 한정된 사찰을 주장한다. 남북 비핵화 공동선언에서 '쌍방이 합의하는 대상에 대해서만 상호 사찰'하도록 했다. 또한 2008년에는 북한이 검증의정서 채택을 거부함으로써 6자회담이 사실상 종료된 전력도 있다. 따라서 국제사회는 북한이 비핵화보다는 사실상의 핵보유국으로 가기 위해 오히려 회담을 이용하는 것은 아닌지 의심한다.

3. 남북 재래식 무기 군비통제에 대한 합의[20)]

가. 2000년 이후 남북군사회담 총 50여 회 개최

2000년 이후 남북군사회담은 총 50여 회 개최되었다.[21)] 김대중 정부 시절에는 총 15회, 노무현 정부 시절에는 총 29회, 이명박 정부 시절에는 총 4회, 박근혜 정부 시절에는 총 2회, 그리고 문재인 정부가 들어서면서 5회 개최되었다. 남북 군사회담은 국방장관회담, 장성급 회담, 그리고 실무회담 등으로 대별되는데 각각의 회담을 통해 합의된 내용을 살펴보면 다음과 같다.

---

20) 이 부분은 김진무, "역대 남북군사회담 평가와 대북협상 방향", 『세종정책브리핑』, No.2018-09(2018.4.5.)을 참고하여 재작성한 것임을 밝혀둔다.

21) • 김대중 정부(15회): '00년, 4회 → '01년, 2회 → '02년 9회
• 노무현 정부(29회): '03년, 6회 → '04, 5회 → '05, 3회 → '06, 4회 → '07, 11회
• 이명박 정부(4회): '08년, 2회 → '09년, 0 → '10년, 1회 → '11년, 1회 → '12년 0
• 박근혜 정부(2회): '13년, 0 → '14년, 1회 → '15년, 1회 → '16년, '17년, 0
• 문재인 정부(5회): '18년, 5회

나. 남북국방장관회담

제1차 남북국방장관회담은 2000년 9월25~26일, 제주도에서 개최되었다. 합의 내용은 공동보도문으로 발표되었는데 주로 남북 교류 협력을 군사적으로 보장하는 데 초점을 맞추었다. 핵심 내용은 ① 교류협력을 위한 군사적 문제 해결 노력, ② 한반도 평화와 전쟁 위험 제거 노력, ③ 남북 철도 및 도로 연결위한 군사적 보장, ④ 연결된 도로 철도 주변의 개방, ⑤ 11월 중순에 북측에서 2차 회담 개최 등이었다.

제2차 남북국방장관회담은 2007년 11월 27~29일 평양에서 개최되었으며 회담을 통해 7개조 21개 항의 합의문이 채택되었다. 핵심내용은 ① 군사적 적대관계 종식 및 긴장완화와 평화보장을 위한 실제적 조치(적대행위 중지, 제반군사문제 평화적 해결, 기존 채택된 합의 준수, 우발상태 방지 위한 제도적 장치 수정 및 보완, 통신연락체계 현대화), ② 전쟁 반대 및 불가침 의무 준수를 위한 군사적 조치 추진(불가침경계선과 구역 준수, 남북군사공동위원회 구성 및 운영, 무력 불사용과 평화적 해결 원칙 재확인 및 실천적 대책 마련), ③ 서해해상에서의 충돌방지와 평화보장을 위한 대책 마련(공동어로구역과 평화수역 설정 및 이를 위한 장성급 회담 조기 개최, 한강하구와 임진강 하구 수역에 공동 골재채취 구역 설정), ④ 정전체제 종식 및 항구적 평화체제 구축을 위한 군사적 상호 협력(종전선언 여건 조성위한 군사협력, 유해발굴 협력), ⑤ 남북 교류협력사업의 군사적 보장을 위한 조치 추진(10.4 선언의 합의 내용에 대한 군사적 보장대책 강구), ⑥ 합의서 이행을 위한 협의기구들의 정상적인 가동(남북군사공동위원회[22], 2008년 서울에서 제3차 남북장관급 회담 개최), ⑦ 본문 교환일부터 발효 등이다.

22) 1992년 5월 7일 발효, 군사공동위원회의 기능은 ① 불가침의 이행과 준수 및 보장을 위한 구체적 실천대책을 협의 ② 불가침의 이행과 준수 및 보장을 위한 구체적 실천대책을 협의한 데 따라 필요한 합의서를 작성하고 실천 ③ 군사적 대결상태를 해소하기 위한 합의사항을 실천. 운영은 분기에 1회 개최하는 것을 원칙으로 정함.

제1차 남북국방장관회담이 덕담 수준의 포괄적인 의견교환을 공동보도문 형태로 발표되었다면 제2차 남북국방장관회담의 합의문은 상당히 구체성을 띠었다. 마치 6.15 공동선언이 포괄적인 선언인데 반해 10.4 선언이 구체적인 선언이었던 것처럼 두 번에 걸친 남북한 국방장관회담의 합의문도 비슷한 형태를 띠었다. 10.4 선언처럼 두 번째 남북국방장관 합의문도 빛을 보지 못한 채 역사의 기록으로만 남게 되었다.

다. 남북장성급회담

2004년부터 시작된 남북장성급회담은 2018년 말까지 총 10번 개최되었다. 2004년 5월 금강산에서 개최된 제1차 남북장성급회담에서는 서해상에서 우발적 충돌방지 조치와 군사분계선 지역에서의 선전활동 중지 및 선전수단 제거와 관련된 협의가 있었다. 2004년 6월 설악산에서 개최된 제2차 회담에서는 「서해 해상 우발적 충돌방지와 군사분계선 선전수단 제거에 관한 합의서」가 채택 및 발효되었다. 그 이후 남한측의 「남북기본합의서」 이행방안 협의 요구에 대해 북한은 서해해상경계선 우선 협의 입장을 고수했다. 2006년 3월 판문점에서 개최된 제3차 회담, 2006년 5월 판문점에서 개최된 제4차 회담에서도 북한은 서해해상경계선 우선 협의만을 요구했다. 2007년 5월 판문점에서 개최된 제5차 회담에서는 남북철도 시험운행에 대한 군사적 보장조치에 합의하였다. 2007년 7월 판문점에서 개최된 제6차 회담에서는 합의문이 없었고 2007년 12월 판문점에서 개최된 제7차 회담에서는 개성공단에서의 3통(통행, 통신, 통관) 관련 군사적 보장을 위한 합의서가 채택되었다.

2018년 6월, 11년만에 판문점에서 개최된 제8차 회담에서는 공동보도문을 발표하였다. 공동보도문에서는 적대 행위를 중지하는 문제, 서해 북방한계선 일대를 평화수역으로 조성하는 문제, 남북 교류협력과 왕래 및 접촉에 대한 군사적 보장 대책을 수립하는 문제, 판문점 공동경비구역을 시범적으로 비무장화하는 문제 등에 대해서는 의견 교환을 했다는 점과 2004년 6월 4일 남북장성급 군사회담 합의의 철저한 이행과 동·서해지구 군통신선 완전 복구에 합의했다는 내용이었다. 2018년 7월 판문점에서 제9차 남북 장성급회담이 개최되었는데 판문점 공동경비구역 비무장화와 비무장지대 내 남북 공동 유해 발굴, 비무장지대 내 상호 시범적 GP 철수 방안 등에 대해 협의가 진행되었다. 공동보도문 발표는 없었다. 평양 정상회담 이후인 2018년 10월 판문점에서 제10차 남북 장성급 회담이 개최되었다. GP 철수 및 검증문제, 한강 하구에서의 공동수로조사 문제 등에 대해 합의하고 공동보도문을 발표하였다.[23)]

라. 남북군사실무회담

2000년 이후 대령급을 단장으로 하는 남북군사실무회담은 현재까지 거의 40차례 가까이 개최되었다. 남북한의 교류와 협력을 위한 군사적 보장 문제를 협의하기 위해 개최되었다. 주로 철도·도로·통신선 연결을 위한 실무적 문제를 협의하는 회담이었다. 2018년에 제39차, 제40차 남북군사실무회담이 개최되었다.

마. 2+2회담

2015년 8월 4일 북한의 목함지뢰 도발로 한국군 부사관 2명이 중상을 입는 사건이 발생했다. 한국군은 이에 대한 보복조치로 대북방송을 재개하자 북한은 48시간 이내 확성기 철거를 요구하며 준전시상태를 선포하였다. 이에 한국군도 워치콘 격상과 함께 한미연합으로 무력시위를 하자 한반도에서는 극도의 군사적 위기가 고조되었다.

이를 타결하기 위해 8월 22일 남북고위당국자회담인 2+2회담이 판

23) 김관용, “[전문] 제10차 남북장성급군사회담 보도문”, 『이데일리』, 2018.10.26.

문점에서 무박4일 동안 개최되었다. 8월 25일 오전 1시경 남북 공동 보도문이 발표되었다. 보도문 내용은 ① 남북 관계를 개선하기 위한 남북 당국회담 조기 개최, ② 북측 목함지뢰 도발 유감 표명, ③ 대북 확성기 방송 8월25일 12시부터 중단, ④ 북측 준전시상태 해제 ⑤ 추석 이산가족상봉 진행 ⑥ 민간교류 활성화 등이었다.

바. 「역사적인 판문전 선언 이행을 위한 군사분야 합의서」

2018년 9월 19일, 평양에서 남북 정상이 지켜보는 가운데 남북한 국방부 장관이 군사합의서에 서명하였다. 남북군사합의서는 하늘과 땅, 그리고 바다에서 군사적 긴장과 충돌의 근원이 되는 일체의 적대행위 전면 중지, 비무장 지대의 평화지대화, 서해 북방한계선 일대의 평화수역화, 교류협력 및 접촉 왕래 활성화에 필요한 군사적 보장대책 강구, 그리고 군사적 신뢰구축을 위한 다양한 조치 강구 등이었다. 총 6개장 22개 항으로 구성되어 있는 군사합의서의 내용을 요약해 보면 다음 <표 22> 및 <그림 4>와 같다.

〈표 22〉 역사적인 판문점 선언 이행을 위한 군사분야 합의서

구분	내용
일체의 적대행위 중지	• 군사적 충돌 문제를 평화적 방법으로 해결 • 상대방 관할구역 침입, 공격, 점령 행위 금지 • 남북군사공동위원회 구성(대규모 군사훈련, 무력증강, 다양한 형태의 봉쇄 차단 및 항행방해, 상대방에 대한 정찰행위 중지) • 군사적 긴장 해소 및 신뢰구축에 따라 단계적 군축 실현 • 특정한 지상/해상/공중에서의 군사연습 중지 • 11월 1일부터 군사분계선 상공에서의 비행금지 구역 설정 • 11월 1일부터 우발 충돌 방지위한 4~5단계의 군사적 조치 상시 연락체계 가동
비무장지대 평화지대화	• 비무장지대 안의 GP 철수

	• JSA 비무장화 • 비무장지대 내 시범적 공동 유해발굴 • 비무장지대 내 역사유적 조사 및 발굴위한 군사적 보장대책
서해 방한계선 일대의 평화수역화	• '서해 해상에서의 우발적 충돌 방지' 합의, 복원 이행 • 서해 해상에서 평화수역과 시범적 공동어로구역, 안전 보장 • 불법어로 차단 및 안전한 어로활동 보장 위한 공동순찰
군사적 보장 대책 강구	• 군사적으로 3통 보장위한 대책 마련 • 동 · 서해선 철도 도로 연결과 현대화 위한 군사적 보장대책 • 북측 선박들의 해주직항로 이용과 제주해협 통과 문제 등 협의 • 한강(임진강) 하구 공동이용 위한 군사적 보장 대책 강구
군사적 신뢰구축 조치	• 남북군사당국자 사이에 직통전화 설치 및 운영 문제 협의 • 남북군사공동위원회 구성 및 운영과 관련한 문제 협의 · 해결 • 모든 합의 철저한 이행 및 이행상태 정기적 점검 평가

〈그림 4〉 역사적인 판문점 선언 이행을 위한 군사분야 합의서

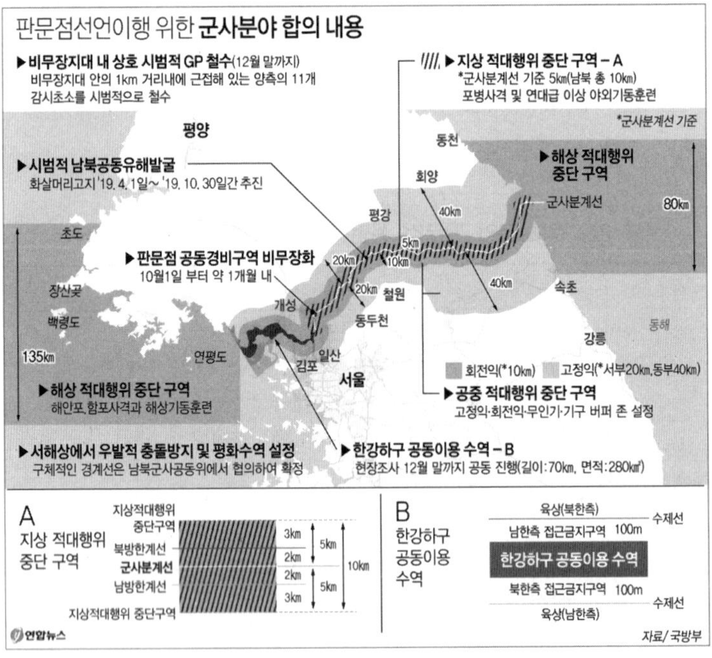

* 출처: 박영석, "판문점선언이행 위한 군사분야 합의 내용(종합)", 『연합뉴스』, 2018.9.19.

사. 남북한 군비통제에 대한 평가

첫째, 남북한 군비통제는 정치적 합의와 비핵화 회담의 종속변수로서의 역할을 수행했다. 남북한 정상회담이 개최되면 남북한 장관급 회담이 개최되거나 또는 국방부 장관이 배석했다. 그러나 북한이 핵미사일 도발이나 재래식 국지도발을 했을 경우 기존의 합의된 내용들은 대부분 무시되는 경향이 있었다.

둘째, 남북한은 군비통제에 대한 비대칭적 시각을 가지고 있다. 남한은 현상유지, 점진적 현상변경, 군사적 신뢰구축에 초점을 맞추고 있는 반면 북한은 현상변경, 군축과 주한미군 철수에 초점을 맞추고 있다.[24]

셋째, 북한은 자신에게 불리한 문제를 유리한 방향으로 해결하기 위해 집요하게 파고든다. 북한은 NLL을 인정하기보다는 오히려 서해해상경계선을 협의하자고 주장하거나 자신에게 불리한 확성기 방송이나 전단 살포 중단 문제를 지속적으로 제기하여 이를 관철시켰다. 또한 상대적으로 우위에 있는 한미 양국의 정찰 행위를 제한하기 위해 공중적대행위 중단구역 설정을 요구하여 이를 관철시키고자 했다.

넷째, 군비통제의 시작이 신뢰구축임에도 불구하고 북한은 군사적 신뢰구축에 대해 소극적 태도를 견지했다. 북한이 남북한 간에 국방백서의 발간, 무기체계의 공개, 상대방 군사시설 상호 방문, 상대방 훈련시 참관 등 군사적 신뢰조치에 소극적인 이유는 이것이 제대로 이행될 경우 북한군의 모든 정보가 공개되어 북한군의 강약점이 두드러지게 나타날 것을 우려했기 때문이다.

다섯째, 2018년 채택된 남북한 군사합의서는 불가침 협정이자 또

24) 송대성, 『한반도 평화체제 구축과 군비통제』(성남: 세종연구소, 2001), pp. 98-114.

다른 형태의 종전선언이라고 할 수도 있다. 이것이 제대로 지켜지면 남북한 정상 간의 정치적 합의와 비핵화 회담이 선순환 과정을 겪을 수 있을 것이다. 그러나 합의서 제1조 1항에 명시되어 있는 남북군사공동위원회의 임무는 수정할 필요가 있다. 임무가 대규모 군사훈련, 무력증강 문제, 다양한 형태의 봉쇄 차단, 항행방해 문제, 상대방에 대한 정찰행위 중지 문제 등에 대한 협의로 되어있기 때문이다. 북한은 이미 한국의 군사력 증강이나 한국군 단독 훈련, 심지어 지휘관회의까지 시비를 걸고 있다. 그러나 이것은 1992년 발효된 남북기본합의서 제12조에 명시되어 있는 군사공동위원회의 임무와 너무 다르다. 기본합의서에 명시되어 있는 군사공동위원회의 임무는 "대규모 부대이동과 군사연습의 통보 및 통제문제, 비무장지대의 평화적 이용문제, 군인사 교류 및 정보교환 문제, 대량살상무기와 공격능력의 제거를 비롯한 단계적 군축실현문제, 검증문제 등 군사적 신뢰 조성과 군축을 실현하기 위한 문제를 협의 · 추진"하도록 되어 있다. 따라서 현재의 군사공동위원회의 임무는 한국에게만 불리하게 작용할 우려가 있기 때문에 1992년의 군사공동위원회 임무로 돌아가도록 수정되어야 한다. 또 하나 주의해야 할 점은 북방한계선(NLL)은 절대 양보해선 안 된다는 점이다.

제4절 한반도 재래식 군비통제 추진 방향

1. 군비통제의 목표

군비통제의 목표는 남북간의 군사적 긴장을 완화하여 전쟁발발 위험을 감소시키고, 상호 군사력의 운용을 조정 및 통제하여 남북간의 군사적 안정성을 제고하고, 남북평화공존체제를 정착시킴으로써 평화통일의 기반을 마련하는 것[25]이다. 군사적 긴장완화 및 전쟁발발 위험성을 감소시키려면 군사적 신뢰구축이 이루어져야 한다. 또한 상호 군사력의 운용 조정 및 통제, 그리고 군사적 안정성을 제고하기 위해서는 운용적 군비통제와 구조적 군비통제가 필요하다. 남북 평화공존체제를 정착시키고 평화통일의 기반을 마련[26]하기 위해서는 남북이 다양한 분야에서 교류 및 협력하는 정치적 합의를 해야 한다.

2. 기본 추진 원칙

한국은 몇 가지 기본 원칙을 정해 놓고 한반도 재래식 군비통제를 추진할 필요가 있다. 우선 비핵화의 진전 속도와 수준을 고려하여 군비통제를 추진할 필요가 있다.[27] 사실 비핵화 회담은 북미 양자가 주축이나 빈틈없는 한미 공조를 통해 비핵화 회담이 추진되어야 한다. 또한 군비통제는 남북 양자가 주축이나 이 역시 한미 공조 하에 추진해야 할 필요가 있다. 순서는 비핵화 ≥ 남북한 정치적 합의 > 남북한 군비통제의 순으로 진행하되 3가지가 선순환될 수 있도록 해야 한다. 남북한 재래식 군비통제의 속도가 너무 빨리 가는 것은 경계해야 한다.

둘째, 남북한 군비통제 추진시 주변국의 위협도 고려해야 한다. 신뢰구축이나 운용적 군비통제는 주변국의 위협과 관련 없으나 구조적 군비통제는 주변국의 위협을 고려해야 한다. 일본, 중국 등 주변국들은 이미 군비 경쟁 시대에 돌입해 있다고 해도 과언이 아니기 때문이다.

---

25) 국방부, 『국방백서 1995-1996』 (서울: 국방부, 1996), p. 129.

26) 한용섭, 위의 논문, p. 184; 최강, "한국 신정부의 한반도 군비통제정책 추진방향", 『전략연구』, 통권 제29호(2003년 제3호), pp. 35-37.

27) 남만권, "남북군비통제의 가능성과 접근방향", 『국방정책연구』, 통권 제73호(2006년 가을), pp. 156-157.

따라서 군축은 신중하게 추진되어야 한다.

셋째, 북한이 국제 군비통제 시스템이나 국제 평화활동 등에 가입하거나 기여할 수 있도록 유도해야 한다. 북한이 가입하지 않고 있는 화학무기금지협약(CWC)에 가입하도록 권고하고 유엔의 무기이전 등록제도에도 참여하도록 권고해야 한다. 신고대상의 무기는 전차, 장갑차, 대구경포 시스템, 전투기, 공격용 헬기, 전함, 미사일 등 7가지 범주이다. 또한 유엔 평화활동, 인도주의활동, 그리고 지뢰제거활동 등에도 참여할 수 있도록 유도할 필요가 있다. 그래야 보통국가로서 그리고 정상적인 국가의 군대로서 역할을 수행할 수 있을 뿐만 아니라 군비통제에 대해서도 더 잘 이해할 수 있기 때문이다.

넷째, 남북한 간의 포괄적 군사적 신뢰구축 및 군비통제 로드맵에 대한 합의가 필요하다. 상호 군비통제 의제 및 로드맵을 제시하여 남북한 간 합의를 추진할 필요가 있다. 단기, 중기, 장기 과제로 구분하되 합의된 과제부터 먼저 이행하면 된다. 사실 군사공동위원회는 이런 역할을 수행해야 한다.

다섯째, 기존합의를 현재 상황에 맞게 복원하되, 실천 가능하도록 수정할 필요가 있다. 남북한 간에 합의된 정치적 합의서와 50차례 넘는 남북 군사당국회담에서 수많은 논의와 합의가 있었다. 따라서 원점에서 논의를 시작하기보다 기존 합의를 복원하는 것이 효율적이다. 상호 공통부분을 확인하고 확장하면 된다. 재합의된 분야를 우선적으로 추진할 필요가 있다.

여섯째, 평화체제의 진전 속도와 한미동맹을 연동시켜 군비통제를 추진할 필요가 있다.[28] 단, 한미동맹의 해체나 주한미군 철수는 절대

---

28) 현인택 · 최강, “한반도 군비통제에의 새로운 접근”, 『전략연구』, 통권 제25호(2002년), pp. 21-22.

불가하다는 금지선을 확실히 설정할 필요가 있다. 그래야 북한이 이것을 협상의 대상으로 삼지 않을 것이기 때문이다. 그러나 비핵화와 평화체제가 충분히 진전되면 주한미군의 감축이나 역할 변경 등은 고려해 볼 필요가 있다. 또한 북한이 조중동맹과 한미동맹을 동시에 파기하자고 제안해 올 경우에도 대비할 필요는 있다.

일곱째, 기계적 접근보다 유연한 접근이 필요하다.[29] 반드시 신뢰구축 → 운용적 군비통제 → 구조적 군비통제의 경로를 거치는 단계적·기계적 접근이 아니라 목표별로 유연한 접근이 필요하다.[30]

여덟째, 북한이 엉뚱한 주제를 제의함으로써 회담의 주도권을 잡는 것을 차단하도록 해야 한다. 북한은 주한미군 철수, 연합훈련 금지, 유엔사 해체, 전략자산 전개 금지, NLL 변경 요구 등 한국이 받아들일 수 없는 주제들을 기습적으로 제안하여 회담의 주도권을 잡으면서 한국으로부터 양보를 요구할 가능성이 있다. 또한 자신에게 불리한 남북기본합의서보다 6.15 선언, 10.4 선언, 판문점 선언 그리고 평양 선언 이행을 먼저 요구할 가능성도 있다. 비핵화 정도와 상관없이 구조적 군비통제 추진을 요구할 가능성에도 대비해야 한다. 김정은은 이미 2019년 신년사를 통해 연합훈련 금지와 전략자산 전개 금지를 요구한 바 있다.

아홉째, 검증과 사찰이 필요한 부분은 반드시 이것이 이루어질 수 있도록 합의문에 포함시켜야 한다. 검증해야 함에도 불구하고 상대방의 선의에 기대는 합의는 아무런 의미가 없기 때문이다.[31]

열째, 남북군사공동위원회가 어떻게 운용되느냐에 따라 군비통제의 여부와 속도가 영향을 받게 될 것이다. 이를 위해 남북군사동동위원회

29) 박영규, 『한반도 군비통제의 재조명: 문제점과 개선방향』, 연구총서 00-14(서울: 통일연구원, 2000), p. 74.
30) 현인택·최강, "한반도 군비통제에의 새로운 접근", pp. 31-33.
31) 최강, 위의 논문, p. 41.

의 임무부터 수정해야 한다. 남북기본합의서에 명시되어 있는 남북군사 공동위원회의 임무로 되돌아가야 할 필요가 있다.

3. 분야별 추진 내용[32)]

가. 신뢰구축 조치

신뢰구축 조치는 군사적 긴장상태를 완화하고, 상호 군사적 투명성을 향상시키며, 불가침 보장체제 확립을 통해 군비제한 및 축소의 여건을 조성하는 데 그 목적이 있다. 기존에 합의된 신뢰구축 조치에는 ① 현 군사협정 준수하는 가운데 종전 선언, ② 정전협정을 평화협정으로 전환, ③ 남북군사 당국자간 군사직통 전화 설치, ④ 남북군사공동위원회 활성화를 통해 공동위기관리체제 구축 및 군비통제 업무 담당, ⑤ 비무장지대의 평화지대화, ⑥ 북방한계선 일대의 평화수역화,[33)] ⑦ 대규모 부대이동과 군사연습의 사전통보 및 통제, ⑧ 군 인사교류, ⑨ 남북교류협력사업의 적극 지원 등이 있다.

신뢰구축 조치 중에 추가 검토 할 내용은 ① 국방백서 수준을 넘어서는 상호 군사력의 공개(무기 체계・종류・수량・배치 등), ② 각급 군사학교의 상호 학생 교환, ③ 함정 및 항공기의 상호 방문, ④ 일정 규모 이상의 훈련시 상호 참관[34)]등이 있다.

북한을 국제적 차원의 신뢰구축 조치에 동참 유도해야 할 분야로는

---

32) 이 부분은 국방부, 『국방백서 1995-1996』(서울: 국방부, 1996), pp. 165-166과 이규열, "남북한간 실질적 군비통제 방안", 『전략연구』, 제6권 제2호(1999년), pp. 193-199을 참고하여 대폭 수정하였음을 밝혀둔다.

33) 해상충돌을 예방하기 위한 신뢰구축조치는 중국과 대만 사이의 양안관계에 대한 신뢰구축조치가 참고될 수 있을 것으로 본다. 여기에 대해서는 Bonnie S. Glaser, "Military Confidence-Building Measures: Averting Accidents and Building Trust in the Taiwan Strait", *American Foreign Policy Interests*, Vol. 27(2005), pp. 96-101.

34) 김열수, "軍縮 기본 무시한 국방부 '가속 페달'", 『문화일보』, 2018.7.3.

① UN 재래식 무기 이전 등록, ② ARF 신뢰 구축조치에 참여(군 인사교류, ARF 국방대 총장회의 등), ③ 재난구조, 평화활동, 지뢰제거 등에 참여 촉구 등이 있다.

나. 운용적 군비통제

운용적 군비통제는 군비경쟁 중단을 통한 군축기반 조성 및 대량파괴무기 및 공격용 무기통제를 통한 기습능력 제한, 특정 지역에 대한 상호 군사력 운용 통제를 통한 군사적 안정성을 증대시키는데 그 목적이 있다. 기존 합의 내용은 ① 대규모 부대이동과 군사연습의 통보 및 통제, ② DMZ의 비무장화[35], ③ DMZ 부근의 병력 후방 배치, 그리고 ④ 북방한계선 일대의 평화수역화가 대표적이다. 추가 검토해야 할 내용은 ① 일정 규모 이상의 군사연습시 상호 참관단 파견, ② 공격용 무기의 후방 배치 등이 있다. 운용적 군비통제시 상호 검증은 필수인데 검증 주체, 검증 수단·방법·대상, 검증활동 방해 금지 조치, 사찰단의 구성 및 운영, 사찰단의 신분 보장, 검증 위반시 제재 조치 등 세부내용에 합의할 필요가 있다. 2018년 12월, 11개의 GP에 대한 폐기여부를 상호 검증한 것은 향후 다른 분야에도 적용 가능할 것이다.

다. 구조적 군비통제

구조적 군비통제는 한반도 외부의 위협을 고려한 남북한 상호 군비감축을 통한 적정수준의 균형 달성 및 군사력 배치조정을 통한 남북 평화공존체제를 정착하는데 그 목적이 있다. 기존의 합의 내용은 ① 각종 핵관련 남북 및 북미회담, 6자회담의 합의문 등, ② 대량살상무기와 공격능력의 제거를 위한 단계적 군축 실현 등이 있다. 추가 검토 내용

---

35) 한용섭·이규원, "군비통제 수준과 연계한 DMZ의 평화적 이용 방안", 『평화연구』, 제18권 1호(2010).

은 ① 감축대상무기 및 보유수준을 상호 동수보유 원칙에 따라 결정하되 점진적 감축 추진, ② 공격용 무기의 배치제한 구역 설정을 통해 제한구역내 군사력 배치 및 운용 통제 추진, ③ 병력은 상호 동수 보유 원칙하에 상비병력과 동원병력 병행 감축, ④ 장비는 병력감축과 연계하여 추진하되 주변국 위협 고려한 무기체계 감축, ⑤ 전방추진 배치병력의 우선적 감축 등이다. 운용적 군비통제처럼 검증은 필수적이다. 또한 북한에게 CWC에 가입하도록 권고할 필요도 있다.

제5절 결 론

남북한 간에는 전쟁 위험 방지와 평화정착, 그리고 공동 번영과 통일에 관한 많은 합의가 있었다. 합의된 내용들이 그대로 이행되었다면 한반도는 이미 평화체제를 넘어 통일되었을 것이다. 사실 남북한 사이에 정치적 합의(남북한) – 재래식 무기의 군비통제(남북한) – 비핵화(북미회담 등) 회담이 선순환적으로 작동하게 되면 한반도의 미래는 밝을 것이다.[36] 합의 이행의 가장 큰 걸림돌은 역시 북한의 비핵화 여부와 직접적인 인과 관계가 있다. 향후에도 북한의 비핵화 여부가 결국 한반도 평화체제, 군비통제에 결정적 변수로 작용하게 될 것이다.

북한 비핵화를 너무 낙관적으로 판단하여 섣부르게 군비통제를 진행하는 것은 경계해야 한다. 제8차 남북장성급 회담 이후 국방부에서 검토했다는 군비통제와 관련된 언론 보도 내용은 이런 경계심을 증폭시

36) 양자와 다자의 신뢰구축 조치가 동시에 이루어지면 국가간의 경쟁을 종식시키는데 도움을 줄 것이라는 견해에 대해서는 Lukas Kasten, "Do confidence-building-measures help to terminate interstate rivalries", Prepared for the 2011 Annual Convention of the International Studies Association, 16-19 March 2011, Montreal, Quebec.

킨 바 있다. 언론은 국방부가 부대 막사 신축 및 진지 공사 등 전방지역 군 공사, 3축 체제, 전력증강 사업, 그리고 K9 자주포 진지 위치 등을 재검토하고 있다고 했다.[37] 대부분 사실이 아닌 것으로 드러났지만 이것은 그만큼 국민들의 우려가 크다는 것을 의미한다. 한반도 군비통제는 남북한 간의 정치적 신뢰구축과 북한의 비핵화가 선행된 후 뒤따라가도 늦지 않다. 군비통제가 가져올 긍정적인 효과 못지않게 부정적인 영향도 고려하면서 이를 추진해야 할 것이다.

---

37) 문화일보 사설, "무기 개발과 A방어선 工事까지 보류한다는 국방부", 『문화일보』, 2018.7.2; 전현석, "對北대화 · 병력감축 · 전작권 전환… 3대 변수에 막힌 '국방 개혁'", 『조선일보』, 2018.7.7.

참고문헌

1. 저서 및 논문 등

국방부. 『군비통제란?』. 서울: 국방부, 1992.

______. 『국방백서 1995－1996』. 서울: 국방부, 1996.

김열수. 『국가안보: 위협과 취약성의 딜레마』, 제5판. 파주: 법문사, 2017.

______. "軍縮 기본 무시한 국방부 '가속 페달'". 『문화일보』, 2018.7.3.

김주홍. "한반도 군비통제의 방향과 과제". 『국제정치연구』, 제8집 제2호 (2005년 여름).

김진무. "역대 남북군사회담 평가와 대북협상 방향". 『세종정책브리핑』, No. 2018－09(2018.4.5.)

남만권. 『군비통제 이론과 실제』. 서울: 한국국방연구원, 2004.

______. "남북군비통제의 가능성과 접근방향". 『국방정책연구』, 통권 제73 호(2006년 가을).

박영규. 『한반도 군비통제의 재조명: 문제점과 개선방향』, 연구총서 00－14. 서울: 통일연구원, 2000.

송대성. 『한반도 평화체제 구축과 군비통제』. 성남: 세종연구소, 2001.

신범식. "다자안보협력체제의 개념과 현실: 집단안보, 공동안보, 렵력안보를 중심으로". 『JPI 정책포럼』, No. 2015－09(2015년).

양성철 · 조덕현. "남북한 군비통제 제안 분석 및 평가". 『한국정치학회보』, 제21권 제1호(1987년 봄).

이규열. "남북한간 실질적 군비통제 방안". 『전략연구』, 제6권 제2호 (1999년 여름).

이인배. "북한의 군비통제 제의 추이와 한국의 대응방안". 『북한학보』, 제 26집(2001년).

정은숙. "러시아의 CFE조약 유예선언과 유럽 안보". 『정세와 정책』, 2007 년 8월호.

한용섭. "군비통제와 한반도 평화체제 수립: 선순환 관계를 위한 제언".

『한국과 국제정치』, 제22권 제1호(2006년 봄).
한용섭 · 이규원. “군비통제 수준과 연계한 DMZ의 평화적 이용 방안”. 『평화연구』, 제18권 제1호(2010년 봄).
현인택 · 최강. “한반도 군비통제에의 새로운 접근”. 『전략연구』, 통권 제25호(2002년).
최 강. “한국 신정부의 한반도 군비통제정책 추진방향”. 『전략연구』, 통권 제29호(2003년 제3호).
Bluth, Christoph. “Arms control as a part of strategy: the Warsaw Pact in MBFR negotiations”. *Cold War History*, Vol. 12, No. 2(May 2012).
Glaser, Bonnie S. “Military Confidence－Building Measures: Averting Accidents and Building Trust in the Taiwan Strait”. *American Foreign Policy Interests*, Vol. 27(2005).
Kasten, Lukas. “Do confidence－building－measures help to termi－nate interstate rivalries”. Prepared for the 2011 Annual Convention of the International Studies Association, 16－19 March 2011, Montreal, Quebec.
Kulesa, Łukasz. “The Role of Arms Control in Future European Security”. *Security and Human Rights*,“ Vol. 25(2014).
Lever, Sir Paul. “The Cold War: the golden age of arms control”. *Cold War History*, Vol. 14, No. 4(2014).
Nolan, Janne E. “The Concept of Cooperative Security”. in Janne E. Nolan, ed., *Global Engagement: Cooperation and Security in the 21st Century*. Washington D.C.: The Brookings Institution, 1994.
Shelling, Thomas C. and Morton H. Halperin. *Strategy and Arms Control*. New York: A Perggamon－Brassry's Classic, 1961.
2.29 합의 전문, http://0701025.tistory.com/65(검색일: 2018.8.8.)

2. 신문 등 언론기사

김관용, “[전문] 제10차 남북장성급군사회담 보도문”. 『이데일리』, 2018. 10.26.

박영석, “판문점선언이행 위한 군사분야 합의 내용(종합)”. 『연합뉴스』, 2018.9.19.

문화일보 사설. “무기 개발과 A방어선 工事까지 보류한다는 국방부”. 『문화일보』, 2018.7.2.

전현석. “對北대화·병력감축·전작권 전환… 3대 변수에 막힌 ‘국방 개혁’”. 『조선일보』, 2018.7.7.

제10장 한국의 군구조 분야 국방개혁: 평가와 대안*

요 약

제10장은 노무현 정부부터 문재인 정부에 이르기까지 한국의 국방개혁 중 군구조 분야에 대한 평가와 함께 대안을 제시하는 것이다. 국방개혁이란 안보환경 및 국내외 여건 변화와 과학기술의 발전에 따른 전쟁양상의 변화에 능동적으로 대처할 수 있도록 국방운영체제, 군구조 개편 및 병영문화 등을 발전시키겠다는 일종의 기본계획이다. 국방개혁 중 가장 중요한 분야가 바로 군구조 분야라고 할 수 있다. 군구조란 "국방 및 군사임무 수행에 관련되는 전반적인 군사력의 조직 및 구성관계"이기 때문이다. 군구조는 크게 지휘구조, 부대구조, 병력구조, 전력구조로 구분되는데 군구조를 보면 한 국가 군사력의 능력과 취약성이 모두 드러난다고 해도 과언이 아니다.

필자는 군구조별 개혁의 목표는 지휘구조의 경우 작전의 효율성과 합동성 강화, 부대구조의 경우 상비군 및 예비군의 전투력 발휘 보장, 병력구조의 경우 양적인 병력구조를 질적인 병력구조로 전환, 그리고 전력구조는 한국군의 취약한 부분을 보완하는 방향으로의 개혁 등이 되어야한다고 판단한다. 향후 지휘구조의 개혁 방향은 한국 주도의 신연합방위체제를 구축하고 한국군의 상부지휘구조를 개편해야 한다. 또한 예비군은 감축된 상비군을 대체할 정도로 정예화된 부대 구조를 지녀야 한다. 마지막으로 양적인 병력구조를 질적인 구조로

---

* 이 장은 김열수, 『역대정권의 군구조 국방개혁』, 『신아세아』, 제25권 제4호(2018년 겨울)에 게재된 논문을 수정·보완한 것임을 밝혀둔다.

전환시키려면 숙련도 높은 병력구조를 유지하여야 한다.

핵심어: 국방개혁, 군구조, 지휘구조, 병력구조, 부대구조, 전력구조

제1절 문제 제기

2018년 7월 문재인 정권의 국방개혁 초안이 발표되었다. 그러나 2019년 1월까지도 국방부 홈페이지에는 국방개혁 2.0이 '준비중'이라고 뜬다. 이는 국방개혁 2.0의 기본계획이 아직 완성되지 못하고 있다는 것을 의미한다. 물론 개념은 완성되었어도 새로운 용어 선택에 어려움이 있어 그럴 수도 있다. 변화될 것으로 예상되는 한반도 안보 환경에 대한 인식의 차이가 이런 결과로 나타났다고 본다.

국방개혁 2.0은 2006년 발표된 노무현 정권의 '국방개혁 2020'을 버전 1.0으로 보고 이를 계승·발전시킨다는 의미에서 2.0으로 명명되었다. 노무현 정권은 1990년대 후반부터 불기 시작한 세계적 차원의 군사혁신(Revolution In Military Affairs)의 영향,[1] 미국의 군사변혁(military transformation) 현황, 그리고 미국의 전지구적 군사대비태세(Global Posture Review)의 전환 등 대외적 국방환경 변화와 장기적인 병력 수급 여건 등 우리의 국방환경 변화, 그리고 미국의 이라크 전쟁에서 나타난 현대전의 변화 등을 고려하여 국방개혁을 추진하게 되었다. 국방개혁을 추진할 수 있도록 「국방개혁에 관한 법률」도 제정하고 한시적이긴 하지만 국방부에 국방개혁실이라는 조직도 정비했다.

'국방개혁 2020'은 2020년까지 안보환경 및 국내외 여건 변화와 과학기술의 발전에 따른 전쟁양상의 변화에 능동적으로 대처할 수 있도

1) 정춘일, "RMA: 21세기의 새로운 군사 패러다임", 『전략연구』, 제19호(2000년 7월).

록 국방운영체제, 군구조 개편 및 병영문화 등을 발전[2]시키겠다는 일종의 기본계획이다. 그럼에도 불구하고 국방개혁 기본계획은 매 정권마다 수정되었다. 이명박 정권은 2009년 6월에 「국방개혁 기본계획 2009－2020」을, 그리고 2012년 8월에는 「국방개혁 기본계획 2012－2030」을 발표했다. 박근혜 정권은 2014년 3월, 「국방개혁 기본계획 2014－2030」을 발표했고 문재인 정권은 2018년 7월 「국방개혁 2.0」 개념계획을 내놓았다.

매 정권마다 국방개혁 기본계획을 발표한 이유는 국방개혁법에 2~3년 단위로 국방개혁 기본계획을 수정하도록 명시되어 있기 때문이다.[3] 그러나 기본계획이 일부 수정되기보다는 오히려 새로 수립되다시피 했다. 국방개혁이 10~20년을 내다보고 수립해야 할 기본계획임에도 불구하고 국내외 안보정세에 대한 평가 등 향후 수년 앞도 제대로 내다보지 못한 채 기본계획을 수립했기 때문이다. 게다가 진보정권에서 보수정권으로, 또 보수정권에서 진보정권으로 정권이 교체됨에 따라 국내외 안보정세 등 정권의 이데올로기에 따라 국방계획 수립시 고려해야 할 요소들에 대한 가중치를 달리했기 때문이다.

한국의 국방개혁에 대한 연구들은 적지 않다. 이를 대별해 보면 외국의 국방개혁과 시사점을 연구한 논문,[4] 각 정권별 국방개혁을 연구한

2) 「국방개혁에 관한 법률(약칭: 국방개혁법)」, 제1조.

3) 국방개혁법 제5조 3항에 "국방부장관은 국방개혁기본계획을 추진함에 있어서 5년 단위의 국방개혁추진계획을 수립·시행하되, 매 5년의 중간 및 기간 만료시점에 한미동맹의 발전, 남북 군사관계 변화 추이 등 국내외 안보정세 및 국방개혁 추진실적을 분석·평가하여 국방개혁기본계획에 반영한다".라고 규정되어 있다.

4) 홍규덕, "국방개혁과 군비통제: 독일·프랑스·호주 사례를 중심으로", 『전략연구』, 제26호(2002년 11월); 홍성표, "프랑스 국방개혁 교훈을 통해 본 한국군 개혁방향", 『신아세아』, 제45호(2005년 겨울); 심경욱, "성공적인 국방개혁'의 관건 및 추진전략", 『전략연구』, 제35호(2005년 11월); 권태영, "21세기 한국적 군사혁신과 국방개혁", 『전략연구』, 제35호(2005년 11월); 홍규덕, "안보전략환경의 변화와 국방개혁 추진의 전략적 연계", 『전략연구』, 제35호(2005년 11월); 최성권, "러시아 국방개혁과 군수산업의 역할", 『아태쟁점과 연구』, 제1권 제3호(2006년 10월); 박휘락, "국방개혁에 있어서 변화의 집중성과 점증성: 미군 변혁의 함

논문,[5] 한국의 대표적인 국방개혁을 서로 비교한 논문,[6] 국방개혁 정책 결정 과정에 관한 논문,[7] 국방개혁 중 특정한 분야를 중점적으로 연구한 논문[8] 등이 있다. 특정 분야를 중점적으로 연구한 논문 중에는 군구조 개편과 관련된 논문이 특히 많다. 그러나 2005년 이후 현 정권에 이르기까지 군구조 분야를 비교하면서 대안을 제시한 논문은 없다.

제10장은 노무현 정권부터 문재인 정권까지 역대 정권의 국방개혁 중 군 구조 분야를 평가해 보고 대안을 제시해 보고자 한다. 이를 위해

의", 『국방연구』, 제51권 제1호(2008년 4월); 박휘락, "정보화 시대의 요구와 국방개혁 2020", 『전략연구』, 제43호(2008년 7월); 김재엽, "대만의 국방개혁: 배경, 과정, 그리고 평가", 『중소연구』, 제35권 제2호(2011년 여름); 전광호 · 임두리. "러시아 군의 변환", 『사회과학 연구』, 제35집 제1호(2011년 6월); 박휘락, "국방개혁 2020과 미군 변혁의 비교와 교훈: 변화방식을 중심으로", 『평화학연구』, 제13권 제3호(2012년 가을); 문인혁 · 이강호, "프랑스 국방개혁의 재평가와 한국군에 정책적 함의", 『한국군사학논집』, 제72집 제1권(2016년 2월); 우평균, "러시아의 국방개혁: 성과와 시사점", 『중소연구』, 제40권 제2호(2016년 여름); 김태웅, "푸틴 집권 3기 러시아연방의 신 국방개혁 정책 추진과 그 전망", 『한국군사학논총』, 제11권(2017년 6월)

5) 이근욱, "한국 국방개혁 2020의 문제점: 미래에 대한 전망과 안보", 『신아세아』, 제15권 제4호(2008년 겨울); 박휘락, "국방개혁 2020의 근본적 방향 전환: 구조중심에서 운영중심으로", 『전략연구』, 제45호(2009년 3월); 노훈, "국방개혁 기본계획 2012~2030 진단과 향후 국방개혁 전략", 『전략연구』, 제56호2012년 11월); 박창권, "국방정책 2012 회고와 2013 추진방향", 『전략연구』, 제56호(2012년 11월); 김태효, "국방개혁 307계획: 지향점과 도전요인", 『한국정치외교사논총』, 제34집(2013년 2월); 홍규덕, "국방개혁 추진 이대로 좋은가: 논의 활성화를 위한 제언", 『전략연구』, 제68호(2016년 3월).

6) 김동한, "역대 정권의 군구조 개편 계획과 정책적 함의",『국가전략』, 제17권 1호(2011년 봄).

7) 이양구, "이명박 정권의 국방개혁 정책결정과정과 지배적 권력중추의 역할", 『군사』, 제93호(2014년 12월); 박휘락, "이명박정권의 국방개혁 접근방식 분석과 교훈: 정책결정모형을 중심으로", 『평화학연구』, 제14권 제5호(2013년)

8) 윤종성, "국방개혁에 있어 국방문화조형에 관한 연구", 『전략연구』, 제66호(2015년 7월); 전제국, "국방문민화 과정의 재조명: 성과와 과제를 중심으로", 『국방연구』, 제53권 제2호(2015년 8월); 조관호, "군구조 개편과 국방인적자원관리 개혁 방향", 『국방정책연구』, 제26권 제4호(2010년 겨울); 김열수, "상부지휘구조 개편 비판 논리에 대한 고찰", 『국방정책연구』, 제27권 제2호(2011년 여름); 김동한, "이명박 정권의 군 상부지휘구조 개편 계획과 교훈", 『사회과학연구』, 제39집 제1호(2015년 봄); 박휘락, "최근 한국군 국방개혁의 계획과 현실 간의 괴리 분석: 위협인식과 가용재원을 중심으로", 『국방연구』, 제59권 제3호(2016년 9월); 이미숙, "한국 국방개혁과 818계획의 교훈", 『군사』, 제106호(2018년 3월); 차동길, "합동성 강화를 위한 국방개혁의 새로운 방향: 상부지휘구조를 중심으로", 『한일군사문화연구』, 제24집(2017년 겨울); 김종하 · 김재엽, "합동성에 입각한 한국군 전력증강 방향: 전문화와 시너지즘 시각의 대비를 중심으로", 『국방연구』, 제54권 제3호(2011년 12월).

각 정권이 국방개혁 수립시 어떤 요소를 중점적으로 고려했는지 먼저 분석해 볼 것이다. 국방개혁은 고려 요소에 따라 내용이 결정되며 특히 군 구조분야는 더욱 그러하기 때문이다. 기본 계획 수립시 중요하게 고려되는 요소들은 주로 예상되는 위협, 미래전 양상, 그리고 대내외적 국방환경 등이다.

제2절 정권별 국방개혁 수립시 고려사항

1. 노무현 정권

노무현 정권은 「국방개혁 2020」을 수립하면서 군사적 위협보다는 오히려 미래전 양상과 국방환경의 변화 등을 중요한 고려사항으로 인식하였다. 노무현 정권은 세계적 차원에서 초국가적 위협과 비군사적 위협은 증가할 것으로 예상했고 지역적 차원에서 잠재적 위협은 증가할 것으로 예상했지만 북한의 군사적 위협은 점진적으로 감소할 것으로 예상했다. 정보과학기술의 변화에 따라 전쟁양상이 네트워크 중심전(NCW)으로 변하고 있다는 평가와 함께 새로운 전쟁양상에 부합한 군사력 건설이 요구된다고 했다. 특히, 노무현 정권은 대내외적 국방환경을 중요한 고려사항으로 인식했다. 즉, 병력 위주의 양적 군 구조가 운용되고 있다는 점, 국방전반의 비효율성이 잔존해 있다는 점, 전 근대적 병영문화가 잔존해 있다는 점, 그리고 한미연합방위태세 하에서 한국군의 작전기획 및 수행능력 발전이 소홀했다는 점 등이다.

이런 평가를 기초로 노무현 정권은 새로운 전쟁양상에 대처하기 위한 군사력 현대화, 각군의 정예화·경량화 및 육해공군의 균형발전, 한국군의 작전 기획 및 수행능력 향상, 그리고 자원절약형 국방운영 혁신 등을 「국방개혁 2020」의 주요 과업으로 제시했다.

2. 이명박 정권

이명박 정권은 국방개혁 기본계획을 세 번씩이나 수립해야 했다. 이명박 정권은 2009년 6월, 「국방개혁 기본계획 2009－2020」을 발표했다. 그러나 북한이 2009년 대포동 미사일 발사와 제2차 핵실험을 단행하고 2010년 천안함 폭침 및 연평도 포격 등 국지 도발까지 일으키자 「국방개혁 기본계획 2009－2020」을 수정하지 않을 수 없었다. 특히, 천안함 폭침 등에서 드러난 지휘체계를 개선해야 할 필요가 있어 상부지휘구조를 획기적으로 변화시키고자 했다. 이에 따라 국방개혁선진화추진위원회[9]가 설치되고 여기서 건의한 개혁안이 2011년 3월 「국방개혁 기본계획 2011－2030(307계획)」으로 나타났다. 그러나 상부지휘구조의 획기적 변화에 대한 군내외의 저항 등으로 인해 307계획은 무산되었다. 결국 이명박 정권 말기인 2012년에 307계획이 포함된 「국방개혁 기본계획 2012－2030」을 발표했다. 「국방개혁 2020」보다 10년을 더 연장한 국방개혁 2030을 발표한 것이다.

2009년도에 발표된 국방개혁 기본계획 수립시 고려사항은 두 가지 차원에서 「국방개혁 2020」 수립시와 달랐다. 하나는 북한의 핵·미사일 위협을 계획 수립시 고려사항에 일부 포함시켰다는 것이고 다른 하나는 미국발 금융위기로 인한 국방예산의 제한사항을 국방환경에 포함시켰다는 것이다. 이로 인해 2009 국방개혁은 북한의 핵·미사일 위협에 대비한 전력 확보 계획이 추가되었으나 미국발 금융위기로 인해 군

9) 위원회는 4개 분과 20여 명으로 구성되었으며 이상우 전 한림대 총장이 위원장이었다. 필자도 위원으로 참여했다.

사력 건설은 줄줄이 연기될 수밖에 없었다.

2011년도 발표된 307계획은 천안함 피격과 연평도 포격도발 등을 계기로 전면적 보완작업이 이뤄진 개혁안이었다. 307계획은 2010년 1월 구성된 국방선진화추진위원회와 넉 달 뒤 출범한 국가안보총괄점검기구에서 논의를 거쳐, 2011년 3월 7일 발표된 계획이었다.[10] 307계획은 2009 국방개혁 수립 시의 고려사항과 두 가지 차원에서 달랐다. 하나는 북한의 국지도발을 고려사항에 포함시켰다는 것이고 다른 하나는 국방환경 중에서 한국군의 합동성 부족을 포함시켰다는 것이다. 따라서 307 계획은 북한의 국지도발에 대한 대응전략을 확보한다는 차원에서 전력증강의 우선순위를 조정하고 합동성 강화를 위해 군 상부지휘구조를 개편하는 것에 초점을 맞추었다. 상부지휘구조 개편은 전작권 전환에 대비하여 합참과 각 군 본부가 작전중심 구조로 전환하는 것이 핵심이었다.

2012년 8월에 발표된 「국방개혁 기본계획 2012－2030」은 주로 북한 위협의 변화 양상과 국방환경의 변화를 주요 고려사항으로 선정하여 수립되었다. 위협은 주로 북한 핵·미사일·사이버 위협 등 비대칭적 군사위협의 증대를 고려하였다. 국방환경의 변화는 주로 전작권 전환시기 확정과 국방운용의 비효율성을 고려하였다. 따라서 2012 국방개혁은 한반도 작전환경에 부합하는 맞춤형 군구조로의 전환과 고효율의 선진국방운용체제를 특징으로 하고 있다. 또한 307계획의 핵심인 합참의장이 각군 참모총장을 작전지휘하고 각군 참모총장은 각군 전투부대와 직할부대를 지휘하는 상부지휘구조 개편은 그대로 포함되었다.

---

10) 과제는 총 73개로써 단기(2011년~2012년)과제 37개, 중기(2013년~2015년)과제 20개, 장기(2016년~2030년)과제 16개 등이었다.

3. 박근혜 정권

2014년 3월에 발표된 「국방개혁 기본계획 2014-2030」은 다양한 형태의 위협, 전쟁수행 패러다임의 변화, 그리고 국방환경 변화 등을 고려하여 수립되었다. 박근혜 정권의 국방개혁은 주변국의 영향력 확대 경쟁과 군비경쟁 가속화로 발생하는 위협, 그리고 북한의 비대칭 전력과 국지도발 및 전면전 위협 등 다양한 형태의 위협을 고려하였다. 또한 네트워크의 발전으로 감시·결심·타격의 반응 시간 단축, 초정밀 무기체계의 발달, 그리고 세계 군사선진국의 군사혁신 등 전쟁수행 패러다임의 변화를 고려하였다. 마지막으로 양적 군구조의 한계와 국방비의 안정적 확보 어려움 등 국방환경의 변화를 고려하였다.[11)]

이런 평가를 기초로 박근혜 정권은 군구조 개혁분야와 국방운영 개혁 분야에 중점을 두고 「국방개혁 기본계획 2014-2030」을 수립하고자 했다. 군구조 개혁분야는 북한의 비대칭, 국지도발 및 전면전 위협에 동시 대비가 가능한 능력을 구비하고 병역자원 감소에 따라 정예화된 병력구조로 개선한다는 것이 핵심이었다. 또한 국방운영 개혁 분야는 동원체제 개선을 통한 예비전력의 정예화와 군수 운영 혁신 등이 핵심이었다.

2014 국방개혁의 가장 큰 특징 중의 하나는 북한의 전방위적 군사위협에 대응하기 위해 군사전략을 공세적으로 바꾸었다는 점이다. 2012 국방개혁 상의 군사전략은 '적극적 억제와 공세적 방위'였으나 2014 국방개혁은 '능동적 억제와 공세적 방위'로 수정되었다. '적극적 억제(Proactive Deterrence)'는 천안함·연평도 도발 이후 기존 대응이 소극

---

11) 국방부, 「국방개혁 기본계획 2014-2030」 (서울: 국방부, 2014), pp. 6-7.

적이었다는 반성에서 출발했다. 적극적 억제의 의미는 북한 도발시 의지와 능력 우세 달성으로 도발을 억제하고, 적 도발시 단호한 응징으로 위기상황을 조기에 종결 및 확전을 방지하는 개념이다. 따라서 북한 도발시 도발원점과 필요시 이를 지원·지휘하는 세력까지 응징하겠다는 개념이다. 이에 반해 '능동적 억제(Active Deterrence)란 북한의 다양한 위협을 억제하고, 도발하면 단호하게 대처해 추가로 도발하지 못하도록 하고, 전면전을 억제하기 위해 선제적 대응까지 포함하는 개념이라고 할 수 있다. 선제적인 대응조치란 도발 억제를 위한 군사적·비군사적 모든 조치를 포함하는 것으로 전면전 도발 징후가 명백하고 임박한 경우에는 국제법적으로 허용하는 자위권 범위 내에서 모든 수단을 강구한다는 뜻이다. 킬 체인과 한국형미사일방어체제(KAMD)라는 개념이 구체화된 것도 이때였다. 언어 표현상의 차이가 있긴 하지만 국방부는 어쨌든 능동적 억제를 적극적 억제 + 선제공격으로 규정했다.

4. 문재인 정권

2018년 7월에 발표된 「국방개혁 2.0」 개념계획은 다양한 형태의 위협, 4차 산업혁명에 따른 전쟁양상 및 국방 패러다임의 변화, 그리고 국방환경 변화 등을 고려하여 수립되었다. 「국방개혁 2.0」은 군사적 위협, 잠재적 위협, 그리고 사이버 테러 및 국제범죄 등 비전통적 위협 등 다양한 형태의 위협을 고려하였다. 그러나 북한의 위협에 대해서는 구체적인 언급 대신 '현존하는 남북 대치 상황' 정도로 언급되었다. 또한 「국방개혁 2.0」은 다가오는 4차 산업혁명이 전쟁 양상과 국방의 패러다임을 완전히 바꿔놓게 될 것이라고 평가하였다. 마지막으로 전작권 전환과 4차 산업혁명 시대의 안보 환경 변화 등 국방환경의 변화를 고려하였다.

이런 평가를 기초로 문재인 정권의 「국방개혁 2.0」의 3대 목표는 전방위 안보위협 대응, 첨단 과학기술 기반의 정예화, 그리고 선진화된 국가에 걸맞은 군대 육성 등이다. 「국방개혁 2.0」의 가장 큰 관심 사항 중의 하나는 공세적 군사전략이 어느 정도 반영되는가 하는 점이었다. 이명박·박근혜 정권에서의 국방개혁은 이미 선제적 대응조치까지 가능한 능동적 억제 전략으로 바뀌었기 때문이다. 사실 송영무 전 국방장관은 여기서 한 발 더 나가 '공세적 신(新)작전 수행 개념'을 수립했던 것으로 알려졌다. 공세적 신작전 수행 개념은 북한의 전면전 또는 수도권에 대한 대규모 장사정포·미사일 도발 시 평양을 2주 내에 점령해 전쟁을 조기에 끝내겠다는 개념이다. 유사시 최단시간 내 최소 희생으로 전쟁을 종결하겠다는 것이다. 이명박 정권과 박근혜 정권이 적극적 억제와 능동적 억제 전략을 통해 억제에 초점을 맞추었다면 송영무 전 장관은 전면전을 가정한 작전개념 수립에 초점을 더 맞추었다고 볼 수 있다. 전면전을 가정한 작전개념이라고 하더라도 평시에는 북한의 도발을 억제하는 효과는 있다. 그러나 송영무 전 장관의 군사전략 개념은 청와대 보고과정을 거치면서 "육해공군이 입체적으로 고속 기동해 최단시간 내에 최소의 희생으로 승리할 수 있는 능력을 갖춰 나가겠다."는 입체기동작전 개념으로 바뀌었다.[12)]

5. 국방개혁 수립시 정권별 고려요소 비교 및 평가

정권별 국방개혁 수립시 고려요소는 위협, 전쟁양상, 그리고 대내외적 국방환경 등이었다. 그러나 지난 10여 년 동안 각 정권의 국방개혁

12) 유용원, "송영무, 대표상품처럼 추진했던 '新공세작전' 접어", 『조선일보』, 2018.7.28.

은 상당히 달랐다. 고려요소에 대한 인식의 차이가 있었기 때문이다. 각 정권은 미래전 양상에 대해서는 거의 동일한 인식을 가졌지만 위협에 대해서는 상당한 인식차가 있었다. 또한 국방환경을 바꾸고자 하는 정권이 있었는가 하면 안정적 국방환경 조성을 강조한 정권도 있었다. 고려요소 중 위협과 국방환경을 정권별로 단순화시켜 비교해 보면 다음 <표 23>과 같다.

〈표 23〉 각 정권의 국방개혁 수립시 고려 요소 비교

정권	위협	국방환경
노무현	초국가적 위협	자주국방, 전작권 전환 추진
이명박	북한 위협	한미동맹, 전작권 전환 연기
박근혜	다양한 형태의 위협	한미동맹, 전작권 전환 연기
문재인	다양한 형태의 위협	자주국방, 전작권 전환 추진

노무현 정권은 '북한의 위협이 점점 감소될 것이나 초국가적, 비군사적 위협은 증대될 것'으로 보았다. 북한의 위협이 감소될 것으로 판단되는 상황에서 더 이상 미국에게 한국 안보를 의지하는 것은 바람직하지 않다고 생각하여 전작권 전환 추진과 함께 자주국방을 추구하였다. 자주국방을 위해 매년 평균 8%대의 국방비 증가를 보장하였다. 이명박 정권은 북한 핵미사일 위협과 국지도발 위협이 빈번해지자 이를 중요한 위협으로 상정하였다. 따라서 이러한 위협이 현저히 감소될 때까지 한미동맹 강화와 함께 전작권 전환 연기가 필요하다고 판단하였다. 국방예산 증가율은 5%대에 머물렀다. 박근혜 정권은 북한 핵미사일 위협을 포함한 다양한 위협을 상정하였다. 북한 위협에 대응하기 위해 한미동맹 강화와 함께 '조건에 기초한 전작권 전환'(Condition-Based OPCON Transition)으로 바꾸었다. 국방예산 증가율은 겨우 4%를 넘겼

다. 문재인 정권은 다양한 위협을 상정하면서 조기 전작권 전환 추진과 함께 자주국방을 강조하고 있다. 노무현 정권 시절처럼 다시 8%대의 국방비 증가율 보장을 약속하고 있다.

결국 정권의 성향에 따라 강조되는 고려 요소는 달랐고 이것이 국방개혁에 결정적인 영향을 미쳤다고 볼 수 있다. 정권의 성향이 동맹 중시인 경우 그 정권은 전작권을 연기하고자 했고 이런 연기를 통해 국방비를 줄여 이것을 다른 분야로 활용하고자 했다. 그러나 정권의 성향이 자주파인 경우 그 정권은 전작권 조기 전환을 추구하고자 했다. 따라서 자주파는 전작권 전환에 대비해 더 많은 군사력 건설을 위해 국방비를 증액시켜 주었다. 사실 노무현 정권처럼 미래 한국의 경제성장률을 과도할 정도로 낙관적으로 가정한 정권도 있었고 이명박 정권처럼 미국발 금융위기를 심각한 한국의 경제위기로 받아들인 정권도 있었다. 이에 따라 국방비 증가율도 달라질 수밖에 없다고 생각할 수 있다. 그러나 문재인 정권은 오히려 낮은 경제성장률 속에서도 국방비 증가율을 7.5% 이상으로 유지하겠다고 했다. 결국 정권의 의지가 안정적인 국방비 증가율을 보장해 준다고 봐야 할 것이고 이것이 정권의 정체성과도 연관이 있다고 해석해야 할 것이다.

제3절 정권별 군구조 개혁 내용 및 비교

1. 정권별 군구조 개혁 내용

가. 군구조별 개혁의 목표

군구조란 “국방 및 군사임무 수행에 관련되는 전반적인 군사력의 조직 및 구성관계로서 육군·해군·공군이 상호 관련되는 체계를 말한다".[13] 군구조는 크게 지휘구조, 부대구조, 병력구조, 전력구조로 세분화되는데 각 구조는 다른 구조에 직접적인 영향을 미친다. 만일 지휘구조가 바뀐다면 이것이 부대구조 및 병력구조는 물론 전력구조에도 영향을 미친다는 뜻이다.

필자가 생각하는 각각의 군구조별 개혁의 목표는 다음과 같다. 지휘구조는 작전의 효율성과 합동성이 강화되는 방향으로 개혁되어야 한다. 전작권 전환에 따른 한미간의 효율적인 작전통제 체제 수립과 한국군의 상부지휘구조 개혁이 핵심이다. 부대구조는 각 부대별로 전투력 발휘가 보장되도록 개혁되어야 한다. 상비부대는 작전계획을 수행할 수 있도록 부대의 통폐합과 신설 등이 필요하다. 만일 상비군 병력을 줄여야 한다면 예비군을 정예화시켜야 한다. 병력구조는 양적인 병력구조를 질적인 병력구조로 전환시켜야 한다. 만일 인구절벽으로 상비병력을 줄여야 하다면, 현역의 숙련된 전투력을 보장해야 한다. 전력구조는 다양한 위협과 현대전의 양상 등을 고려하여 한국군의 취약한 부분을 보완하는 방향을 개혁되어야 한다. 특히 정보감시자산 및 정밀타격 능력을 확보해야 한다. 이런 목표를 기준으로 각 정권의 군구조 개혁 내용을 살펴보면 다음과 같다.

나. 노무현 정권

노무현 정권의 군구조 개혁 목표는 병력 위주의 양적 군구조를 정보·지식 중심의 기술집약형 군구조로 전환하는 것이다. 지휘구조는 현 합동군제하에서 합참 중심의 작전수행체제를 구축하고, 부대구조는 부대 숫자의 축소 및 중간지휘제대를 폐지하여 지휘계선을 단축하는데

---

13) 「국방개혁에 관한 법률」, 제3조 3항.

중점을 두었다. 병력구조는 68만의 병력을 50만 명 수준으로 정예화하고, 전력구조는 정보·감시 및 지휘통제 능력 강화와 기동·정밀타격 능력 향상에 중점을 두었다.[14] 병 복무기간은 26개월에서 24개월로 단축한다.

각군의 구조개혁을 살펴보면,[15] 육군은 54.8만 명을 37.1만 명으로 단계적으로 감축하되 기동력, 타격력, 생존성, 정밀도는 향상시켜 유연한 작전 수행능력을 갖추도록 하고, 군단은 10개에서 6개로, 사단은 47개에서 20여 개로 대폭 정비한다. 또한 1, 3군 사령부를 개편하여 지상작전사령부로 개편하고 2군사령부는 후방작전사령부로 개편한다. 또한 군단 및 사단의 정보감시능력·기동력·화력을 보강함으로써 작전지역을 현재보다 2~3배 확장한다. 결국 육군은 병력과 구형무기 위주의 방만한 부대구조를 첨단화·정예화하여 미래전 수행에 적합한 태세를 갖추도록 하는 것이다.

해군은 잠수함전단과 항공전단을 각각 사령부로 개편하고 기동전단을 창설하며, 함정의 척수는 줄이되 중대형함으로 보강하여 기동형 부대구조로 발전시킨다. 해병대는 대대급 상륙작전 능력을 여단급으로 확대한다. 이를 통해 해군은 한반도 전 해역을 감시하고 국익을 보호할 수 있는 능력을 갖추도록 하는 것이다.

공군은 작전사 예하에 북부전투사를 창설함으로써 남부 및 북부의 2개 전투사 체제로 개편하고 비행단과 비행대대의 중간제대인 비행전대를 해체하여 지휘계선을 단축한다. 500여 대의 중·저성능 전투기는 고·저성능 전투기로 최적 혼합하여 420여 대 규모로 정예화한다. 공군은 전력의 질적 향상을 통하여 제한된 작전지역을 한반도 전 지역으

---

14) 국방부, 「국방개혁 2020」 (서울: 국방부, 2005), pp. 12-14.
15) 국방부, 「국방개혁 2020」, pp. 14-20.

로 확대하여 작전을 수행하는 태세를 갖추도록 하는 것이다.

예비군은 300여만 명을 150만 명 수준으로 감축하여 정예화하는 동시에 예비군 훈련 기간을 8년에서 5년으로 단축하고 흥미와 성과위주의 훈련이 될 수 있도록 예비군 훈련제도를 개선함으로써 정예화된 예비전력을 보유하겠다는 것이다. 예비군을 150만 명으로 감축하는 것은 50만 상비군의 부대수와 편성을 고려한 증·창설 소요 및 손실보충 소요 그리고 향방작전 소요 등을 감안한 것이다.

다. 이명박 정권[16)]

2009 국방개혁 수립 당시 국방부의 가장 큰 고민은 2005년 전작권 전환 이후 한미연합체제를 어떻게 구성하느냐 하는 것이었다. 지휘구조는 이런 점을 고려하여 한국군이 주도하는 작전수행체계를 구축하는데 목표를 두고 한미 간에 기능별 협조기구를 운용하며, 각 작전사 및 제대별로 긴밀한 협조체제를 구축하는 방안을 마련했다. 또한 전작권 전환 이후에는 합참이 전평시 모든 작전을 지휘하기 때문에 합참의장이 전구사령관 역할을 할 수 있도록 합참의 기능과 편성을 보강했다. 합동군사령부의 별도 창설 대신 합참의장의 작전지휘를 보좌할 수 있도록 합참차장을 1명 더 편성하고자 했다. 2012 국방개혁에서는 상부지휘구조 개편이 핵심이었다. 2015년 전작권 전환과 군정과 군령의 이원화로 누적되어 온 문제점을 해소하여 전투수행 능력과 작전 수행의 효율성을 획기적으로 제고하기 위해 상부지휘구조를 개편하는 것이었다.

부대구조는 '평시 감편 전시 완편' 개념에서 평시에도 완전한 편성을 하며 지휘계선을 축소하고 병력구조는 2020년까지 51.7만 명으로 감축하는 것으로 수정되었다. 전력구조는 조기경보능력과 감시정찰 능력을

16) 이 부분은 국방부, 「국방개혁 기본계획 2009-2020」 (서울: 국방부, 2009)와 국방부, 「국방개혁 기본계획 2012-2030」 (서울: 국방부, 2012)을 주로 참고하여 서술하였다.

향상시키고 NCW전 수행능력을 향상시키며 장거리 정밀타격과 육해공 입체 고속기동 능력을 향상시킨다. 특히, 북한의 핵미사일 위협과 장사정포에 대비할 수 있는 전력을 대폭 보강한다. 2012 국방개혁에서는 병력구조를 2022년까지 52.2만 명으로 감축하겠다고 했다.

육군은 군단 수를 5개의 지역군단과 2개의 기동군단 체제로 개편하고 제대별 작전능력이 2~3배 증대될 수 있도록 감시・정찰, 지휘통제, 기동・타격 전력을 보강한다. 해군은 2020년까지 항공전단을 그대로 유지하며 중대형함 위주의 기동형 전력구조로 발전시키고 잠수함과 항공전력을 보강한다. 공군은 조기경보통제기 및 공중급유기 전력화로 작전능력을 확대하고 육・해군의 작전수행 지원능력을 향상시키기 위해 전술항공통제전대를 전술항공통제단으로 증편한다.

상부지휘구조 개편안은 각군의 구조개혁에도 그대로 반영되었다. 육군은 네트워크 기반하 통합작전 수행이 가능한 구조로 전환한다. 부대구조는 육본에서 바로 군단, 2작전사, 기능사를 지휘하는 방향으로 개편하고, 군단 중심의 작전수행체계를 구축하며, 접적부대(보병대대) 전투수행능력을 강화한다. 또한 해안경계 임무를 군에서 해경으로 전환하고 북한 특수전 부대 위협에 대비하여 부대 편성 및 능력을 보강한다. 해군은 해군본부에서 바로 함대사, 작전사 등을 직접 지휘하는 방향으로 개편하고 해병대는 서북도서방위사령부의 전력 증강과 함께 제주도 통합방위작전을 위한 제주부대를 창설하고 또 적시적인 임무수행을 위해 항공단을 창설한다. 공군은 효과중심의 항공우주작전 수행능력을 극대화하는 구조로 전환한다. 부대구조는 공군본부에서 바로 모든 예하부대를 지휘하는 방향으로 개편하고 항공정보단 및 위성감시통제대대를 창설한다. 전력구조는 미래위협에 대비할 수 있는 전력을 구비한다. 북한 비대칭 위협에 대비하여 감시・정찰, 정밀 타격, 요격 및 방호 등 포괄적인 군사능력을 구비하고 개정된 미사일 지침에 따라 미사일 능력을 대폭 확충하며 한국형 미사일 방어체계(KAMD)를 구축하고 전장기능별로 전력화를 추진한다.

예비군은 2020년까지 동원사단을 4개로 줄이고 개별 보충에서 부대단위 정밀보충으로 바꾸겠다고 했다. 예비군은 150만 명에서 185만 명을 유지하기로 수정했다. 상비군 감축과 현역 복무기간 단축을 예비군 정예화로 보완하기 위해 예비군 훈련 기간을 2박3일에서 4박5일로 늘려나간다. 2012 국방개혁에서의 예비군 관련 개혁 내용은 예비군을 상비군 수준으로 정예화한다는 내용이다.

라. 박근혜 정권

박근혜 정권은 미래 공세적 통합작전 수행이 가능하도록 정보화·첨단화된 네트워크 중심의 군구조로 전환하는 것을 목표로 국방개혁을 추진하고자 했다. 지휘구조는 합동성을 강화하기 위해 합참을 개편하는 것이다. 합참을 작전지휘 조직과 기타 군령(-작전지휘) 보좌 조직으로 구분 편성한다.[17] 합참 내에 미래사령부를 편성하여 전작권 전환시 연합 지휘역량을 강화하도록 하되 합참 개편시기는 전작권 전환시기와 연계하여 추진한다. 병력을 2022년까지 52.2만 명으로 감축하고 간부비율을 40% 이상 유지하겠다는 것은 2012 국방개혁과 동일하다.

각군의 구조개혁을 살펴보면,[18] 부대구조는 육군에서는 지작사 창설이 다시 포함되었으며 군단 중심의 작전수행체계를 구축한다는 것이 강조되었다. 군단이 지상작전의 최상위 전술부대로서 독립작전 수행이

17) 작전지휘조직이란 인사, 정보, 작전, 군수, 전략, 지휘통신 기능을 수행하는 조직을 말하고 군령(-작전지휘) 보좌조직이란 군사력 건설, 군구조 발전, 합동실험 등의 기능을 수행하는 조직을 말한다.

18) 국방부, 「국방개혁 기본계획 2014-2030」, pp. 13-20.

가능하도록 개편하는데 미래 군단이 현재의 야전군 사령부 역할을 수행할 수 있도록 부대, 참모부, 전력을 증강시키는 것이다. 해군도 작전사를 통해 작전부대를 작전지휘하도록 변경했으며 해병대는 전략도서방어 및 입체고속상륙작전 등 다양한 임무수행이 가능한 공지기동형 부대구조로 전환한다. 공군도 작전사를 통해 작전부대를 작전지휘하도록 변경했다. 예비군은 장비 및 물자확보를 통해 상비군 수준으로 정예화하겠다는 것이다.

전력구조는 현존 및 잠재적 위협에 대응할 수 있도록 전력을 구비하되 북한의 핵·미사일 등 비대칭 위협에 대응할 수 있도록 Kill-Chain과 KAMD를 구축하고 미래전 수행에 적합한 정보·지식 중심의 첨단전력을 강화하는 것이다. 전장기능별로 전력화를 추진하고 합동성에 기초한 미래전 수행능력을 점진적으로 구비하는 것이다.

마. 문재인 정권

「국방개혁 2.0」 개념계획의 핵심 개혁 중의 하나가 바로 전작권 전환에 따른 연합방위체제의 구축이라고 할 수 있다. 대통령도 「국방 개혁 2.0」 보고를 받는 자리에서 "우리 군을 독자적·획기적으로 강화해 전작권을 조기에 전환하고, 한·미 연합방위 주도 능력을 확보해야 한다"고 강조했다. 문재인 정부는 2022~2023년에 전작권 전환을 완료한다는 계획을 가진 것으로 알려지고 있다.[19] 새로운 연합사령부의 지휘구조는 한국군이 유엔군 사령관을 맡고 미군이 부사령관을 맡는다는 부분을 뺀다면 현재와 거의 동일한 연합사 지휘구조를 유지하게 될 것이다.

부대구조는 육군의 경우, 병력 감축과 연계해 부대구조를 축소 개편

19) 유용원 "전작권 2022년 전환… 한미 연합군사령관엔 합참의장 겸직 추진", 『조선일보』, 2018.7.28.

하되 사이버 위협 대응 능력을 높이고 드론봇 전투체계와 워리어 플랫폼을 도입하는 등 4차 산업혁명 기술에 기반한 병력절감형 부대구조로 발전시킬 계획이다. 해군은 수상·수중·항공 등 입체 전력 운용 및 전략기동 능력 구비를 위해 기동전단과 항공전단을 확대 개편한다. 해병대는 상륙작전 능력 제고를 위해 해병사단의 정보·기동·화력 능력을 보강하게 된다. 공군은 원거리 작전능력 및 우주작전 역량 강화를 위해 정보·감시·정찰(ISR)자산 전력화와 연계해 정찰비행단을 창설할 예정이다.

병력구조의 핵심은 상비병력 감축과 민간인력 비중 대폭 확대로 압축할 수 있다. 상비병력은 2022년까지 50만 명 수준으로 감축할 예정이다. 민간인력은 국방인력 대비 현재 5%에서 10%로 대폭 확대할 계획이다. 민간인력은 전문성과 연속성이 필요한 비전투 분야의 군인 직위를 대체하게 된다. 국방개혁 2.0에서 예비군 규모는 현재와 같은 275만 명으로 유지한다. 그러나 동원예비군은 지정 연차를 전역 후 4년차에서 3년차로 조정함으로써 현재 130만 명에서 95만 명으로 축소한다.[20)]

전력구조 개혁은 전방위의 다양한 위협에 탄력적으로 대비할 수 있는 전력과 전시작전통제권 전환을 위한 필수 능력을 우선 확보하는 데 방점을 뒀다. 북한의 위협에 대응하기 위한 3축 체계 전력의 정상적 추진, 감시·정찰 전력의 우선적 확보, 미래의 다양한 도전들에 효과적으로 대응할 수 있도록 한국형 미사일 방어체계를 구축, 원거리 정밀타격 능력 강화 등 전략적 억제 능력을 지속적으로 확보해 나갈 예정이다.

---

20) 맹수열, “첨단 과학 기술 기반… 軍 구조 ‘미래지향’에 중점”, 『국방일보』, 2018.7.29.

2. 정권별 군구조 개혁 비교

필자가 생각하는 각각의 군구조별 개혁의 목표는 지휘구조의 경우 작전의 효율성과 합동성 강화, 부대구조의 경우 상비군 및 예비군의 부대별 전투력 발휘 보장, 병력구조의 경우 양적인 병력구조를 질적인 병력구조로 전환, 그리고 전력구조는 한국군의 취약한 부분을 보완하는 방향으로 개혁되어야 한다고 서술했다. 이런 목표를 기준으로 각 정권의 군구조 개혁 내용을 단순화시켜 비교해 살펴보면 다음 <표 24>와 같다.

〈표 24〉 각 정권별 군구조 개혁 비교

	지휘구조	부대구조	병력구조	전력구조
노무현	합동군제 전작권 전환 추진	• 상비군: 각군별로 부대 통폐합 및 증창설 • 예비군: 300여만 명 → 150만 명으로 감축, 훈련기간 축소	• 상비군: 2020년까지 50만 명 복무기간 단축	• ISR 능력 강화 • PGM 능력 향상
이명박	상부지휘구조 개편	• 상비군: 노무현 정권과 동일 • 예비군: 150만 명을 다시 185만 명으로, 훈련 기간을 2박3일에서 4박5일로	• 상비군: 2022년까지 52.2만 명 복무기간 단축 중단	• 북한 비대칭 위협 대비 전력 증강 • KAMD 구축
박근혜	합동군제	• 이명박 정권과 동일	• 이명박 정권과 동일	• ISR 능력 강화 • 3축 체계 구축
문재인	합동군제, 한국군 주도의 한미 연합체제	• 상비군: 앞 정권들과 동일 • 동원예비군 규모는 130만 명 → 95만 명으로, 지정연차는 4년에서 3년으로	• 상비군: 2022년까지 50만 명 복무기간 단축	• ISR 능력 강화 • 3축 체계 구축

제4절에서는 필자가 제시한 군구조별 개혁 목표를 달성하기 위한 개혁 방향을 제시하고자 한다. 지면 제약과 동어반복의 우려가 있는 전력구조는 제외한다.

제4절 군구조 개혁 방향

1. 작전 효율성과 합동성 강화가 보장되는 지휘구조

작전 효율성과 합동성 강화를 목표로 지휘구조를 개혁하려면 한미 간에는 한국 주도의 연합체제가 마련되어야 하고 국군 내에는 상부지휘구조가 개편되어야 한다. 노무현 정권의 전작권 전환 합의 이후 상당히 많은 논의가 있었지만 일단 한국 주도의 신연합방위체제에 대해서는 어느 정도 합의되었다. 2018년 워싱턴에서 개최된 제50차 SCM에서 한미 국방부 장관은 미래 연합사 창설과 관련된 전략문서에 서명함으로써 전작권 전환 추진을 위한 기반을 마련했다. 「전작권 전환 이후 연합방위지침」(Guiding Principles Following the Transition of Wartime Operational Control)에는 미래 연합사의 구조와 인적 구성, 그리고 주한미군의 미래가 담겨져 있다. 핵심적인 내용을 살펴보면, 미래 연합사령부는 현재 연합사령부와 똑같은 기능과 역할을 수행할 뿐만 아니라 미래 연합사령부 예하에 연합구성군사령부를 둔다는 것도 똑같다. 참모부의 편성도 현재와 같으며 주한미군과 한국군이 미래 연합사의 작전통제를 받는 것도 똑같다. 단지 한 가지 달라지는 것이 있다. 미래 연합사령부의 사령관은 한국군 4성 장군이, 부사령관은 미군 4성 장군이 된다는 것이다.[21]

미래 연합사령부의 사령관을 한국합참의장이 2개의 모자를 쓸 것인지 아니면 별도의 사령부를 편성할지 아직 결정되지 않았다. 장단점이 있을 것이다. 그러나 별도의 사령부를 신설할 경우 합참의 임무와 중복되기도 하거니와 합참과 신연합사라는 거대한 공룡 조직이 동시에 존재하게 된다. 따라서 한국 합참의장이 2개의 모자를 쓰되 전구작전 지휘를 보좌할 4성 장군의 제1차장직을 신설할 필요가 있다고 본다.

신연합사가 창설되면 한국의 상부지휘구조도 개편해야 한다. 상부지휘구조 개편은 당시 계획되었던 2015년 전작권 전환과 군정과 군령의 이원화로 누적되어 온 문제점을 해소하여 전투수행 능력과 작전 수행의 효율성을 획기적으로 제고하기 위한 것이었다. 전작권이 전환되면 합참의장이 전구사령관으로서 역할을 수행하게 되는데 <그림 5>의 '현재'에서 보는 것처럼 상부구조를 그대로 유지할 경우 각군 본부는

〈그림 5〉 상부지휘구조 현재와 개편안

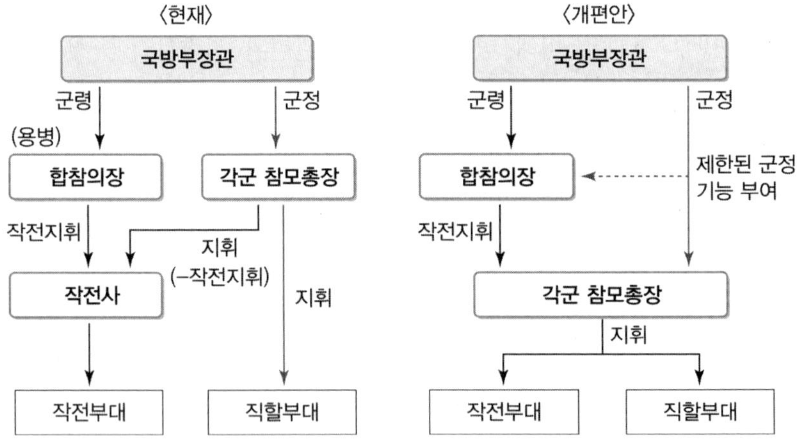

* 출처: 국방부, 「국방개혁 기본계획 2012–2030」(서울: 국방부, 2012), p. 13.

21) 이 부분에 대해서는 김열수, "한미동맹은 미래에도 중요한 자산이다", 『자유마당』, 2018년 12월호를 참고할 것.

군정권만 행사하고 군령권인 작전지휘계선에서는 빠지게 된다. 작전의 효율성을 제고하기 위해서는 '싸우는 방법대로 훈련하고 훈련한 대로 싸우는 것이 최선이다.'[22] 이를 위해서는 훈련과 실전에 대한 책임을 한 사람이 담당해야 작전의 효율성을 제고시킬 수 있다. 따라서 각군 참모총장을 <그림 5>의 '개편안'에서 보는 것처럼 군령계선에 포함시켜 예하부대를 지휘하도록 해야 한다. 따라서 군내외의 저항으로 현재 고사상태에 있는 상부지휘구조를 재검토하여 이를 도입할 필요가 있다.

2. 정예화가 필수적인 예비군 부대 구조

상비군 병력을 줄여야 한다면 예비군을 정예화해야 한다. 그럼에도 불구하고 예비군 정예화는 오히려 후퇴되었다고 해도 과언이 아니다. 국방개혁 2.0에서도 동원예비군 지정은 전역 후 4년차에서 3년차로 조정되고 지역 예비군 지정 대상도 5~6년 차에서 4~5년차로 줄어들게 된다. 기존의 7~8년차 예비군으로 구성된 대기예비군도 6~8년차로 재편된다.[23] 예비군의 꽃은 동원예비군이라고 할 수 있는데 그 동원예비군 마저 지정 대상이 1년 단축됨으로써 오히려 훈련 대상자가 현재 130만 명에서 95만 명으로 축소된다.

예비군 개혁은 노무현 정부의 「국방개혁 2020」의 정신으로 돌아가야 한다. 감축되는 상비군을 대체할 수 있을 정도의 예비전력을 유지해야 한다. 이를 위해서는 동원예비군 지정을 줄여서도 안 되고 훈련 기간을 현재처럼 2박 3일 정도로 해서도 안 된다. 예비군 창설 초기였던

22) 김열수, "상부 지휘구조 개편 비판 논리에 대한 고찰," 『국방정책연구』, 제27권 제2호 (2011년 여름), pp. 21-22.

23) 동원예비군은 전쟁초기 즉각 투입되는 예비군의 핵심 전력이다. 지역예비군은 재해·재난 지원과 후방지역작전을 담당하며 대기예비군은 훈련 없이 예비군 편성만 유지된 채 유사시 동원되는 개념이다.

1968년엔 동원훈련 기간이 2주였는데 대통령 선거 때마다 조금씩 줄어들어 현재에 이르렀다. 이에 비해 미국의 동원예비군은 연간 38일, 이스라엘은 55일, 독일 24일, 스위스도 14일 훈련한다.[24] 동원 예비군 훈련은 적어도 4박 5일 정도는 되어야 한다. 「국방개혁 2020」에도 2020년에는 4박 5일 정도 동원훈련을 하겠다고 했다.

동원 훈련의 보류 규정도 철폐해야 한다. 「예비군법」 제6조(훈련) 3항에는 동원훈련이 보류될 수 있는 대상을 규정하고 있다. 이에 의하면 국회의원・광역 및 지방자치단체장과 의원, 시장・군수・구청장을 비롯한 판・검사, 대학생 등에게 동원훈련을 보류(면제)해주고 있다. 이 조항에 의해 현재 전체 275만 명 중에서 63만 명(22.9%)이 훈련을 받지 않는다.[25] 따라서 동원 훈련 보류 대상 인원을 재검토해서 이를 최소화할 필요가 있다. 사회 지도층이 더 모범을 보일 필요가 있다는 뜻이다. 또한 대학생 동원 훈련도 부활할 필요가 있다. 군 복무를 마친 대학생들은 연간 하루만 훈련받기 때문이다. 사회적 합의가 필요하겠지만 인구 절벽 현상에 공동으로 대처하기 위해 사회 전 구성원들이 동참해야 할 필요가 있다.

한국의 예비군은 275만 명인데 비해 북한의 예비전력은 교도대, 노동적위군, 붉은청년근위대 등 762만 명이다. 한국의 거의 3배 정도 된다. 특히, 교도대는 제대군인을 중심으로 17~50세의 남자와 17~30세의 여성으로 조직되어 있다. 이들은 연간 40일간 훈련을 받는다.[26] 한국의 동원예비군이 2박 3일 훈련받는데 북한의 교도대는 무려 40일간 훈련을 받는 것이다. 예비전력이 감축된 상비군을 대체할 정도의 전력

24) 김민석, "예비군 훈련 6년에서 5년 줄이고 동원예비군 규모도 27% 축소한다". 『중앙일보』, 2018.7.13.

25) 김민석, 위의 글, 2018.7.13.

26) 국방부, 『국방백서 2016』 (서울: 국방부, 2016), p. 236.

을 갖기 위해서는 동원예비군 지정을 4년차까지 유지하고 훈련기간을 4박 5일로 늘리며 동원보류 대상을 최소화할 수 있도록 관련 제도를 개정해야 할 것이다.

3. 양적인 병력구조를 질적인 구조로 전환

한국이 세계 최고의 저출산 국가 중의 하나가 된 것은 이미 오래되었다. <그림 6>에서 보는 것처럼 2030년대 한국의 20세 남자인구는 20만 명을 겨우 넘게 된다. 이것이 병력을 감축할 수밖에 없는 결정적인 이유이다.

〈그림 6〉 연도별 20세 남자인구 변화 추세

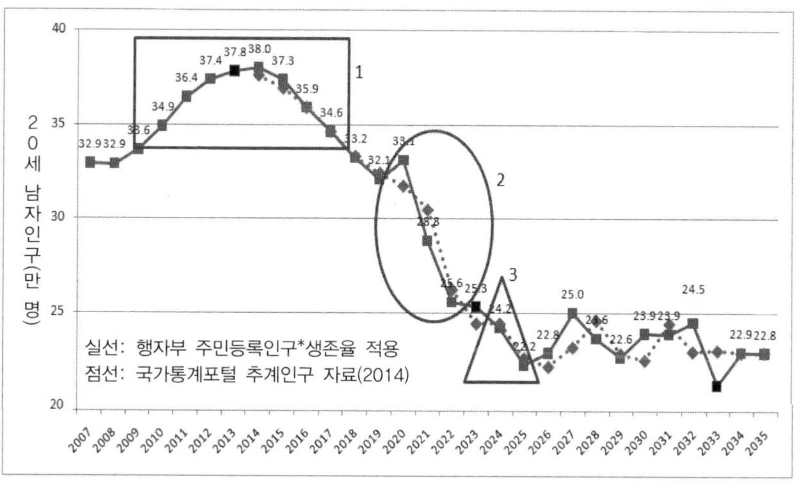

* □ 기간: 90년대 초반 높은 출산율로 20세남자인구 최대규모(35만 명 ~ 38만 명)
* ○ 기간: IMF 이후 출산율 급감, 20세 男인구의 급격한 감소(33만 명 → 25만 명)
* △ 기간: 20세 男인구의 추가적인 감소(25만 명 → 22만 명)
* 출처: 조관호 외, 『단기복무 간부의 적정 의무 복무기간』(서울: 한국국방연구원, 2016), p. 69.

북한군 병력은 육군 110만 명, 해군 6만 명, 공군 11만 명, 전략군 1만 명 등 총 128만 명으로 추산되고 있다.[27] 병영국가답게 대규모의 병력을 유지하고 있는 것이다. 2022년경 한국 육군은 36.5만 명, 해군은 7만 명, 공군은 6.5만 명을 목표로 하고 있다. 이렇게 되면 한국 해군은 북한보다 조금 많고 공군은 북한이 조금 많다. 그러나 한국 육군은 북한 육군에 비해 1/3밖에 되지 않는다. 한국 육군 1명이 북한 육군 3명을 상대해야 하는 것이다. 이 갭을 첨단 무기체계로 보완하겠다는 것이 역대 정권들의 국방개혁의 핵심이었다.

북한은 128만 명의 병력을 유지하기 위해 병사들을 10년 동안 의무복무 시킨다. 독재체제에서 채택할 수 있는 가장 쉬운 방법이기도 하다. 그러나 자유민주주의 체제인 한국은 북한처럼 할 수 없다. 그렇다고 해서 복무기간을 계속 단축하는 것도 심각한 문제를 야기할 수 있다. 한국의 역대 대통령들은 보수 성향이든 진보 성향이든 복무기간 단축을 선거 공약으로 내세우기 바빴다. 노무현 대통령은 24개월 복무기간을 공약으로 내세웠고 이명박 대통령은 18개월 복무를 공약으로 내세웠다. 대통령이 된 후 자신의 공약대로 복무기간을 줄여나갔다. 그런데 천안함 폭침과 연평도 포격도발 사건 등이 터지고 국방선진화추진위원회에서도 24개월 복무기간 환원 등을 건의하자 2012년부터 복무기간을 21개월로 고정시켰다. 이런 역사성이 있음에도 불구하고 문재인 정권은 18개월을 목표로 현역 복무기간을 줄여나가고 있다.

복무기간 18개월 단축은 또 다른 문제를 야기한다. 바로 숙련도 문제이다. 30개월을 근무해도 숙련병사의 비율은 60%에 불과하며 그나마 숙련도가 비교적 높은 비율은 47%에 불과하다. 18개월 복무할 경우 숙련병사 비율은 33%이며 숙련도가 비교적 높은 비율은 11%에 불과하

27) 국방부, 『국방백서 2016』 (서울: 국방부, 2016), p. 236.

다. 숙련 병사의 부족은 임무 달성을 어렵게 할 뿐만 아니라 곧 사고로 연결될 수도 있다. 회사의 신입사원을 생각해보면 금방 이해가 된다. 따라서 복무기간 단축은 다양한 차원에서 고려되어야 한다.

제5절 결 론

개혁이란 말 그대로 제도나 기구 따위를 새롭게 뜯어고치는 것을 말한다. 대표적인 사례로는 종교개혁이나 갑오개혁 등이 있다. 그런데 현재 진행 중인 한국의 국방개혁은 너무 산만하다. 국방의 모든 분야가 개혁의 범위에 들어 있어 국방부의 정책이나 개선 업무와 별반 차이가 없기 때문이다. 또한 각 정권마다 국방개혁의 내용도 다르다. 지난 번 정권에서는 앞으로 이렇게 하겠다고 하다가 이번 정권에서는 앞으로 저렇게 하겠다고 하기 때문이다. 게다가 국방개혁의 목표 연도도 다르다. 2020년이 목표가 되었다가 2030년으로 변경되었다. 국방개혁 2.0의 목표연도는 정해지지도 않았다. 실무자의 말처럼 향후 5년이 목표라면 국방개혁 기본계획이 현재 국방부에서 매년 수정·제시하고 있는 중기계획과 다를 바 없다.

국군 창설 이후 가장 획기적인 국방개혁은 오늘날 합동군제의 모습을 갖추게 된 1988년의 8.18 계획이었다. 이를 통해 합참의장은 각군 작전부대를 작전통제할 수 있는 권한을 가지게 되었기 때문이다. 8.18 계획의 대상은 군사전략, 군사력 건설, 군구조 등 3개 분야였고 1년여의 연구기간을 거쳐 완성되었다. 대통령에게 보고가 끝난 후 연구를 위한 한시적인 조직은 해체되었고 변경된 지휘구조를 보장하기 위해 국군조직법이 개정되었다. 향후의 국방개혁은 8.18 계획처럼 되어야 한다. 국방정책이나 일상적인 국방업무로는 도무지 할 수 없는 과제 1~2개에 대해서만 이를 국방개혁의 차원에서 다루어야 한다. 한국군의 숙제라고 할 수 있는 상부 지휘구조나 탄약 확보 등 군수지원 분야 등이 대표적인 대상이 될 것이다. 한시적으로 연구하고 연구한 결과에 대해 관련 법률을 수정하는 것으로 국방개혁을 끝내야 한다. 그렇지 않으면 군도, 정권도, 국민도 국방개혁의 피로증에서 헤어나지 못할 것이다. 또한 국방개혁법도 없애거나 개정해야 된다. 이것이 있는 한 이 법에서 규정하고 있는 국방의 모든 분야를 개혁의 차원에서 다루어야 한다. 또한 2~3년마다 국회에 보고해야 하기 때문에 국방부는 기존의 국방개혁을 수정하고 싶은 욕구가 생기게 되고 새로운 정권은 자신의 입맛에 맞는 국방개혁안을 마련하고자 한다. 이로 인해 국방개혁은 누더기가 될 수밖에 없고 일관성을 잃을 수밖에 없다. 현재의 국방개혁은 국방중기계획에서 충분히 다룰 수 있다.

참고문헌

1. 저서 및 논문 등

국방부. 「국방개혁 2020」. 서울: 국방부, 2005.

_____. 「국방개혁 기본계획 2009－2020」. 서울: 국방부, 2009.

_____. 「국방개혁 기본계획 2012－2030」. 서울: 국방부, 2012.

_____. 「국방개혁 기본계획 2014－2030」. 서울: 국방부, 2012.

_____. 『국방백서 2016』. 서울: 국방부, 2016.

권태영. "21세기 한국적 군사혁신과 국방개혁". 『전략연구』, 제35호(2005년 11월).

김동한. "역대 정권의 군구조 개편 계획과 정책적 함의". 『국가전략』, 제17권 1호(2011년 봄).

_____. "이명박 정권의 군 상부지휘구조 개편 계획과 교훈". 『사회과학연구』, 제39집 제1호(2015년 봄).

김열수. "상부지휘구조 개편 비판 논리에 대한 고찰". 『국방정책연구』, 제27권 제2호(2011년 여름).

_____. "전작권 협상의 전개방향은?" 『2018 정세전망: 한국 외교・안보・통일 핫이슈 20』. 성남, 세종연구소, 2018.

김재엽. "대만의 국방개혁: 배경, 과정, 그리고 평가". 『중소연구』, 제35권 제2호(2011년 여름).

김종하・김재엽. "합동성에 입각한 한국군 진력증강 방향: 전문화와 시너지즘 시각의 대비를 중심으로". 『국방연구』, 제54권 제3호(2011년 12월).

김태웅. "푸틴 집권 3기 러시아연방의 신 국방개혁 정책 추진과 그 전망". 『한국군사학논총』, 제11권(2017년 6월).

김태효. "국방개혁 307계획: 지향점과 도전요인". 『한국정치외교사논총』, 제34집(2013년 2월).

노 훈. "'국방개혁 기본계획 2012~2030' 진단과 향후 국방개혁 전략".

『전략연구』, 제56호(2012년 11월).
문인혁 · 이강호. "프랑스 국방개혁의 재평가와 한국군에 정책적 함의". 『한국군사학논집』, 제72집 제1권(2016년 2월).
박창권. "국방정책 2012 회고와 2013 추진방향". 『전략연구』, 제56호(2012년 11월).
박휘락. "국방개혁에 있어서 변화의 집중성과 점증성: 미군 변혁의 함의". 『국방연구』, 제51권 제1호(2008년 4월).
_____. "정보화 시대의 요구와 국방개혁 2020". 『전략연구』, 제43호(2008년 7월).
_____. "이명박정권의 국방개혁 접근방식 분석과 교훈: 정책결정모형을 중심으로". 『평화학연구』, 제14권 제5호(2013년).
_____. "최근 한국군 국방개혁의 계획과 현실 간의 괴리 분석: 위협인식과 가용재원을 중심으로". 『국방연구』, 제59권 제3호(2016년 9월).
우평균. "러시아의 국방개혁: 성과와 시사점". 『중소연구』, 제40권 제2호(2016년 여름).
윤종성. "국방개혁에 있어 국방문화조형에 관한 연구". 『전략연구』, 제66호(2015년 7월).
이근욱. "한국 국방개혁 2020의 문제점: 미래에 대한 전망과 안보". 『신아세아』, 제15권 제4호(2008년 겨울).
이미숙. "한국 국방개혁과 818계획의 교훈". 『군사』, 제106호(2018년 3월).
이양구. "이명박 정권의 국방개혁 정책결정과정과 지배적 권력중추의 역할". 『군사』, 제93호(2014년 12월).
조관호. "군구조 개편과 국방인적자원관리 개혁 방향". 『국방정책연구』, 제26권 제4호(2010년 겨울).
조관호 외. 『단기복무 간부의 적정 의무 복무기간』. 서울: 한국국방연구원, 2016.
전광호 · 임두리. "러시아 군의 변환". 『사회과학 연구』, 제35집 제1호(2011년 6월).

전제국. “국방문민화 과정의 재조명: 성과와 과제를 중심으로”. 『국방연구』, 제53권 제2호(2015년 8월).
정춘일. “RMA: 21세기의 새로운 군사 패러다임”. 『전략연구』, 제19호(2000년 7월).
차동길. “합동성 강화를 위한 국방개혁의 새로운 방향: 상부지휘구조를 중심으로”. 『한일군사문화연구』, 제24집(2017년 겨울).
최성권. “러시아 국방개혁과 군수산업의 역할”. 『아태쟁점과 연구』, 제1권 제3호(2006년 10월).
홍규덕. “국방개혁과 군비통제: 독일·프랑스·호주 사례를 중심으로”. 『전략연구』, 제26호(2002년 11월).
______. “안보전략환경의 변화와 국방개혁 추진의 전략적 연계”. 『전략연구』, 제35호(2005년 11월).
______. “국방개혁 추진 이대로 좋은가: 논의 활성화를 위한 제언”. 『전략연구』, 제68호(2016년 3월).
홍성표. “프랑스 국방개혁 교훈을 통해 본 한국군 개혁방향”. 『신아세아』, 제45호(2005년 겨울).
「국방개혁에 관한 법률 (약칭: 국방개혁법)」

2. 신문 등 언론기사

김민석. “예비군 훈련 6년에서 5년 줄이고 동원예비군 규모도 27% 축소한다”. 『중앙일보』, 2018.7.13.
김열수. “한미동맹은 미래에도 중요한 자산이다”. 『자유마당』, 2018년 12월호.
맹수열. “첨단 과학 기술 기반… 軍 구조 ‘미래지향’에 중점”. 『국방일보』, 2018.7.29.
유용원. “전작권 2022년 전환… 한미 연합군사령관엔 합참의장 겸직 추진”. 『조선일보』, 2018.7.28.
______. “송영무, 대표상품처럼 추진했던 ‘新공세작전’ 접어”. 『조선일보』, 2018.7.28.

P·A·R·T

04

국제정치의 현실과 군의 역할

제4부에서는 국제정치가 어떻게 약소국에게 투영되고 있는지를 분석한다. 제11장에서는 시리아 내전을 다룬다. 시리아 내전의 원인과 경과도 중요한 관심 및 연구대상이지만 그보다 더 중요한 것은 시리아 내전에 대한 국제사회의 개입에 관한 것이다. 시리아 내전을 분석해 보면 내전이 진행되는 과정에서도, 그리고 종결을 위한 평화 프로세스에서도 국가나 반국가 단체의 의지 대신 강대국을 비롯한 국제사회의 큰 손이 이들을 대신한다는 점이다. 국제정치의 민낯이 적나라하게 드러나는 곳이 바로 시리아 내전이라고 할 수 있다.

제12장은 국가안보의 보루인 국군이 창군으로부터 현재에 이르기까지 어떤 성장과정을 거쳤는지를 정리한 것이다. 국권을 빼앗겼던 일제 강점기 때에도 우리 선조들은 독립군을 조직하여 일제와 맞서 싸웠고, 창군기의 국군은 전투기와 탱크 한 대 없이 북한군과 맞서 싸웠다. 이랬던 국군이 미군의 지원과 한국의 국력신장으로 인해 세계 10위 안에 드는 군사강국으로 부상했다. 위협을 줄이는 것도 정부의 몫이지만 취약성을 줄이는 것도 정부의 책임이다. 따라서 국가안보에 취약성이 발생하지 않도록 국방력 강화와 함께 한미동맹도 잘 관리해 나가야 한다.

제 11 장 시리아 내전: 국제정치의 현실과 전쟁의 함의*

요 약

제11장은 시리아 내전의 원인과 과정, 그리고 전쟁을 종결시키기 위한 평화 프로세스와 시리아 전쟁 자체가 주는 전쟁의 함의를 분석해 보고자 한다. 특히 시리아 내전이 한반도에 주는 함의를 분석해 보는데 그 목적이 있다. 약소국이 직면하는 위협은 외부에만 있는 것이 아니라 내부에도 있으며 그 내부의 위협은 국민을 탄압하는 정권 그 자체에서 나오는 것이다. 이런 연유로 내전이 발생하면 국가나 반국가 단체는 자연히 자신들을 지지해 줄 외세에 의존할 수밖에 없다. 내전이 진행되는 과정에서도, 그리고 종결을 위한 평화 프로세스에서도 국가나 반국가 단체의 의지 대신 국제사회의 큰 손이 이들을 대신하게 된다.

시리아 내전은 중동의 재스민 혁명이 독재국가인 시리아에도 불어닥침으로써 발생했다. 민주화 운동이 내전으로, 내전이 다시 종파 간 대리전 및 최종적으로는 국제전으로 확대되었다. 종전을 위해 유엔이 나섰지만 유엔보다는 오히려 러시아 주도의 평화협상이 결실을 맺게 되었다.

시리아 전쟁의 함의는 다음과 같다. 첫째, 유엔의 권위는 강대국의 권위를 넘어설 수 없다는 것을 보여주었다. 둘째, 시리아 전쟁은 러시아의 전쟁이자 러시아가 승리한 전쟁이었다. 셋째, 분쟁의 당사자들이 외부 지원에 대한 기대가 없어야 그들의 정치적 목표를 포기할 수 있다. 넷째, 협상은 그 의제와 과정이 낮

---

* 이 장은 김열수, “시리아 전쟁: 회고와 전망”, 『군사사연구총서』, 제6집(서울: 군사편찬연구소, 2017)에 게재된 논문을 수정 · 보완한 것임을 밝혀둔다.

은 수준에서 천천히 이루어져야 성공의 가능성이 있다. 다섯째, 휴전은 분쟁 당사자들이 충분히 지쳤을 때 가능하다. 여섯째, 경제 제재는 유엔 안보리 결의에 의해 국제사회가 집단적으로 행동할 경우 그나마 성공의 가능성이 있다. 일곱째, 강대국들이 개입할 경우 그들은 지상군 투입대신 공군력이나 해군력 위주로 개입할 가능성이 높다. 여덟째, '시민에 대한 보호' (R2P: Responsibility to Protect) 규범이 아직 군사 개입의 근거로 정착되지 못하고 있다. 아홉째, 안전지대라는 개념은 분쟁 지역에서 유용한 개념으로 자리 잡을 가능성이 있다. 열째, 군사 개입이 이루어질 경우 강대국들은 중요한 행위자를 서로 배려해 주는 경향이 있다.

 # 핵심어: 민주화 운동, 대리전, 국제전, 평화 프로세스, 전쟁의 함의

제 1 절 문제 제기

2010년 12월 북아프리카 튀니지에서 발생한 반정부 시위가 튀니지에만 그치지 않고 권위주의 체제가 통치하는 중동지역 전체로 퍼져 나갔다. 1970년 이후 40여 년 이상 2대째 장기집권을 하고 있는 시리아도 예외는 아니었다. 시리아에서는 2011년 3월부터 반정부 시위가 본격화되었고 정부군과 반정부군 사이에서 유혈 충돌이 발생하기 시작했다. 2012년 6월, 유엔은 시리아 사태를 전면적 내전(Full-Scale Civil War)으로 규정하면서 국제사회의 관심을 촉구했다.

평화안 마련 등 내전을 종식시키기 위한 유엔 차원의 노력이 있긴 했지만 시리아 정부에 대한 유엔 안보리에서의 제재 결의안은 러시아와 중국의 반대로 번번이 부결되었다. 국제사회의 일치된 노력이 한계를 보이자 내전은 더욱 격화되었고 급기야 시리아 정부군이 화학무기

로 민간인을 공격하는 사태까지 발생했다. 2014년에 들어서자 시리아 내전을 이용하여 세력을 키우고자 하는 테러단체인 이슬람국가(ISIS: Islamic State in Iraq and al-Sham)[1]까지 시리아 내전에 개입하였다. 이로써 시리아 내전은 더욱 복잡해 졌다.

2014년 9월, ISIS의 세력이 너무 과도하게 팽창되는 것을 보자 미국은 군사적 개입을 결정했다. 미국은 사우디아라비아 등과 국제동맹군을 결성하여 시리아 내 ISIS를 대상으로 공습을 개시하였다. 이의 영향으로 반군의 세력이 러시아 정부를 위협하는 상황까지 이르게 되자 이번에는 러시아가 나섰다. 러시아는 2015년 9월, ISIS 격퇴를 명분으로 공습에 나섰지만 사실은 패배를 거듭하고 있던 시리아 정부군을 돕기 위해 반군에 대한 공습을 개시했던 것이다. 2016년 12월, 시리아 정부군은 러시아의 공습에 힘입어 반군의 최대 거점인 알레포(Aleppo)를 함락하였다. 이로써 정부군은 승기를 잡았고 반군의 기세는 꺾이게 되었다. 2017년 7월에는 이라크 정부군이 ISIS가 점령하고 있었던 이라크의 모술을 탈환하였고 10월에는 미군의 지원에 힘입어 시리아 반군 조직인 시리아민주군(SDF)이 ISIS의 수도였던 시리아의 락까(al-Raqqa)를 탈환하였다. 이로써 ISIS도 시리아에서 물러나기 시작했다.

내전이 발생하자 내전을 종식시키고 평화를 정착하기 위한 다양한 노력이 전개되었다. 그러나 UN 안보리는 러시아와 중국의 거부권 행사로 적절한 조치를 취할 수 없었고, 유엔 주도의 평화회담도 지지부진했

---

1) ISIS는 2003년 알카에다의 이라크 지부(AQI)로 출발하여 ISIS를 거쳐 IS로 이름을 개명한다. 이라크-레반트이슬람국가(ISIL: Islamic State of Iraq and the Levant)도 있는데 이것은 ISIS의 또 다른 영어이름일 뿐이다. 레반트란 시리아를 중심으로 레바논과 요르단, 팔레스타인 등 지중해 동부 연안의 중동 지역을 아우르는 지명이다. 아랍어 원문의 정확한 번역이 바로 이라크-알샴 이슬람국가(ISIS: Islamic State of Iraq and al-Sham)이다. IS(Islam State)는 2014년 6월 국가수립을 선언하면서 개명한 것이다. 필자는 IS가 국가가 아니라 테러단체라는 입장에 있기 때문에 IS를 인정하지 않는다는 차원에서 본고에서는 ISIS로 통일해서 사용하고자 한다.

다. 이와 반대로 러시아–이란–터키가 주도하는 평화회담은 횟수를 거듭할수록 성과를 냈다. 2017년 1월부터 9월까지 카자흐스탄의 수도인 아스타나에서 6차례에 걸쳐 평화회담이 개최되었다. 정부군과 반군이 합의하는 안전지대를 설치하는 것이 핵심이었다. 안전지대는 이들리브(Idlib: 북서부), 홈스(Homs: 서부), 동부 구타(East Ghouta: 다마스크 외곽), 그리고 시리아 남부 요르단 국경 인접 지역 등 4곳이었다. 이 지역은 빠른 속도로 안정을 되찾았다.

이로써 7년 동안(2011년 3월 중순~2017년 11월 초) 최소 343,511명의 목숨을 앗아간[2] 시리아 유혈 사태는 종전을 향해 가고 있다. 안전지대가 잘 지켜지고 정부와 반정부 세력들이 협상의 테이블에 앉게 된다면 합법적인 정부 수립의 길로 향해 나갈 것이다. 2015년 12월 유엔 안보리가 결의한 임시정부 수립, 헌법 개정, 개정된 헌법에 따른 선거 등이 이런 절차에 해당된다. 이 글은 7년 가까이 지속된 시리아 전쟁을 회고해 보고 전망을 해 보는데 그 목적이 있다. 따라서 내전의 원인과 과정, 그리고 외부세력의 개입과 평화회담 과정을 분석해 보고 미래 전망을 해 보고자 한다. 연구 대상 기간은 2011년 1월부터 2017년 10월 30일까지 이다. 그러나 트럼프 행정부의 2018년 4월 시리아 공습과 2018년 12월 철군 결정 사실은 본문에 포함시켰다.

---

2) 장재은, "7년 가까운 시리아 내전, 사망자 34만3천명 넘었다", 『연합뉴스』, 2017.11.25.

제2절 시리아 내전의 원인

1. 아사드 정권의 등장

시리아는 1946년 프랑스의 위임통치로부터 독립했다.[3] 시리아는 남한의 약 1.9배(185,180km2) 면적에 2,300만 명의 인구를 가지고 있다. 현재의 알 아사드 대통령은 시리아 무슬림의 다수파인 수니파 출신이 아니라 소수파인 알라위파(Alawites) 출신이다. 소수파가 정권을 잡게 된 배경은 프랑스 위임통치의 유산과 수니파의 잦은 쿠데타 덕분이었다. 과거의 식민국들이 그러했듯이 프랑스도 시리아에서 분할통치(divide and rule)를 했다. 소수파를 정권의 동반자로 삼아 다수파를 지배했고 그 과정에서 교육과 공직(관료, 군)에서 소수파를 많이 배려했다. 프랑스가 떠난 후 초기에는 아랍 민족주의자들의 역할이 두드러졌으나 이스라엘과의 전쟁이 거듭되면서 점차 군부의 정치 참여 비중이 높아졌다. 수니파 출신의 반복된 쿠데타도 한 몫을 했다. 이로 인해 많은 수니파 출신 장교들이 옷을 벗을 수밖에 없었고 군대 내에서 그들이 차지하는 비율도 줄어들게 되었다. 상대적으로 군 내에서 알라위파 출신 장교들의 비율이 높아졌다.[4]

1963년 3월, 아랍 민족주의와 사회주의를 표방하는 바아스당(Baath Party)[5] 소속의 장교들이 쿠데타를 일으켰을 때 알라위파가 주도적인

3) 시리아의 건국과정에 대해서는 박찬기, “사이크스-피코 비밀협정과 레바논, 시리아 건국 과정”, 『한국중동학회논총』, 제37권 제1호(2016년 6월)를 참고할 것.

4) 알라위파가 시라아에서 집권하게 되는 과정은 김한지, “시리아 소수집단 알라위파(Alawites)의 집권과 국민통합 정책에 대한 연구,“ 『한국중동학회논총』, 제27권 제2호(2007)를 참고할 것.

5) 바아스당은 1930년대 이래 아랍민족주의 운동 단체로 활동하다가 1946년 시리아에서

역할을 했다. 바아스 당 간부들은 알라위파의 친구, 가문, 부족 등 같은 종파 출신들로 충원되었고 수니파는 점차 자리를 잃어갔다.[6] 1970년에는 공군 장교 출신이자 알라위파인 하피즈 알-아사드(Hafiz al-Assad)가 쿠데타를 일으켜 대통령(1970~2000)이 되었다. 이후 시리아의 권력 구조는 대통령인 아사드 일가를 중심으로 바아스당, 알라위 등 소수파(두르즈, 기독교 포함)가 통치하며 이에 협력하는 수니파 경제 엘리트들에게 이익을 보장해주는 형태로 굳어졌다.[7]

하피즈 알-아사드는 집권 30년 동안 국민의 정치활동을 감시하고 반정부 움직임을 차단할 수 있는 비상사태법(Emergency Law)과 비밀경찰(Mukhabarat) 등을 이용하여 독재정치를 펼쳤다. 비밀경찰은 비상사태법을 핑계로 시민을 영장 없이 체포하고 재판 없이 구금할 수 있었으며, 정치 및 국가안보 범법자는 국가최고안보법원에서 일반법이 아닌 비상사태법으로 재판할 수 있었다.[8]

아버지가 죽자 아들인 바샤르 알-아사드(Bashar al-Assad)가 권력을 승계하였다. 영국에서 오랫동안 유학생활을 한 바샤르는 개혁성향의 인물로 평가받았다. 바샤르는 취임연설에서 시리아 사회의 저발전, 시민의 역할, 정치·경제의 투명성, 민주주의, 행정개혁, 교육, 국가의 21세기 준비 등의 내용을 밝혔다.[9] 이에 따라 2000년 여름부터 '다마스쿠

공식적인 정당으로 설립되었다. 설립 당시 바아스당은 첫째, 사회개혁, 경제정의 실현과 같은 사회주의 성향을 띄고 있었다. 둘째, 아랍 국가들 간의 정치적 합병을 통합 범아랍공동체를 강조하며 자신들을 시리아에 한정된 정당이 아니라 범아랍적인 정당임을 강조했다. 셋째, 이슬람과 아랍과의 밀접한 관계는 인정했으나 다른 종교를 차별하지 않음으로써 기독교도를 비롯한 소수 종교집단에도 호소력을 지녔다. 이에 대해서는 김한지, "시리아 내전 장기화 원인 분석", 『한국중동학회논총』, 제34권 제4호(2014), pp. 8-59를 참고할 것.

6) 이종택, "시리아 국내갈등 원인에 관한 연구", 『한국중동학회논총』, 제32권 제1호(2012), p. 74.

7) Eyal Zisser, "Bashar al-Asad and his Regime", Middle East Studies, Vol.45, No.2(2004), p. 239.

8) 이권형·박재은, "시리아 유혈사태의 장기화: 배경 및 전망", 『KIEP 지역경제포커스』, Vol. 6 No 22.(2012.6), p. 5.

스의 봄(Damascus Spring)'이 도래하는 듯 했다. 문인, 예술가, 학자 등이 주도한 민주화 운동은 행정, 사법, 경제 개혁, 집회, 출판, 표현의 자유, 검열제도 폐지 등을 주장으로 나타났고 이에 바샤르는 정치범을 석방하고 지식인과 예술가 단체를 후원하는 등 호의적 태도를 보였다.[10)]

그러나 다마스쿠스의 봄은 오래가지 못했다. 경제개방과 개혁에 집중하고자 했던 노력도 사회주의 경제에 젖은 기업인, 관료들이 반대했고 원로 정치 엘리트들도 급격한 변화를 싫어했다. 더군다나 바샤르의 의도와 달리 민주화 운동이 자신의 정권에 대한 불만과 비난으로 발전되고 있었다. 결국 바샤르는 자신의 길을 버리고 아버지의 길을 따랐다.

2. 내전의 구조적 요인

시리아 내전의 구조적 원인은 집단별 정체성의 차이에서 발생하는 상대적 박탈감이라고 할 수 있다. 시리아는 민족, 종교의 정체성에 따라 언제든지 갈등을 일으킬 수 있는 여지가 있었다. 내전의 첫 번째 구조적 요인은 시리아의 민족 구성에 있다. 시리아는 약 90%의 아랍민족과 약 10%의 쿠르드 민족으로 구성되어 있다.[11)] 아랍민족을 강조하는 정치사조가 민족 간 갈등을 일으키는 데 기여했다. 아랍인들은 단일한 정치적 공동체를 구성하고 하나의 정부를 가져야 한다고 주장하는 아랍민족주의의 영향을 받아 이집트와 시리아는 1958년 통일아랍공화국(UAR: Unites Arab Republic, 1958~1961)이라는 국명으로 통합되기도 했

---

9) 이종택, "시리아 국내갈등 원인에 관한 연구", 위의 글, p. 90.

10) 김한지, "시리아 내전 장기화 원인 분석", 위의 글, p. 60.

11) 쿠르드 족은 터키의 남부, 이란의 서부, 이라크의 북부 지역에 주로 거주하고 시리아의 쿠르드족은 주로 동북부 지역에 거주한다. 결국 이들은 4개국의 국경지역에 거주하는 인구 4천만에 가까운 거대한 민족이지만 아직 국가를 형성하지 못하고 있다. 터키, 이란, 이라크는 물론 시리아조차도 이들의 분리독립 운동 여부에 신경을 쓰고 있다.

다. 비록 UAR은 시리아와 이집트간의 주도권 경쟁과 양국 간의 경제적 격차, 지리적 요인 등으로 1961년에 와해되었지만 아랍민족주의는 쿠르드족에게는 큰 위협이 되었다. 당시 수니 정권은 쿠르드어 교육 금지, 미디어 폐쇄 등의 조치를 취했을 뿐만 아니라 쿠르드 거주 지역에서 석유가 발견되자 쿠르드의 분리 운동이 두려워 쿠르드족에 대한 억압을 더욱 강화했다.

두 번째 구조적 요인은 시리아의 다양한 종교 및 종파 문제이다. 종교별 비율은 이슬람 수니파가 74%, 시아파의 일파인 알라위파가 13%, 기독교 10%, 그리고 드루즈(Druze) 3%로 구성되어 있다. 소수파인 알라위 시아파가 정권을 잡게 된 배경은 앞에서 서술한 것처럼 식민국 프랑스의 분리 통치 정책과 독립 후 수니파의 잦은 쿠데타 덕분이었다. 시리아의 종교별 대칭선은 다수파인 수니파와 소수파인 연합파(알라위-기독교-드루즈)로 구분될 수도 있다.

세 번째 구조적 요인은 소수파가 다수파를 장기간 지배해 온 역설적 현상에 대한 박탈감이다. 소수파가 다수파를 지배하는 것도 역설적이고 또 이런 역설적 현상이 장기간 지속되었다는 점도 역설적 현상이라고 볼 수 있다. 독립 이후 시리아의 수니파가 소수파를 억압해 왔으나 1970년 이후에는 소수파가 다수파인 수니파를 억압하고 지배하는 상황으로 역전되었다. 다수파로서는 상대적 박탈감을 가질 수밖에 없었는데 이것이 보다 구조적인 갈등의 원인이라고 할 수 있다.

3. 내전의 촉발 원인

시리아 내전을 촉발시킨 외부적 동인은 재스민 혁명으로 불리는 중동 민주화 운동이다. 중동 민주화 운동은 2010년 12월, 튀니지 중부 도

시에서 공권력의 횡포에 맞서 26세의 대학 중퇴생인 과일 노점상이 분신하면서 시작되었다. 튀니지에서 시작된 민주화 운동은 곧 이집트, 알제리, 예멘 등을 포함하여 중동 전역으로 퍼져나갔다.

중동 민주화 운동은 3가지로 범주화된다. 첫 번째 범주는 독재정권 타도에 성공한 국가들, 두 번째 범주는 민주화 시위가 중단되었거나 소극적인 국가들, 그리고 세 번째 범주는 내전이 지속됨에도 불구하고 독재정권이 유지된 국가이다. 첫 번째 범주에 속하는 국가로는 튀니지, 이집트, 리비아, 예멘 등이 있다. 두 번째 범주에 속하는 국가는 요르단, 바레인, 알제리, 이란, 오만, 모로코 등이 있다. 세 번째 범주에 속하는 국가는 시리아이다.

각국의 시위대들은 장기 집권에 대한 불만과 경제적 어려움에 대한 불만을 SNS를 통해 토해내었다. 아주 짧은 시간에 수만 명의 군중이 시위에 참여하여 지도자의 하야를 요구하는 현상이 발생했다. 튀니지에서는 23년 넘게 장기 집권한 벤 알리(Zine El Abidine Ben Ali) 대통령이 2011년 1월 퇴진하여 사우디아라비아로 망명했다. 이집트에서는 30년 넘게 철권통치를 휘둘렀던 무바라크(Hosni Mubarak) 대통령이 2012년 2월 축출되었다.[12)] 예멘에서는 34년간 집권했던 살레(Ali Abdullah Saleh) 대통령이 2012년 2월 권좌에서 물러났다.[13)] 그러나 리비아에서는 42년 독재자 카다피(Muammar Gaddafi)가 축출되는 과정에서 내전

12) 무르시(Mohamed Morsy)가 2012년 선거를 통해 대통령이 됐다. 그러나 2013년 당시 국방장관이었던 엘-시시(Abdul Fatah al-Sisi)가 쿠데타를 일으켜 무르시 전 대통령을 집권 1년 만에 쫓아낸 뒤 2014년 형식적인 선거를 거쳐 대통령이 됐다. 엘-시시는 무바라크를 능가하는 철권통치를 자행하고 있다. 강신, "실업난에 청년 분신… 독재 뺨치는 군부… 상처뿐인 아랍의 봄", 『서울신문』, 2017.10.10.

13) 이후 민주적 정권 이양 절차가 진행됐지만 높은 실업률과 정부의 연료비 인상 등에 대한 반발로 반정부 시위는 계속되었다. 2014년 9월 이란에 우호적인 시아파 반군 후티(Houthis)가 수도 사나(Sana)를 점령하고 수니파인 예멘 정부를 몰아냈다. 2015년 3월, 수니파의 맹주인 사우디아라비아가 개입함으로써 예멘 내전은 수니파와 시아파의 대결로 혼란이 거듭되고 있다.

이 발생했고, 결국 그는 2011년 10월 시민들에 의해 살해되었다.[14)]

튀니지, 이집트, 예멘, 그리고 리비아 등에서 민주화 시위가 본격화되자 시리아에서도 시위가 발생하기 시작했다. 2011년 1월, 주로 경제난과 소수민족 정책에 대한 시정을 요구하는 시위가 발생했다. 아사드 대통령의 퇴진을 요구하는 본격적인 반 정부시위가 발생한 것은 2011년 3월부터였다. 민족, 종교, 그리고 소수가 다수를 지배하는 역설적 현상이 재스민 혁명이라는 촉발 요소와 결합되어 시리아 내전이 일어났던 것이다.

제3절 내전에서 국제전으로

1. 민주화 운동이 내전으로

시리아의 민주화 운동은 경제난과 소수민족 정책에 대한 호소로부터 시작되었다. 2011년 1월 26일, 튀니지에서 일어났던 것처럼 알-하사카(al-Haskah)에서 분신자살 사건이 발생했다. 그 후에 다마스쿠스를 포함한 시리아 이곳저곳에서 소규모의 시위가 발생했지만 이것이 조직적인 반정부 시위로 발전하진 않았다. 2011년 3월 시리아 남부 도시인 수니 거주지역의 데라(Darra)에서 약 15명의 학생들이 튀니지와 이집트의 '재스민 혁명'에서 사용되었던 구호를 벽에 써 놓았는데 이로 인해 그 학생들이 체포되었다.[15)] 그 중에서 13세 소년 알-카팁(al-Khatib)

14) 2011년 2월 15일 정권 퇴진 시위가 시작되었고 정부군은 2월 20일부터 시민군을 무력 진압했다. 이에 유엔 안보리는 카다피 정권에 대한 제재를 결의했고 3월 19일에는 나토군이 리비아를 공격했다. 8월 19일, 연합군의 지원을 받은 시민군이 리비아 영토 대부분을 장악했다. 카다피는 10월 20일 자신의 고향 시르테의 은신처에서 발각되어 시민들의 손에 끌려나와 비참하게 살해당했다. 독재자는 사라졌으나 리비아의 내전은 아직 끝나지 않고 있다.

은 사지가 절단된 채 살해되어 가족들 품으로 돌아왔다.[16] 이로 인해 반정부 시위는 다라를 넘어 전국으로 확산되었다.

시위가 본격화될 조짐을 보이자 아사드 정부는 여러 가지 유화적 조치를 발표했다. 알-카팁 소년의 살인사건 지역의 주지사 해직, 니깝(niqab)을 두른 여교사의 학교출입금지 규정 해제, 1962년 바아스당 집권 이후 쿠르드족에 가해졌던 권리 제한과 차별 철폐, 그리고 30만 명에 달하는 쿠르드 무국적자의 국적 허용 등의 조치를 취했다. 4월에는 내각 총사퇴, 일부 정치범 석방, 전국민대화위원회 구성 등의 조치와 함께 악명 높은 비상사태법도 폐지하였다.

이런 유화책에도 불구하고 7월에 접어들자 시리아 전역에서 100만 명 이상이 시위에 참여하는 사례가 늘어났다. 정부군의 유혈 진압으로 민간인 사망자 수가 급증하게 되자 반정부 세력과 반군이 조직화되기 시작했다. 2011년 11월, 시리아 반정부 인사들이 터키의 지원 하에 앙카라에서 시리아국가위원회(SNC: Syrian National Council)를 결성했다. 무슬림형제단이 주도한 이 조직에는 일부 쿠르드 분파, 세속주의 좌우파, 지식인, 반체제 인사 등 수백 개의 해외 망명 투쟁세력들이 참여했다. 그러나 SNC가 해외에 주둔하면서 내전에 참여하지도 않고 탁상공론만 한다는 비판을 받아왔다. 이에 미국과 카타르가 2012년 11월, 시리아국민연합(NCS: National Coalition for Syrian Revolutionary and Opposition Force)을 조직하여 SNC를 여기에 통합시켰다.[17] NCS는 반군을 지원하고 시리아를 다양성을 포용하는 민주주의 사회로 전환하는데 목적을 두었다.[18] NCS는 아랍연맹으로부터 시리아 국가로서의 회원

15) 김한지, "시리아 내전 장기화 원인 분석", 위의 글, p. 9.
16) 이종택, "시리아 국내갈등 해결 전망", 위의 글, p. 10.
17) 김한지, "시리아 내전 장기화 원인 분석", 위의 글, pp. 73-74.
18) 이종택, "시리아 국내갈등 해결 전망", 위의 글, p. 19.

자격을 받았고 미국 및 EU로부터도 시리아의 임시정부로 인정을 받았다. NCS는 반정부군이 점령한 지역을 중심으로 행정과 서비스, 치안 임무를 수행했다.

자유시리아군(FSA: Free Syrian Army)은 2011년 여름에 조직되기 시작했다. 정부군에서 이탈한 군 장교들과 예비역들이 주류를 이루었다. 정부군에서 탈영한 병력만으로 충분한 무장 세력이 되지 못하자 FSA는 시민군들과 외인부대들을 받아들였다. 한때 FSA는 6~14만 명 수준으로 성장하기도 했다.[19] 반정부군은 FSA 외에도 수백 개의 반군 단체들이 있었다. 따라서 FSA가 모든 반군 세력을 통제하는 일사불란한 체제를 갖춘 것은 아니었다. 각 지역에는 지역별 반군세력들이 FSA와 무관하게 정부군을 상대로 무장투쟁을 벌였다.

2. 내전이 종파 간 대리전쟁으로

반군에 대한 국제사회의 지원에 힘입어 반군들은 정부군들이 장악한 도시들을 차례로 점령해가기 시작했다. 2013년 3월이 되자 반군들은 다마스쿠스 외곽의 몇 몇 도시를 비롯하여 시리아 영토의 약 60%를 장악했다. 이렇게 되자 이슬람 국가들은 자신의 종파에 따라 아사드 정권을 지원하거나 또는 반군을 더욱 적극적으로 지원하기 시작했다. 수니파에 속하는 사우디아라비아, 카타르, 아랍 에미리트, 바레인, 요르단 등은 시리아 사태 초기부터 반정부 세력에 대해 물질적, 군사적 지원을 했다. 이들은 반군세력이 승리해야 이란-이라크-시리아-레바논으로 이어지는 시아파 벨트를 와해시키고 이란의 영향력을 약화시킬 수 있다고 생각하기 때문이다. 터키도 FSA 지휘부를 터키 영토 내에 두게

---

19) 박유리, “유엔, 테러리스트 그룹 지정”, 『국민일보』, 2013.5.31.

하고 국경지대를 통해 무기 및 자금 등 반정부 세력을 지원했다.[20] 이란을 중심으로 한 시아파 벨트는 아사드 정권을 적극적으로 지원했다. 사실 이란은 민주화 혁명 이전부터 아사드 정권을 지원해 왔으며 이란의 혁명수비대 병력은 아사드 정부군의 군사훈련과 전투지휘를 도왔다. 레바논의 헤즈볼라는 내전 초기부터 아사드 정부군 편에서 전투를 수행했다. 내전이 확산되고 치열해지자 종파를 중심으로 한 지원은 더 강화되었고 이로 인해 시리아 내전은 이슬람 종파 간의 대리전으로 변해 갔다.

여기에 극단적인 수니파 테러단체인 ISIS마저 시리아로 세력을 확장하자 종파 간 대리전은 더욱 치열하게 전개되었다.[21] 2011년 이라크에서 미군이 철수하자 ISIS는 이라크 중부 지역에 대한 대대적인 공세를 펼침으로써 세력을 확장할 수 있었다. 2014년 1월이 되자 ISIS 세력은 무시하지 못할 정도로 커졌다. ISIS는 2014년 1월, 시리아 동북부의 락까를 점령한데 이어 이라크의 수도인 바그다드 부근의 팔루자(Fallujah)까지 점령하였다. 2014년 4월 이라크에서 총선이 실시되자 정치적 혼란이 격화되었다. ISIS는 이 기회를 이용하여 6월에는 북부의 모술(Mosul)을 점령하면서 ISIS를 이슬람국가(IS: Islam State)로 개명하였다. 알-바그다디(Abu Bakr al-Baghdadi)가 통치자 격인 칼리프(Caliph)로 추대되었고 시리아의 락까가 IS[22]의 수도로 발표되었다.[23] ISIS의 위세

20) 김한지, "시리아 내전 장기화 원인 분석", 위의 글, pp. 81-82.

21) 2004년 알-카에다의 이라크 지부이자 수니파 무장조직이었던 유일신과 성전(JTJ)은 이라크에서 외국인 납치, 자살 폭탄 테러 등 각종 테러활동을 벌이면서 악명을 날렸다. 2006년 10월에는 이라크 이슬람국가(ISI: Islamic State of Iraq)를 설립한다고 선포하였다. 2013년 4월에는 이라크·시리아 이슬람국가(ISIS, ISIL)로 개명하면서 시리아의 '자바하트 알-누스라'를 시리아 지부로 발표하였다.

22) ISIS의 최대 목표는 칼리프 국가의 건설이다. 강대국들에 의해 자의적으로 설정된 현재의 국경선을 해체하고 단일 칼리프가 통치하는 움마(Ummah), 즉 이슬람 국가를 건설하는 것이 목표이다 알-바그다디는 전 세계의 모든 무슬림들이 새로운 칼리프에게 충성을 맹세해야 된다고 주장했다. 자신만이 유일한 합법적 통치자라는 것이다. ISIS 국가 건설을 위한 로

가 이라크와 시리아를 압도하였다.24) 2014년 9월까지 ISIS는 시리아 동부 사막지대와 알레포 주 북부지역, 홈스와 하마 주 일부와 남부 다라 주에 시리아의 절반 가까이를 차지하게 되었다. ISIS는 시리아 정부는 물론 이라크 정부까지 압도하는 강대한 세력으로 성장했으며 시리아 반군들에게도 엄청난 피해를 안겨주었다. ISIS의 개입으로 시리아에서는 시아파 국가들의 지원을 받는 정부군, 수니파 국가들의 지원을 받는 반정부군, 그리고 ISIS가 서로가 서로를 죽이는 종파전쟁을 전개했다.

3. ISIS의 세력 확장에 대한 미국의 개입

중동 민주화 과정에서 발생한 유혈사태에 대해 미국은 소극적이었다. 최초에는 다자주의적 개입을 주장하면서 군사 개입을 유보하다가 ISIS가 무시하지 못할 정도로 그 세력을 확장하자 단독개입을 결정했다. 그것도 미군은 주로 공습을 담당하고 반군이 지상전을 담당하는 투트랙 전략을 추진했다. 미국 군사 개입의 목표는 시리아 정부군보다는 테러 단체인 ISIS 격멸에 초점을 맞춘 것이었다.

오바마 대통령은 전임 부시 대통령의 일방적 패권주의가 가져 온 폐

드맵은 이주 → 공동체 형성 → 우상파괴 → 새 지역과의 영토 합병 → 칼리프제 국가건설 등 5단계이다. 여기에 대해서는 정상률, "마크디시의 살라피즘과 IS의 살라피 지하디즘", 『한국이슬람학회논총』, 제26권 제1호(2016), pp. 151-188을 참고할 것.

23) 박찬기, "이슬람 국가와 중동문제", 『내일을 여는 역사』, 제57권(2014.12), p. 189.

24) ISIS는 여느 이슬람 테러 단체와는 달리 풍부한 인력(Men), 자금력(Money), 군수품(Munitions)의 "3M"을 모두 갖춘 것으로 평가된다. ISIS는 시리아에서 8개의 가스와 석유 매장 지역을 장악하고 시리아 동북부 라까, 이라크 북부 모술 등의 기업과 농가를 상대로 정기적으로 조공을 받기도 했다. ISIS는 일정한 영토를 지닌 유일한 테러 단체이자 유전과 댐 등 기반 시설 확보는 물론 수니파 부호들의 막대한 자금 지원으로 역사상 최고 부자 테러단체라는 평가를 받았다. 2014년 10월 당시 ISIS의 군사력은 최대 5만 명 정도로 추정되었는데 이들은 다양한 트위트 계정을 통해 서방 출신 신병을 모집하였다. 또한 유튜브에 미국 기자 살해 같은 잔혹한 동영상을 올려 반대 세력에 공포감을 심는 등 소셜미디어를 주요 선전무대로 활용했다. 정육상, "테러집단 IS의 위협 실상과 향후 전개 양상 전망", 『유럽헌법연구』, 제18호(2015.8), pp. 176-181.

해를 인식했다.[25] 그는 부시의 일방적 패권주의 대신 다자적 국제주의를 내세웠다. 하드 파워만으로 미국이 원하는 목표를 달성할 수 없다는 인식 하에 하드 파워와 소프트 파워를 결합한 스마트 파워를 외교의 수단으로 사용하고자 했다. 오바마 행정부가 아프가니스탄과 이라크에서 미군을 철수하고자 했던 것도 이런 대외정책의 기조에 따른 것이었다. 오마바 행정부의 대 중동 정책의 목표는 군사 개입을 최소화하고 중동지역에서의 역외 균형자 역할을 통하여 지역의 안정을 추구하는 것이었다.[26]

가능하면 미국 단독의 군사적 개입을 하지 않고 다자주의적 접근을 하겠다는 것이 오바마 대통령의 생각이었다. 리비아 민주화 과정에서 유혈사태가 발생했을 때에도 미국은 다자주의적 개입을 선호했다. 리비아 사태 시 유엔 안보리는 '시민에 대한 보호'(R2P: Responsibility to Protect)를 개입의 명분[27]으로 비행금지구역(No－Fly Zone)을 설정하는 결의안(UNSCR 1973, 2011.3.17.)을 통과시켰다. 미국은 이를 근거로 3월 20일부터 리비아 정부군에 대한 '오디세이의 새벽'(Operation Odyssey Dawn)이라는 공습작전을 실시했다. 이때도 미국은 단독 공습보다는 북대서양조약기구(NATO)의 이름으로 공습에 참가했다.

중동 유혈 사태에 대한 오바마 대통령의 외교 정책은 2011년 5월 육군사관학교 졸업식에서 다시 한 번 강조되었다. 오바마 대통령은 졸업식 축사를 통해 미국의 국가이익이 직접적으로 침해받을 경우 미국은 일방적 군사력 개입도 불사하겠지만 그렇지 않을 경우 다자 및 국

---

25) 서정민 · 인남식, 『중동 민주화의 대내외 정치역학』(서울: 대외경제정책연구원, 2011), pp. 798-801.

26) 인남식, "미국과 러시아의 대중동정책 변화 고찰: 오바마와 푸틴 정부의 지정학적 중동 전략을 중심으로", 『한국과 국제정치』, 제32권 제1호(2016년 봄), pp. 171-172.

27) Kirsten Ainley, The Responsibility to Protect and the Criminal Court: counteracting the crisis," *International Affairs*, No. 91, Vol. 1(2015).

제주의적 접근을 하겠다고 했다. 시리아에 대한 소극적 개입도 이런 인식 속에서 이루어졌다. 오바마 대통령은 시리아 내전을 리비아 내전의 재판(再版)으로 보고 유엔과 아랍연맹(LAS: League of Arab States)를 통해 개입하고자 했던 것이다.

이런 오바마 대통령의 대 중동 정책은 금방 한계에 부딪혔다. 유엔이 2012년 6월, 시리아 사태를 내전으로 규정하고 시리아에 대한 제재 조치를 유엔 안보리에서 결의하고자 했지만 러시아와 중국이 거부권을 행사했기 때문이다. 수많은 사상자와 난민이 발생하자 오바마 행정부는 단독 개입의 구상을 밝히지 않을 수 없었다. 2012년 8월, 오바마 대통령은 시리아에 대한 군사 개입의 레드라인을 발표했다. 만일 시리아 정부군이 화학무기를 사용할 경우 군사적으로 개입하겠다고 했다.

그러나 2013년 8월, 시리아 정부군이 화학무기를 사용하여 1,300명을 학살했음에도 불구하고 미국은 개입하지 않았다. 러시아가 미국의 단독 군사 개입을 반대하면서 시리아 화학무기 폐기라는 외교적 해결책을 제시했기 때문이다. 미국은 못 이기는 척하면서 러시아의 외교적 해결책에 동의해 줌으로써 군사적 개입을 회피했다.

그런데 오바마 행정부가 군사 개입을 하지 않으면 안 되는 상황이 발생했다. 이라크와 시리아에서 ISIS의 세력 확장이 무시하지 못할 정도가 되었기 때문이다. 시리아도 문제지만 이라크도 위험에 처하게 되었다. 사실 이런 물리적 현상보다는 이라크에서 미군을 철수시킨 오바마 대통령의 대 이라크 정책과 미국의 대테러전이 더 큰 위험에 처하게 된 것이다.

결국 2014년 9월 초 오바마 대통령은 ISIS에 대한 대응전략을 발표했다. 이때에도 오바마 행정부는 지상군 투입을 꺼려했다. 미국은 동맹국들과 함께 ISIS에 대한 공습을 실시하고, 지상작전은 FSA 등 온건 반군들이 수행하는 두 트랙 전략을 구사하고자 했다.[28] 그해 9월, 유엔 총회에 참석한 오바마 대통령은 연설을 통해 ISIS를 "죽음의 네트워크"(Network of Death)로 규정하고 이를 격퇴하기 위해 군사적으로 개입할 것을 천명하였다.[29] 이에 따라 9월 말부터 미국과 아랍 4개국이 ISIS에 대해 '내재적 결의 작전'(Operation Inherent Resolve)이라는 작전명으로 공습을 개시하였다.[30] 공습 개시 1년이 지난 후인 2015년 11월 16일, 오바마 대통령은 터키에서 개최된 G20회의에 참석한 후 기자회견을 통해 시리아에 대한 지상군 투입 불가 입장을 재천명함으로써 투 트랙 전략은 지속되었다. 2017년 10월 17일, 미군의 지원을 받았던 쿠르드족 주축의 시리아민주군(SDF)이 4개월간의 전투 끝에 IS의 수도였던 락까를 탈환하였다.[31] 비록 미국이 지상군 투입 대신 공습이라는 소극적인 군사 개입을 했다고 하더라도 미국의 개입은 시리아 전쟁의 큰 변곡점이 되었다.[32]

---

28) 송승종, "부상하는 ISIS 위협과 미국의 대응전략", 『전략연구』, 제64권(2014.11), p. 146.; 김일수, "이슬람국가(IS)의 위협과 오바마 행정부의 대응전략 함의", 『한국정치외교사논총』, 제38권 제2호(2017), p. 318.

29) The White House, Office of the Press Secretary, "Remarks by President Obama in Address to the United Nations General Assembly"(September 21, 2014). https://obamawhitehouse.archives.gov/the-press-office/2011/09/21/remarks-president-obama-address-united-nations-general-assembly(최종검색일: 2017.10.15.)

30) 도경욱, "시리아 내 ISIL 공습에 대한 국제법적 분석", 『국제법학회논총』, 제61권 제1호(2016.3), p.104.

31) 김재영, "시리아 락까 '해방'시킨 SDF, 대 IS 승리 공식 선언", 『뉴시스』, 2017.10.20.

32) 트럼프 대통령은 미군의 해외 개입에 대해 부정적이다. 시리아에 대한 개입도 최소한에 그쳤다. 2018년 4월 시리아 정부군에 의한 독가스 공격이 발생하자 트럼프 대통령은 영국과 프랑스와 합세하여 시리아 내 관련 시설에 대한 정밀 폭격을 단행하였다. 미국은 알샤이라트 공군 비행장을 향해 약 60~70발의 토마호크 크루즈 미사일을 발사했다. 2018년 12월 트럼프 대통령은 시리아에서 철군을 선언했다.

4. 시리아 정부군 지원을 위한 러시아의 개입

2014년 9월부터 시작된 미국의 ISIS 공습으로 승기를 잡은 쪽은 반군이었다. 반군들은 2015년 3월부터 다양한 반군 조직들의 연합체를 구성하여 정부군을 공격하기 시작했다. 반군들은 북서부 지역에서 정부군이 장악하고 있던 이들리브 - 아리하 - 지슈르 알-슈구르 세 도시를 함락함으로써 전세를 뒤집었다. 이 전투에서 정부군은 대패하였다. 시리아 정부군은 5월에 ISIS에게 팔미라 지역마저 빼앗겼다. 다마스쿠스 지역에서도 반군 조직이 동부 고타를 점령하였다.

수도 다마스쿠스까지 반군들에게 위협받게 되자 아사드 대통령은 푸틴 러시아 대통령에게 공식적으로 참전을 요청하였다. 2015년 9월 30일, 러시아는 시리아 정부의 요청을 근거로 시리아 반군에 대한 공중공격에 나섰다.[33] ISIS에 대한 공격이라고 밝혔지만[34] 이와 반대로 러시아는 시리아 서부의 홈스(Homs), 하마(Hama)주와 라티키아(Latkia)주 등 주로 온건 반군세력들이 점령하고 있는 지역에 공습을 퍼부었다. 러시아의 관심은 ISIS가 아니라 아사드 정권을 보호하기 위한 반군 소탕에 있었던 것이다. 러시아는 공습을 하면서 시리아의 타르투스 해군 기지 외에도 바실 알-아사드 공군기지, 다마스쿠스 국제공항, 하마 승마클럽, 홈스, 스린파 등에 군사거점을 확보했다.[35] 2016년 12월, 러시아

33) 러시아는 공습을 위해 8~9월에 타르투스 항구에 무기와 군수물자를 실어 날랐다. 또한 9월 중순에는 각종 전투기, 수송기, 헬기 등이 카스피해를 거쳐 이란, 이라크를 거쳐 시리아의 서부 라타키아 공군기지에 도착했다. 공습에는 50대 이상의 전투기와 헬기들이 참가했고 카스피해 함대에서는 26발의 미사일이 발사되기도 했다.

34) Brian Glyn Williams and Robert Souza, "Operation "Retribution": Putin's Military Campaign in Syria, 2015-15", *Middle East policy*, Vol. 23, No. 4(Winter 2016), p. 57.

35) 안문석, "IS와 미국 · 러시아의 중동 주도권 다툼", 『인물과 사상』, 2015년 11월호, p. 102.

의 공습에 힘입어 시리아 정부군은 반군의 최대 거점인 알레포를 함락하였고 라타키아 북부 산악지대도 대부분 탈환하였다. 패배를 거듭하던 정부군이 러시아의 개입으로 기사회생하게 되었고 이제는 정치적 승리자가 되어 가고 있다.

그렇다면 왜 러시아는 시리아 정부군을 지원했을까? 사실 러시아는 시리아 내전에 처음부터 외교적 · 군사적으로 적극 개입했다.[36] 그 이유는 시리아가 가지고 있는 지전략적 이익과 경제적 이익이 컸기 때문이다. 러시아는 중동 지역 전체를 통해 오직 하나의 군사기지를 가지고 있는데 그것이 바로 시리아의 지중해 연안에 있는 타르투스(Tartus) 해군기지이다. 이 해군기지를 통해 러시아의 해군력이 지중해는 물론 홍해와 걸프해로 뻗어 나갈 수 있다. 또한 시리아는 러시아 무기체계의 주요 고객이다. 시리아를 통과하는 가스 및 송유관 등 경제 분야에서도 양국은 밀접한 협력 관계를 유지하고 있다.[37] 러시아의 입장에서 볼 때 시리아는 포기할 수 없는 높은 전략적 가치를 가진 국가이다.

러시아는 군사 개입 이전에도 아사드 정권을 위해 3가지 차원의 외교적 지원을 했다. 우선 시리아가 R2P에 의한 군사 개입으로 붕괴되었던 리비아의 전철을 밟지 않도록 했다.[38] 미국이나 또는 다국적군에 의해 군사 개입이 일어나지 않도록 유엔 안보리 논의 과정에서 모두 비토권을 행사했다.[39] 둘째, 미국이 설정한 레드 라인을 넘어선 시리아 정부군의 화학공격에 대해서도 국제사회의 군사 개입이 일어나지 않도

---

36) Roy Allison, "Russia and Syria: explaining alignment with a regime in crisis",*International Affairs*, No. 89, Vol. 4(2013), pp. 798-801.

37) 여기에 대해서는 홍미정, "시리아 위기와 석유 · 가스 파이프라인 경쟁: 구 파이프라인 복구와 신 파이프라인 건설", 『중동문제연구』, 제14권 제1호(2015)를 참고할 것.

38) Derek Averre and Lance Davis, "Russia, humanitarian intervention and the responsibility to Protect: the case of Syria",*International Affairs*, No. 91, Vol. 4(2015).

39) 정상률, "아랍의 봄과 시리아 내전을 둘러싼 중동 국제관계 구조", 『한국이슬람학회논총』, 제24집 제2호(2014), p. 262.

록 했다. 시리아 정부가 화학무기를 폐기하는 선에서 미국과 합의함으로써 군사적 공격 가능성을 차단했다. 셋째, 시리아 평화 협상에서 주도적인 역할을 했다. 이 부분은 후술할 것이다.

러시아의 시리아에 대한 군사 개입은 탈냉전 이후 구소련 영토 밖에서 러시아가 개입한 첫 군사작전이자 아프간 철수 이후 26년 만에 단행된 해외 군사 개입이었다. 러시아의 대 시리아 군사 개입은 국내, 지역, 국제정치적 배경 등 3가지로 대별된다.[40] 우선 국내정치적 배경은 두 가지이다. 첫째, 극단적 이슬람 세력이 러시아로 유입되는 것을 막아야하기 때문이다. 러시아는 체첸을 비롯하여 다게스탄, 압하지아, 잉구세티 등 러시아 남부에서 극단적 이슬람 세력이 준동하여 제2의 체첸 사태가 날 것을 우려하고 있다. 따라서 시리아에서 사전에 이를 차단할 필요가 있었다. 둘째, 새로운 무기체계를 실전에서 검증해 봐야 한다는 측면도 있다. 러시아는 탈냉전 이후 많은 새로운 무기체계를 개발했으나 이를 검증할 기회는 거의 없었다. 짧게 끝나버린 2008년의 그루지아전에서도 제대로 검증하지 못했다. 2017년 2월 28일, 러시아 국방부 장관이 두마에서 러시아는 시리아 내전에서 162가지의 신무기를 시험했다고 밝힌 것이 이를 증명해 준다.[41]

지역정치적 차원에서 러시아는 중동 지역에서 영향력을 확대할 목적이 있었다. 러시아가 시리아에 군사적으로 개입함으로써 중동의 여러 국가들에게 러시아의 위상과 역할을 각인시킬 필요가 있었다. 중동 민주화 운동 시 미국은 자신의 동맹이었던 이집트의 무바라크를 버렸지만 러시아는 시리아의 아사드 정권을 끝까지 보호해 주었다. 러시아의 신

40) 고상두, "시리아 사태에 대한 러시아의 개입과 평화적 해결 전망", 『JPI 정책포럼』, No. 2015-23(2015.11.30.), pp .6-7.

41) 한국 국방연구원, "KIDA 세계 분쟁 데이터 베이스: 시리아 내전일지", http://terms.naver.com/entry.nhn?docId=3595777&cid=42147&categoryId=42147(검색일: 2017.10.8.)

뢰성을 권위주의 성향의 중동 국가들에게 보여줄 필요가 있었던 것이다.

국제정치적 차원에서 러시아는 미국에 맞서는 모습을 행동으로 보여줌으로써 강대국의 위상을 보여줄 필요가 있었다. 푸틴 대통령은 2015년 9월 28일 유엔 총회 연설을 통해 군사 개입을 하겠다고 했다. 오바마 대통령의 반대가 있었음에도 불구하고 러시아는 공습을 단행했다. 이것은 크림반도 합병 시 보여주었던 과감한 행동의 재현이라고 볼 수 있다. 시리아 전쟁을 요약하면 다음 <표 25>와 같다.

〈표 25〉 시리아 전쟁 요약

2011.03.15.	반정부 시위 개최
07.15.	100만 명 이상 시위 참가
07.31.	정부군 공격으로 최소 139명 사망
10.04.	중국, 러시아, 유엔 안보리에서 시리아 비난 결의 거부권 행사
11.12.	아랍연맹(AL), 시리아 회원국 자격 정지
2012.02.16.	유엔 총회, 알-아사드 대통령 하야 결의 채택
03.21.	시리아 정부, 유엔 특사의 6개 평화안 수용 발표
07.19.	중국, 러시아, 시리아 제재 결의에 거부권 행사
2013.03.06.	유엔 난민기구, 시리아 국외 난민 100만 명 돌파 발표
03.20.	시리아 정부군이 알레포에 화학무기 공격
09.15.	미국-러시아, 시리아 화학무기 해체 합의
11.29.	유엔 난민기구, 시리아 국외 난민 300만 명 돌파 발표
2014.06.03.	반쪽 대선 실시로 알-아사드 3연임에 성공
06.29.	ISIS, 이라크 모술 점령 및 칼리프제 국가 수립 선포
09.22.	미국 주도의 동맹군, IS 대상으로 공습 개시
2015.09.30.	러시아, 시리아 정부군 지원 위해 시리아 반군 공습 개시
2016.12.13.	시리아 정부, 알레포에서 반군 소탕 후 전투 종료 선언

12.29.	시리아 정부-반군 간에 30일 0시부로 전면 휴전 합의 발표
2017.04.04.	시리아 정부군 이들리브주에서 화학무기 공격으로 사상자 500명 발생
04.06.	트럼프 행정부, 화학무기 공격에 대한 응징으로 시리아 공군기지 공격
07.09.	이라크 정부군, ISIS가 점령했던 모술 탈환
09.15.	아스타나 평화회담 통해 4개 안전지대 합의
10.17.	시리아 민주군(SDF)이 락까 수복, IS 철수

제4절 평화 프로세스

1. 유엔의 역할

시리아 내전에서 유엔이 할 수 있는 일은 크게 두 가지였다. 하나는 유엔 안보리에서 시리아 내전 문제를 논의하여 국제사회가 적절히 대응할 수 있도록 하는 것이었다. 다른 하나는 시리아 내전 당사자들을 협상의 테이블에 끌어들여 평화협상을 주재하는 것이었다. 그런데 유엔은 시리아 내전에 대해 2가지 모두 적절히 대응하지 못했다.

분쟁이 발생하면 국제평화와 안전에 대한 배타적 권위를 가지고 있는 유엔 안보리가 이 문제를 논의하고 그 결과를 결의안의 형태로 국제사회에 제시한다. 유엔 회원국들은 통상 안보리의 결의안에 따라 행동한다. 결의안 자체가 각 국가 행동의 합법성과 정당성을 담보해 주기 때문이다. 그러나 결의안이 통과되기 위해선 안보리 상임이사국의 거부권이 없는 상태에서 9/15개국의 찬성이 있어야 한다.

미국과 영국, 프랑스 등 서방권 상임이사국들은 시리아 내전을 리비아 내전의 또 다른 버전으로 보고 리비아 모델을 따르고자 했다. 그러나 러시아와 중국은 리비아에 대한 군사 개입을 막지 못한 교훈을 근거로 이를 철저히 반대했다. 이에 러시아와 중국은 시리아 정부에 대한 비판은 물론 제재 조치에 대해서도 거부권을 행사했다. 이로 인해 국제사회의 단합된 군사 개입은 거의 불가능했다.

<표 26>에서 보듯이 유엔 안보리가 취한 조치는 기껏 짧은 기간 동안 휴전을 감시하는 유엔시리아감시단(UNSMIS: United Nations Supervision Mission in Syria) 설치를 결의하는 것이었다.[42] 그러나 시리아는 곧 내전으로 복귀하였고[43] 이로 인해 아난(Kofi Annan) 특사도 8월 말 부로 특사직을 사퇴하였다. 안보리는 화학무기 제거와 관련된 결의안을 통과시키거나 또는 특정 메커니즘의 임무 기간을 연장시켜주는 역할밖에 하지 못했다. 화학무기의 이전(移轉) 및 사용 시 유엔 헌장 제7장에 의한 군사적 조치를 할 수 있도록 한 것이 예외라고 한다면 예외라고 할 수 있다. 러시아와 중국의 거부권 행사로 유엔은 시리아 사태에 적절히 대처하지 못함으로써 유엔의 한계를 적나라하게 보여주었다.

---

42) UNSMIS는 안보리 결의안 제2042에 의해 세 달 동안 운용되도록 결정되고 제2043에 의해 한 달 간 연장되었다. 따라서 감시단은 2012년 4~8월까지 단 4달만 임무를 수행하고 해체되었다. 2012년 6월 30일 기준, 감시단은 군 옵서버 요원 278명, 국제민간인력 82명, 현지인 40명으로 운영되었다. https://peacekeeping.un.org/sites/default/files/past/unsmis/index.shtml(검색일: 2017.9.20.)

43) 정부군과 반정부세력 모두 상대방이 먼저 휴전을 위반하였다고 주장하며 교전을 계속했다. 이에 FSA는 5월 30일 48시간 시한으로 평화안 미준수 시 민간인 보호를 위한 작전이 재개될 것이라고 최후통첩을 하고 6월 1일 휴전 파기를 선언하였다.

〈표 26〉 시리아 사태 관련 안보리 결의 및 부결 현황

일시 (결의안 번호)	결의 결과	결의 내용
2011.10.4.	러, 중 거부권	시리아 정부 비난 결의
2012.4.14. (SCR 2042)	통과	정파들 간의 연락을 위해 30명 이하의 비무장 군 옵서버 선발대 구성(Advance Team)
2012.4.21. (SCR 2043)	통과	90일 간의 유엔시리아감시단(UNSMIS) 설치, 비무장 군인 300명 규모+민간인
2012.7.19.	러, 중 거부권	시리아에 대한 제재[44]
2012.7.20. (SCR 2059)	통과	UNSMIS 임무기간 30일 연장
2013.9.28. (SCR 2118)	통과	OPCW와 협조하여 시리아 화학무기 제거, 화학무기 이전 및 사용 시 유엔헌장 제7장에 의한 조치
2014.2.22. (SCR 2139)	통과	폭력 중지, 인도주의 지원 접근 허용
2014.7.14. (SCR 2165)	통과	인도주의 활동 위해 유엔 총회 산하에 모니터링 메커니즘 설치, 구호 루트 설치, 유엔 인도주의 지원 요원 안전 요구
2014.12.17. (SCR 2191)	통과	구호 모니터링 메커니즘 기간을 2016년 1월까지 12개월로 연장
2015.3.6. (SCR 2209)	통과	화학무기 사용에 대한 비난, 화학무기 사용시 유엔헌장 제7장에 의거 제재
2015.8.7. (SCR 2235)	통과	1년 기간의 합동조사위원회(Joint Investigative Mechanism) 설치
2015.12.18. (SCR 2254)	통과	시리아국제지원단(ISSG: Int'l Syria Support Group)은 시리아 정치적 타결의 중추기관, ISSG는 6개월 내 과도정부 구성과 개헌을 위한 절차와 일정 수립 지원, 18개월 내 새 헌법에 따른 공정하고 자유로운 선거 지원 임무

2015.12.22. (SCR 2258)	통과	구호 모니터링 메커니즘 기간을 2017년 1월까지 12개월로 연장
2016.2.26. (SCR 2268)	통과	전쟁 종식 노력과 구호활동 위한 ISSG의 활동에 대한 평가. 2016년 2월 27일 부로 휴전 요구에 대한 평가
2016.12.5.	러, 중 거부권	알레포 지역 7일간 휴전
2016.12.19. (SCR 2328)	통과	알레포 상황에 대한 평가
2616.12.21. (SCR 2332)	통과	구호 모니터링 메커니즘 기간을 2018년 1월까지 12개월간 연장
2016.12.31. (SCR 2336)	통과	시리아 종전을 위한 러시아, 터키의 노력에 대한 평가
2017.4.12.	러 반대, 중 기권	시리아 화학무기 공격 규탄, 진상조사 요구

* 출처: 시리아 사태 관련 유엔 안보리 결의안 http://www.un.org/en/sc/documents/resolutions/(검색일: 2017.10.1.)

유엔의 두 번째 역할은 분쟁 당사자들을 협상의 테이블에 끌어들이는 것이었다. 유엔 주도의 평화회담을 위해 유엔 사무총장은 통상 자신을 대리할 수 있는 특별대사를 임명한다. 이렇게 임명된 특별대사는 분쟁 당사자들과 협의하여 평화회담을 진행한다. 결론부터 말하자면, 2012년부터 2017년까지 지속된 유엔 주도의 평화회담은 거의 성과를 내지 못했다.

반기문 유엔 사무총장은 총 3명의 특별대사를 순차적으로 임명했다. 첫 번째 특별대사는 아난 전 유엔 사무총장이었다. 아난은 2012년 2월에 유엔－아랍연맹(AL)의 공동특사로 임명되었다. 그는 다마스쿠스에서

44) 2012년 4월 12일, 시라아정부군-반군 휴전이 발효됨에 따라 유엔은 이 휴전을 모니터링하기 위해 UNSMIS를 설치했다.

아사드 시리아 대통령과 면담한 뒤 시리아 유혈사태 해법에 대한 6개항을 제시했다. 6개항(Six-point Peace Plan)은 ① 시리아인의 열망과 우려를 담아낼 수 있는 시리아인 주도의 정치 프로세스 추진, ② 시민 보호와 국가 안정을 위해 UN 감시 하에 정부군 및 반정부세력 양측 모두 어떤 형태의 무장 폭력도 중지, ③ 인도적 지원 물자의 적시 제공(하루 2시간씩 인도적 휴전), ④ 정치범 및 구금자의 조기 석방 및 규모 확대(구금자 및 구금 장소 목록 제공 및 방문 실시), ⑤ 언론의 자유로운 취재와 이동 허용 및 비차별적인 비자 발급, ⑥ 시리아 정부는 평화로운 시위와 결사의 자유 보장 등이었다. 3월 21일, 유엔 안보리는 6개항의 평화안을 의장성명으로 채택했으며 시리아 정부도 이를 수용한다고 밝혔다. 이런 분위기에 힘입어 4월 중순에는 시리아 정부군과 반군 사이에 휴전이 발효되어 UNSMIS가 활동하기도 했으나 시리아는 다시 내전에 휩싸였다.

두 번째 특사는 브라히미(Lakhdar Brahimi) 전 알제리 대사로서 2012년 9월 1일 부로 유엔-아랍연맹 공동의 시리아 특사로 임명되었다. 2014년 5월 말 퇴임 시 까지 두 번에 걸친 평화회담을 주관하였다. 평화회담은 스위스 제네바에서 열렸다. 2012년 6월에 개최된 제1차 평화회담에서 참가자들은 과도정부 구성을 골자로 한 임시 평화안(일명 제네바 코뮈니케)에 의견일치를 보였으나 아사드 대통령 거취를 둘러싼 이견으로 최종 합의에는 실패했다. 2014년 1월에 개최된 제2차 평화회담에서는 세계 39개국 외교장관 및 4개 국제기구 대표들이 참여하였고 반정부 연합체인 시리아국민연합(NCS)도 처음으로 회의에 참석했다. 제1차 제네바 회담에서 과도정부를 수립하기로 합의한 '제네바 코뮈니케'의 기본 원칙을 재검토하려고 했으나 아사드 대통령의 거취 때문에 회담이 결렬되었다. 이로써 브라히미 특사도 2014년 5월 사임하였다.

2014년 7월에는 이탈리아 외교관 출신 미스투라(Steffan De Mistura)

가 시리아 특사로 임명되었다. 그해 9월에는 미국의 공습이 시작되었고 2015년 10월에는 러시아의 공습이 시작되었다. 2015년 10월 말, 오스트리아 빈에서 안보리 상임이사국, 유럽연합, 그리고 중동 국가 등 총 19개국이 회담을 개최하여 9개항에 합의하였다. ① 시리아는 통일, 독립, 세속국가, ② 시리아 국가기구 유지, ③ 종교 · 종족에 관계없이 권리 보유, ④ 외교적 해결 노력, ⑤ 인도적 지원은 시리아 전체에 골고루, ⑥ 테러단체로 지목된 집단은 제거, ⑦ 유엔 감시 하에 과도정부 수립, 총선, 개헌, ⑧ 시리아 미래는 시리아 국민에 의해, ⑨ 반 년 이내에 휴전 합의 등이었다. 특히 ⑦ 항은 2015년 12월 안보리 결의안 2254에 반영되었다.[45)]

그는 2016년 2월부터 2017년 7월까지 5번에 걸쳐 평화회담을 주관했다. 회담의 핵심 내용은 2015년 유엔 안보리 결의안 제2254호를 바탕으로 과도정부 구성, 개헌, 새로운 헌법에 따라 공정하고 자유로운 총선거를 실시하는 것이었다. 그러나 아사드 대통령의 거취 문제를 두고 번번이 협상이 결렬되어 오늘에 이르고 있다. 유엔이 주관한 평화회담을 개략적으로 살펴보면 다음 <표 27>과 같다.

〈표 27〉 유엔 주도의 평화회담

구분	내용 및 참고
제1차: 2012.6.	• 제네바에서 과도정부 구성을 골자로 한 임시 평화안에 의견일치. 그러나 아사드 대통령 거취를 둘러싼 이견으로 최종 합의 실패
제2차: 2014.1.24.~28.	• 세계 39개국 외교장관 및 4개 국제기구 참여 • 반정부 연합체인 시리아국민위원회의 첫 회의 참석 • 브라히미 유엔-아랍연맹 공동 특사는 제1차 제네바 회담에서 과도정부를 수립하기로 합의한 '제네바 코뮈니케'

45) 고상두, "시리아 사태에 대한 러시아의 개입과 평화적 해결 전망", 위의 글, pp. 6-7.

	의 기본 원칙을 재검토할 계획 • 그러나 아사드 대통령의 거취 때문에 회담 결렬
제3차: 2016.2.2.~2.3.	• 3차 회담은 2015년 11월 유엔 안전보장이사회 상임이사국, 중동국가 등 17개국과 유엔 등으로 구성된 '국제적 시리아지원그룹'(ISSG)이 18개월 안에 선거를 치르는 정치적 해법에 합의하고 안보리가 2015년 12월 결의안 2254호를 채택함으로써 추진 • 반군측은 1.31일 17명의 대표단을 파견했으나 '정부군 포위 해제', '러시아 공습 중단' 요구하며 회담 불참 • 반정부측 '최고협상위원회'(HNC) 대표단이 3일 평화회담 잠정 중단 발표 • 미스투라 특사를 통한 시리아 정권과 반군간의 간접협상
제4차: 2016.3.14.~3.16.	• 미스투라 특사가 정부와 반군 대표단을 오가며 의견을 전달하는 방식의 '간접 협상'으로 진행
제5차: 2017.2.23.~3.3.	• 시리아 최대 반군단체 최고협상위원회(HNC)의 나스르 알-하리리, 모하마드 사브라 등이 참석 • 2015년 유엔 안보리 결의안 제2254호를 바탕으로 과도정부 구성, 개헌, 자유롭고 공정한 선거, 인도적 지원 등에 대한 논의 • 시리아 정부 대표와 4차 회담 때 참여한 3개 반군 그룹이 참여 • 대화 방식은 미스투라 특사와 회담을 하고 서로 의견을 조정하는 간접 대화 방식
제6차: 2017.5.16.~5.19.	• 아사드 시리아 대통령의 퇴진 문제로 회담 결렬
제7차: 2017.7.10.~14.	• 유엔의 중재 아래 양측은 개헌, 과도정부 구성, 선거, 대테러 대응 등 4가지 현안을 놓고 협상 • 아사드 시리아 대통령의 퇴진 문제로 신경전 • 간접대화 방식
제8차: (개최 예정)	• 아사드 통령의 진퇴 문제가 협상의 걸림돌 가능성 • 반군이 아사드 퇴진 카드를 내려놓으면 지지부진한 협상이 전환점을 맞게 될 가능성

* 출처: 유엔 홈페이지, 각종 일간지.

결국 3명의 유엔 특사가 주관한 평화회담은 특별한 성과를 내지 못했다. 국제사회도 시리아 정부에 대해 개별적인 제재 조치를 취하거나 지역단위의 기구들이 집단 제재 조치를 취했지만 아사드 정권을 붕괴시킬 만큼의 효과는 없었다.[46] 이에 비해 러시아가 주관한 평화회담은 확실한 성과를 냈다. 유엔의 회담 목표는 아사드의 거취 문제, 임시정부 수립, 개헌, 총선 등 정치적 의제였고 또 그 목표가 너무 높았던 데 반해 러시아의 회담 목표는 '안전지대 구축'이라는 생존과 관련된 의제였고 또 그 목표도 지극히 낮았기 때문이다.

2. 러시아의 역할

러시아는 시리아 교전 단체들 간에 휴전 합의를 이끌어 내고 시리아 영토 내에 안전지대를 도출하는 데 주도적인 역할을 했다. 또한 러시아는 공습을 감행함으로써 다마스쿠스를 위협하는 반군 단체의 최대 거점인 알레포를 함락하는 데에도 결정적인 역할을 했다. 알레포의 함락은 시리아 내전의 분수령이 되었다. 알레포에서 반군들이 철수하자 시리아 정부는 2016년 12월 13일 부로 알레포에 대한 전투 종료를 선언하였다. 러시아는 알레포에서 반군이 패배·철수한 이후 전세가 시리아 정부군으로 기울면서 휴전을 위한 외교적 노력을 주도해왔다. 이를 계기로 휴전 논의가 급물살을 타게 되었다.

러시아는 2016년 12월 20일부터 이란·터키와 함께 시리아 휴전

46) 2011년 5월 유럽연합을 시작으로 미국, 터키, 아랍연맹 등이 아사드 정권에 대한 다양한 경제적 및 외교적 제재 조치를 실시하였다. 식품 및 의약품을 제외한 모든 품목의 대(對) 시리아 수출 금지, 미국 기업의 시리아 내 운영 및 투자 금지, 시리아 항공기의 미국 내 착륙 및 영공 비행 금지, 시리아와 외교관계 축소, 시리아 외교관의 미국 내 여행 제한, 시리아인의 자산거래 차단(blocking) 등의 제재 조치가 이루어졌다. 더 세부적인 내용은 고상두, "시리아 사태에 대한 러시아의 개입과 평화적 해결 전망", 『JPI 정책포럼』, 위의 글을 참고할 것.

협상을 개시하여 30일 0시 부로 휴전을 발효하기로 합의했다. 이 협상에 미국 등 서방 국가는 참여하지 않았다. 러시아 국방부는 이번 합의에서 시리아 강경 이슬람 원리주의 조직 아흐라르 알샴 등 7개 반군이 서명했으나 수니파 무장조직인 IS, 시리아 정복 전선은 제외시켰다고 밝혔다. 휴전과 관련된 문서는 시리아 휴전에 관한 정부와 반군간의 합의문서, 휴전 준수 감독을 위한 일련의 조치에 관한 문서, 그리고 시리아 평화협상 개시 준비 선언에 관한 문서 등 3종류였다.[47)]

이에 탄력을 받은 러시아는 이란·터키와 함께 카자흐스탄의 수도 아스타나에서 시리아 평화회담을 개최했다. 러시아는 이 회담을 스위스 제네바에서 열리고 있는 유엔 평화회담의 보조성격으로 규정했지만 회담의 성과와 실행 의지는 오히려 유엔 평화회담을 대체하는 것처럼 보였다. 이 회담에는 시리아 정부 대표, 반군 조직 대표, 러시아·이란·터키 대표, 유엔 시리아 특사 등이 참석했고 미국과 요르단 등은 옵서버 자격으로 참여했다. 회담은 2017년 1월부터 9월까지 총 6회에 걸쳐 개최되었다.

회담은 휴전 감시 기구 가동, 포로 교환, 그리고 안전지대 설치에 초점을 맞추었다. 안전지대란 '시리아 휴전 체제를 공고화하기 위해 내전 당사자인 시리아 정부군과 반군 간 전투를 완전히 중단하고 외국군의 공습도 금지한 가운데 주민들의 정상생활을 위한 인프라 재건, 구호물품 지원 활동 등을 추진할 목적으로 설정한 지역'을 말한다. 러시아·이란·터키가 휴전의 보증국이 되어 휴전감시기구를 구성하여 휴전을 감시하도록 했다.

러시아 주도의 시리아 평화회담에서 안전지대 논의가 진전되고 있는

47) 손고운, "시리아 전면휴전 합의 …'6년 유혈충돌 비극' 끝날까", 『문화일보』, 2016.12.30.

가운데 2017년 7월 독일에서 G20 회의가 개최되었다. 여기에서 미중 정상은 시리아의 서남부 지역에 대한 휴전에 합의했다. 미국과 요르단은 시리아 남서부를 거점으로 한 반군을 휴전에 응하도록 영향력을 행사하고 러시아는 시리아 정부를 압박하는 방식으로 휴전을 이뤄냈다. 휴전 지역에는 2011년 아사드 정부에 맞선 반군 세력이 처음 일어난 다라를 비롯해 이스라엘 국경에 인접한 골란 고원이 있는 시리아 서남부 쿠네이트라(Quneitra)주 등이 포함됐다.[48]

러시아는 제4차 아스타나 평화회담을 통해 이들리브(북서부), 홈스(서부), 동부 구타(다마스크 외곽), 남부 등 시리아 내 4개 지역에 안전지대를 창설하는 방안을 논의했다. 추가 논의를 통해 2017년 9월 15일, 제6차 평화회담에서 마지막 긴장완화지대에 합의함으로써 시리아 내전은 새로운 국면을 맞게 되었다. 이로써 시리아는 극단주의 조직이 장악한 일부 지역을 제외하고 당분간 안정될 것으로 보인다. 특히 러시아 주도의 4개 긴장완화지대와 미국・러시아・요르단이 중재한 휴전 합의된 시리아 남서부 지역 등은 조만간 안정을 이룰 것으로 보인다.

〈표 28〉 러시아 주도의 평화회담

	합의 내용	참고
제1차 (1.23.~24.)	• 반군과 테러리스트들을 분리하고, IS와 파트흐 알-샴 등 테러조직과 전쟁은 계속 • 러・이・터 3국이 휴전 체제 모니터링을 위한 공동감독기구 설치	• 15개 반군 조직 대표 참가 • 핵심 반군 조직인 '자이시 알-이슬람'(이슬람군대) 대표 참가
제2차 (2.15.~16.)	• 시리아 휴전 체제 유지와 강화 위한 휴전 감시 '상설 공동실무그룹' 구성	• 9개 반군 조직 대표 참가

48) 박인영, "시리아 서남부 휴전은 트럼프-푸틴 '우정' 시험대", 『연합뉴스』, 2017.7.10.

	• 포로 교환 메커니즘 구성	
3차 (3.14.~15.)		• 휴전 약속 불이행 때문에 반군 참석 거부 선언
제4차 (5.3~4.)	• 이들리브(북서부), 홈스(서부), 동부 구타(다마스크 외곽), 남부 등 시리아 내 4개 지역에 긴장완화지대 창설 방안 논의	• 반군 대표단은 사우디아라비아가 지원하는 반군조직 '자이시 알-이슬람'
제5차 (7.4.~7.5.)	• 러시아·이란·터키 대표는 홈스(서부), 동부 구타(다마스크 외곽), 남부 등 3개 지역에 대한 안전지대 합의	• '긴장완화지대'(안전지대) 합의에 따라 시리아군과 홈스주(州) 북부의 '온건' 시리아반군 사이 휴전 발효(8.3)
제6차 (9.14.~15.)	• 시리아 북부 이들리브주(州) 일대에 네 번 째이자 마지막으로 안전지대 운영에 합의 • 북서부 지역은 이들리브, 라타키아, 하마, 알레포 등이 포함	• 이들리브주는 반군이 대부분 통제 • 이번 합의에 따라 이들리브 안전지대에 각각 500명씩 총 1천500명의 휴전 감시 병력 배치

2017년 9월 현재, 시리아 정부는 서부와 중부를 중심으로 시리아 영토의 46%를 통제하고 있다. 알-하사케를 중심으로 한 북동부 일대는 시리아 영토의 약 23%로써 IS 격퇴전을 벌였던 쿠르드 민병대 '인민수비대'(YPG)가 장악했다. 반군 조직은 북서부 이들리브와 남부 요르단 인접 국경지역을 중심으로 영토의 17% 정도에서 세력을 유지하고 있다. 이슬람국가'(IS)는 이라크 인접 데이르 알-주르 대부분을 장악하고 있다. 이것은 시리아 영토의 14%에 해당된다.[49] 그러나 2017년 10

49) 하채림, "시리아내전 포성 잦아들었지만… '나라 쪼개질라' 우려도", 『연합뉴스』, 2017.9.16.

월 시리아민주군(SDF)[50]이 IS의 수도인 락까를 완전 장악하자 IS는 이라크 국경 지역과 산악 및 동굴지역으로 후퇴하였다.

제5절 시리아 전쟁 전망 및 함의

1. 시리아 전쟁 향후 전망

독재자의 하야를 요구했던 시리아 민주화 운동은 시리아 내부에 잠재해 있었던 갈등의 잠재적 요인과 결합되면서 내전으로 발전했다. 여기에 중동 국가들이 자신들의 종교에 따라 시리아 정부군을 지원하거나 또는 반정부군을 지원하면서 시리아 내전은 종파 대리전으로 발전했다. 여기에 극단적 종파테러단체인 ISIS까지 그 영향력을 시리아로 확대하자 시리아의 종파 전쟁은 더욱 격화되었다.

미국의 오바마 행정부는 다자주의적 국제주의를 통해 시리아 사태에 개입하고자 했다. 그러나 유엔 안보리에서 러시아와 중국이 거부권을 행사하는 가운데 ISIS 세력이 급속하게 팽창하자 정책을 바꾸지 않을 수 없었다. 미국의 ISIS에 대한 공습으로 시리아 전쟁은 새로운 전환점을 맞이하게 되었다. 여기에 러시아도 시리아 정부의 요청을 받아들여 반정부군에 대한 공습에 나섰다. 이로써 시리아 전쟁은 국제전으로 변모하게 되었다. 미국의 지원으로 ISIS는 몰락하게 되었고, 러시아의 지

---

50) SDF는 시리아 내 쿠르드족 민병대인 인민수비대(YPG)를 중심으로 한 반군연합이다. 쿠르드계 이외에도 아랍계, 아시리아계, 아르메니아계,투르계 반군조직들이 참여하고 있으며, 2015년 10월 공식출범했다. YPG는 2014년부터 미군의 지원을 받으며 시리아 내 극단 수니파 무장조직 IS 격퇴전의 주요 병력으로 활약해온 조직이다. 미군은 2017년 3월 특수부대와 군사고문단 등 2000여 명의 병력을 파병해 시리아의 쿠르드민병대와 반정부군으로 구성된 SDF를 지원해왔다.

원으로 정부군은 살아남을 수 있었다.

러시아, 이란, 터키가 중재한 휴전 및 평화회담, 그리고 요르단, 미국, 러시아 등의 휴전 중재로 인해 일단 시리아 내의 격렬한 교전이 중단되었다. 생존을 보장할 수 있는 안전지대가 확정됨에 따라 이 안전지대를 따라 시리아 내부에 희미한 경계선이 생기게 되었다. 이렇게 되면 시리아 사태에 개입한 각국이 지역을 나눠 휴전을 관리하거나 또는 유엔에 위임하여 유엔 안보리 결의로 유엔 평화유지군이 이런 임무를 수행할 수도 있다. 러시아와 터키가 시리아 북부 이들리브에서, 러시아와 이란이 서부 다마스쿠스에서, 미국과 요르단이 남서부의 다라에서 각각 휴전을 감시 감독하는 역할을 수행할 가능성이 있다. 이미 러시아는 다마스쿠스 인근의 '동부 구타' 지역 등 안전지대에 검문소를 운영하고 있다. 터키도 2017년 10월 8일부터 이들리브에서 휴전 감시 임무를 수행하기 위해 장갑차 등을 이동시켰다. 안전지대를 중심으로 시리아가 급속하게 안정을 되찾을 경우, 이들의 임무는 유엔평화유지군이 대체할 수도 있을 것이다.

치안 유지와 함께 시리아의 미래를 위한 회담도 전개될 것이다. 2015년 유엔 안보리는 시리아의 미래를 위한 로드맵을 제시한 바 있다. 시리아 정부와 반정부 세력들은 임시정부 수립, 헌법 개정, 그리고 개정된 헌법에 따른 선거 등에 대해 논의할 것이다. 이들이 얼마나 서로 양보하고 또 동의를 이끌어내느냐에 따라 시리아의 미래가 결정될 것이다. 물론 아사드의 운명도 이들의 협상 결과에 따라 달라질 것이다.

2. 시리아 전쟁의 함의

시리아 전쟁은 내전에서 시작하여 종파 간 대리전으로, 최종적으로는 국제전으로 확대되었다. 시리아 전쟁의 성격 규정을 바탕으로 시리아 전쟁의 함의를 몇 가지로 요약하면 다음과 같다.

첫째, 유엔의 권위는 강대국의 권위를 넘어설 수 없다는 것을 보여주었다. 미국을 비롯한 서방세계는 시리아에 대한 제재와 국제사회의 개입에 대해 논의하려 했으나 러시아와 중국은 거부권을 행사했다. 시리아를 제재할 경우, 시리아 정부를 옹호했던 러시아의 이익이 훼손되기 때문이다. 러시아는 시리아 정부가 타격받지 않을 결의안에 대해서만 동의해 주었다. 러시아의 유엔 안보리에서의 거부권 행사는 탈냉전 이후에도 현실정치가 작동되고 있음을 적나라하게 보여준 사례라고 할 수 있다.

둘째, 시리아 전쟁은 러시아의 전쟁이자 러시아가 승리한 전쟁이었다. 러시아는 거부권 행사를 통해 아사드 정권을 보호해 주었고 아사드 정권의 화학무기 사용에 대한 미국의 군사 개입마저 차단해 주었다. 러시아는 아사드 정권이 반정부군에 의해 붕괴될 위험에 처하자 반정부군에 대해 공습을 단행하였다. 이에 힘입은 시리아 정부군이 반정부군의 최대 거점을 함락함으로써 양측은 휴전의 길을 모색하게 되었다. 이로써 러시아는 시리아에 대한 정치적, 군사적, 경제적 이득을 모두 챙길 수 있게 되었고 중동에 대한 영향력을 확대할 수 있게 되었다. 2018년 12월, 미국의 트럼프 대통령은 시리아에서 미군의 철수를 선언했다.

셋째, 분쟁의 당사자들이 외부 지원에 대한 기대가 없어야 그들의 정치적 목표를 포기할 수 있다. 정부군은 시아파 국가들과 러시아로부터 지원을 받았고 다양한 반정부군들은 수니파 국가들, 미국, 유럽 연합들로부터 지원을 받았다. 분쟁의 당사자들이 자금과 무기를 제공받을 수 있는 한 이들이 자신들의 정치적 목표를 포기해야 할 이유가 없다.

넷째, 협상은 그 의제와 과정이 낮은 수준에서 천천히 이루어져야 성공의 가능성이 있다. 유엔 주도의 평화회담은 그 의제가 너무 무거워 쉽게 합의에 도달 할 수 없었다. 평화회담이 열리는 기간에 교전이 더 치열해짐으로써 이것이 오히려 회담에 악영향을 미쳤다. 반면에 러시아 주도의 평화회담은 각 정파들의 생존과 관련된 안전지대에 관한 것이었다. 비교적 쉽게 합의에 도달할 수 있었다. 물론 반군의 패배와 ISIS의 쇠락이 회담 성공에 한 몫을 했다.

다섯째, 휴전은 분쟁 당사자들이 충분히 지쳤을 때 가능하다. 분쟁이 발생했을 때 조기에 개입하는 것이 분쟁의 확산을 저지하는 데 도움을 준다. 그러나 국제사회가 일치된 행동을 하지 못하고 있고, 각 당사자들은 든든한 후원자가 있으며, 또 분쟁 초기에 서로에 대한 적대감이 최고조에 있는 상태에서 휴전이 체결되면 이것이 오래 가지 못할 수도 있다. UNSMIS가 유엔 평화유지활동 역사상 가장 짧은 기간에 해체되었다는 것이 이를 증명한다. 그러나 7년의 전쟁 끝에 안전지대에 대한 합의는 지켜질 가능성이 크다. 서로가 전쟁에 지쳐있기 때문이다.

여섯째, 경제 제재는 유엔 안보리 결의에 의해 국제사회가 집단적으로 행동할 경우 그나마 성공의 가능성이 있다. 미국과 유럽연합은 안보리 결의를 통해 시리아 정부에 대한 경제제재를 하려고 했으나 러시아와 중국이 이를 반대하였다. 이에 미국과 유럽연합이 독자적인 경제제재를 추진하였다. 그러나 이런 경제제재에 아사드 정권이 굴복하지 않았다. 집단 제재를 가해도 성공의 가능성을 예측할 수 없는데 개별 국가에 의한 양자제재로는 그 가능성이 더 떨어진다고 볼 수 있기 때문이다.

일곱째, 강대국들이 개입할 경우 그들은 지상군 투입 대신 공군력이나 해군력 위주로 개입할 가능성이 높다. 미국은 아프가니스탄 및 이라크에서의 교훈을 바탕으로 가능한 군사 개입을 꺼렸다. 어쩔 수 없이 개입했을 때 미국은 주로 해공군력에 의존한 공습을 단행하였고 지상전은 소수의 미군이 지원하는 반군이 담당하였다. 러시아도 지상군이 참전하긴 했지만 극소수에 그쳤고 주로 해공군력을 이용하여 공습을 단행했다. 향후 분쟁에도 이럴 가능성은 있다.

여덟째, '시민에 대한 보호'(R2P: responsibility to Protect)[51] 규범이 아직 군사 개입의 근거로 정착되지 못하고 있다. 2011년 리비아 사태가 발생했을 때 유엔 안보리는 R2P를 근거로 개입하였다. R2P 규범이 처음 적용되는 사례였다. 미국과 서방은 시리아에도 이를 적용하고자 했으나 러시아의 거부권 행사로 적용이 무산되었다. 북한에 대한 R2P 적용 가능성에 대한 연구도 있지만[52] 강대국의 이익이 개입되어 있는 분쟁의 경우, R2P의 적용은 쉽지 않을 것으로 보인다.

아홉째, 안전지대라는 개념은 분쟁 지역에서 유용한 개념으로 자리잡을 가능성이 있다. 인종, 종교 등 다양한 정체성을 지닌 집단들로 구성된 국가의 경우 대부분 정체성을 중심으로 집단적으로 거주하는 경향이 있다. 따라서 이런 국가에서 분쟁이 발생할 경우, 분쟁은 정체성이 강한 거주 지역보다는 여러 집단이 모여 살거나 또는 정체성이 희미한 지역에서 발생하고 또 가열될 수 있다. 발칸반도에서 처음 도입된 안전지대 개념은 향후 분쟁이 더 이상 확산되지 않도록 하는 데 중요한 역할을 힐 것으로 보인다.

열째, 군사 개입이 이루어질 경우 강대국들은 중요한 행위자를 서로

---

51) R2P란 한 국가가 '집단학살(Genocide)', '전쟁범죄(War Crimes)', '인종청소(Ethnic Cleansing)', '인도에 반한 죄(Crimes against Humanity)' 등으로부터 자국민을 보호해야 하나 국가가 오히려 이런 행위를 하거나 또는 자국민을 보호할 수 없을 때 국제사회가 나서서 주민들을 보호할 책임이 있다는 것을 규정한 규범이다. 2005년 유엔 정상회의 결의, 2006년 안전보장이사회 결의를 거쳐 국제규범으로 확립됐다. 이에 대해서는 이규창 · 조정현 · 한동호 · 박진아, 『보호책임(R2P) 이행에 관한 연구』, KINU 연구총서 12-03(서울: 통일연구원, 2012)을 참고할 것.

52) 이신화, "국가실패와 보호책임(R2P)의 북한 적용 가능성", 『한국정치학회보』, 제46집 제1호(2012).

배려해 주는 경향이 있다. 서로 적이 아닌 중요한 행위자들이 서로가 서로를 배려하면 상대방으로부터 반감이나 적대적 행위를 줄일 수 있기 때문이다. 러시아는 공습에 나서기 전에 미국의 카터 국방부장관에게 전화를 걸어 이를 통보해 주었고 이스라엘에게도 사전 통보를 해주었다. 2017년 시리아 정부군이 반군지역인 이들리브주에서 화학무기로 공격하여 사상자가 500여 명 발생하자 트럼프 행정부는 이에 대한 응징으로 시리아 공군기지에 토마호크 59발을 발사하였다. 이때 미국은 이 사실을 러시아에게 통보해 주었다.[53)]

53) 박영환, "미국, 화학무기 사용 시리아 폭격...공군비행장에 토마호크 미사일 공격", 『경향신문』, 2017.4.7.

참고문헌

1. 저서 및 논문 등

강봉구. " 러시아와 이란의 전략적 제휴?: 시리아 내전 개입의 의도를 중심으로". 『러시아연구』, 제26권 제2호(2016년 여름).

고상두. "시리아 사태에 대한 러시아의 개입과 평화적 해결의 전망". 『JPI 정책포럼』, No. 2015－23(2015년 11월).

김어진. "ISIS 급부상과 돌아온 미국의 대테러 전쟁, 그 배경과 전망". 『기억과 전망』, 제31호(2010년 겨울호).

김열수. "시리아 전쟁: 회고와 전망". 『군사사연구총서』, 제6집. 서울: 군사편찬연구소, 2017.

김일수. "이슬람국가(IS)의 위협과 오바마 행정부의 대응전략 함의". 『한국정치외교사논총』, 제38권 제2호(2017).

김한지. "시리아 소수집단 알라위파(Alawites)의 집권과 국민통합 정책에 대한 연구". 『한국중동학회논총』, 제27권 제2호(2007).

______. "시리아 내전 장기화 원인 분석". 『한국중동학회논총』, 제34권 제4호(2014).

도경옥. "시리아 내 ISIL 공습에 대한 국제법적 분석". 『국제법학회논총』, 제61권(2016년 봄).

박찬기. "이슬람 국가와 중동문제: 21세기 새로운 전쟁 양상". 『내일을 여는 역사』, 제57호(2014년 겨울).

______. "사이크스－피코 비밀협정과 레바논, 시리아 건국 과정". 『한국중동학회논총』, 제37권 제1호(2016년 6월).

박현도. "시리아 내전의 원인과 전망". 『시대정신』, 2012년 가을호.

송승종. "부상하는 ISIS 위협과 미국의 대응전략". 『전략연구』, 제64권(2014년 11월).

서정민・인남식. 『중동 민주화의 대내외 정치역학』. 서울: 대외경제정책연구원, 2011.

안문석. "IS와 미국 · 러시아의 중동 주도권 다툼". 『인물과 사상』, 2015년 11월호.

육군군사연구소. 『세계의 지역분쟁 사례집 Ⅳ』. 계룡: 육군본부, 2013.

이권형 · 박재은. "시리아 유혈사태의 장기화: 배경 및 전망". 『KIEP 지역경제포커스』, Vol. 6, No 22.(2012년 6월).

이규창 · 조정현 · 한동호 · 박진아. 『보호책임(R2P) 이행에 관한 연구』. KINU 연구총서 12-03. 서울: 통일연구원, 2012.

이신화. "국가실패와 보호책임(R2P)의 북한 적용 가능성". 『한국정치학회보』, 제46집 제1호(2012년 봄).

이종택. "시리아 국내갈등 원인에 관한 연구". 『한국중동학회논총』, 제32권 제1호(2012년).

인남식. "미국과 러시아의 대중동정책 변화 고찰: 오바마와 푸틴 정부의 지정학적 중동 전략을 중심으로". 『한국과 국제정치』, 제32권 제1호(2016년 봄).

정상률. "아랍의 봄과 시리아 내전을 둘러싼 중동 국제관계 구조". 『한국이슬람학회논총』, 제24권 제2호(2014년).

______. "마크디시의 살라피즘과 IS의 살라피 지하디즘". 『한국이슬람학회논총』, 제26권 제1호(2016년).

정육상. "테러집단 IS의 위협 실상과 향후 전개 양상 전망". 『유럽헌법연구』, 제18호(2015년 8월).

정혜경 · 조희선. "아랍의 봄' 이후 시리아 난민에 관한 연구: 주변 중동국가로의 유입을 중심으로". 『지중해지역연구』, 제18권 제3호(2016년 8월).

한국 국방연구원. "KIDA 세계 분쟁 데이터 베이스: 시리아 내전일지". http://terms.naver.com/entry.nhn?docId=3595777&cid=42147&categoryId=42147(검색일: 2017.10.8.)

홍미정. "시리아 위기와 석유 · 가스 파이프라인 경쟁: 구 파이프라인 복구와 신 파이프라인 건설". 『중동문제연구』, 제14권 제1호(2015년).

Ainley, Kirsten. The Responsibility to Protect and the Criminal Court:

counteracting the crisis," *International Affairs*, No. 91, Vol. 1 (2015).

Allison, Roy. "Russia and Syria: explaining alignment with a regime in crisis". *International Affairs*, No. 89, Vol. 4(2013).

Averre, Derek and Lance Davis. "Russia, humanitarian intervention and the responsibility to Protect: the case of Syria". *International Affairs*, No. 91, Vol. 4(2015).

Williams, Brian Glyn and Robert Souza. "Operation "Retribution": Putin's Military Campaign in Syria, 2015－15". *Middle East policy*, Vol. 23, No. 4(Winter 2016).

Zisser, Eyal. "Bashar al－Asad and his Regime". *Middle East Studies*. Vol. 45, No. 2(2004).

The White House, Office of the Press Secretary, "Remarks by President Obama in Address to the United Nations General Assembly"(September 21, 2014). https://obamawhitehouse.archives.gov/the－press－office/2011/09/21/remarks－president－obama－address－united－nations－general－assembly(최종 검색일: 2017.10.15.)

2. 신문 등 언론 기사

강 신. "실업난에 청년 분신… 독재 빰치는 군부… 상처뿐인 아랍의 봄". 『서울신문』, 2017.10.10.

김재영. "시리아 락까 '해방'시킨 SDF, 대 IS 승리 공식 선언". 『뉴시스』, 2017.10.20.

손고운. "시리아 전면휴전 합의 …'6년 유혈충돌 비극' 끝날까". 『문화일보』, 2016.12.30.

박영환. "미국, 화학무기 사용 시리아 폭격...공군비행장에 토마호크 미사일 공격". 『경향신문』, 2017.4.7.

박유리. "유엔, 테러리스트 그룹 지정. 『국민일보』, 2013.5.31.

박인영. “시리아 서남부 휴전은 트럼프-푸틴 ‘우정’ 시험대”. 『연합뉴스』, 2017.7.10.

장재은. “7년 가까운 시리아 내전, 사망자 34만3천명 넘었다”. 『연합뉴스』, 2017.11.25.

하채림. “시리아내전 포성 잦아들었지만… ‘나라 쪼개질라’ 우려도”, 『연합뉴스』, 2017.9.16. 시리아 사태 유엔 안보리 결의안 https://peacekeeping.un.org/sites/default/files/past/unsmis/index.shtml(검색일: 2017.9.20.)

제 12 장 창군과 6.25 전쟁, 그리고 한미동맹*

요 약

제12장은 국가안보의 핵심 주체인 국군의 성장 과정에 대해 서술한다. 창군으로부터 현재에 이르기까지 국군의 성장과정에 관한 것이다. 일제 강점기 동안에도 선조들은 주권을 되찾기 위해 임시정부를 수립했으며 광복군과 독립군을 조직하여 일제에 맞서 싸웠다. 이들이 귀국하여 정부수립과 창군의 씨앗이 되었다. 국군은 북한군에 비해 절대 열세의 군사력을 보유한 채 6.25를 맞았다. 유엔 안보리 결의로 유엔군이 창설되었지만 낙동강까지 밀렸다. 인천상륙작전으로 전세는 역전되었고 중공군의 참전으로 전세는 재역전되었다. 결국 2년여의 휴전회담을 통해 정전체제가 탄생되었다.

한미동맹 체결 이후 미국은 한국의 부흥과 한국의 군사력 건설에 지대한 공헌을 했다. 그러나 한국의 국력이 신장됨에 따라 한미 동맹의 제도화와 함께 한국 방위의 한국화도 이루어지게 되었다. 지휘체계가 조금씩 변해가고 있고 주한미군에 대한 방위비도 분담하고 있다.

한국군의 원조인 독립군과 광복군은 보잘 것 없는 무장으로 일제와 맞서 싸웠고, 창군기의 국군은 전투기와 탱크 한 대 없이 북한군과 맞서 싸웠다. 이랬던 국군이 미군의 지원과 한국의 국력신장으로 인해 재래식 군사력만 따지면 세계 10위 안에 드는 군사강국으로 부상했다. 이제 첨단 군사력으로 무장한 국

* 이 장은 김열수, "정부수립 · 전쟁, 그리고 한미동맹", 조성환 외, 『대한민국 국방사』, 대한민국 역사박물관 한국현대사 연구총서 17 (서울: 대한민국역사박물관, 2017)에 게재된 논문을 수정 · 보완한 것임을 밝혀둔다.

군은 한미연합전력을 통하여 북한의 위협을 억제하고, 유사시 통일 대업을 성취하는 임무를 부여받고 있다.

핵심어: 창군, 6.25 전쟁, 국군, 한미동맹, 연합군

제1절 문제 제기

이 글은 1945년 해방 이후 현재까지 창군과정과 국군의 성장과정을 서술하는 데 그 목적이 있다. 60여 년의 역사가 짧은 지면에 담기는 관계로 중요한 국면만이 서술될 수밖에 없다. 크게 3분야로 나누어 서술할 것이다.

제2절에서는 건국과 창군과정을 서술할 것이다. 일제 강점기 동안에도 선조들은 주권을 되찾기 위한 노력의 일환으로 임시정부를 수립했으며 광복군과 독립군을 조직하여 일제에 맞서 싸웠다. 이들이 귀국하여 정부수립과 창군의 씨앗이 되었다.

제3절에서는 6.25 전쟁과 한국군에 대해 서술할 것이다. 6.25 전쟁은 김일성의 의지와 스탈린 및 마오쩌둥의 지원으로 발발했다. 한국군은 북한군에 비해 절대 열세의 군사력을 보유한 채 6.25를 맞았다. 유엔 안보리 결의로 유엔군이 창설되었지만 낙동강까지 밀렸다. 인천상륙작전으로 전세는 역전되었고 중공군의 참전으로 전세는 재역전되었다. 결국 2년여의 휴전회담을 통해 정전체제가 탄생되었다.

제4절에서는 한미동맹 체결에 의한 한미연합군에 대해 서술할 것이다. 안전 보장 없는 정전협정 체결은 곧 한반도의 재적화(再赤化)를 의미하는 것이기에 이승만 대통령은 정전협정의 전제조건으로 동맹조약 체결을 주장했다. 이 대통령은 반공포로까지 석방하면서 동맹조약 체결

의 의지를 보였기에 미국은 '헌법적 절차에 따라 참전'하는 형식으로 한국과 동맹조약을 체결했다. 그 이후 미국은 한국의 부흥과 한국의 군사력 건설에 지대한 공헌을 했다. 한국의 국력이 신장됨에 따라 한국방위의 한국화도 추진되었다. 지휘체계도 변하게 되었고 방위비도 분담하게 되었다. 북한의 위협이 빈번해지고 그 강도가 높아짐에 따라 다양한 분야에서 한미동맹의 제도화가 진전되었다. 한미안보협력체제의 구축, 한미연합사령부의 창설, 그리고 연례적인 한미연합 및 합동연습 및 훈련 등이 이런 제도화의 일부분이다.

한국군의 원조인 독립군과 광복군은 보잘 것 없는 무장으로 일제와 맞서 싸웠고, 창군기의 국군은 전투기와 탱크 한 대 없이 북한군과 맞서 싸웠다. 이랬던 국군이 미군의 지원과 한국의 국력신장으로 인해 이제 재래식 군사력만 따지면 세계 10위 안에 드는 군사강국으로 부상했다. 누르면 튀어 오르고 때리면 오히려 맞서 싸웠던 광복군과 독립군, 그리고 탱크 한 대 없이 맨손으로 북한군 탱크와 맞섰던 창군기의 국군이 세계 속의 국군으로 성장한 것이다. 이제 첨단 군사력으로 무장한 국군은 한미연합전력을 통하여 북한의 위협을 억제하고, 유사시 통일대업을 성취하는 임무를 부여받고 있다.

제2절 건국과 창군

1. 해방과 건국

가. 강대국의 한반도 미래 논의

1943년 11월 22일, 이집트의 카이로(Cairo)에서 미국의 루스벨트 대통령, 중국의 장제스 총통, 그리고 영국의 처칠 수상이 만나 대일본 전쟁 수행 협력과 전후 처리문제를 논의하였다. 여기에서 한반도 문제도 논의되었는데, 그 내용은 “현재 한국민이 노예상태에 있음을 유의하여 앞으로 적절한 절차에 따라 한국에게 자유와 독립을 주기로 한” 것이었다.

1943년 11월 28일, 이란의 테헤란(Teheran)에서 미국의 루스벨트 대통령, 영국의 처칠 수상, 소련의 스탈린 서기장이 회담을 열었다. 테헤란회담에서는 3국의 전쟁 수행 협력, 프랑스 상륙작전, 이란의 독립과 주권·영토의 보전, 소련의 대일전(對日戰) 참가 등이 결정되었다. 이 회담에서 루스벨트 대통령은 한국이 완전독립 이전에 약 40년 동안의 견습기간이 필요함을 역설하였다[1]

1945년 2월 4일, 소련 흑해 연안의 얄타(Yalta)에서 미국·영국·소련의 수뇌들이 모여 독일의 패전과 그 관리에 대하여 의견을 나누었다. 얄타 회담에서 루스벨트는 소련에 대해 유화적인 태도를 보였다. 소련이 독일과의 전쟁에서 가장 많은 희생을 치렀고 또 향후 일본과의 전쟁에서 소련의 참전이 필요했기 때문이다. 이 회의에서도 한국의 신탁통치 문제가 거론되었다. 루스벨트 대통령이 한국에 대해 20~30년 동안의 신탁통치가 필요함을 역설하였다[2]

1945년 7월 26일, 독일의 포츠담(Potsdam)에서 미국의 트루먼 대통령과 영국·중국 등 3개국 수뇌가 만나 유럽에서의 전후 처리 문제와 태평양 전쟁 후의 대일(對日)처리방침을 논의하였다. 소련공산당 서기장 스탈린도 이 회담에 뒤늦게 참가하여 일본에게 항복을 요구하는 선언문에 서명하였다.

---

1) 김계동, 『한반도의 분단과 전쟁』(서울: 서울대학교 출판부, 2000), p. 38.
2) 김계동, 위의 글, p. 42.

1945년 12월 16일, 모스크바(Moskva)에서 미국 · 영국 · 소련의 외상회의가 있었다. 이 회의에서 협의된 한국 관련 내용은 다음과 같다. 첫째, 한국을 완전한 독립국으로 발전시키기 위해 임시정부를 수립한다. 둘째, 한국 임시정부를 수립하기 위해 미국과 소련의 양군사령부 대표로서 미-소공동위원회를 2주일 이내에 구성한다. 셋째, 한국의 완전한 독립을 목표로 미국, 소련, 영국, 중국 4개국에 의한 최고 5년간의 신탁통치안을 협의한다.[3] 해방 전과 직후에 강대국들의 논의를 통해 결정된 것은 한반도 독립, 임시정부 수립, 미소 공동위원회 구성, 그리고 5년간의 신탁통치였다.

12월 27일 신탁통치안이 발표되자 남북한의 모든 단체들이 이를 반대하는 성명을 발표했다. 그러나 1946년 1월 2일, 북조선 공산당은 신탁통치에 찬성하는 성명을 발표했다. 남쪽의 조선공산당도 중앙위원회 명의로 신탁통치 찬성(찬탁)을 선언하였다. 결국 미국과 소련정부, 남북한의 공산주의자들은 찬탁대열에 섰고 남한의 우익계열만 신탁통치에 반대(반탁)했다. 찬탁과 반탁을 중심으로 남북한은 물론 남한 내에서도 좌익세력과 우익세력 간의 대결 구도가 형성되었고 이것이 해방 공간의 정치구도를 결정지었다.

나. 한반도 문제의 미 · 소화

강대국들의 정상회담에서 북위 38도 선을 중심으로 남북을 분할 점령한다는 합의는 없었다. 포츠담 정상회담 때에도 소련이 대일전에 참전하지 않고 있었기에 이 문제를 논의할 필요도 없었다. 그러나 소련이 대일 선전포고를 하고 전쟁에 참전하자 미국 정부는 일본군에 대한 무장해제 담당 구역을 38도선으로 결정하고 이를 영국, 중국, 소련에 전

3) 김학준, 『한국전쟁: 원인 · 과정 · 휴전 · 영향』(서울: 박영사, 2003), pp. 30-31.

달했다. 연합군 최고사령관인 맥아더 원수는 이를 일본의 공식항복일인 9월 2일 일반명령 제1호로 공포하였다.[4)]

소련은 8월 12일 나진항을 점령함으로써 군사작전을 개시하였다. 8월 24일에는 약 20여 만 명의 소련군 제25군이 치스타코프(Ivan Chistiakov) 대장의 지휘 하에 평양에 입성하였다. 이에 반해 하지(John Reed Hodge) 중장을 사령관으로 하는 미 제24군단은 9월 8일에야 인천에 도착했다. 제6, 7, 40사단으로 구성된 미 제24군단의 총 병력은 72,000명 이었다. 이로써 38선을 중심으로 북에는 소련군이 남에는 미군이 진주하게 되었다.

모스크바 3상회의 합의에 따라 1946년 2월 6일 서울에 미소공동위원회가 설치되었다. 미소공동위원회는 임시정부 수립을 위한 준비작업으로 각각 점령지역의 정치 구조를 재편성하기 시작했다. 소련 점령군은 2월 9일, 조만식이 통솔하던 「5도 행정국」 대신 김일성을 위원장으로 「북조선 임시인민위원회」를 중앙통치기구로 조직하였다. 23명으로 구성된 이 위원회는 점차 사법, 경찰, 행정을 포함한 북한 최고의 기관이 되었다. 미국 점령군은 2월 14일, 점령정책에 대한 자문을 구하기 위해 이승만을 의장으로 하는 대표민주위원회(Representative Democratic Council)를 구성하였다. 25명의 위원들은 대부분 우익인사들로 충원되었다.

1946년 3월 20일, 한국 임시정부 설립을 목적으로 아놀드(A. V. Arnold) 소장과 슈티코프(Terentii Shtykov) 중장을 대표로 하는 제1차 미소공동위원회가 개최되었다. 1946년 4월 18일, 양 대표는 임시정부 수립에 참여할 정당 추천에 합의했다. 그러나 소련은 반탁운동을 주도하는 우익단체의 임시정부 참여를 거부했다. 결국 아무런 합의점도 도

---

4) 김학준, 위의 글, pp. 17-18.

출하지 못한 채 5월 8일 무기휴회로 들어갔다.[5)]

제1차 미소공동위원회 결렬 이후 소련은 김일성을 중심으로 한 북한 정치 체제 개혁에 나섰다. 1947년 2월, 임시인민위원회 총회에서 237명으로 구성된 입법기구인 「인민회의」가 설립되었고 김일성을 수장으로 하는 「북조선 인민위원회」가 구성되어 최고 집행기관의 기능을 수행했다. 이와 달리 남한에서의 정치제제 정립은 혼란의 연속이었다. 1946년 7월 22일, 하지 중장은 「좌우합작위원회」를 설립한데 이어 8월 24일에는 90명으로 구성되는 「남조선과도입법의원」을 설치한다는 법령을 공포하였다. 90명 중 45명은 선거를 통해 선출하고 45명은 임명하는 것이었다. 10월 선거를 통해 우익진영은 45석 중 38석을 확보하였다. 그러나 하지는 임명직 45명 중 17명을 중도 우익인사로, 15명을 지방대표 중도인사로, 12명을 좌익인사로 임명하였다. 1946년 12월 12일, 「남조선과도입법의원」이 개원되었고 의장에 김규식이 선출되었다. 입법의원에서 제정한 법령은 미 군정장관이 동의해야 효력을 발생시킬 수 있었다. 1947년 2월 행정부의 최고책임자인 민정장관에 안재홍(安在鴻)이 취임하였으며, 6월 군정법령 제141호에 의해 38선 이남 지역의 입법・사법・행정 각 부문의 모든 행정기관을 「남조선과도정부」라 부르게 되었다. 이로써 「남조선과도정부」가 서서히 미군정을 대체하기 시작했다.

1947년 3월, 냉전을 알리는 독트린이 발표되었다. 소련 공산주의의 팽창 정책에 대항하기 위해 트루먼(H. S. Truman) 대통령의 대소 봉쇄 정책, 즉 트루먼 독트린이 발표된 것이다. 그리스와 터키가 자국 내 공산주의자들에 의해 전복될 위험에 처하게 되자 미국에게 지원을 요청하였고 미국은 공산주의의 팽창으로부터 자유주의를 지켜야 한다는 외

5) 김학준, 위의 글, p. 33.

교정책의 기본원칙을 밝혔다. 트루먼 독트린은 전 세계적으로 확대되었고 탈냉전 직전까지 세계 질서의 핵심 원칙이 되었다. 이로써 남북한은 동서독과 함께 소련의 팽창정책과 미국의 봉쇄정책이 충돌하는 냉전의 최전선이 되었다.

이런 질서의 태동 속에서 1947년 5월 21일 제2차 미소공동위원회가 개최되었다. 서울과 평양을 오가며 몇 차례 회의도 열렸다. 남한의 정당·사회단체 425개와 북한의 정당·사회단체 36개와 공동회의도 개최했다. 그러나 양국은 신탁통치 반대자들의 임시정부 참여 여부를 두고 첨예한 갈등을 겪었고 결국 7월 초 결렬되고 말았다.

다. 한반도 문제의 유엔화

제2차 미소공동위원회가 진전을 이룰 가능성이 없게 되자 미국은 한국에 대한 신탁통치안을 포기하고, 한국문제를 국제연합(UN)으로 이관시키기로 했다. 1947년 9월 17일, 미 국무장관 마샬(G. C. Marshall)은 2년 동안의 미소공동위원회의 노력이 성과가 없었음을 평가하면서 한국문제를 국제연합 총회에 상정하였다. 1947년 11월 14일, 유엔 총회는 1948년 3월 31일 이전에 한반도에서 총선거를 실시하되, 이를 감시할 유엔한국임시위원단(UNTCOK: UN Temporary Commission on Korea)을 설립하고, 새 정부가 수립되고 나면 90일 이내에 점령군이 동시에 철수한다는 미국의 결의안을 43:0으로 통과시켰다.

1948년 1월 12일, 8개국[6]으로 구성된 UNTCOK가 서울에서 활동을 개시했다. 그러나 북한은 UNTCOK를 받아들이지 않았다. 결국 1948년 2월 개최된 유엔 임시총회는 UNTCOK가 감시 가능한 지역에서만 총선거를 실시할 것을 결의하였다.[7] 5월 10일, UNTCOK의 감시하에 남

---

6) 당초 호주, 캐나다, 중국, 엘살바도르, 프랑스, 인도, 필리핀, 시리아, 우크라이나 등 9개국이었으나 우크라이나가 불참하였다.

한에서 총선이 실시되어 200명의 국회의원이 선출되었다. 7월 17일 제헌국회가 헌법을 제정하였고 7월 29일 이승만이 초대 대통령으로 선출되어 8월 15일 대한민국 정부가 공식적으로 출범하였다.

1948년 10월 UNTCOK는 국제연합에 최종보고서를 냈고, 그 해 12월 12일 파리에서 열린 제3차 국제연합총회는 "UNTCOK의 감시하에 실시된 선거에 따라 수립된 대한민국정부는 유일한 합법정부임을 선언하며, 점령국들은 가능한 한 조속히 한국으로부터 점령군을 철수시킬 것을 권고한다."는 결의안을 채택하였다.

2. 해방과 창군

가. 창군 준비

해방이 되자 많은 군사단체들이 우후죽순 격으로 난립하였다. 1945년 11월 미군정청에 등록된 군사단체는 30여 개에 달했고[8] 1946년 1월 미군정청에 의해 해산될 때까지 이합집산을 거듭했다. 광복군 출신들은 「광복군 국내지대」 편성을 서둘렀고 일본군 및 만주군 출신 장교들은 「조선임시군사위원회」를 조직하였으며, 일제에 의해 강제 지원된 학병 출신들은 「조선학병동맹」을 결성하였고, 사병 출신들은 「조선국군준비대」를 조직했으며, 일본 해군 출신들은 손원일을 중심으로 「해사대」를 결성하여 「해사협회」로 발전시켰다.

미 군정은 난립한 군사단체들을 해산시켜 하나의 통일된 군사집단을 만들 필요가 있었다. 이에 따라 미 군정은 1945년 11월 13일, 군정법령 제28호를 발표하여 국방사령부를 설치하였고 초대 국방사령관에 참

7) 적지 않은 유엔 회원국들이 이것이 한반도의 분단을 영구화시키는 조치라고 하면서 반대표를 던지거나(호주, 캐나다) 기권하였다(남미 3개국, 스칸디나비아 3개국).

8) 육군사관학교, 『육군사관학교 30년사』(서울: 육군사관학교, 1978), p. 60.

페니(Champeny) 대령을 임명하였다. 참페니 대령은 맥아더 사령관으로부터 지시받은 25,000명 규모의 필리핀식 경찰예비대(경비대) 창설계획을 추진하였다. 난립했던 군사단체들도 1946년 1월 21일부로 해산되었다.

대나무(Bamboo) 계획으로 알려진 경비대 창설계획은 1946년 1월 15일 태릉에 제1연대 창설을 시작으로 1946년 4월 1일 춘천에 제8연대를 창설함으로써 일단 창설식은 완료되었다. 그러나 찬탁과 반탁의 혼란과 경비대가 경찰의 보조역할이라는 한계 때문에 1946년 말까지 충원된 인원은 7,000명에 불과하였다. 특히 이때까지만 해도 광복군의 주력은 중국에 머물러있었기 때문에 이들의 참여는 제한되었고 오히려 지방군사단체 요원들이 많이 참여하였다.[9] 광복군은 그 주력이 귀국한 후인 1947년 11월, 15,000명 규모의 「육・해・공군출신동지회」를 조직하였다.

1945년 11월 14일, 진해 기지에서 출범한 해방병단(海防兵團)은 1946년 1월 국방사령부에 편입된 직후 진해 기지에 총사령부(사령관 손원일 참령)를 설치하였다. 1946년 6월 15일, 군정법령 제86조에 따라 조선해안경비대로 개칭되었다.[10] 1946년 4월 15일, 인천기지가 창설되었고 1947년에는 목포, 부산, 군산, 포항, 진해기지가 창설되었다.

미 군정의 입장에서 보면, 정부가 수립되면 경비대는 향후 국군으로 발전되어야 하는데 이를 위해서 군의 간부를 길러내는 것이 중요한 과업이 아닐 수 없었다. 이에 따라 1945년 12월 5일, 군사영어학교가 설립되었다. 미 군정은 일본군, 만주군, 광복군 출신 장교 및 준사관들을 균형 있게 선발하고자 했으나 광복군 출신들이 지원을 기피하고 또 늦

9) 한용원, 『창군』(서울: 박영사, 1984), pp. 398-401.
10) 해군본부, 『대한민국 해군』(계룡: 해군본부, 2008), p. 35.

게 귀국함에 따라 일본군 출신이 대종을 이루게 되었다.

1946년 4월 30일, 군사영어학교가 해체되는 대신 5월 1일부로 경비사관학교가 창설되었다. 군사영어학교의 교육기간도 속성 단기였지만 경비사관학교의 교육기간도 1.5~6개월 정도였다. 경비사관학교 졸업자는 정부 수립시까지 6개기 총 1,511명이 배출되었다.[11] 해군도 해방병학교와 특교대를 통하여 해군 장교를 양성했다.

제2차 미소공동위원회가 결렬되자 미 군정은 점령군의 철수에 대비하여 경비대를 25,000명으로부터 50,000명으로 증강시키는 계획을 입안하였다. 미 합참이 이를 승인하자 정부 수립될 때까지 조선경비대는 5개 여단 15개 연대로 성장하였다.

나. 국군의 창설

1948년 7월 17일 대한민국 헌법이 공포되고 같은 날짜 부로 정부조직법도 공포됨으로써 국방부가 설치되었다. 8월 15일, 정부 수립 선포와 더불어 미군정이 종식되자 군정시기 군사의 통할기관이었던 통위부(統衛部)[12]의 행정이 국방부로 이양되었다. 1948년 9월 1일, 조선경비대와 조선해안경비대는 국군으로 편입되었고 9월 5일 부로 명칭도 육군, 해군으로 바뀌었다.

정부수립과 동시에 경비사관학교는 육군사관학교로 바뀌었고 6.25 전쟁 이전까지 7기부터 10기까지 3,658명의 임관자를 배출하였다. 이는 경비사관학교 시절 배출된 장교의 약 3배에 달하는 숫자이다. 교육

---

11) 해군본부, 위의 글, p. 35.

12) 1946년 3월 29일, <군정법령> 제64호로 군정청의 각 국(局)을 부(部)로 개칭함으로써 국방사령부가 국방부로 승격되었다. 그러나 제1차 미소공동위원회에서 소련측은 미군정 당국이 한국임시정부가 수립되기도 전에 일방적으로 국방부라는 명칭을 사용하는 데 대하여 항의를 제기하였다. 이에 미 군정은 6월 15일 <군정법령> 제86호를 공포하여 국방부를 국내경비부로 개칭하기로 했다. 그러나 한국측에서 국내경비부 대신 통위부로 개칭하기를 원했고 미 군정은 이를 수용하였다.

기간은 짧게는 3주였고 긴 것은 1년이었다.

육군은 지속적으로 부대를 새롭게 창설하거나 확장했다. 1949년 6월, 육군은 총 8개 사단, 22개 연대를 보유하게 되었다. 1949년 12월부터 군의 전문성을 향상시키기 위해 보병, 포병, 공병, 항공병, 통신병, 헌병 등 8개 병과를 제정하였다. 또한 1950년 1월까지 총 13개의 병과 학교도 설치하였다.

정부 수립 후 해군이 보유한 함정은 대부분 소해정이었고 변변한 함포장비도 없었다. 이에 해군은 1949년 6월 함정 건조를 위한 기금거출 위원회를 결성하였다. 장병과 부인회의 적극적 호응으로 1949년 10월, 구잠함(驅潛艦) 1척을 미국으로부터 도입했는데 이 함정은 1950년 4월 진해에 입항하여 백두산함으로 명명되었다. 같은 해 5월 정부 예산으로 구잠함 3척을 추가 구매하였다. 또한 해병대는 1949년 4월 15일, 병력 380명으로 진해 덕산에서 창설되었다.[13)]

공군은 1949년 10월 1일 대통령령 제254호로 육군으로부터 분리되어 독립하였다. 분리 당시 1,616명의 병력과 연락기 14대를 보유한 공군은 1949년 12월 19일 수원, 군산, 광주, 대구, 제주 등 5개소에 기지 부대를 설치하였다. 공군은 애국기 헌납운동을 벌여 1950년 5월 캐나다로부터 T－6형 항공기 10대를 구입하였다. 1948년 5월 항공부대 창설시 7명에 불과했던 장교는 6.25 전쟁 발발시 242명으로 늘어났다.

다. 빨치산 토벌과 숙군(肅軍) 작업

미 군정이 이념적 중립을 표방하자, 남한 내 공산세력은 활동에 별로 제한을 받지 않았다. 심지어 경비대원을 모집하거나 군의 간부를 양성하는 기관에서 조차 모집기준이 엄격하지 않았다. 이에 따라 남조선

---

13) 해군본부, 위의 글, p. 35.

노동당(남로당) 당원들과 좌익 성향 사람들의 군부 침투가 용이했고 이것이 세력화되어 군내 반란으로 연결되었다.

경비대 내의 좌익세력을 추출하기 위한 노력은 부대 단위로 소규모로 이루어져 왔다. 그러나 군내 좌익세력에 대한 심각성은 1948년도에 발생한 제주도 4.3사건[14)]이 기폭제가 되었다. 4.3사건을 계기로 무장대원을 토벌해야 할 제주도 경비대원이 탈영하여 무장대에 가담하는 사건도 발생했다. 심지어 6월 18일, 제9연대 연대장으로 부임했던 박진경 대령이 부하 대원에게 암살당하는 사건까지 발생했다.

이에 이승만 정부는 제주도 무장대를 토벌하기 위해 여수에 주둔중인 14연대를 투입하기로 결정했다. 그러나 10월 19일, 14연대 소속의 좌익계 군인들이 중심이 되어 제주도 출동을 거부하고 반란을 일으켰다. 이들은 곧 여수·순천의 경찰서와 관공서 등을 휩쓴 뒤 곧바로 광양·곡성·구례·벌교·고흥 등 전라남도 동부 5개 지방을 장악하였다. 「제주도 출동거부병사 위원회」에 의한 '여수·순천 반란사건'이 발생한 것이다.

대구에 주둔하던 제6연대에서도 반란사건이 발생했다. 숙군을 두려워한 좌익 혐의자들이 1948년 11월 3일과 12월 6일, 그리고 1949년 1월 30일 등 3차례에 걸쳐 반란을 일으켰다. 이 사건을 계기로 대대적인 숙청작업이 진행되었다. 여순사건을 계기로 숙군이 확대되자 군내의 좌익세력은 탈영하거나 반란을 일으켜 대항했던 것이다. 숙군작업은 1949년 3월 경 일단락되었으며 숙청된 인원은 1,496명에 달했다.

---

14) '제주4.3사건 진상규명 및 희생자 명예회복위원회'는 제주4.3사건을 "1947년 3월 1일 경찰의 발포사건을 기점으로 하여, 경찰·서북청년회의 탄압에 대한 저항과 남한의 단독선거·단독정부 반대를 기치로 1948년 4월 3일 남로당 제주도당 무장대가 무장봉기한 이래 1954년 9월 21일 한라산 금족지역이 전면 개방될 때까지 제주도에서 발생한 무장대와 토벌대간의 무력충돌과 토벌대의 진압과정에서 수많은 주민들이 희생당한 사건"이라고 정의하였다. [네이버 지식백과] 제주 4.3 사건.

1948년 11월 20일, 이승만 정부는 '정부파괴를 목적으로 결사 · 단체를 조직 및 가입하거나 또는 정부 파괴의 목적을 가진 사항을 선전하는 것을 법으로 금지'하는 「국가보안법」을 제정하였다. 이에 합법적으로 남한을 공산화시키려 했던 남로당 요원들의 활동이 제약을 받게 되었다. 공산당이 불법화되자 수많은 당원들이 체포되거나 또는 월북하게 되었다.

정부 수립 이후에도 숙군은 지속되었다. 특히, 1949년 5월 춘천에 주둔하던 제8연대 1대대장인 표무원(表武元) 소령과 홍천에 주둔하던 제2대대장 강태무(姜太武) 소령이 자신의 휘하 대대를 이끌고 월북하는 사건이 발생하자 또 다시 강도 높은 숙군이 단행되었다. 숙군작업을 통해서 5,000명의 군인들이 숙청되었는데 이로 인해 6.25 전쟁 때 국군의 와해는 방지될 수 있었다.

제3절 6.25 전쟁과 한국군

1. 6.25 전쟁의 발발

가. 전쟁의 원인

소련의 팽창정책과 미국 트루먼 독트린의 충돌은 세계적 차원의 냉전을 가져왔다. 미국과 소련은 터키와 그리스에서, 베를린에서, 한국의 미소공동위원회에서, 그리고 유엔에서 사사건건 충돌하였다. 그러나 미소 양국은 정부 수립 이후 철수한다는 유엔 총회의 결의에 의해 소련군은 1948년 12월 북한에서 철수하였으며 미군은 여순반란사건의 영향으로 6개월 늦은 1949년 6월 한국에서 철수하였다.

김일성은 집권과 동시에 남침계획에 몰두했다. 그러나 남침을 위해선 소련의 전폭적인 지원이 절대적이었다. 1949년 3월, 김일성은 대표단을 이끌고 소련을 방문하여 스탈린과 면담하였다. 김일성은 이 자리에서 남침에 대한 승인을 요청했다. 그러나 스탈린은 북한군이 남한군에 대해 확실한 우위를 확보하지 못하고 있고, 남한에 아직 미군이 존재하며, 소련과 미국 사이에 아직 38도선 분할 협정이 유효하다는 3가지 이유를 들어 이를 거부하였다.[15)]

그러나 김일성은 귀국 후 남침의욕을 포기하지 않고 끊임없이 주북한 소련대사인 슈티코프(Terenti F. Stykov)와 접촉하면서 소련을 설득하기 위한 노력을 지속했다. 이에 스탈린도 1949년 11월, 슈티코프에게 정치, 군사, 국제적 관점에서 남침을 평가하여 보고하도록 했으나 그 결과는 긍정적이지 못했다.

1950년 3월 30일부터 4월 25일까지 무려 한 달 가까이 김일성은 박헌영 등과 함께 다시 모스크바를 방문하여 스탈린을 설득하였다. 그들이 내세운 논리는 북한은 기습공격으로 3일 이내에 전쟁을 끝낼 것이며, 남침시 20만 명에 달하는 남한의 공산당원들이 봉기할 것이고, 남한 내의 빨치산들이 북한군을 지원할 것이며, 미군은 참전할 시간적 여유를 갖지 못할 것이라는 4가지였다.[16)]

결국 스탈린은 김일성의 남침계획을 승인하였다. 그가 남침 반대에서 찬성으로 돌아선 이유는 국제정세의 중요한 변화에서 찾을 수 있다. 우선 1949년 8월, 소련이 원자폭탄 시험에 성공했다. 이로써 1945년 이후 미국만이 가지고 있었던 절대무기를 소련도 가지게 됨으로써 미국이 섣불리 전쟁에 개입하지 않을 것이라고 생각했다. 둘째, 1949년

---

15) 박명림, 『한국전쟁의 발발과 기원 I : 결정과 발발』(서울: 나남출판, 1996), pp. 93-97.

16) 박명림, 위의 글, pp. 145-150.

10월 마오쩌둥이 이끄는 중국의 공산당이 국민당과의 내전에서 승리했다. 이로 인해 미국의 트루먼 독트린에 맞서왔던 스탈린은 공산주의의 팽창에 크게 고무되었으며 한반도에서도 이것이 가능할 것으로 생각했다. 셋째, 1949년 4월, 미국 주도의 12개 국가가 서유럽의 방위를 책임질 북대서양조약기구(NATO)를 창설하였다. 이로써 소련은 서방진영과의 긴장감이 더 증폭되었다. 스탈린은 이곳에서의 긴장을 완화시킬 필요가 있었다. 넷째, 미국은 주한미군을 철수시켰고 또한 남한을 중요한 전략지역으로 보지 않아 남한의 군사력 건설에 소극적이었다. 스탈린은 북한에 대한 경제적 · 과학적 지원을 넘어 군사력 건설을 지원해 준다면 남한에 대해 상대적으로 우월한 군사력을 가진 북한의 승리가 가능할 것으로 생각했다. 다섯째, 1950년 1월 미 국무장관 에치슨(Dean G. Acheson)이 공산화를 저지하기 위한 태평양에서의 미국 방위선을 알류산열도 – 일본 – 오키나와 – 필리핀을 연결하는 선으로 정한다고 발표했다. 소위 말하는 애치슨 라인이다.[17] 여기에는 한국과 대만, 그리고 인도차이나 반도가 제외되어 있다. 스탈린은 에치슨 선언으로 인해 미국이 참전하지 않을 수도 있다고 생각했다. 마지막으로, 1950년 2월 소련과 마오쩌둥의 중국은 「중소우호동맹상호원조조약」을 체결하였다. 이 조약은 제국주의의 침략을 공동으로 저지하고, 세계평화를 보위하기 위한 정치군사연맹을 결성하며, 양국의 경제 · 문화관계의 발전과 확고한 토대를 위해 상호 지원한다는 내용 등이 명시되어 있다. 따라서 스탈린은 중소 동맹 조약을 체결했기 때문에 김일성의 남침시 중국을 전쟁에 끌어들일 수 있을 것으로 생각했다. 이런 6가지 내용이 약 1~2년 사이에 변화된 국제정세였다. 스탈린은 남침을 위한 유리한 여건이 조성되

---

17) 강성학, "주한미군과 한반도: 역사적 전개와 의미", 백종천 편, 『한미동맹 50년』(성남: 세종연구소, 2003) p. 206.

고 있다고 판단하고 김일성의 남침 계획을 승인했다.

남침 계획은 3단계로 구성되었다. 첫째, 38선으로 병력 집결. 둘째, 북한의 평화통일 제의. 셋째, 남한 거부시 공격개시 등이었다. 이런 남침계획이 순조롭게 이뤄지려면 소련의 지원뿐만 아니라 중국의 지원도 필요했다. 단독책임도 벗어나고 미군이 참전할 경우의 대비도 필요했다. 이런 연유로 스탈린은 김일성에게 마오쩌둥의 동의를 받도록 지시했다.

1950년 5월 13일, 김일성은 박헌영 등과 함께 북경으로 날아갔다. 스탈린의 생각을 전달했고 결국 마오쩌둥의 동의를 받아냈다. 이제 남은 것은 공격개시 일자뿐이었다. 1950년 6월 18일 김일성은 북한군 각 사단에게 정찰명령 제1호를 하달했으며, 6월 22일 소련 군사고문단은 전투명령 제1호를 하달하여 6월 23일까지 남침을 위한 준비태세를 갖추라고 했다.[18] 6월 25일 북한은 남침을 개시했다. 6.25 전쟁은 김일성 주도, 소련 및 중국의 지원에 의해 일어난 남침 전쟁이었다.

김일성이 스탈린을 설득하고 마오쩌둥의 동의를 받아 남침을 할 수 있었던 반면, 이승만 대통령은 그렇지 못했다. 오히려 북진통일 주장이 언론에 공개됨으로써 미국의 우려를 낳았다. 1949년 10월 7일 이승만은 *United Press*와의 인터뷰에서 평양을 사흘 만에 점령할 자신이 있고 한만 국경선이 38선보다 방어하기에 수월할 것이라고 주장하였다. 10월 25일, 신성모 국방장관은 동경에서 맥아더를 만난 후 가진 기자간담회에서 남한 군대는 북진 준비를 완료하고 있다고 하면서 한국 정부가 뜻대로 할 수 있다면 벌써 북진을 시작했을 것이라고 했다. 며칠 내에 평양을 점령할 수 있다고도 했다.[19]

이승만의 북진통일 주장에 대해 미 의회는 원조액을 대폭 삭감했고

18) 김영호, 『대한민국의 건국혁명 2』(서울: 성신여자대학교 출판부, 2015), p. 83.
19) 김계동, 『한반도의 분단과 전쟁』, p. 200.

에치슨 국무장관은 한국을 미국의 태평양 방어선에서 제외시키는 에치슨 라인을 발표했다. 이것도 모자라 미국은 1950년 1월, 미 군사고문단장의 명의의 성명을 발표했다. 만약 한국군이 북진한다면 미국은 경제 및 군사원조를 중단할 것이라는 내용이었다. 이승만의 정치적 지지도 하락했다. 1950년 5월 30일 치러진 제2대 국회의원 선거에서 이승만 지지세력은 210석 중 49석만을 차지함으로써 이승만은 정치적 위기를 맞이했다. 북진통일하자는 것은 말에 불과했다. 남한의 군사력은 북한을 공격하기는커녕 방어하기도 벅찬 형편없는 군사력만을 보유했을 뿐이기 때문이다. 더군다나 한국 방어를 위해 미국을 설득하는 데도 실패했다.

나. 6.25 전쟁 당시 남북한 군사력

전쟁 직전 남북한의 군사력은 양적·질적으로 큰 차이가 있었다. 소련은 100대의 야크(Yak) 전투기, 70대의 폭격기, 10대의 정찰기 등 180대의 군용기와 150대의 탱크를 북한에게 제공했다. 소련은 1945년 이후 시베리아에서 만여 명의 북한 젊은이들에게 군사 및 기술훈련을 시켰다.

중국은 1949년 7월부터 6.25 전쟁 직전까지 중국 내전에 참여했던 5~7만 명의 조선인 부대를 북한으로 보내주었다. 1949년에는 한만 국경선 부근에 배치되어 있었던 조선인 사단 중 166사단은 북한의 제6사단이 되었고 164사단은 북한의 제5사단이 되었다. 이들 병력만 하더라도 3~4만 명이었다. 1950년 4월에는 중국 전역에서 항일투쟁에 참가했던 조선족 병사 약 12,000명이 북한으로 귀환했다. 결국 이들이 전쟁 발발 당시 북한군의 약 1/3이상을 차지했다. 항일전쟁의 경험이 있는 장병들이 북한군의 주력이 된 것이다.[20)]

6.25 전쟁 당시 남북한의 군사력은 다음 <표 29>와 같다. 전체 병력은 북한이 20만 명인데 비해 한국은 10만 명에 불과했다. 북한은 전차 242대를 보유하고 전투기/전폭기 등 211대를 보유한 데 비해 한국은 전차 한 대 없었고 군용기도 연습기/연락기 22대가 전부였다. 북한의 군사력은 공격에 적절했던 반면 한국의 군사력은 방어하기에도 부족했다.

〈표 29〉 6.25 전쟁 당시 남북한 군사력

구분		국군	북한군
병력(육・해・공・해병대 포함)		103,827명	201,050명
주요 무기	탱크(T-34)	0	242대
	장갑차	27대	54대
	포(곡사포, 박격포, 대전차포 등)	1,191문	2,872문
	함정	71척	110척
	항공기	22대	211대

* 출처: 국방부 군사편찬연구소(2005), 『6.25 전쟁사 2』, pp. 46-47.

2. 6.25 전쟁의 경과

가. 집단안보의 실현과 유엔의 역할

에치슨 선언에서 보듯이 미국은 한국의 전략적 가치를 낮게 평가했다. 미 국방부도 한국의 전략적 가치를 크게 보지 않았기 때문에 한국전에의 직접 참여를 꺼리고 있었다. 결국 미국은 만약 한반도에서 전쟁이 일어나면 이를 유엔 안보리에서 다루기로 결정했다.[21] 북한의 기습

20) 전쟁기념사업회, 『한국전쟁사 제2권, 전쟁의 기원』(서울: 행림출판, 1992), pp. 467-478.

21) 김계동, 위의 글, pp. 219-220.

남침이 있자 트루먼 대통령은 휴가에서 복귀하여 긴급 국가안보회의(NSC)를 개최하여 한국에 대한 무기 및 장비지원, 조사단 파견, 제7함대의 대만해협으로 이동 등 참전을 결정하는 한편 이 문제를 유엔 안보리에 상정했다.

미국의 요청에 의해 긴급소집된 유엔 안전보장이사회는 1950년 6월 25일, "적대행위의 즉각 중지와 북한군의 38선 이북으로의 즉각 철수"를 결의(결의안 제82호)하였다. 안보리는 6월 29일, "유엔 회원국들은 대한민국에게 무력침공을 격퇴하고 이 지역의 국제평화와 안전을 회복하는데 필요한 원조를 제공할 것"을 권고하는 결의안 제83호를 채택하였다. 7월 7일에는 결의안 제84호를 통하여 "회원국들이 제공하는 병력 및 기타 지원을 미국이 주도하는 통합사령관(유엔군사령부)하에 두도록 권고하고, 미국이 통합사령관을 임명할 것과 통합사령부에 참전 각국의 국기와 함께 유엔기 사용 권한을 부여"하였다. 7월 8일 트루먼 대통령은 미 극동군 사령관 맥아더 원수를 유엔군 총사령관에 임명했다. 맥아더 원수는 도쿄에서 유엔군사령부를 공식적으로 창설하고 극동군사령부 참모진 대부분을 유엔군사령부 참모로 겸임 발령했다. 이로써 미국 주도의 유엔군이 창설되어 유엔 회원국들이 6.25전에 참전하게 되었다. 미국을 비롯한 16개국이 전투 부대를 파병하였으며 스웨덴 등 5개국이 야전병원부대 등을 파병하였고 과테말라 등 39개국이 물자를 지원하였다.[22] 이로써 유엔 창설 이후 처음으로 유엔헌장 제7장 42조에 의한 집단안보가 한반도에서 실현되었다.

유엔은 안보리뿐만 아니라 총회도 중요한 역할을 수행했다. 사실 안보리 결의안 제82호, 83호, 84호가 통과될 때 안보리 상임이사국인 소

22) 이에 대해서는 양영조, "6.25 전쟁시 유엔을 통한 각국의 지원 연구", 국방부, 『6.25 전쟁 지원국 현황 연구』(서울: 국방부, 2012)를 참고할 것.

련은 불참했다. 그러나 7월 27일 소련이 안보리에 복귀하여 8월 1일부터 윤번제 안보리 의장직을 맡게 되자 안보리에서 한국전과 관련된 후속조치를 할 수 없었다. 사실 안전보장이사회라는 존재 자체가 유명무실해졌다. 결국 미국은 다른 방법, 즉 총회를 이용하여 '국제평화와 안전을 유지'하고자 했다.

미국은 총회가 안보리의 기능을 대체할 수 있는 총회 결의안을 제안했다. 1950년 11월 3일 유엔 총회는 52 대 5, 기권 2로 '평화를 위한 단결(Uniting for Peace)'(GAR. 377(V))을 결의하였다. 그 핵심내용은 안보리가 '평화에 대한 위협, 평화의 파괴 또는 침략행위'에 대하여 그 기본적인 책임을 수행하지 못하게 되면 총회는 24시간 이내에 긴급총회를 소집하여 국제평화와 안전의 유지 또는 회복을 위해 필요할 경우 무력사용을 포함한 집단안보를 위해 회원국들에게 적절한 권고를 할 수 있다는 것이다.[23)]

총회가 유엔 안보리를 대체하여 국제평화와 안전유지에 관한 결의안을 통과시키기 시작했다. 10월 7일 유엔총회는 찬성 47, 반대 5, 기권 7로 결의안 제376(V)호를 통과시켰다. 결의안 내용은 한국의 통일, 독립된 민주정부 수립과 한국 내 구호와 재건의 책임을 수행하기 위해 7개국으로 구성된 유엔한국통일부흥위원단(UNCURK: UN Commission on the Unification and Rehabilitation of Korea)을 설치한다는 것이었다. 결국 이 결의안을 근거로 유엔군은 38선을 넘어 북진할 수 있게 되었다.

12월 1일 유엔 총회는 결의안 제410(V)호를 통해 한국 부흥계획을 추진하기 위해 유엔한국재건단(UNKRA: UN Korean Reconstruction Agency)을 설치하였다. 1951년 2월 1일 유엔 총회는 결의안 제498(V)호를 통하여 한국전에 개입한 중공군의 유엔군에 대한 적대행위 중지

---

23) 김열수, 『국제기구를 통한 분쟁관리』(서울: 도서출판 오름, 2000), pp. 116-117.

와 한국에서의 철수를 촉구하였다. 1951년 5월 18일 유엔 총회는 결의안 제500(V)호를 통하여 북한과 중국에 대한 전쟁물자의 공급중지를 회원국에게 권고하였다. 1953년 8월 28일 유엔 총회는 결의안 제712(Ⅶ)호를 통하여 한국과 참전국의 영웅적 병사들에게 경의와 조의를 표하는 동시에 유엔의 요청에 따라 처음으로 취한 집단적 조치가 성공한데 대해 만족을 표시하였다.

6.25 전쟁이 발생하자 미국은 유엔 안보리 결의를 주도하여 미국 주도의 유엔군을 창설하여 한국전에 참전하였다. 또한 미국은 소련의 방해로 안보리의 기능이 제대로 이행되지 못하자 총회결의로써 안보리를 대신할 수 있는 방법도 모색했다. 미국은 총회 결의를 통해 38선을 넘어 북진할 수 있는 근거를 마련했고, 또 중공군의 철수를 촉구하기도 했다. 또한 미국은 총회 결의를 통해 UNCURK와 UNKRA를 설치하여 한국의 부흥을 조직적으로 지원해 주도록 했다.

나. 6.25 전쟁 과정: 4단계

1950년 6월 25일 북한은 전 전선에 걸쳐 남침을 개시하여 불과 3일 만에 서울을 함락했다. 6.25 전쟁은 낙동강 방어선 전투, 인천상륙작전, 서울 수복, 청천강 진격, 1.4후퇴, 38선 재회복, 그리고 휴전으로 요약되는데 크게 4단계로 구분될 수 있다. 제1단계는 6월 25일 북한의 기습남침으로부터 낙동강 전선이 형성되어 연합군이 사활을 건 방어전투를 펼치던 시기까지이다. 유엔군은 북한군의 남진을 제대로 저지하지 못한 채 8월 1일에는 낙동강 선까지 후퇴하였다. 북한군이 전쟁개시 불과 한 달여 만에 파죽지세로 낙동강선까지 남진을 계속했던 것이다. 낙동강 방어선이 뚫리면 부산은 곧바로 함락될 수밖에 없었고 전쟁도 종료될 수밖에 없었다. 국가운명이 걸린 절체절명의 낙동강 방어선 전투에서 유엔군은 최대의 위기를 극복하고 공세 이전의 기틀을 마련하기 위해 동분서주했다. 제1단계는 북한의 남침 및 공세적 남진기라고 할 수 있다. 이를 요약하면 다음 <그림 7>과 같다.

〈그림 7〉 북한의 남침 및 공세적 남진기

* 출처: 국방부, <한 눈에 보는 6.25 전쟁 바로 알기>, 2015.6.25. http://www.mnd.go.kr/user/boardList.action?boardId=O_47693&siteId=mnd&page=1&boardType=02&boardSeq=O_138249&command=albumView&warningYn=N=&id=(검색일: 2016.9.25.)

제2단계는 9월 15일 유엔군이 인천상륙작전을 실시하여 38선을 돌파한 후 압록강 부근인 박천－운산－온정리－희천을 연하는 선까지 진격한 기간이다. 유엔군 사령관인 맥아더는 북한군의 병참선을 일거에 차단하면서 반격의 계기를 마련할 수 있는 인천 상륙작전을 단행했다.

상륙작전의 성공으로 유엔군의 사기는 충천했고 북한군의 사기는 떨어졌다. 유엔군은 9월 28일 서울을 수복한 데 이어 10월 1일 38선을 돌파하여 북진하기 시작했다. 유엔군은 10월 19일 평양을 탈환하고 청천강선으로 진출하였다. 10월 24일 청천강을 확보한 유엔군은 한·만 국경선을 향해 진격했다. 그러나 이때는 이미 중공군이 북한에 진입한 이후였다. 제2단계는 유엔군의 인천상륙작전 및 북진기라고 할 수 있다. 이를 요약하면 다음 <그림 8>와 같다.

〈그림 8〉 유엔군의 인천상륙작전 및 북진기

* 출처: 국방부, <한 눈에 보는 6.25 전쟁 바로 알기>, 2015.6.25. http://www.mnd.go.kr/user/boardList.action?boardId=O_47693&siteId=mnd&page=1&boardType=02&boardSeq=O_138249&command=albumView&warningYn=N=&id=(검색일: 2016.9.25.)

제3단계는 1950년 10월 19일 펑더화이 지휘하의 중공군 제13병단 26만여 명의 병력이 압록강 3개 지점을 거쳐 입북하여 3차례에 걸친 공세를 통하여 평택－삼척선까지 진격한 기간이다. 중공군의 개입으로 6.25 전쟁은 조・중연합군 대 유엔군의 전쟁으로 전환되었다, 중공군의 공세는 크게 5단계로 진행되었다. 제1차 공세(1950.10.25.~11.7.)는 10월 25일 유엔군이 박천－운산－온정리－희천을 연하는 선까지 진출하였을 때 최초로 개시되었다. 제2차 공세(1950.11.25.~12.24)는 맥아더 유엔군사령관이 중공군의 참전을 간파하지 못한 채 한・만 국경선으로

〈그림 9〉 중공군의 개입 및 남진기

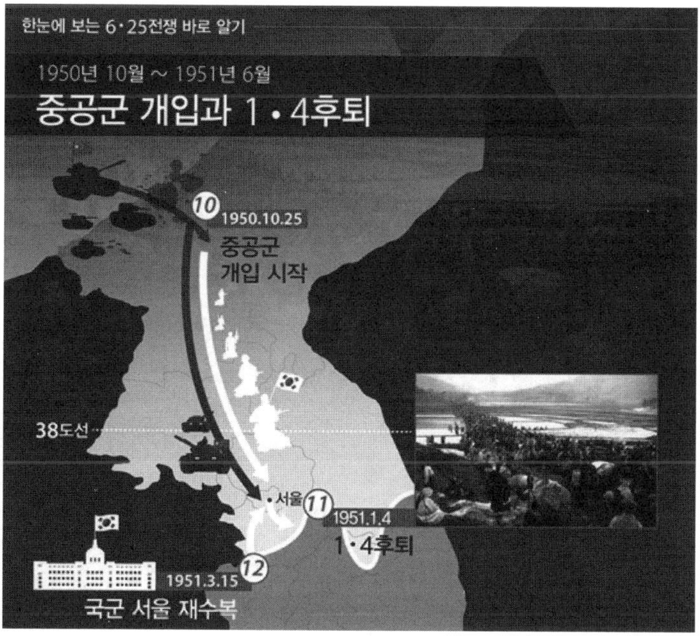

* 출처: 국방부, <한 눈에 보는 6.25 전쟁 바로 알기>, 2015.6.25. http://www.mnd.go.kr/user/boardList.action?boardId = O_47693&siteId = mnd&page = 1&boardType = 02&boardSeq = O_138249&command = albumView&warningYn = N = &id = (검색일: 2016.9.25.)

크리스마스 공세를 명령했을 때 단행되었다. 제2차 공세로 유엔군은 많은 피해를 입어 철수하기 시작했다. 중조(中朝)연합군이 38선을 돌파하는 제3차 공세(1950.12.31.~1951.1.8.)를 단행하자 유엔군은 1951년 1월 4일 서울을 포기하고 평택-삼척선까지 철수하였다. 제3단계는 중공군의 개입 및 남진기라고 할 수 있다. 이를 요약하면 다음 <그림 9>와 같다.

제4단계는 1951년 1월 25일 유엔군이 일제히 반격작전에 나서 38도선 일대를 회복한 기간이다. 유엔군이 반격을 단행하자 중조연합군은

〈그림 10〉 38선 재수복 및 고지쟁탈전기

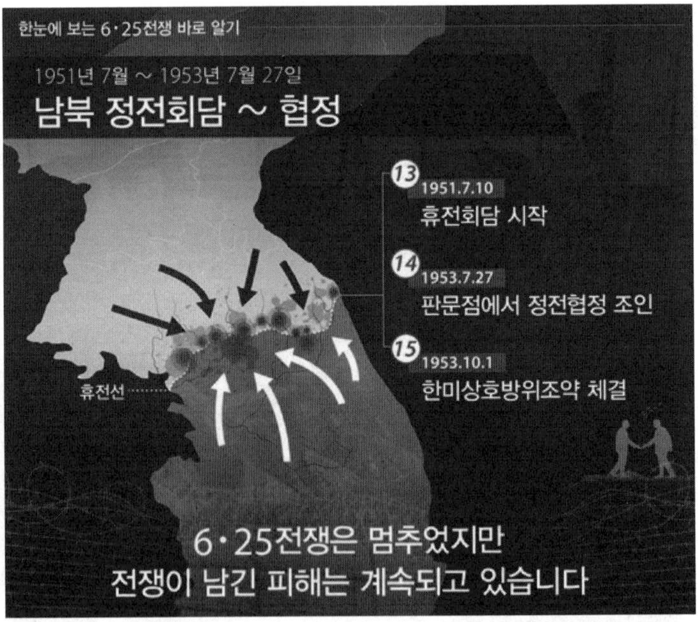

* 출처: 국방부, <한 눈에 보는 6.25 전쟁 바로 알기>, 2015.6.25. http://www.mnd.go.kr/user/boardList.action?boardId=O_47693&siteId=mnd&page=1&boardType=02&boardSeq=O_138249&command=albumView&warningYn=N=&id=(검색일: 2016.9.25.)

제4차 공세(1951.1.27.~4.21.)를 단행하였다. 그러나 지평리, 원주 일대에서 많은 손실을 입었다. 유엔군은 그 여세를 몰아 3월 15일 서울을 탈환하고 3월말에는 38선을 회복하였다. 중조연합군은 제5차 공세(1951.4.22.~6.10.)에 최대 규모의 군사력을 동원하였다. 그러나 중조연합군의 공세는 유엔군에 의해 저지당했으며 오히려 유엔군이 반격작전을 계속하여 6월 15일 문산－철원－김화－화천－간성을 잇는 지역을 점령하였다. 유엔군이 38선을 재수복하자 소련은 1951년 6월 23일 휴전협상을 제의하였고, 미국이 이 제의를 받아들여 7월 10일 휴전회담이 시작되었다. 2년여의 회담 끝에 1953년 7월 27일 휴전협정이 체결되었다. 제4단계는 유엔군의 38선 재수복 및 고지쟁탈전기라고 할 수 있다. 이를 요약하면 ＜그림 10＞과 같다.

3. 또 하나의 전쟁: 휴전회담

중공군이 개입하자 유엔 총회는 12월 14일 전쟁 확대를 방지하기 위해 결의안 제384(V)호를 통과시켰다. 결의안에 의해 설치된 '정전 3인단(Three－man Group on Cease－Fire)'의 임무는 한국에서 만족할 만한 정전의 기초를 결정하고 이를 총회에 권고하는 것이었다. 그러나 정전 3인단의 노력은 1950년 12월 31일, 중조연합군이 제3차 공세를 취하게 됨에 따라 정전요구에 응하지 않겠다는 중공의 의사만 확인하고 종료되었다.

1951년 6월 29일, 리지웨이 연합군 최고사령관이 휴전회담을 제의하자 김일성과 펑더화이가 이에 동의하였다.[24] 1951년 7월 10일 국제연합군 대표와 북한 및 중공 대표가 개성에서 첫 회담을 가졌고 10월

24) 국방부 군사편찬연구소, 『소련 군사고문단장 라주바예프의 6.25 전쟁 보고서 1』(서울: 국방부 군사편찬연구소, 2001) p. 96.

에는 판문점으로 회담장소를 옮겼다. 무슨 회담이든 가장 먼저 정해야 하는 것이 바로 회담의 의제이다. 팽팽한 줄다리기가 이어진 후 양측은 7월 26일 의제 및 의사일정 채택, 군사분계선 설정, 휴전감시방법 및 기구 구성, 전쟁포로 처리, 관련 각국 정부에 대한 건의 등 5가지로 결정했다. 최초의 합의는 휴전선에 관한 것이었다. 1951년 7월 27일부터 11월 27일까지 진행된 회담에서 양측은 당시의 전선을 경계로 휴전선을 설정한다는데 합의하였고 휴전선으로부터 각각 2km의 비무장지대를 둔다는 데 합의하였다. 11월 27일부터 1952년 5월 2일까지는 휴전감시 문제에 대해 논의하였으며 중립국 감독국으로 체코, 폴란드, 스위스, 스웨덴을 선정하였다.

가장 어려운 회담은 1951년 12월 11일부터 1953년 6월 8일까지 진행된 포로교환 문제였다. 1949년의 제네바 협정은 "전쟁포로는 적대행위가 끝난 후 지체 없이 석방되고 송환되어야 한다."고 명시되어 있다. 따라서 양측 포로를 그냥 교환하면 될 것 같은데 여기에 복잡한 문제가 있었다. 북한이 남한을 점령했을 당시 남한의 주민들과 포로군인들을 강제징집하여 인민군에 편입시켰고, 중공군도 과거 내전에서 포로로 잡은 국민당 장제스 군대의 군인들을 중공군측에 강제 편입시켰다. 따라서 이들은 북한이나 중공으로의 귀환을 거부했다. 소위 말하는 '반공포로'에 대한 협의가 난항을 겪게 된 것이다. 유엔측은 자유송환 원칙을 주장한 반면 공산측은 자동송환 원칙을 주장함으로써 합의에 상당한 진통이 뒤따랐다.

1951년 6월 당시 북한군 포로 숫자는 150,420명이었고 중공군 포로 숫자는 21,074명으로써 공산군측 포로는 총 17만 명에 달했다. 이에 반해 북한이 억류하고 있는 한국군 포로는 7,142명, 미군 3,198명, 영국군 919명, 터키군 234명, 기타 66명 등 총 11,599명 정도였다. 1951

년 1월 21일 유엔군측은 자발적 포로교환 원칙을 제시했다. 회담이 공전을 거듭하는 가운데 거제도 포로수용소에는 두 차례에 걸쳐 친공 포로들에 의해 폭동이 발생하기도 했다. 1952년 4월 유엔군측은 포로들에 대한 개별심사를 실시하여 17만 명의 군인 및 민간인 포로 중에서 7만 명 정도만 자발적 송환 의사를 표시했다는 것을 공산측에 알렸다. 이에 공산측은 격렬히 반발했다.

유엔군측은 이런 반발을 무시하고 1952년 7월 중순까지 약 10,000명의 민간인 포로를 먼저 석방하였다. 송환 희망 및 반대 인원에 대한 포로 재심사도 이루어졌다. 169,938명을 재심사한 결과 송환희망 인원은 총 83,701명이었으며 송환반대 인원은 총 86,867명이었다.[25] 그러나 공산측은 110,000명의 송환을 요구하였다. 결국 7월 26일 유엔군측은 협상장을 떠나면서 회담을 무기 연기시켰고 북한 지역에 대한 최대 규모의 폭격을 단행함으로써 공산측을 압박했다. 그러나 큰 진전은 없었다.

1953년 3월 5일 스탈린이 사망하면서 휴전협상에 돌파구가 마련되었다. 부상 포로 교환을 위한 협상이 성공적으로 진행됨에 따라 1953년 4월 20일부터 실제 교환이 이루어졌다. 공산측은 총 600명의 포로를 송환하였고 유엔군측은 총 5,800명의 포로를 송환하였다.[26] 이로 인해 휴전의 가능성이 커지자 이승만 정부는 이에 강하게 저항하였다. 그럼에도 양측은 6월 8일 포로의 자발적 송환에 입각한 '중립국 송환위원단 관련협정'을 체결하였다. 이 소식이 전해지자 10만 명 가까운 한국인들이 거리에서 북진 시위를 벌였다. 이승만 대통령이 6월 18일 35,000명의 반공포로 중 27,000명을 예고 없이 석방하자 당황한 미국

25) 송환희망인원은 북한 출신 포로 62,169명, 중국 출신 포로 6,388명, 남한 출신 포로 4,560명, 남한 출신 민간인 9,954명 등 총 83,071명이었다. 송환반대인원은 북한 출신 포로 34,373명, 중국 출신 포로 14,412명, 남한 출신 포로 11,744명, 남한 출신 민간인26,338명 등 총 86,867명 이었다. 출처 김계동 509쪽.

26) 김계동, 『한반도의 분단과 전쟁』, p. 530.

은 로버트슨(Walter Robertson) 차관보를 한국에 특사로 급파하였다.

이승만과 로버트슨이 합의한 내용은 휴전 성립 후 양국은 상호방위조약 체결, 경제원조, 정치회담에서 성과 없을 경우 한미 양국은 이 회담에서 철수, 정치회담 개최 이전에 고위급 한미회담 개최, 한국군 20개 사단으로 증강 및 해공군력 증강 지원 등이었다. 물론 이에 대해 한국은 전쟁 수행 및 종결의 책임을 지고 있는 유엔사에 대한 권위 인정, 휴전협정 준수, 한국군의 유엔 사령부 잔류 등에 합의했다.[27)]

7월 27일 휴전협정이 체결되었다. 16만 9천 명의 포로 중 8만 2천명 정도를 송환하였고 8만 7천 명은 송환하지 않았다. 송환하지 않은 포로는 비전투 민간인 37,000명, 반공포로로 석방된 27,000명, 휴전 이후 미송환된 23,000명 등이었다. 북한이 명단을 제출한 한국군을 포함한 유엔군 포로들은 대부분 송환되었지만 북한이 명단 제출시 아예 누락시킨 인원이 수 만 명에 이르는 것으로 알려지고 있다. 아직도 북한에는 수 백 명의 '국군포로'가 생존해 있는 것으로 알려져 있다.

제4절 한미동맹과 연합군

1. 한미동맹의 체결

미국은 조기에 정전협정을 체결하기를 원했지만 이승만 대통령은 정전협정 체결에 격렬하게 반대했다. 한국 안보에 대한 아무런 보장 없이 정전협정이 체결된다면 제2의 6.25가 일어난다는 것은 불을 보듯 뻔하기 때문이었다. 이승만 대통령은 미국이 정전협정을 체결할 경우 한국

---

27) 김계동, 위의 글, pp. 557-562.

은 미국의 지휘권에서 벗어나 단독으로 북진하겠다는 신호를 계속 보냈다. 이승만 대통령이 반공포로를 석방한 이유도 정전협정 체결 전에 미국으로부터 방위조약 체결에 대한 확실한 보장을 받기 위한 조치였다. 결국 미국은 1949년 4월에 미국, 캐나다와 유럽 10개국 등 12개국으로 구성된 '집단방위기구'인 북대서양조약기구(NATO), 1951년 필리핀과 체결한 미・필 상호방위조약, 1951년 일본과 체결한 미・일 상호방위조약, 그리고 같은 해 오스트레일리아, 뉴질랜드, 미국 등 3나라가 체결한 태평양안전보장조약(ANZUS)과 같은 종류의 상호방위조약을 한국과 체결하지 않으면 안 된다는 것을 절감하였다.

로버트슨 차관보가 한미상호방위조약이 비준될 것이라는 미 대통령과 미 국무장관의 보증을 약속하자 이 대통령은 정전협정을 받아들였다. 정전협정 서명 후인 1953년 9월, 미국의 덜레스(John F. Dulles) 국무장관이 방한하여 변영태 외무장관과 한미상호방위조약을 가조인하였고 그해 10월 1일 워싱턴에서 서명했다. 한미상호방위조약은 1954년 1월 5일 한국 국회에서 비준되었고 1월 26일 미 상원에서도 81:6으로 비준되었다. 그러나 정식발효는 11월 18일이었다. 이렇게 늦어진 이유는 한국군에 대한 작전통제권과 한국군의 규모 등에 대한 이견 때문이었다. 결국 유엔군사령부가 한국군의 단독북진을 막을 수 있는 작전통제권을 갖는데 합의함으로써 한미상호방위조약이 발효되었다.[28]

1954년 11월 17일에는 한미상호방위조약의 구체적 실행방안인 한미합의의사록[29]이 체결되었다. 합의의사록에서 한국군에 대한 유엔군사령부의 작전통제가 다시 한 번 확인되었고 한국군 72만 명에 이르는 군

---

28) 서주석, 『한국의 국가체제 형성 과정』(서울: 한국학술정보, 2008) pp. 197-198; 홍용표, "이승만 시대의 한미관계", 김계동 편, 『한미관계론』(서울: 명인문화사, 2012), p. 74.

29) 정식명칭은 「한국에 대한 군사 및 경제원조에 관한 대한민국과 미합중국 간의 합의의사록」(Agreed Minutes relating to Continued Cooperation in Economic and Military Matters)이다.

대 육성 및 지원도 확인되었다. 1960년대까지 미국은 매년 3억 달러에 달하는 군사원조를 했는데 이는 당시 한국 국방비의 87%에 해당하는 규모였다. 1957년 7월 1일, 일본에 있던 유엔군사령부가 서울로 이전함으로써 유엔사의 한국화, 즉 서울시대가 열리게 되었다.

이 대통령은 정전협정 이후 한국 안보의 담보를 위해 한미상호방위조약 체결을 주장했으나 미국의 아이젠하워 대통령은 제2의 6.25 전쟁 가능성 때문에 이를 주저했다. 결국 상호방위조약이 NATO 조약과 다르게 체결되었다. NATO 조약 제5조에는 하나의 회원국이 공격을 받을 경우 모든 회원국이 공격을 받은 것으로 간주하여 함께 대응한다(All for One, One for All)는 자동개입 조항이 명시되어 있다. 그러나 한미상호방위조약에는 유사시 자동개입 조항이 없다. 조약 제3조에는 "공통의 위험에 대처하기 위한 각자의 헌법상의 절차에 따라 행동한다"고 명시되어 있을 뿐이다. 미국이 '헌법상의 절차'를 이유로 개입하지 않을 가능성을 열어둔 것이다. 한미상호방위조약은 1961년 7월, 자동개입을 명문화한 북한과 중국간에 체결된 북중상호원조조약과도 차이가 있다.[30] 이런 허점에도 불구하고 한미상호방위조약은 지난 60여 년 이상 북한의 남침을 억제하는 데 핵심적인 역할을 수행했다.

2. 한미동맹의 변천

가. 주한미군의 규모 변화

전쟁이 끝나자 한때 32만 명에 달했던 미군이 철수하기 시작했다. 1954년 1월부터 1955년 5월까지 제9, 10군단 사령부, 제40, 45, 3, 25

30) 조성렬, "한미 상호방위조약과 한미동맹 50년의 평가", 심지영 · 김일영 편, 『한미동맹 50년: 법적 쟁점과 미래의 전망』(서울: 백산서당, 2004), pp. 21-45.

보병사단들이 차례로 철수했다. 또한 제1해병사단도 철수했고 제5공군 사령부도 일본으로 철수했다. 이로써 한국에는 제2,7사단, 제7공군 사령부만 남게 되었다.

1969년 취임한 닉슨(Richard Nixon) 대통령은 베트남전을 종결하고자 했다. 국제적 분쟁에 대한 개입을 회피하고 군사적 부담을 경감시키기 위해선 새로운 독트린이 필요했다. 이런 목적으로 탄생된 것이 1969년 7월, 괌에서 발표된 '괌 독트린'이다. 닉슨 독트린의 핵심은 아시아 방위책임을 일차적으로 아시아국가들 스스로가 지고, 미국은 핵우산만을 제공함으로써 대소봉쇄전략을 추구한다는 것이었다.

닉슨 독트린이 발표됨으로써 미국은 아시아에서 총 42,000명의 병력을 철수하기로 결정하고 한국으로부터도 미7사단 20,000명 규모를 철수(1970년 후반~1971년 3월)하였다. 한국으로서는 1968년의 1.21 사태와 울진·삼척에서의 무장공비 침투사건 등을 경험한 직후여서 안보 불안감은 최고조에 달해 있었다. 박정희 대통령은 6만 명 규모의 주한미군은 북한의 남침을 억제할 수 있는 적정규모이며 5만여 명의 한국군이 베트남전에 참가하고 있음을 상기시키면서 국회결의와 내각 총사퇴 불사론까지 내밀었지만 미군의 철군은 강행되었다. 미 제7사단이 철수하자 전방 철책선 임무를 담당하던 미 제2사단도 동두천·의정부 방향으로 이동함으로써 한국군이 전 전선에 걸쳐 철책선 경계임무를 담당하게 되었다.

주한미군 철수를 선거 공약으로 내세운 카터(Jimmy Carter)가 대통령에 당선되자마자 철수 계획을 발표했다. 향후 4~5년 이내에 3단계에 걸쳐 주한 미 지상군을 전부 철수한다는 계획이었다. 1단계(1978~1979)에서는 미 제2사단의 1개 여단과 지원 병력 등 6,000명을 철수하고, 2단계에서는 보급·지원 병력 등 9,000명을 철수하며, 3단계(1981~

1982)에서는 남은 2개 여단과 사단 본부를 철수시키되 공군과 정보 및 통신부대는 주둔시킨다는 것이었다.[31] 한국인들은 월남에서의 미군철수가 월남공산화를 가져왔기 때문에 한국에서도 공산화 도미노 현상이 발생할 수 있다는 차원에서 범국민적인 위기의식을 느꼈다. 그럼에도 불구하고 철군은 강행되는 듯했다. 그러나 싱글러브(John K. Singlaub) 주한 미 8군 참모장이 철군정책을 반대하고 군부 및 의회마저 반대하자 카터 대통령은 주한미군 동결 조치를 발표(1979.7.20.)함으로써 철군은 1개 여단 규모 3,400명 선에서 그쳤다.

탈냉전으로 인해 또 한 번의 철군이 단행되었다. 1990년 4월 미 국방부가 의회에 제출한 '동아시아 전략구상'(EASE－Ⅰ)에는 향후 10년간 3단계에 걸쳐 병력을 감축할 것을 제시하고 있다. 제1단계(향후 1~3년)는 아시아 전체 주둔 병력 중에서 14,000~15,000명을 감축하되 한국에서는 지상군 5,000명과 공군 2,000명을 감축하며, 제2단계(향후 3~5년)는 미2사단을 재편성하고 평시작통권을 한국에 이양하며, 제3단계(향후 5~10년)에서는 한국 방위에 있어서 한국군이 주도적 역할을 수행하고 미군은 지원적 역할과 함께 동북아 전체에 대한 균형자 역할을 수행하며 이를 위해 미군은 최소규모로 유지한다는 것이다.[32] 그러나 1993년 북핵문제가 불거지자 철군은 7,000명 선에 그치게 됨으로써 2004년까지 37,000명 수준의 주한미군이 유지되었다.

9.11 테러와 미국의 아프가니스탄전 및 이라크전으로 인해 주한미군이 다시 한 번 감축되었다. 미국은 12,500명의 감축을 희망했으나 한국은 감축 규모 축소를 요구했다. 결국 한미 협의를 통해 감축규모는 9,000명 수준으로 결정된 대신 한국은 주한미군의 전략적 유연성을 보

31) 오관치 외, 『한미 군사협력 관계의 발전과 전망』(서울: 세경사, 1990), p. 59.

32) Department of Defense, *A Strategy for the Asian Pacific Rim: Looking toward the 21st Century* (Washington D.C.: U.S. DoD., 1990), pp. 12-25.

장해 주었다. '전략적 유연성'이란 냉전종식 후 새로운 형태의 위협에 효과적으로 대응하기 위해 세계에 주둔하고 있는 미군을 경량화・기동화하여 다양한 위협에 신속 대응하도록 운용한다는 해외주둔미군재배치계획(GPR)의 일환으로 추진되었다.[33] 이에 따라 주한미군도 더 이상 북한의 남침에 대비하는 붙박이 군이 아니라, 분쟁지역에 신속하게 투입되는 신속전개군으로 바꾸겠다는 것이다. 결국 2006년 1월, "한국은 주한미군의 전략적 유연성을 존중하되 미국은 한국민의 의지와 관계없이 한국이 동북아 지역 분쟁에 개입되는 일은 없을 것이라는 한국의 입장을 존중"하는 방식으로 한미 양국은 전략적 유연성에 합의하였다. 현재 주한미군은 28,500명 규모이다.[34]

나. 지휘체계의 변화

유엔 안보리 결의안 제84호에 의해 유엔군사령부가 창설되자 유엔군에 대한 지휘의 단일화가 필요했다. 이에 이승만 대통령도 1950년 7월 14일, 현 적대상태가 계속되는 동안 한국 육해공군 전체에 대한 지휘권(Command Authority)을 맥아더 사령관에게 위임하는 공한(公翰)을 보냈다. 이때만 해도 지휘권, 작전지휘권, 작전통제권 등에 대한 개념이 충분히 발전하지 못했기에 이런 용어들이 큰 의미 없이 교차적으로 사용되었다.[35]

---

33) 최종철, "주한미군의 전략적 유연성과 한국의 전략적 대응 구상", 이수훈 편, 『조정기의 한미동맹: 2003~2008』(서울: 경남대학교 극동문제연구소, 2009), pp. 290-300.

34) 김열수, 『국가안보론: 위협과 취약성의 딜레마』, 제5판(파주: 법문사, 2017), pp. 231-235.

35) 지휘권(Command Authority)이란 국가주권 기능의 일부로서 자국의 군대에 대해서 행사하는 인사, 작전, 군수, 정보 등 모든 분야를 총망라한 군에 대한 통수권을 의미한다. 작전지휘(Operational Command)란 행정지휘에 대한 상대적인 개념으로써 작전에 대한 전반적인 지휘를 하나 행정 및 군수에 대한 책임과 권한은 없다. 작전통제(Operational Control)란 작전계획이나 작전명령 상에 명시된 특정임무나 과업을 수행하기 위해 지정된 부대에 임무 또는 과업부여, 부대의 전개 및 재할당 등의 권한을 말하며 여기에는 행정 및 군수, 군기, 내부편성 및 부대훈련 등에 관한 책임 및 권한은 포함되지 않는다. 이에 대해서는 합동참모본

작전통제권이란 용어가 문서상에 등장한 것은 1954년 11월 체결된 한미합의의사록이었다. 제2조에 "유엔군 사령부가 대한민국의 방위를 위한 책임을 부담하는 동안 대한민국 국군을 유엔군사령부의 작전통제하에 둔다."라고 규정되어 있다. 이후 한국군에 대한 유엔군사령부의 작전통제권은 1978년 한미연합사령부가 창설되기 전까지 계속되었다.

한미연합사가 창설됨으로써 한국군에 대한 작전통제권은 유엔군사령부로부터 연합군사령부로 이양되었다.[36] 과거 유엔군사령관이 일방적으로 행사하던 작전통제권을 한미가 연합으로 행사하는 체제로 바뀐 것이다. 연합사령부는 한미 양국의 국가통수 및 군사지휘기구(NCMA: National Command and Military Authority)와 실무적인 최고 군령기관인 한미군사위원회(MC)의 통제를 받도록 되어있다. 한미군사위원회가 전략지시와 전략지침을 발전시켜 연합사 사령관에게 하달하면 연합사령관은 이에 따라 한미 양국의 작전부대를 작전통제하는 것이다. 1978년 7월 한미는 군사위원회회의(MCM)을 통해 전략지시 제1호를 하달함으로써 연합군사령부가 창설되었다.[37]

한국군에 대한 작전통제권이 다시 한 번 변하게 된 것은 1994년이었다. 1994년 제26차 연례안보협의회의(SCM)와 제16차 한미군사위원회회의(MCM)는 평시 작전통제권을 한국군에 이양하는 전략지시 2호를

부, 『연합합동 군사용어사전』, 합동참고교범 10-2(서울: 합동참모본부, 1998), p. 337을 참고할 것.

36) 연합사령부는 평시에 연합권한위임사항(CODA)인 (1) 전쟁억제, 방어 및 정전협정 준수를 위한 한미연합위기관리, (2) 전시 작전계획 수립, (3) 연합합동교리 발전, (4) 한미연합 3군 합동훈련 및 연습의 계획과 실시, (5) 조기경보를 위한 한미연합정보관리, (6) C4I 및 상호운용성 등 6개 분야의 임무를 수행하며, 전시에는 한국군과 미군 등 6.25참전 16개국 군대를 작전통제하여 전시 임무를 수행하도록 되어 있다. 한편, 유엔군사령부는 미 합참으로부터 직접통제와 지침을 받아 한반도 정전협정의 유지 및 이행과 관련된 임무만을 수행하도록 되어 있다. 허남성, "평시 작전통제권 환수 경과와 향후의 대책", 『외교』, 제33호(1995년 3월), pp. 90-91을 참고할 것.

37) 백종천 · 김태현 · 이대우. 『한미군사협력: 현재와 미래』(성남: 세종연구소, 1998), p. 48.

연합사령관에게 하달하였다. 비록 한국 합참의장이 연합사령관에게 위임한 연합권한위임사항(CODA)이 있긴 하지만 한국 합참의장은 1994년 12월 1일부로 연합사령관이 행사하던 한국군에 대한 평시작통권을 행사하게 되었다.

한미상호방위조약 체결 이후 한국군에 대한 작전통제를 정리해 보면 다음과 같다. 유엔군사령관에 의한 작전지휘(1950~1953) → 유엔군 사령관에 의한 작전통제(1954~1977) → MC를 통한 한미연합사령관에 의한 작전통제(1978~1993) → 합참의장은 평시 한국군 작전통제, 한미연합사령관은 전시 한국군 작전통제(1994~)로 변화되었다.[38] 이는 한국군에 대한 연합사의 작전통제 역할이 점점 축소되고 한국군의 국군에 대한 작전통제 역할이 점점 확대되고 있음을 보여주고 있다.

2006년 9월, 한・미 정상은 한국군에 대한 전시 작전통제권을 2012년 4월 17일 부로 국군에게 전환하기로 합의하였다. 그러나 전작권 전환 합의 이후 북한의 1, 2차 핵실험, 미사일 발사, 천안함 피격 등 북한의 위협이 고조되자 한・미 정상은 2010년 6월 회담을 통하여 전작권을 2015년 12월 1일 부로 연기하여 전환하는데 합의하였다. 김정일 사망 이후에도 북한이 장거리 미사일을 발사하고 제3차 핵실험까지 단행하자 한・미 정상은 2014년 4월, 전작권 전환 재연기에 합의하였다. 2014년 10월에 개최된 제46차 SCM을 통해 양국 국방부 장관은 시한에 기초한 것이 아니라 조건에 기초한 전작권 전환에 합의하였다. 즉, 연합방위를 주도할 수 있는 한국군의 연합기획능력, 북한의 대량살상무기(WMD)에 대응할 수 있는 한국군의 능력, 그리고 한반도를 포함한 주변 안보환경의 변화를 평가하여 그 결과에 따라 전작권을 전환한다는 것이다. 그러나 전작권 전환 재연기가 결국 무기한 연기라는 비판이

---

38) 김열수, 『국가안보론: 위협과 취약성의 딜레마』, pp. 236-240.

일었다. 이에 국방부는 "전작권 전환의 기준 목표 시점을 킬 체인(Kill- Chain)과 한국형 미사일방어(KAMD)체계 사업이 끝나는 2023년 쯤"으로 제시했다.[39)]

다. 방위비 분담

6.25 전쟁 후 미국은 적극적으로 한국의 군사력 증강을 지원하였다. 1988년까지 미국이 한국에 제공한 무상군원은 군원계획(MAP) 54억 7,000만 달러, 국제군사교육훈련(IMET) 1억 7,000만 달러였으며, 유상군원은 대외군사판매(FMS) 50억 5,000만 달러, 상용판매 14억 3,000만 달러, FMS차관 23억 5,000만 달러 등이었다.[40)] 그러나 1980년대 미국이 재정적자 및 무역적자가 동시에 진행되는 쌍둥이 적자에 직면하게 되자 해외주둔 미군의 인건비 외의 주둔비용의 일부를 분담해 줄 것을 피주둔국에 요청하게 되었다. 미국은 1987년 일본과 「방위비분담 특별협정」을 체결했고 한국은 1991년 미국과 「방위비분담 특별협정」을 체결했다. 이 협정은 사실 후술할 주둔국지위협정(SOFA)에 그 근거가 있다. SOFA 제2조에는 한국은 토지와 시설 등 부동산을 제공하도록 되어 있고 제5조에는 유지 경비는 미국이 부담하도록 되어 있다. 그러나 그 동안 한국은 주둔 기지만 제공해 왔을 뿐 시설의 대부분은 미군이 자체적으로 건설하는 등 대부분의 주둔비용을 미국이 부담했다.

1991년 이후 현재까지 총 9차례에 걸쳐 방위비 분담을 위한 협정을 체결했다. 한국의 방위비 분담금 결정방식은 지출내역이나 세부 항목을 정하지 않고 총 분담금 규모를 결정한 이후, 각 지원 항목별 예산을 배

39) 2014년 10월, 워싱턴DC에서 열린 제46차 한미안보협의회(SCM)에서 전작권 전환 재연기가 사실상 '무기한 연기'라는비판에 대해 국방부 류제승 정책실장이 기자들에게 밝힌 내용이다.
40) 국방부, 『한미동맹과 주한미군』(서울: 국방부, 2002), p. 40.

분하는 소위 지표(Index)방식을 따르고 있다. 이 방식이 채택된 이유는 방위비 분담금 특별협정 체결 당시 주한미군의 소요를 모두 충족시켜 줄 만큼 한국의 경제 수준이 높지 않았기 때문이다. 일본은 소요충족형으로 방위비를 분담하고 있다.

분담금 지원 항목은 한국인 근로자들의 인건비, 군사건설, 군수지원 등이며 근로자 인건비를 제외한 다른 항목에 대해서는 현물로 지급하고 있다. 물론 설계 및 감리비 등은 현금으로 지급한다.

6.25 전쟁 이후 미국의 군사원조에 기대어 군대를 유지하던 한국이 국력이 신장됨에 따라 주한미군의 주둔 경비 일부를 분담하게 되었던 것이다. 2014년부터 2018년까지 유효한 제9차 방위비 협정에 따르면 한국은 연 평균 8억 6천 달러 정도의 방위비를 분담하게 된다. 이는 주한미군 인건비를 제외한 경비의 약 50%를 분담하는 규모이다. 2019년부터 적용되는 방위비 분담금은 제10차 방위비 분담금 협상을 통해서 결정될 것이나 이미 10차례에 걸친 회의에서도 합의를 보지 못했다.

3. 한미동맹의 제도화

가. 주둔군지위협정(SOFA)

주둔군지위협정은 군대의 파견국과 접수국 간에 파견국의 군대 주둔으로 말미암아 야기되는 제반사항을 규정하기 위해 체결된다. 파견국은 자국의 군인들이 민형사상의 피해를 입지 않도록 최대한 보호하고 싶은 의욕이 있기 때문에 이런 문제를 두고 접수국과 갈등을 일으키는 경우가 많다. 이런 연유로 미국은 SOFA 체결을 꺼렸고 한국은 이를 재촉했다. 3년 10개월 간 82차에 걸친 회의를 통해 마침내 1966년 7월 SOFA가 체결되었고 1967년 2월에 발효되었다.

협정의 주요 내용은 군인 및 군속, 그 가족의 출입과 관리, 관세, 조세, 형사청구권, 민사청구권, 노무 조달 등이다. 한국의 국력이 점차 강해짐에 따라 주한미군에게 유리했던 SOFA가 개정되기 시작했다. 1991년 1차 개정된 내용은 주로 형사관할권과 재판권 대상범죄에 관한 것이었다. 2001년 4월에 발효된 제2차 개정의 내용은 한국 사법 주권의 강화, 환경보호 관련 조항 신설, 주한미군 기지 내 한국인 근로자들의 지위 강화, 기지 내 주요 시설 건축시 한국 정부와 사전 협의, 민사소송절차 신설 등이었다. 이런 노력에도 불구하고 한국은 지속적으로 SOFA를 재개정할 것을 요구하고 있다.

나. 한미안보협력 체제

한·미 양국은 1968년부터 주요 안보문제를 협의하고 해결하기 위해 양국 국방부장관들이 매년 한미안보협의회의(SCM)를 개최하고 있다. 미 정보함 푸에블로호 피랍사건과 북한 특수부대 김신조 일당의 청와대 습격사건이 발단이 되었다. SCM은 한미 양국의 안보문제 전반에 관한 정책 협의, 동북아 및 동아시아 위협평가 및 공동대책 수립, 군사협력 위한 의사 조정, 한미연합방위력의 효율적 건설과 운용방안 등을 협의하는 기능을 수행한다.[41] 주로 서울과 워싱턴에서 격년제로 열리고 있는 이 회의는 그 산하에 정책검토위원회, 안보협력위원회, 군수협력위원회, 방산기술협력위원회, 공동성명 위원회 등을 두고 있다.

SCM이 양국 국방부 장관 사이의 회의체라고 한다면 한미군사위원회의(MCM)는 양국 합참의장을 대표로 하여 설치된 군사기구이다. 한미군사위원회(MC)는 1978년 창설된 한미연합사와 직접 연관이 있다. 군령기구로서 연합사에 대해 전략지시와 작전지침을 하달해야 하는 상

41) 국방부 군사편찬연구소, 『한미동맹 60년사』(서울: 국방부 군사편찬연구소, 2013) p. 116.

위기구로서의 역할 때문이다. 한미군사위원회는 한국 방위를 위해 한미 양국이 발전시킨 전략지시와 전략지침을 한미연합사에 하달하게 된다. MC는 양국의 합참의장, 합참의장이 지명한 각국의 대표 1명, 그리고 한미연합사령관 등 5명으로 구성되는 MCM이 있고, 한국 합참의장과 미 합참의장이 지명하는 주한미군 선임장교(한미연합군사령관)가 수시로 모여 회의를 개최하는 상설회의로 구분된다. 따라서 MCM은 1978년부터 시작되었으나 SCM처럼 반드시 연 1회 개최되는 것은 아니다. 2011년의 경우 MCM은 3차례나 개최되었다.

다. 한미연합사령부(ROK/US CFC)의 창설

CFC는 다양한 요인들이 결합되어 창설되었다. 한국의 국력 신장에 따른 유엔군사령부에 대한 인식 변화, 유엔군사령부를 구성하고 있던 대부분의 참전국 군인들이 본국으로 철수하게 됨에 따라 유엔사에는 미군만 남아 있다는 점, 카터 대통령에 의한 주한미군 감축 이전에 보완조치 필요, 그리고 1975년에 통과된 제30차 유엔 총회에서의 상반된 결의안 통과 등이 원인이 되었다. 특히, 제30차 유엔 총회에서의 상반된 결의안은 한반도는 물론 국제사회에 많은 파장을 남겼다. 제30차 유엔 총회에서 통과된 서방측 결의안(GAR 3390 A)의 핵심은 "모든 직접 관계당사자들이 정전협정을 대체하고 한반도의 긴장을 완화하며, 항구적 평화를 보장할 새로운 약정을 위하여 교섭 시행", "정전협정의 계속적인 준수", "유엔군 사령부가 해체될 수 있도록 조속한 시일내에 협의 시행 촉구" 등이었다. 이에 반해 공산측 결의안(GAR 3390 B)의 핵심은 "유엔군 사령부를 해체하고 유엔기치 아래 남한에 주둔하는 모든 외국군 철수 필요", "정전협정을 평화협정으로 대치하도록 촉구", "군비축소" 등이었다.

이런 다양한 원인들이 배경이 되어 유엔사를 대체하는 CFC가 창설되었다. 1977년 제10차 SCM에서 CFC 창설에 합의했고 1년 동안 구체적 세부 계획이 작성되었다. 1978년 4월 국방부 훈령 제27호를 통하여 '연합사 창설에 따른 업무 및 지휘관계'가 규정되었고 7월에 개최된 제11차 SCM에서 한미군사위원회(MC)와 한미연합군사령부(CFC)의 임무・기능・조직에 대한「관련약정(TOR)」이 승인되었다. 이에 따라 MC 본회의에서 CFC의 임무와 지휘관계를 규정한「전략지시 제1호」가 하달되었다.42)

CFC의 임무는 양국의 통합된 군사노력으로 한국에 대한 외부의 적대행위를 억제하고, 억제 실패시 한국에 대한 무력공격을 분쇄하는 데 있다. CFC의 참모조직은 양군이 균등하게 편성되어 있다. CFC예하에는 지상, 해군, 공군, 해병, 연합특전사, 연합심리전사 등으로 편성되어 있다. 이로써 한미 양군에 대한 작전통제는 미군의 일방적 통제에서 공동 통제 형태로 바뀌었다.

2018년 워싱턴에서 개최된 제50차 SCM에서 한미 국방부 장관은 미래 연합사 창설에 관한 전략문서에 서명했다. 가장 중요한 문서는「전작권 전환 이후 연합방위지침」(Guiding Principles Following the Transition of Wartime Operational Control)이라고 하는 전략지침이었다. 이 전략지침 안에 미래 연합사의 구조와 인적 구성, 그리고 주한미군의 미래가 담겨져 있다.43) 핵심적인 내용을 살펴보면, 미래 연합사령부는 현재 연합사령부와 똑 같은 기능과 역할을 수행한다. 참모부의 편성도 현재와 같다. 주한미군과 한국군이 미래 연합사의 작전통제를 받는 것도 똑 같다. 단지 한 가지 달라지는 것이 있는데 이것이 바로 미래 연

---

42) 병현,『한미동맹과 작전통제권』(서울: 대한민국재향군인회, 2007), pp. 69-71.
43) 김열수, "한미동맹은 전작권 전환 이후에도 중요한 자산",『자유마당』, 2018년 12월호.

합사령부의 사령관이 누가 되느냐 하는 것이다. 미래 연합사령부는 한국군 4성 장군이 사령관이 되며 미군 4성 장군이 부사령관이 된다. 전작권이 전환되면 현재와는 달리 한국 주도의 연합사가 되는 것이다. 이를 위해 한국군은 한미 연합방위를 주도할 수 있는 핵심군사능력을 확보하고 북한의 핵미사일 위협에 대해 초기 필수 대응능력을 구비하기 위해 노력하고 있다.

라. 한미연합 연습

CFC는 한미상호방위조약에 근거하여 북한의 위협에 대비한 한미연합 훈련 및 연습을 지속적으로 발전시켜 왔다. 연합훈련 및 연습은 지휘소 연습과 야외기동훈련으로 대별된다. 지휘소연습에는 을지프리덤가디언(UFG) 연습과 키리졸브(Key Resolve) 연습 등이 있고 야외기동훈련에는 팀스피리트, 독수리 훈련 등이 있다.[44] 1954년부터 유엔군사령부가 주관하던 포커스렌즈 연습과 1968년 1.21사태 이후 정부 주관으로 실시하던 을지연습이 1976년에 통합되어 을지포커스렌즈 연습이 되었다. 이것이 2008년부터는 UFG라는 명칭으로 바뀌었다. UFG는 정부연습과 군사 연습이 동시에 진행된다. 정부 차원에서는 충무계획을 숙달하고 군사차원에서는 작계 5015의 수행절차를 숙달한다. 즉, 컴퓨터를 통한 지휘소 연습을 통하여 연합 위기관리 및 전시 전환절차를 숙달하고 한미 연합작전 수행능력을 향상시키는 연습이다.

연합전시증원연습(RSOI)이란 전시 한반도에 증원될 증원군의 수용(Reception), 대기(Staging), 전방이동(Onward Movement), 전장으로 통합(Integration)되는 일련의 절차와 경계 등을 포함하여, 이를 지원하는 한국군의 전시지원, 상호 군수지원, 동원 및 한국군의 전투력 복원 등

---

44) 국방부, 『국방백서 2000』(서울: 국방부, 2000), p. 204.

을 숙달하기 위해 컴퓨터 모의를 통해 실시하는 지휘소 연습이다. 1994년부터 시행된 RSOI는 2008년부터 한국군 주도, 미군 지원개념으로 바뀌면서 명칭도 키리졸브로 바뀌어 현재까지 시행되고 있다. 키리졸브 연습은 전시지원계획 검증 및 보완, 상호군수지원절차 숙달, 연합후방지역조정관의 임무수행절차와 후방지역의 방호절차 보완, 해상방호능력과 한국군의 전투력 복원 향상 등에 그 목적을 두고 있다.

독수리연습(Foal Eagle)은 한반도에서 전쟁억제를 위해 군사적 결의를 과시하고, 연합 및 합동작전태세를 완비하기 위해 매년 실시하는 연합 및 합동 야외기동훈련이다. 독수리 연습은 후방지역 및 특수작전 전반에 걸친 연합작전수행능력을 향상시키고 민관군 통합방위태세를 확립하는데 그 목적이 있다.

팀스피리트(TS) 훈련은 연합 및 합동작전태세 완비를 위해 1976년부터 1993년까지 실시한 대규모 연합 및 합동 야외기동훈련이다. 1975년 베트남 공산화 이후 급변한 안보환경이 훈련 시작의 배경이 되었다. 이 훈련은 해가 거듭될수록 해상 및 공중훈련, 대화학전 훈련 등이 추가되었고 1988년 이후에는 쌍방 자유기동 훈련이 진행되었다. 훈련기간도 늘어났고 훈련 참여규모도 20만 명이 참여하는 대규모 야외기동 훈련으로 발전되었다. 그러나 북한 핵문제가 불거지고 제네바 기본합의가 타결되는 과정 속에서 TS 훈련의 보류 및 폐지 등이 전제조건이 되었다. 1995년 이후 TS 훈련은 유보되었다. 이로 인해 야외기동훈련 등은 독수리 연습에 포함되게 되었다.

제5절 결 론

1945년 한반도는 해방되었다. 그러나 일제 강점기 동안에도 대한제국의 맥을 이어가기 위한 노력은 끊이지 않았고 해방과 독립을 향한 군사력 건설 및 유지도 포기되지 않았다. 임시정부가 수립되었고 광복군과 독립군의 활동도 쉼 없이 이어졌다. 독립을 위해 투쟁했던 세력들이 해방과 더불어 귀국함에 따라 이들이 정부수립의 주체가 되었고 창군의 주체가 되었다.

미 군정기간 동안 경찰예비대의 역할에 머물렀던 경비대는 정부 수립과 동시에 국군에 편입되었다. 개인의 이데올로기를 무시했던 미군정의 영향으로 좌파 성향의 인사들이 대거 군에 입대할 수 있었고 이로 인해 군 내 반란사건이 발생하였다. 정부수립과 더불어 숙군작업이 진행되었고 국가보안법이 제정되었다. 이런 과정 속에서 좌파 성향 일부 군인들은 반란을 일으켰고 일부는 빨치산이 되었다. 숙군이 어느 정도 마무리된 상태에서 6.25 전쟁이 발발했다.

6.25 전쟁은 김일성이 기획하고 스탈린과 마오쩌둥이 지원하여 남침한 적화 전쟁이었다. 북한군은 소련제 무기로 완전 무장했고, 북한군의 1/3은 항일 투쟁 경험이 있는 전사들로 채워졌다. 통일대업이 눈앞에 펼쳐졌을 때 중공군이 투입되었다. 6.25 전쟁이 발발했을 때 한국군은 10만 명 규모였으나 단 한 대의 전투기와 단 한 대의 탱크도 없었다. 그러나 북한은 100대의 전투기, 70대의 폭격기, 150대의 탱크로 무장된 전투경험이 풍부한 20만 명 규모의 막강한 군사력을 지닌 군대였다.

유엔 안보리 결의에 의하여 연합군이 결성되었지만 북한군을 막기엔 역부족이었다. 그러나 인천상륙작전은 수세일변도였던 연합군을 공세작전으로 바꾼 전환점이 되었다. 연합군이 압록강까지 진격했으나 중공군이 참전함으로써 1.4후퇴를 할 수 밖에 없었다. 이승만 대통령의 휴전협정 반대에도 불구하고 연합군은 2년여의 회담을 통해 북한군 및 중공군과 정전협정을 체결하게 되었다.

한국이 미국과 동맹조약을 체결한 것은 이승만 대통령의 힘의 컸다. 미국은 북진통일하겠다는 이승만 대통령의 의지를 알고 있기에 동맹조약 체결이 부담되었다. 그러나 반공포로의 석방 등을 통해 동맹조약 체결 없이 정전협정에 동의할 수 없다는 대통령의 의지를 미국이 꺾을 수는 없었다. 동맹조약 체결로 한국과 미국은 동맹국이 되었고 연합군이 되었다.

미국은 한국의 부흥과 한국군의 군사력 건설을 적극적으로 지원하였다. 냉전의 최첨단에 한국이 위치하고 있었기 때문이다. 그러나 한국의 국력이 신장되어 감에 따라 한반도 방위의 한국화가 서서히 진행되었다. 미국의 재정악화와 군사정책 및 전략의 변화 등으로 인해 주한미군 규모도 점차 축소되었다. 이로 인해 지휘체계도 변화가 생겼다. 평시작통권 전환이 이루어졌고 전시작통권도 조건에 따라 전환하도록 합의되었다. 일방적으로 미국의 지원을 받았던 한국이 이제는 주한미군에 대해 방위비를 분담할 정도로 달라졌다.

한미동맹의 제도화도 이루어졌다. 주둔군 지위협정이 체결되어 안정적 주둔여건의 보장과 함께 주한미군에 대한 민형사상의 책임이 뒤따르도록 이를 강화했고 SCM과 MCM이라는 안보협력체제를 만들었으며 한미연합사령부를 창설함으로써 참모부 내에 미군과 한국군이 동등하게 편성됨으로써 작통권을 공동으로 행사하게 되었다. 또한 다양한 한미연합 연습 및 훈련을 주기적으로 실시함으로써 북한의 위협을 억제하고 유사시 이를 격퇴하는 명실상부한 연합군으로 발전하고 있다. 짧은 기간 동안 한국군은 구식 소총 부대에서 첨단 정보군으로 탈바꿈하고 있는 것이다.

참고문헌

강성학. "주한미군과 한반도: 역사적 전개와 의미". 백종천 편. 『한미동맹 50년』. 성남: 세종연구소, 2003.

국방부. 『국방백서 2000』. 서울: 국방부, 2000.

______. 『한미동맹과 주한미군』. 서울: 국방부, 2002.

______. 『한 눈에 보는 6.25 전쟁 바로 알기』. 서울: 국방부, 2015.

국방부 군사편찬연구소. 『소련 군사고문단장 라주바예프의 6.25 전쟁 보고서 1』. 서울: 국방부 군사편찬연구소, 2001.

______. 『6.25 전쟁사 2』. 서울: 국방부 군사편찬연구소, 2005.

______. 『한미동맹 60년사』. 서울: 국방부 군사편찬연구소, 2013.

김계동. 『한반도의 분단과 전쟁』. 서울: 서울대학교 출판부, 2000.

김열수. 『국제기구를 통한 분쟁관리』. 서울: 도서출판 오름, 2000.

______. 『국가안보론: 위협과 취약성의 딜레마』, 제5판. 파주: 법문사, 2017.

______. "정부수립 · 전쟁, 그리고 한미동맹". 조성환 외. 『대한민국 국방사』, 대한민국 역사박물관 한국현대사 연구총서 17. 서울: 대한민국역사박물관, 2017.

______. "한미동맹은 전작권 전환 이후에도 중요한 자산". 『자유마당』, 2018년 12월호.

김영호. 『대한민국의 건국혁명 2』. 서울: 성신여자대학교 출판부, 2015.

김학준. 『한국전쟁: 원인 · 과정 · 휴전 · 영향』. 서울: 박영사, 2003.

류병현. 『한미동맹과 작전통제권』. 서울: 대한민국재향군인회, 2007.

박명림. 『한국전쟁의 발발과 기원 Ⅰ: 결정과 발발』. 서울: 나남출판, 1996.

백종천 · 김태현 · 이대우. 『한미군사협력: 현재와 미래』. 성남: 세종연구소, 1998.

서주석. 『한국의 국가체제 형성 과정』. 서울: 한국학술정보, 2008.

오관치 외. 『한미 군사협력 관계의 발전과 전망』. 서울: 세경사, 1990.
육군사관학교. 『육군사관학교 30년사』. 서울: 육군사관학교, 1978.
전쟁기념사업회. 『한국전쟁사 제2권, 전쟁의 기원』. 서울: 행림출판, 1992.
해군본부. 『대한민국 해군』. 계룡: 해군본부, 2008.
한용원. 『창군』. 서울: 박영사, 1984.
양영조. "6.25 전쟁시 유엔을 통한 각국의 지원 연구". 국방부. 『6.25 전쟁 지원국 현황 연구』. 서울: 국방부, 2012.
조성렬. "한미 상호방위조약과 한미동맹 50년의 평가". 심지영 · 김일영 편. 『한미동맹 50년: 법적 쟁점과 미래의 전망』. 서울: 백산서당, 2004.
최종철. "주한미군의 전략적 유연성과 한국의 전략적 대응 구상". 이수훈 편. 『조정기의 한미동맹: 2003~2008』. 서울: 경남대학교 극동문제연구소, 2009.
한용원. "국군의 정통성". 육군본부 편. 『국군의 맥』. 계룡: 육군본부, 1992.
합동참모본부. 『연합합동 군사용어사전』, 합동참고교범 10-2. 서울: 합동참모본부, 1998.
허남성. "평시 작전통제권 환수 경과와 향후의 대책". 『외교』, 제33호 (1995).
홍용표. "이승만 시대의 한미관계". 김계동 편. 『한미관계론』. 서울: 명인문화사, 2012.
Department of Defense. *A Strategy for the Asian Pacific Rim: Looking toward the 21*st *Century*. Washington D.C.: U.S. DoD., 1990.

찾아보기

ㄱ

ㄴ

ㄷ

기타

저자약력

■ 김열수

[학　력]
육군사관학교 卒
육군 대학 및 美 지휘참모대학(CGSC) 卒
캐나다 평화연수원(Pearson Peacekeeping Center) 연수
연세대 대학원 행정학과 卒, 행정학 석사
서강대 대학원 정외과 卒, 국제정치학 박사
미국 UCLA 방문교수

[경　력]
전 국방참모대학 교수
전 국방대학교 안보대학원 교수, 군사전략학부 학부장, 안보문제연구소 소장
전 서강대, 서강대 대학원, 성균관대 대학원, 인하대, 서울 디지털대 강사
전 성신여대 교양학부 초빙교수
전 국제정치학회 부회장
전 문화일보, 세계일보 칼럼 필진
전 NSC 자문위원, 전 대통령 국정연설 자문위원, 전 대통령 경호처 자문위원
전 국가보훈위원회 위원
전 국가비상기획위원회 평가위원
전 국방선진화추진위원회 위원
전 국방부/합동참모본부/해군 정책 자문위원
현 청와대 국가안보실 정책자문위원
현 육군 정책자문위원
현 대한민국 역사박물관 자문위원
현 전쟁기념관 운영 자문위원
현 한국군사문제연구원 전문위원
현 한국국제정치학회 이사

[저서 및 논문]
『국제기구를 통한 분쟁관리』(서울: 오름, 2000)
『국제안보기구론』(서울: 국방대학교, 2003)
『21세기의 미국 패권과 국제 질서』(서울: 오름, 2003), 공저
『21세기 국가위기관리체제론』(서울: 오름, 2005)
『위기의 한국안보』(서울: 플래닛미디어, 2012), 공저
『국가안보: 위협과 취약성의 딜레마』, 제5판(파주: 법문사, 2017)
『대한민국 국방사』(서울: 대한민국역사박물관, 2017), 공저
『한반도 비핵 · 평화의 길』(성남: 세종연구소, 2018), 공저
그 외 논문 및 연구문 100여 편

■ 김경규

[학 력]
육군사관학교 졸
한국외국어대학교 영어과 졸
육군대학 및 국방대학원 졸
경희대학교 대학원 졸(경영학 석 · 박사)

[경 력]
전 국방대학교 국방리더십 개발원 실장
전 경희대학교 경영대학원 강사
전 성선여자대학교 입학처장
전 성신여자대학교 교양교육대학 학장
전 한국리더십학회 이사
전 대학교육협의회 입학선도대학 평가위원
전 국가안전보장문제연구소 자문교수
현 성신여자대학교 교양교육대학 교수

[저서 및 논문]
『고급제대 지휘관을 위한 리더십』(서울: 국방대학교, 2007), 공저
『초급간부의 리더십 환경 분석 및 개선 방안』(서울: 국방대학교 2007)
"임파워링 리더십이 지식공유에 미치는 영향,"「리더십연구」, 제6권 제3호(2015)
"지원무기체계 획들을 위한 민간자본활용방안,"「국방연구」, 제51권(2008)
"국방비 지출과 경제 성장,"「전략연구」, 제54권 제3호(2011)
"남북한 군사전략 비교와 함의,"「신 아세아」, 제22권 제2호(2015)
"김정은 체계 변동 가능성과 추동전략,"「국가안보와 전략」, 제16권 제3호(2016)
"트럼프 시대의 한 · 미 군사 쟁점과 대응방향,"「신아세아」, 제24권 제1호(2017)
"트럼프 대통령의 위대한 미국 재건 전략: 힘의 절약과 비축,"『국방연구』, 제61권 제3호(2018) 등

한국안보: 위협과 취약성의 딜레마

2019년 2월 20일 초판 인쇄
2019년 2월 25일 초판 1쇄 발행

저 자 김 열 수 · 김 경 규
발행인 배 효 선
발행처 도서출판 法 文 社
주 소 10881 경기도 파주시 회동길 37-29
등 록 1957년 12월 12일/제2-76호(윤)
전 화 (031)955-6500~6 FAX (031)955-6525
E-mail (영업) bms@bobmunsa.co.kr
(편집) edit66@bobmunsa.co.kr
홈페이지 http://www.bobmunsa.co.kr
조 판 법 문 사 전 산 실

정가 30,000원 ISBN 978-89-18-03262-7